中国特色社会主义道路河南实践

★系列丛书★

新型三化协调论

XINXING SANHUA XIETIAO LUN

主编 喻新安 吴海峰

人民出版社

策划编辑：娜　拉

责任编辑：姜　玮

封面设计：肖　辉

图书在版编目（CIP）数据

新型三化协调论／喻新安 吴海峰 主编 . –北京：人民出版社，2012.10
（中国特色社会主义道路河南实践系列丛书）

ISBN 978 – 7 – 01 – 011363 – 0

I.①新…　II.①新…　III.①工业化–研究–河南省②城市化–研究–
河南省③农业现代化–研究–河南省　IV.①F 127.61

中国版本图书馆 CIP 数据核字（2012）第 250377 号

新型三化协调论

XINXING SANHUA XIETIAO LUN

喻新安 吴海峰　主编

人民出版社 出版发行

（100706　北京市东城区隆福寺街 99 号）

北京中科印刷有限公司印刷　新华书店经销

2012 年 10 月第 1 版　2012 年 10 月北京第 1 次印刷
开本：710 毫米 ×1000 毫米 1/16　印张：24
字数：357 千字　印数：00,001 – 10,000 册

ISBN 978 – 7 – 01 – 011363 – 0　定价：25.00 元

邮购地址 100706　北京市东城区隆福寺街 99 号
人民东方图书销售中心　电话（010）65250042　65289539

深入贯彻落实科学发展观

——持续探索"两不三新"三化协调科学发展路子

卢展工

　　河南省第九次党代会提出，持续探索不以牺牲农业和粮食、生态和环境为代价的新型城镇化、新型工业化、新型农业现代化三化协调科学发展的路子，是从根本上破解发展难题的必然选择，是加快经济发展方式转变的具体实践，是中原经济区建设的核心任务。走好这条路子，必须充分发挥新型城镇化的引领作用、新型工业化的主导作用、新型农业现代化的基础作用。

　　在某种意义上，河南是中国的一个缩影，农村人口多、"三农"问题突出，持续探索"两不三新"三化协调科学发展的路子，是改革开放以来河南省历届省委、省政府团结带领全省广大干部群众持续探索的一个创造性成果，充分彰显了科学发展观的真理力量，充分彰显了科学发展观的实践价值，是中国特色社会主义道路在河南的生动实践。深刻理解这条路子，必须把握以下几点：

　　第一，倒逼机制。这条路子不是我们凭空想出来的，而是河南省发展面临的诸多困难和问题倒逼出来的。一是不牺牲农业和粮食、生态和环境的承诺形成了倒逼机制。不牺牲农业和粮食、生态和环境，是中央的要求，是人民的期盼，更是河南的承诺。一方面，不牺牲农业和粮食首先不能牺牲耕地，就河南省目前的农业生产力发展水平来看，在今后相当长一段时期内，没有足够的耕地作保障，要做到粮食稳产增产，到 2020 年达到 1300 亿斤是不可能的。另一方面，对河南这样一个人多地少的内陆省份来说，城市发展需要土地，工业发展需要土地。既要做到耕地不减少、粮食稳产增产，又要保障城镇化、工业化用地需求，就要求我们必须研究探索一条新的发展路子。二是河南省"三农"问题突出的状况形成了倒逼机制。目前，我省 60% 的人口生活在农村，但农村生产力发展水平还比较落后，农业生产规模化、组织化程度不高，农民生活水平还比较低。比如，农村的水、电、路、气等基础设施很不健全，文化、教育、卫生等公共服务设施也很不完善；农民建的房子没有产权，不能抵押融资，无法带来财产性收入。提高农业生产力的发展水平，解决农民的柴米油盐酱醋茶等民生问题，改善农民的生产条件、生活方式、生活环境，维护保障农民的各项权益，都非常突出地摆在了我们面前。三是推动城乡统筹和城乡一体、破除城乡二元结构、促进三化协调发展的要求形成了倒逼机制。我们过去提出的工业化、城镇化、农业现代化，都没有充分考虑农村发展的问题。传统的城镇化是农民进城的城镇化。现在河南外出务工人员达到二千五百多万，他们很难在务工的城市安家落户。2008 年国际金融危机爆发后，河南省有九百多万外出务工人员返乡，给我们造成了很大压力。中央提出要破解城乡二元结构，统筹城乡发展，形成城乡经济社会发展一体化新格局。在实际工作中如何破解城乡二元结构，如何推进城乡统筹和城乡一体，过去我们始终没有找到好的切入点和结合点。推进新型农村社区建设，找到了统筹城乡发展的结合点、推进城乡一体化的切入点、促进农村发展的增长点，从而抓住了三化协调发展的着力点，使得协调有了希望、互动有了希望。正是这些倒逼机制，促使我们必须探索、走好这条路子。

第二，引领理念。新型城镇化是城乡统筹的城镇化，是城乡一体的城镇化，是包括农村在内的城镇化，是破解城乡二元结构的城镇化，是着力实现更均等、更公平社会公共服务的城镇化。新型城镇化的引领作用，体现在能够为新型工业化、新型农业现代化提供重要支撑、保障和服务。在新的发展阶段，没有新型城镇化就没有新型工业化，就没有新型农业现代化。从引领新型工业化来看，如果没有城市搭建的载体平台，没有城市集聚的生产要素，没有城市提供的相关服务，大型企业、高科技企业就发展不起来，新型工业化就无法推进。随着河南城镇化水平的提高，城市的基础设施更加健全，教育、文化、餐饮、住宿、旅游、休闲等服务更加完善，吸引了富士康等国际知名企业在豫落户。新型城镇化引领新型工业化发展，还体现在提供劳动力资源、土地资源上。例如，在中原内配股份有限公司调研时，企业负责人跟我们讲，新型农村社区建设的推进，将提供充足的劳动力和建设用地，支撑企业不断做大做强。从引领新型农业现代化来看，随着农业生产力的发展，生产关系必须作出相应的调整。现在一家一户分散经营的小农经济模式很难适应大面积机械化生产和现代化管理的需要，只有提高农业生产的规模化、组织化程度，才能实现农业现代化。推进新型城镇化，可以促进农村社会精细分工和农村劳动力转移就业，可以加快农村土地流转、促进农业规模经营，为推进新型农业现代化创造条件。新型城镇化的引领作用，体现在能够扩大内需、增加投资，有效支撑经济社会发展。最大的内需潜力在新型城镇化，最大的内需市场在农村。坚持新型城镇化引领、推进新型农村社区建设，既能够促进农村扩大投资、增加消费，又能够促进农村公共服务水平提升，成为经济社会发展一个新的重要增长点。从农民愿望来说，农民最渴望、最需要的是建房，建有产权、有公共服务设施的住房。现在，河南省农村进入了新一轮建房高峰期。推进新型农村社区建设，让农民在新型农村社区建房，既可以扩大固定资产投资，又可以拉动房屋装修、家具家电等消费。同时，政府为新型农村社区配套建设公共基础设施，促进城市公共服务向农村延伸，也可以扩大投资。

建设新型农村社区，必须把握好原则方向、基本要求，注重运作、科学运作、有效运作。一是政策引领。要切实把新型农村社区建设研究透，把有关政策制定好，让农民群众知道有什么好处，让干部知道怎么干，让有关部门知道怎么支持。我们已经探索了很多好的做法，积累了很多好的经验，下一步要逐步规范、不断提升、形成政策，充分发挥政策的引领作用。二是规划先行。设计理念不一样、规划水平不一样，效果就会大不一样。现在很多人把城市规划和城市建筑设计作为艺术来做，这个理念很好。我们要以对广大农民负责的态度，着眼长远，认真对待，通盘规划，逐步实施，真正高水平规划建设新型农村社区。三是突出主体。要突出农民的主体地位，坚持让农民主导，让农民全程参与新型农村社区的规划布局、方案制定、监督管理、收益分配等各个环节。四是保障权益。建设新型农村社区就是要为群众谋利益。要切实保障群众的各项权益，决不能从中谋取利益。值得一提的是，新型农村社区建设不是搞福利分房，还是老百姓自己建房。五是规范有序。建设新型农村社区是河南的一个创新。我们既要和现有的政策衔接，把政策用足用够用好，又要坚持依法依规、规范操作、有序推进。六是拓展创新。河南省各地基础不一样，区位不一样，条件不一样，经济发展水平也不一样，在推进新型农村社区建设中会遇到很多不同的困难和问题，需要我们去探索、去创新、去试验，逐步研究解决。河南省之所以没有进行统一部署，没有出台相关文件，就是考虑到还有很多具体问题需要深入研究，急于出台文件会限制基层的创新创造。七是互动联动。上下级之间要加强互动，各方面要加强联动，使人才、资金等各种要素流动起来、发挥作用。八是一体运作。建设新型农村社区，不仅仅是建设部门、发展改革部门的事情，也是各级党委、政府和各个部门共同的事情。要加强统筹协调，真正形成上上下下、方方面面的合力。总之，要通过新型农村社区建设使三化真正互动起来，不断加快新型城镇化、新型工业化、新型农业现代化进程，不断加快民生改善步伐，为中原经济区建设提供有力支撑。

第三，"三新"内涵。新型城镇化，新就新在把农村涵盖进来，形成新的城镇化概念、新的城镇化体系、新的城镇化规划布局。统计上主要用城镇化率这一指标来衡量城镇化水平。城镇化率是指城镇人口占总人口的比例。现在有些地方城镇化率比较高，但实际上城市的公共服务水平并不高。如果城市聚集大量没有技能、没有就业的人口，即使人口规模很大，发展水平也不可能高。我们在推进新型城镇化过程中，一定要在完善城镇公共服务、提升城镇化水平上下工夫，而不能单纯地扩大城镇人口规模。新型城镇化意味着整个城镇体系的不断完善，意味着大中小城市、小城镇、新型农村社区的互动联动、协调发展。当前，河南省区域性中心城市、县城和中心镇的发展水平并不高，亟须进一步提升。一方面要注重新型农村社区建设，为提升大中小城市的发展水平打好基础；另一方面要注重大中小城市和小城镇的协调发展。新型工业化，新就新在科技含量高、信息化涵盖广、经济效益好、资源消耗低、环境污染少、人力资源优势得到充分发挥，这是我省推动工业化进程的方向。对河南这样一个发展中省份来说，推进新型工业化既需要提升层次水平，也需要扩大总量规模，不断加快发展步伐。新型农业现代化，新就新在以稳定和完善家庭联产承包责任制为基础，不断提高农业的集约化、标准化、组织化、产业化程度，使更多农民从土地的束缚中解放出来。改革开放初期我们实行家庭联产承包责任制是一项重大的改革举措，现在建设新型农村社区、推进新型农业现代化同样是一项重大的改革举措。这一生产关系的调整，是由当前的农业生产力发展水平决定的。如果还是一家一户的分散经营模式，农业生产力就很难发展，"不牺牲农业和粮食"就很难实现。新型农村社区体现了新型城镇化、新型工业化、新型农业现代化之间的互动联动关系。一些地方通过建设新型农村社区，农民变成了社区居民，住进了配套设施齐全的楼房，生活水平有了很大提高；很多人进入企业工作，实现了劳动力就近转移，推动了新型工业化发展；农民自愿把土地交给专门的农业合作机构进行规模化、组织化经营，有效地提升了新型农业现代化水平。

第四，着力协调。科学发展观是以人为本、全面协调可持续的发展观，统筹兼顾是科学发展观的根本方法，也是领导干部的根本领导方式和工作方法。统筹兼顾就是要注重协调。领导干部要在协调上下工夫，注重研究解决发展中的不协调问题，协调推动三化互动联动、一体运作，协调推动政治、经济、文化、社会建设以及生态文明建设，协调上上下下、方方面面的力量，使全省一亿人民的共识不断凝聚、合力不断增强。探索走好这条路子，最大的难题也是协调。我们不能就城镇而城镇、就工业而工业、就农业而农业，要下工夫研究如何协调，在协调中促进三化更好地发展。"协调"是新型城镇化的创新所在、重点所在、关键所在。只有牢牢抓住新型城镇化作为引领，才能推动新型城镇化、新型工业化、新型农业现代化协调发展。

（本文系河南省委书记、省人大常委会主任卢展工同志2012年8月在河南省新乡市、焦作市调研时的讲话节选）

目 录

导　论

　　区域科学发展强调在区域发展过程中要很好地遵循经济规律、自然规律和社会规律，按照科学的理念谋划区域发展。就我国的国情和发展阶段来说，加快工业化、城镇化和农业现代化，是我国走向现代化的必由之路。而如何实现工业化、城镇化和农业现代化的协调发展，则是必须面对和解决的重大课题。

　　地处我国中原地区的河南，自20世纪90年代以来在实践探索的基础上，目前正进行着新型三化协调科学发展的探索，正持续显现出三化协调的联动效应。河南——中国的缩影。河南的实践和探索，不仅能直接为全国同类地区创造经验、提供示范，而且对其他所有区域实现科学发展，都有着重要的借鉴价值和启发意义。

一、河南省情与中原崛起

　　河南是中华民族和中华文明的重要发祥地，古称豫州，因位居九州之中，又称中州、中原。从中国第一个世袭王朝夏朝建都于河南偃师，至清王朝覆灭的四千余年历史中，河南处于全国政治、经济、文化的中心地域长达3000年，经济社会文化发展曾几度达到鼎盛，先后有二十多个朝代建都或迁都于此。考古证实，中华文明的起源、文字的发明、城市的形成和国家的建立，都与河南有着密不可分的关系。北宋都城开封"八荒争辏、万国咸通"，人口逾百万，货物集南北，是当时最为繁荣发达的国际大都市，而同一时期的英国伦敦人口还不到5万。南宋以后，由于大规模战争和自然灾害频发等多种原因，河南逐渐退出了我国历史舞台的中心，到新中国成立前夕已经成为一个贫穷落后的省份。1949年，河南人口为4174万人，占全国总人口的7.7%；工农业总产值为21.02亿元，仅占全国工农业总产值的4.5%；人均工农业总产值为50.3元，比全国平均水平低41%。

如何改变贫穷落后面貌，实现中原崛起，是几代中原儿女梦牵魂绕的追求，也是河南历任省委、省政府孜孜以求的目标。

2003年，河南省委、省政府正式提出"实现中原崛起"。这一目标包容了极为丰富的历史内涵，它意味着河南将要彻底改变贫穷落后的面貌，以崭新的姿态走在中西部地区前列；意味着多灾多难的中原大地将要重现历史的辉煌，"全面小康"在中华文明的发祥地成为现实；凝聚了河南决策层励精图治、在中原大地书写壮丽诗篇的坚定决心，揭示了新世纪新阶段河南经济社会发展的内在规律。

可以说，"实现中原崛起"，是河南历任省委、省政府领导依据实际所形成的决策思路的继续和拓展。在经济发展的指导思想上，由提出"加快发展，缩小差距"、"把人口大省建设成经济强省"，到明确"实现人均国内生产总值到2020年比2000年翻两番以上，使河南省的发展走在中西部地区前列"；在战略目标确定上，从提出"一高一低"，到强调"两个较高"；在发展战略上，经历了由实施"三大战略"（科教兴豫、开放带动、可持续发展），到"四大战略"（加上"城镇化战略"），再到"五大战略"（加上"中心城市带动战略"）；在发展途径上，从提出"围绕农业上工业、办好工业促农业"，到明确"以工业化为主导，以城镇化为支撑，以推进农业现代化为基础"；在发展布局上，从提出发展大城市、中小城市、小城镇"三头并举"，到明确"建设大郑州"，培育"中原城市群经济隆起带"，"形成若干个带动力强的省内区域性中心城市和新的经济增长极"。这一切，反映了认识不断深化的过程、思路不断聚焦的过程。无疑，"实现中原崛起"，在所有表述河南发展和前景的"话语体系"中，最为明晰、凝练和透彻，最富有时代精神，最具有感召力、凝聚力和号召力。

"实现中原崛起"，是基于对河南发展现状、存在差距和我国区域竞争态势的清醒认识而得出的正确决策。尽管改革开放后，河南经济有长足的发展，但欠发达仍是河南当前的主要特征。人民日益增长的物质文化需求同落后的社会生产之间的矛盾并没有从根本上改变，人口多、底子薄、基础弱、人均水平低、发展不平衡的基本省情没有从根本上改变。所以，河南必须奋起直追、奋起赶超，除此之外，再无别的选择。

"实现中原崛起"，有现实的可能性。可能性来自河南的比较优势、业已形成的基础和实力。当前，中国经济正在由东向西梯度推进，世界性产业转移由我国沿海向内地延伸，而河南正处在承东启西的位置上，是产业大转移的必经之途，只要积极承接产业转移，完全有可能运用国外和东部发达地区的先进技术、资金、品牌和管理经验，改造提升传统产业，发展先进制造业、发展有一定技术含量的劳动密集型产业。河南劳动力资源丰富，市场潜力巨大，资源的组合状况和空间匹配条件较好，利用好与中西部地区的地缘关系、人文联系和经济的互补性，开拓中西部市场将大有作为。河南工业基础较好，新材料、电子信息、生物工程等高新技术产业比较优势明显，特别是拥有一批"国字号"的大型、特大型企业和在国内同行业屈指可数的新兴企业，依托这些高新技术产业和优势企业，加快企业改造和结构调整，完全有条件不断培育出新的经济增长点，对河南的经济增长产生持久的拉动力。河南农业生产条件较好，拥有一批在全国叫得响的农副产品生产基地，只要注重提高自我积累和自我发展能力，完全有可能建立具有地方特色的农副产品加工体系，培育更具竞争力的地方支柱产业。

应当看到，经过20年的持续努力，推进中原崛起已取得巨大成就，河南由缺粮大省变成国人大粮仓、大厨房，成为全国重要的经济大省、新兴工业大省和有重要影响的文化大省。2011年，河南省地区生产总值由1992年的1279.75亿元增加到2011年的27232.04亿元，居全国第5位；粮食产量由1992年的621亿斤增加到2011年的1108亿斤，总产量占全国的十分之一，其中小麦产量超过四分之一。河南经济结构发生明显变化，2011年，二三产业比重达87%；工业结构日趋合理，全国191个工业种类，河南拥有185个，新兴工业大省的地位进一步巩固。1992年，河南工业增加值为481.11亿元，在全国排序中仅居第9位，2011年达到14401.7亿元，跃居全国第5位。交通运输高度发达，高速公路通车总里程达到5196公里，居全国第一。航空运输从无到有，郑州机场客运吞吐量突破 1000 万人次大关，成为我国八大区域枢纽机场之一。

二、中原崛起的实践过程

初步探索阶段（20 世纪 90 年代初—2000 年）。20 世纪 90 年代，是河南深化改革开放，继续加快发展的十年。90 年代初，省委针对河南在区域发展中底子薄、人口多的不利条件，制定了"一高一低"的发展战略，要求在提高经济效益和经济素质的前提下，经济发展速度高于全国平均水平，人口增长速度低于全国平均水平。河南省委、省政府围绕"一高一低"战略，大力推进全省工业化进程，特别是 1992 年年初，河南省委五届三次会议正式作出了在全省开展小康村建设的决策，发动群众、精心组织，引导农民走共同富裕道路，形成了想小康、议小康、团结奋进奔小康的社会环境。同年，为加快县域经济发展，河南省委、省政府选定巩义等 18 个特别试点县，赋予其地市一级经济管理权限和部分省一级管理权限，催生了"十八罗汉闹中原"的良好局面。特别值得一提的是，20 世纪 90 年代初，河南就提出"围绕'农'字上工业，上了工业促农业"，开始了工农业协调发展的探索，产生了良好的效果。

破题启动阶段（2001 年—2005 年）。这一时期，河南省委、省政府正式提出并系统布局"中原崛起"的战略任务。2003 年制定的《河南省关于全面建设小康社会的规划纲要》提出中原崛起的目标是，实现人均国内生产总值 2020 年比 2000 年翻两番以上；明确"工业化、城镇化、农业现代化"的三化路径；提出并实施了开放带动主战略等。这一时期，河南省委、省政府在"一高一低"基础上，提出了"两个较高"：在保持经济快速增长的同时，把质量和效益放在突出位置，实现国民经济较高的增长速度和较高的增长质量。在实际工作中，河南突出抓了若干重大举措：建设两个农业基地，把河南建成全国重要的优质专用小麦生产和加工基地，成为全国重要的畜产品生产和加工基地；发挥比较优势，着力培养、改造、提升支柱产业，有选择地发展高新技术产业，形成新的经济增长点；加快路网改造，优先发展高速公路，尽快建成承东启西、连南接北的中原交通大通道；以把郑州建成全国区域性中心城市为重点，积极稳妥地推进城镇化进程。

加快推进阶段（2005年—2009年）。这一时期，河南省委、省政府根据中央"促进中部崛起"的要求，对中原崛起进行了再动员、再部署。2006年10月，河南省第八次党代会召开，大会提出了加快"两大跨越"（由经济大省向经济强省跨越、由文化大省向文化强省跨越）、推进"两大建设"（和谐中原建设、党的建设）的历史任务。为实现"两大跨越"，河南推出了一系列重要举措：在加快经济大省向经济强省的跨越方面，进一步加大改革开放力度，以大开放促大发展；大力调整经济结构和产业结构，促进国有经济、集体经济、民营经济、股份合作制经济协调发展；强力推进中心城市带动战略，做大做强中原城市群；用工业理念发展农业，推进农业产业化。同时，强力推进文化资源大省向文化强省的跨越，努力构建社会主义核心价值体系和公共文化服务体系，构建具有中原特色的优势文化产业体系，培育文化市场竞争主体，优化文化产业格局，通过"中原文化港澳行"、"中原文化沿海行"等文化推介活动，向海内外强力推介中原文化，宣传河南改革开放的新形象，强化河南的文化软实力，增强中原文化的感召力、向心力和影响力。

持续提升阶段（2009年年底至今）。2009年以来，河南各级党委和政府以创新的勇气谋发展，坚持"四个一"，具体是指：一个战略，即全面实施建设中原经济区，加快中原崛起、河南振兴总体战略；一条路子，就是持续探索不以牺牲农业和粮食、生态和环境为代价的新型城镇化、新型工业化、新型农业现代化三化协调科学发展的路子；一个要领，就是"重在持续、重在提升、重在统筹、重在为民"的实践要领；一个形象，就是务实发展、务实重干的形象。这一时期，河南经济社会发展的最大亮点是谋划和建设中原经济区，这是河南深入贯彻科学发展观的重大实践，是贯彻落实中央对河南工作要求的具体行动，是河南历届省委班子带领全省干部群众不懈探索的重要成果，是河南实现全面建设小康社会奋斗目标的战略选择，是凸显河南地位、服务全国大局的重大举措。在实践中，河南各地坚持以三化协调科学发展为基本途径，强化"五个着力"，就是着力推动经济结构战略性调整，着力加快转变农业发展方式，着力推动文化发展繁荣，着力建设资源节约型、环境友好型社会，着力保障和改善民生，从而推动了河南经济社会的持续前行，迎来了历史上少有的良好发展局面。

三、中原崛起与新型三化协调科学发展

如上所述，早在20世纪90年代初，河南就开始了工农业协调发展的探索。进入新世纪，河南明确提出"加快工业化、城镇化，推进农业现代化"，之后又强调要走"在不牺牲不削弱农业的前提下大力推进三化的路子"。二十多年来，河南持续把加快工业化和城镇化、推进农业现代化作为加快中原崛起河南振兴的基本途径，探索"以农兴工、以工促农、城乡互动、协调发展"的有效方式，实现了由传统农业大省向经济大省和新兴工业大省的历史性跨越，同时，又做到了耕地面积不减少、粮食产量不降低、农业地位不削弱，初步走出了一条三化协调发展的传统农区现代化路子。

站在新的历史起点上，河南既面临着建设中原经济区的重大发展机遇，同时也面临着许多困难和挑战。如何破解发展难题，加快中原崛起？河南省第九次党代会作出了持续探索不以牺牲农业和粮食、生态和环境为代价的新型城镇化、新型工业化、新型农业现代化三化协调科学发展路子的战略抉择。自此，河南人民踏上了探索中原崛起之路新的历史征程。随着探索实践的不断深化，这条中原崛起之路愈来愈清晰。

破解发展四道难题：探索新型三化协调科学发展路子的直接动因。在充分肯定业已取得的成绩的同时，河南省的决策者们也清醒地认识到，河南人口多、底子薄、基础弱、人均水平低、发展不平衡的基本省情没有从根本上改变，"钱从哪里来、人往哪里去、粮食怎么保、民生怎么办"这四道难题需要破解的局面没有从根本上改变。这些问题归结起来，就是工业化、城镇化、农业现代化三化不协调。这种不协调是阻碍河南发展，制约加快建设中原经济区、全面建成小康社会的大难题。不破解这些难题，河南发展的既定目标就无望实现。为了加快中原崛起河南振兴，确保让1亿河南人民与全国人民一道迈入更高水平的全面小康社会，河南开始探索破解这一发展难题之路。这便成为河南探索新型三化协调科学发展之路的直接动因。

"两不牺牲"：探索新型三化协调科学发展路子的倒逼机制。走好新型三化协调之路，前提是要做到"两不牺牲"：即不牺牲农业和粮食、不牺牲生态和环境。河南是中国第一农业大省，是全国重要的粮食生产核心区，承担着确保国家粮食安全的重任。河南地跨长江、淮河、黄河、海河四大流域，又是南水北调中线工程的水源地。河南的生态和环境安全，事关国家经济社会发展全局。着眼于全国大局，河南向全国人民作出了"两不牺牲"的庄严承诺。践履这一庄严承诺，倒逼河南探索新型三化协调发展路子，既稳定粮食产量又保障和改善民生，既着力解决"三农"问题又有效解决三化协调互动问题，在不减少耕地面积、巩固粮食生产优势地位的前提下加快推进工业化、城镇化进程，增强河南的综合实力，使全省人民同全国人民一道迈入全面小康社会。

新型城镇化引领：探索新型三化协调科学发展路子的创新实践。我国是一个区域发展很不平衡的大国，实现城镇化、工业化和农业现代化三化协调，不可能只有一条路子、一个模式。河南农村人口多、农业比重大、保粮任务重，"三农"问题突出，是制约三化协调发展的最大症结，其中，人多地少是制约三化协调发展的最现实问题，城镇化水平低是经济社会发展诸多矛盾最突出的聚焦点。根据这一实际，河南在探索实践中创造性地走出了一条新型城镇化引领三化协调科学发展的路子，突出强调新型城镇化的引领作用。城镇化水平低是河南推进三化协调发展的短板，也是实现河南三化协调发展的潜力和动力所在。随着社会发展，城镇对产业培育、经济发展、民生改善的作用日益突出。坚持新型城镇化引领是实现三化协调发展的内在要求，是破解河南四道发展难题的根本途径。

四、探索新型三化协调科学发展的意义

河南省情的特殊性，决定了研究新型三化协调科学发展的特殊意义。2012 年 6 月，中共中央政治局常委李长春同志在视察河南时专门讲到河南省情的特殊性，他指出："河南是中国的一个缩影。中原地区在中国最有代表性、最有典型性。从地理位置看，河南地处中部地区；从人口规模看，河南是一个拥有 1 亿人口的发展中大省；从社会结构看，河南是一个

典型的农业省份，而中国是一个农业国，河南在社会结构上很有代表性；从历史地位看，河南是中华民族的祖根地，是中华民族传统文化的摇篮，在文化上很有代表性。河南这样一个地方发生天翻地覆的变化，对于反映中国的面貌变迁最有说服力。"[①]

《国务院关于支持河南省加快建设中原经济区的指导意见》所规定的中原经济区的功能定位之一就是"全国工业化、城镇化和农业现代化协调发展示范区"。《指导意见》指出："河南省是人口大省、粮食和农业生产大省、新兴工业大省，解决好工业化、城镇化和农业现代化协调发展问题具有典型性和代表性"。"积极探索不以牺牲农业和粮食、生态和环境为代价的三化协调发展的路子，是中原经济区建设的核心任务。"要求"在加快新型工业化、城镇化进程中同步推进农业现代化，探索建立工农城乡利益协调机制、土地节约集约利用机制和农村人口有序转移机制，加快形成城乡经济社会发展一体化新格局，为全国同类地区发展起到典型示范作用。"

由此可见，河南在奋力实现中原崛起的实践中，持续探索新型三化协调科学发展之路，谋的是河南的事，解的却是全国发展的题。河南的探索和实践，是贯彻落实科学发展观的有益实践，是破解"三农"问题的重要尝试。改革开放以来特别是邓小平南方谈话以来，全国各地都在竞相发展，在实践中探索适合自身发展的路子，创造了不少经验模式，应当说，这些经验模式在一定时期对我国经济的振兴产生了良好的示范和带动作用。河南当前所破解的发展难题，可以说就是中国所要破解的发展难题。河南探索走出的发展路子，其意义和价值远远超出了区域性的层面。河南对新型三化协调科学发展路子的持续探索及其鲜活经验，对建设和发展中国特色社会主义具有典型的样板示范作用和重要参考借鉴价值，在助推中原崛起、加快河南振兴的同时，还印证、丰富和拓展了中国特色社会主义道路。

---

① 见《河南日报》2012 年 6 月 17 日。

第一章
探索新型三化协调发展的时代背景和重大意义

探索新型三化协调发展，强化新型城镇化的引领作用、新型工业化的主导作用和新型农业现代化的基础作用，体现了我国社会主义现代化建设理论创新和实践创新的最新成果，是对我国经济社会发展阶段、发展任务的科学把握，是对新形势下工农、城乡、产业、区域关系的深刻认识，是顺应农业农村发展新变化新挑战的必然要求，是推进现代化建设必须牢牢把握的客观规律，是促进经济平稳较快发展和社会和谐稳定的迫切需要。

第一节　我国推进三化发展的历史回顾与政策评价

新中国成立以来，我国对推进三化发展进行了积极的探索。实践证明，凡是三化关系处理得当，工业与农业、城市与农村协调发展，经济社会就能实现持续健康发展；反之，国民经济就会被迫调整，现代化建设就容易出现波折。正反两方面的经验教训都深刻揭示出一个道理，即三化协调发展是我国经济发展不可违背的规律，是我国现代化建设必须遵循的准则。

一、我国推进三化发展的历史回顾

（一）初步探索时期：从新中国成立初期到改革开放前夕

新中国成立初期，经过三年国民经济恢复重建，新中国制定实施第一个五年计划，开始了大规模有计划的社会主义工业化建设。"一五"计划时期，学习苏联的计划经济体制，实施重工业优先发展战略，并依据生产力均衡布局发展的原则，大力在内地兴建工业项目，工业建设的重点由沿海向内地城市转移。这一时期，围绕着苏联援建的 156 项重点工程和 694 项大型工业项目布局，在内地兴建了一大批新的工矿城市，在工业规模扩张的同时，我国城市个数由 1949 年的 136 个增加到 1957 年的 176 个，城市人口稳定上升到 9949 万，城镇化率由 1949 年的 10.6%上升到 1957 年的 15.4%。这一阶段，在土地改革的基础上，为早日实现社会主义目标，农村和农业发展通过互助合作等形式，走农业合作化道路，粮食生产能力有了较大提高，农村经济得以恢复发展，农民生活水平明显改善。

1958 年—1965 年，是"大跃进"及随后的国民经济调整时期。为了"大跃进"的需要，从农村大量招工进入城镇，使城镇人口比重在 1958 年—1960 年间迅速提高 4 个百分点，1960 年达到 19.3%，城市个数由 1957 年的 176 个猛增到 1961 年的 208 个。"大跃进"的失败和三年自然灾害的双重影响，又使新招职工大量下放，1963 年城镇人口比重下降到 16.8%。这一时期由于重工业的过度畸形发展，工业化、城镇化和农业生产都经历了剧烈的波动，城镇人口比重大起大落，粮食产量忽高忽低。加上 1958 年实施的户口管理条例，阻碍了农村人口向城镇的自由流动，延缓了工业化、城镇化的发展。

1966 年—1977 年，是"文化大革命"时期。这一时期，我国经济社会发展遭受全面挫折，城镇化进程也随之停滞不前，城市人口的绝对数量虽然由 1966 年的 12950 万人增加到 1978 的 17245 万人，但城镇化率不升反降，1978 年达到 17.9%，比 1965 年还低 0.1 个百分点。同时，由于对国际形势估计过于严峻，全国开始了备战备荒的三线建设，工业布局上提出"山、散、洞"的方针，工厂进山入洞，城镇建设不考虑自然交通等条件，一味强调分散。为保持高积累率提出先生产后生活，压缩城市建设投资比重，在大西南、大西北等地形成了一批新兴工业基地和新兴工矿业城市，客观上起到了进一步调整工业布局和促进内地城市发展的作用。同时，这一时期，农业生产也受到了一定的影响。总体上看，从新中国成立初期到改革开放前夕，我国的工业化、城镇化和农业生产都呈现出恢复并增长的态势，但是三者之间的联系和协调性较弱，特别是工农业剪刀差、重工业片面增长、户籍管理条例、三线建设等政策措施影响了三化的协调发展。

（二）完善提升时期：从改革开放至今

1978年改革开放后，党的工作回到了以经济建设为中心的正确路线上，工业化、城镇化和农业现代化重新步入正常发展轨道。这一时期又可以分为两个阶段。

第一阶段：1978年—2003年。这一时期为工业化、城镇化和农业现代化协调发展探索完善阶段。1978年改革开放后，农村率先进行经济体制改革，普遍实行家庭联产承包责任制后，极大地激发了广大农民的劳动热情，农业劳动生产率迅速提高，农产品尤其是粮食商品率随之提高，有力地支持了城镇化的推进。在农村改革的带动和促使下，城市和国企改革也拉开序幕，有选择地在若干城市进行改革的试点工作，工业化、城镇化恢复性增长，并进入快速发展时期。1984年起，城市经济体制改革成为整个经济体制改革的重点，改革中出台了一系列旨在扩大地方政府财政自主权、扩大企业经营自主权的政策措施，对工业发展和城镇化进程产生了巨大的影响，劳动密集型的轻工业和第三产业发展迅速，城市建设步伐加快，大大提高了城镇吸纳人口的能力。1984年中央颁布了新的户籍管理制度，允许农民自带口粮进镇务工经商落户，同年，国务院又调整了20世纪60年代以来的市镇建制标准，批准乡政府驻地非农业人口在2000人以上（总人口不足2万人）或占全乡总人口10%以上（总人口超过2万人）均可设立建制镇；1986年，国务院又公布了新的设市标准，将设市非农业人口标准由原来的10万人降低为6万人，使全国城镇数量迅速增加，由1984年的300个增加到1992年的517个，建制镇由1984年的6211个猛增到1992年的约1.2万个；城镇化水平进一步提高，由1984年的23.0%上升到1992年27.6%。这一时期，工业化、城镇化和农业现代化协同效应明显增强。自党的十四大确立了建立社会主义市场经济体制的总目标以来，城镇化和城市发展空前活跃，以城市基础设施建设和房地产开发起步的开发区建设成为城镇化的主要动力之一，到2003年，我国城镇化率达到40.53%，工业增加值占国内生产总值比重达到40.5%，粮食综合生产能力也稳步提高，工业化、城镇化和农业现代化之间的协调性不断改善。

但是，这一时期，在工业化、城镇化快速发展中，部分地区出现了两种不协调：一些地方工业化、城镇化发展了，粮食生产下来了；有些地方粮食生产保住了，但是工业化、城镇化推进缓慢。尤其是世纪之交，我国农业发展缓慢，出现了"三农发展要素缺乏症"，1998年粮食产量为51229万吨，2003年粮食产量下降到43060万吨。

第二阶段：2004年至今。进入新世纪后，我国总体上已经到了"以工促农、以城带乡"的发展阶段。所以，党中央作出了"两个趋向"的重要论断，制定了统筹城乡发展的基本方略，和工业反哺农业、城市支持农村的大政方针。这一时期，中央决策层和理论界都开始关注工业化、城镇化与农业现代化之间的协调发展问题，特别是不少地方采取工业优先、城镇优先的发展战略，仅依靠超前的工业化、过度的城镇化，而没有农业现代化的同步发展，导致农业农村的萎缩以及严重的"城市病"，引起高度重视。为此，专家学者们对三化协调发展的内在运行机理和作用机制进行研究，中央决策层提出新型工业化战略，明确新型工业化的基本内涵，以缓解传统工业化给生态和环境、给农业生产和粮食安全带来的压力。随后，新型城镇化、新型农业现代化在部分区域进行了积极探索和实践。从党的十六大开始，在科学发展观的指引下，国家相继提出了全面建设小康社会、统筹城乡发展、建设社会主义新农村等重大战略决策，统筹考虑新型工业化、新型城镇化和新型农业现代化的同步协调推进问题。把加大对"三农"的扶持力度作为推动三化协调发展的突破口，采取包括逐步赋予农民国民待遇，加快取消农民工进城限制政策，帮助解决农民工子女上学难等问题，逐步探索建立农村社会保障制度。财政资金逐步加大对农村基础设施的投入，千方百计促进农业增效、农民增收、农村繁荣。把发挥三化的相互促进作用作为实现路径，强调以工业化促进产业布局不断优化、促进经济结构战略性调整，切实提高经济增长的质量和效益，为城镇化和农业现代化提供重要支持；以城镇化带动城市功能完善、生产要素集聚和农村劳动力加快转移，统筹城乡发展，为工业化和农业现代化注入内在动力；以农业现代化提高农业综合生产能力，巩固农业基础地位，为工业化和城镇化奠定坚实基础。把逐步调整"城乡分治、一国两策"的城乡社会管理制度作为政策支撑，一定程度上缓解了城乡分割制度和市场机制对城乡二元结构的强化效应。

二、我国推进三化发展的政策评价

（一）在工农关系上，从"以农补工"到"以工哺农"

新中国成立初期，我国仍是一个自然经济占主导地位的农业大国，生产力发展水平极端落后。由于自然经济占绝对比重，同时，借鉴苏联的计划经济模式和为了巩固新生的革命政权的需要，我国选择了高度集中的计划经济体制和优先发展重工业的工业化战略，对我国工农关系产生了深远的影响，形成了依靠工农业剪刀差和以农补工的工农业资源流动机制。首先，为了保证快速推进工业化所需要的资金，国家采取了压低农产品价格和农民消费水平的办法，限制了农业部门对工业品的购买能力。据测算，1950 年—1978 年，我国农业国民收入的净流出额高达 4481 亿元，平均每年为 155 亿元，严重制约了农村经济的发展和农业机械化水平的提高，也造成工业发展缺乏市场空间。其次，在我国工业体系内部，重工业占有很大比重，在计划经济配置作用下，通过工业内部的自身循环，创造出不断扩张的社会需求，形成了一种以城市市场需求独自支撑工业增长的自我循环的工业化模式。再次，从工农业之间的联系方式来看，在计划经济体制下，工业部门和农业部门置于国家计划的直接控制之下，两大部门之间的产品流动和生产要素流动，主要不是通过市场交换去实现，而是直接由政府计划调配。从 1953 年开始，国家相继对粮棉花和油料等重要农产品实行了统购统销制度，之后又陆续对烤烟、麻类、甘蚕茧、茶叶、生猪、羊毛、牛皮、土糖、土纸、桐油、南竹、生漆、核桃仁、杏仁、栗子、木材以及 38 种中药材、供应出口的苹果和柑橘、若干鱼产区供出口和城市的水产品，由国家进行统一收购，基本上实现了对所有农产品的管制，其结果是商品市场日益萎缩，市场机制发挥作用的范围日益缩小[1]。综上所述，改革开放以前，我国工农业两大产业没有形成良性循环、互促共进的和谐关系，而是长期处于一种不良循环状态。到 20 世纪 70 年代工农业之间的

---

[1] 韩俊：《我国工农业关系的历史考察》，《中国社会科学》1993 年第 4 期，第 29—46 页。

矛盾已相当突出，不但农业落后、工业低效，更重要的是，在这种长期非均衡增长中，城乡居民都未能得到较多实惠。

改革开放初期，虽然国家基本放开了工业消费品的价格，但仍有一些行业处于垄断经营状态，加上农产品价格持续低迷，工农业产品"剪刀差"很大，总体上仍然是农村支持城市，以乡养城。结果是农业发展由于得不到国家有力的资金支持，发展后劲不足，工农业发展严重失调，工农差距和城乡差距继续扩大了，城乡二元结构持续恶化。

进入新世纪以后，解决好农业、农村和农民问题，成为党中央要解决的大事，也是各省要解决的重大问题。尤其是十六大以来我国农业进入了一个全新发展的阶段。2004年至今连续九个"一号文件"给农业、农村的发展注入了活力。农业税的全面取消在很大程度上减轻了农民的负担，种粮直补、农机具补贴等又给农民增收添加了一个重量级砝码。这些都表明我国开始进入以工业反哺农业、城市支持农村发展的新阶段，但是以特色产业、生物产业、生态产业、旅游休闲产业、农业文化产业等新的产业形态和农村的生产生活条件还没有得到根本改善，传统农业与二三产业之间被割裂的联系程度还有待进一步提高，农业与国民经济其他各大部类之间的协调发展还需要加强，大批劳动力仍然滞留在农业领域，工业发展与农业发展的内在冲突和矛盾还没有得到根本解决，农业弱质低效的局面急需打破。

（二）在产城关系上，从工业化、城镇化协调性差到开始注重城乡互动、产城融合

新中国成立初期，我国采取重工业优先发展战略，以及为保障工业与城市发展而制定的一系列配套制度，如户籍管理制度等，逐渐形成了独具特色的城乡二元体制。这一体制在有效推进工业化进程的同时，限制了农村的发展及人口城镇化进程，阻碍了工业化与城镇化的协调发展。1949年—1978年，城市人口比重从10.6%上升到17.9%，提高了7.3个百分点，而同期非农产业增加值在国民收入中的比重，由1949年的31.6%上升到71.8%，提高了40.2个百分点，二者之间的偏差显而易见。[1] 这一时

---

① 景普秋、张复明：《工业化与城市化关系研究综述与评价》，《中国人口·资源与环境》2003年第3期。

期，复杂的政治环境对工业化和城镇化进程带来了严重的影响，工业生产起伏波动，城镇化水平忽高忽低，两者之间协调性较差。对工业化、城镇化影响较大的政策包括大跃进、"上山下乡"、"城乡隔离"等，给城镇化和工业化进程中留下了浓重的阴影。由于当时国家政治形势的变化和政策的失误，我国城镇化发展停滞不前，甚至出现了逆增长的状况。如1958年，我国开始"大跃进"运动，"赶超主义"导致了国民经济的剧烈震荡，并很快招致了自然规律的惩罚，为反城市化埋下了伏笔。1960年，面对严重自然灾害，国家开始实行严格的城市制度，限制了农村劳动力向城市流动，城市化失去了重要的动力。更重要的是，计划经济体制对市场机制的排斥又演变为对城市功能的排斥，城市化被赋予不应有的政治色彩。甚至在改革开放后的一个时期，我国依旧推行反城市化的发展战略，城乡分割的户籍政策没有改变，形成了离土不离乡的劳动力流动状态，导致了城市化与工业化发展水平的不一致。学者们采用不同的标准衡量我国的工业化与城市化水平协调性，都得出了几乎一致的结论：城市化水平滞后于工业化发展。

进入新世纪后，开始强调工业化与城镇化的互动作用，特别是强调城镇作为工业化的发展载体，能够为工业化提供广阔的内需空间，能够为工业化集聚要素、集中人口。但是，在实际操作过程中，工业化仍然快速发展，城镇化发展相对滞后，既没有做到相互促进，也没有做到齐头并进，其结果自然是牺牲农业和降低土地的使用效率，浪费了宝贵的土地资源。

（三）在城乡关系上，从二元结构到以城带乡

我国城乡二元结构的社会特征，就是城乡分治、一国两策。在城乡分割体制下，农民没有自由择业权，大量农村富余劳动力沉淀在土地上，人地矛盾加剧，城乡关系扭曲。城乡关系体现出三种不公平：一是产品交易不公平。为了保证城市部门的发展，国家对粮食和棉花等大宗农产品实行统购统销政策，自由市场交易被严格限制，通过工农产品的不等价交换，从农业部门取得了巨额资金。二是流动限制不公平。新中国成立初期，农民向城市的自由迁移满足了大规模的城市经济建设对劳动力的需求。但是，在粮食问题突出时，政府就采取了诸如严格禁止企业单位从农村招工、在城市建立收容机构、把进城农民遣送原籍等强制性措施，从体制、

政策到各项管理制度等方面严格限制农村人口流入城市，把城乡之间的人口迁徙直接纳入国家的控制之下。三是发展权利不公平。在城乡分割的户籍制度下，国家明确将居民区分为农业户口和非农业户口两种不同户籍，并制定了与户籍制度相配套的国家统包统分的劳动就业制度。低价的食品及其他生活用品（如住房、燃料、水电等）配给制度、国家统包的福利制度的形成，使得非农业户口附带了各种特权和利益。20世纪六七十年代进一步强化的户籍管理制度，事实上在城与乡之间设立了一条难以逾越的鸿沟。在这种局面下，农村发展农业，城市发展工业，农村与城市的交流不畅通，城乡之间处于一种相互对立的状态。

长期实行的二元户籍管理制度是产生城乡分治局面的主要原因。我国现行的二元户籍制度是源于计划经济体制下的一种制度安排，这种制度人为地把我国公民划分为城镇居民和农村居民两个相对独立的部分，特别是同户籍制度相配套的劳动就业制度、社会保障制度、教育制度等的建立和完善，严重地损害了农民的利益，严重地制约了农村生产力的发展，严重地阻碍了城乡和谐发展的进度，实际上也延缓了我国现代化的进程。

改革开放后，特别是确立社会主义市场经济体制的改革目标后，城乡分割的二元结构显示出越来越不符合市场经济要求的弊端：一是限制人口与劳动力的合理流动，违背了经济发展规律，不利于生产要素的合理配置，阻碍了农业劳动生产率的提高，使农村出现了大量的剩余劳动力，农村经济发展受阻。二是户籍制度剥夺了农民的迁徙自由与居住自由，损害了农民作为公民的基本权利，破坏了社会公平，即使越来越多的农民工涌入城市，由于无法获得市民的身份，无法享受与市民同等的工作机会与社会地位。三是户籍制度将农村与城市人为分割，城市工业由于获得农业的支持得到了迅猛发展，推动了城市社会经济的发展，城市变得越来越现代化，文明程度越来越高，而广大农村地区由于农业发展长期受到抑制，农村经济发展滞后，同时，由于与城市的隔绝，使得农村没有受到城市发展的积极影响作用，农村社会与城市社会之间的差距越来越大，形成传统农业社会与现代城市社会的鲜明对立。由此，构建新型城乡关系成为贯彻落实科学发展观的重要内容，中央开始高度重视"三农"问题，加大对农村、农业的基础设施和公共服务实施的投入，努力提高农民收入。众多学者也开始关注"三农"问题的解决,从不同的角度提出解决"三农"问题,构建新型城乡关系的理论体系和政策建议。但是,由于存在诸多产权制度、户籍制度、就业制度、福利保障和教育制度以及财税制度等分割城乡的体制性障碍,各种资源依然快速向城市聚集,城市的道路、通信、卫生和教育等基础设施继续发展,农村基础设施仍然落后;城市的人均消费水平远远高于农村等等,城乡差距不断扩大,制约城乡统筹发展的重要体制机制障碍仍然没有从根本上破除,城市对农村的带动作用也无法充分发挥。

(四)在产业关系上,从重工业优先发展到三次产业有序推进

新中国成立以后,要把中国从经济落后的农业大国逐步建设成工业国的发展道路,在党内意见是统一的,但从何起步,则无论党内党外都有不同意见。就当时已有的历史经验来看,主要有两种工业化模式:以英国为典型代表的从轻工业到重工业的发展道路,一般花了50—100年的时间才实现工业化;以苏联为典型代表的优先发展重工业和基础工业的发展道路,只用了十几年就实现了工业化。中国借鉴苏联模式,从四个方面考虑选择优先发展重工业的战略路径:一是凭借着国家政权的动员和组织力量,用和平的手段完成了社会主义改造,奠定了社会主义建设的经济基础;二是在比较短的时间里,利用自己的要素资源和建设力量,提高了国防和军事防御能力;三是使苏联对中国援助的150个项目得以建成,迅速建立起比较完整的国民经济工业体系,为改革开放后中国工业综合配套能力提升和大发展夯实了基础;四是积累了比较丰富的大工业建设经验,对工业化的认识也大大加深,为后来的工业项目引进及与国际先进国家的合作,提供了宝贵的经验。但是,优先发展重工业战略带来了许多严重的经济和社会问题,农、轻、重等国民经济重大比例关系的严重失调难以解决,比较严重的城乡二元分治问题趋于僵化,"三农"问题代价沉重。

随着改革开放的推进和对社会主义市场经济规律认识的逐步加深,我国清醒地认识到产业结构不合理仍是经济长期平稳较快发展的重要制约因素,农业基础设施薄弱、现代化水平低,部分行业产能过剩仍然存在,第三产业贡献率仍然偏低等结构性问题。同时,地区产业结构趋同问题值得关注,"大而全"、"小而全"的现象比较严重。为了破解产业结构诸多问题、促进经济平稳较快发展,政策取向上主动适应市场变化新趋势,加快推进产业结构优化升级，努力夯实农业发展基础，把工业由大变强与发展服务业特别是现代服务业结合起来，把淘汰落后生产能力与抢占战略性新兴产业制高点结合起来，力促三次产业在更高水平上协调发展。但是，从整体情况上看，我国总体上体现出来的特征仍然是工业、服务业的现代化、信息化、市场化程度远远高于农业，并且大多数省份由于传统工业化、城镇化模式的路径依赖，服务业在生产总值中所占比重低于工业，服务业发展相对滞后，实现三次产业协调发展还任重道远。

总之，改革开放以后，我国在推进三化发展上进行了诸多政策设计，工业化、城镇化和农业现代化协调程度逐渐提高，但是由于城乡二元结构、工业化优先发展路径依赖、对服务业地位和作用认识不够等多方面主客观因素的制约，工业化与城镇化、工业与农业、城市与农村关系中还存在一定的深层次矛盾和问题，主要体现为几个不完全：经济发展没有完全转变到依靠科技进步上来，资源利用方式没有完全实现向节约集约的转变，人力资源优势没有完全得以发挥，城镇发展没有完全由偏重数量规模增加向注重质量内涵提升转变，没有完全由偏重城市发展向注重城乡一体化发展转变；发展动力没有完全从过分依赖工业向工业、现代农业、现代服务业协调推进转变，城镇化、工业化、农业现代化之间的互动发展效应也没有充分体现出来。在此背景下，迫切需要在三化过程中走新型三化协调发展的道路，要素组合上更强调在城乡统筹、城乡一体的视野中优化资源要素的空间重组，突出节约集约、提高科技含量；驱动机制上更强调以新型城镇化为引领、以新型工业化为主导、以新型农业现代化为基础，并将现代城镇体系向广大农村腹地延伸；目标导向上更突出资源节约、环境友好，致力于走生产发达、生活富裕、生态良好的文明发展道路。

第二节　探索新型三化协调发展的时代背景

传统三化协调发展的推进，使工农关系、城乡关系、产城关系和产业关系的协调性得以增强，但在路径依赖、体制机制等因素的制约下，产城之间、产业之间和城乡之间的协调度还不够。随着我国综合实力的显著增强和国家财力的稳步增长，以及牺牲农业和粮食、牺牲生态和环境换来工业化、城镇化高速发展的代价越来越大，探索新型三化协调发展的紧迫性和现实性也越来越强，已经成为全国现代化建设进程中必须解决的重大战略问题。河南作为农业大省、人口大省，探索新型三化协调发展，既是破解自身发展难题的必然选择，也是为全国同类地区提供示范的客观要求。

一、从发展条件看，具备了探索新型三化协调发展的基础

胡锦涛总书记在党的十六届四中全会上提出："虽然各国工业化道路都是初级阶段农业给工业、城市的发展提供积累，但当工业发展到一定阶段以后，就要实行工业反哺农业、城市支持农村"。在 2004 年 12 月初召开的中央经济工作会议上，总书记再一次指出，在十六届四中全会上之所以讲这"两个趋向"，非常重要的一个判断就是我国的经济社会发展目前已经到了工业反哺农业、城市支持农村这样一个阶段。进入这个新阶段之后，可以说已经具备了探索新型三化协调发展的物质基础，统筹城乡发展、产业发展和产城发展的任务历史性地摆在了各级党委和政府的面前。事实上，早在 20 世纪 90 年代初，我国东部地区的山东、江苏、浙江，中部地区的河南、湖南和西部地区的四川等省份就认识到三化协调发展的重要性，开始了初步探索，取得了宝贵的经验，也吸取了一些教训，为探索新型三化协调发展奠定了思想认识基础。

在探索和实践中，河南先是提出"围绕'农'字上工业，上了工业促农业"，开始了工农业协调发展的探索。后来，又明确提出"加快工业化、城镇化，推进农业现代化"，之后又强调要走"在不牺牲、不削弱农业的前提下大力推进三化的路子"。二十多年来，河南始终坚持把加快工业化和城镇化、推进农业现代化作为加快中原崛起河南振兴的基本途径，坚持推动工农业互动协调发展，探索"以农兴工、以工促农、城乡互动、协调发展"的有效方式，实现了由传统农业大省向经济大省和新兴工业大省的历史性跨越的同时，耕地面积不减少、粮食产量不降低、农业地位不削弱，初步走出了一条不以牺牲农业为代价的三化协调发展的现代化路子，

并为持续探索新型三化的协调发展积累了有益的经验。

同时，现阶段河南探索新型三化协调发展的政策环境更加优越。近年来，中央出台了一系列强农惠农、同步推进三化发展的方针政策，尤其是国务院《关于支持河南省加快建设中原经济区的指导意见》明确指出，探索出一条不以牺牲农业和粮食、生态和环境为代价的三化协调发展的路子，是中原经济区建设的核心任务。并要求将中原经济区建设成为全国三化协调发展示范区，探索建立工农城乡利益协调机制、土地节约集约利用机制和农村人口有序转移机制，加快形成城乡经济社会发展一体化新格局，为全国同类地区发展起到典型示范作用。

此外，现阶段河南探索新型三化协调发展的经济基础更加牢固。在现代经济增长过程中，人口和产值的高速增长总是伴随着多种产业比重在总产出和所使用的生产性资源方面的明显变动。当前，河南正处于经济平稳较快增长的时期，经济社会发展呈现出好的趋势、好的态势、好的气势，2011年，全省地区生产总值达到27232.04亿元，比上年增长11.6%。全省三次产业结构为12.9：58.3：28.8。从经济总量看，河南已经具备了工业反哺农业、城市支持农村的综合经济实力；从三次产业结构来看，河南已经跨越了工业化初期阶段，进入到工业反哺农业、城市支持农村的中期阶段；从城镇化进程看，河南城镇化率刚达到40%，未来10年乃至更长时期内，将处于城镇化的加速推进阶段，一方面产业集聚发展推动人口向城镇加快聚集，形成了城镇化的"引力"；另一方面农业生产规模化将促使农村富余劳动力向城镇和非农产业加快转移，形成了城镇化的"推力"，新型城镇化引领三化协调发展的作用和效应将持续放大，新型三化互相融合、互为动因的内生性发展动力将持续增强。

二、从发展规律看，迫切需要规避风险跨越"中等收入陷阱"

国际经验表明，人均GDP在3000—10000美元的阶段，既是中等收入国家向中等发达国家迈进的机遇期，又是矛盾增多、爬坡过坎的敏感期。纵观全球各经济体的发展历程，很多国家和地区在人均GDP进入这一阶段之后，往往开始进入经济社会风险高发、矛盾集中爆发的时期，面临着"中等收入陷阱"的困扰。出现这一困扰，追根溯源是由于未能顺利实现发展战略和发展方式转变，导致新的增长动力特别是内生动力不足，产业升级艰难，经济长期停滞不前；快速发展中积聚的问题集中爆发，造成贫富分化加剧、城市化进程受阻、社会矛盾凸显等。从世界范围看，拉美、东南亚一些国家早就是中等收入国家，之后却陆续掉进了"陷阱"，至今仍未进入高收入国家行列，有的在中等收入阶段滞留时间长达四五十年。

按照世界银行的标准，2011 年我国已经成为中上等收入国家，河南人均生产总值也达到 4000 美元。这一阶段面临的重大而又迫切的一项任务，就是实现增长机制和发展模式的深度转型，从而规避这一发展阶段可能出现的经济增长波动甚至陷入停滞，顺利跨越"中等收入陷阱"。我国作为一个人口众多的发展中国家，工业化和城镇化已进入加速推进时期，要完成这一重大问题，借鉴国际经验，吸取相关教训，有两方面的问题需要特别重视：一方面，在全球粮食危机或将再现的背景下，必须将粮食安全置于国家安全的高度，着力保障粮食基本自给，否则就有可能出现近年来像西亚、北非等国家因粮食问题而频发国内政治动荡和社会骚乱的局面。另一方面，要防止像一些拉美国家，由于过度集聚化造成大城市急剧扩张，导致城乡发展的严重失调和社会危机的集中爆发，迟迟难以进入高收入国家（或地区）行列。

这些国家和地区的教训引人深思，要在工业化、城镇化进程中防止农业被削弱，努力保持经济发展的稳定性和持续性，顺利跨越"中等收入陷阱"，就必须改变建立在要素价格扭曲、资源能源高消耗、环境污染代价大基础上的粗放型工业化和城镇化的发展道路和模式，实现从城市偏向的发展战略向注重城乡一体化协调发展战略转型；实现城乡公共服务均等化，城乡居民共享发展成果；实现资源集约节约利用和生态环境好转，使农村劳动力的转移与工业化的发展相适应，农村人口的迁移与城镇化的发展相适应，农业发展与工业发展、城市发展相协调，经济发展和生态建设、环境保护相协调，从而保持新一轮持续高增长，顺利跨越"中等收入陷阱"，进入新的发展阶段。

三、从发展目标看，能够破解面临发展难题实现全面小康社会奋斗目标

党的十六大提出 21 世纪头 20 年，即到 2020 年要实现全面建设小康社会的奋斗目标。河南省也制定了《河南省全面建设小康社会规划纲要》，提出要在优化结构和提高效益的基础上，确保人均国内生产总值到 2020 年比 2000 年翻两番以上，工业化基本实现，社会主义市场经济体制比较完善，经济体系更具活力更加开放，各项社会事业全面发展，社会保障体系比较健全，社会就业比较充分，人民生活更加富足，社会主义民主更加完善，社会主义法制更加完备，人口素质明显提高，可持续发展能力不断增强，从而实现中原崛起。

河南是一个拥有一亿人口的欠发达省份，实现全面建设小康社会的这一宏伟目标，不仅对于河南一亿人民的福祉具有重要意义，而且更对全国全面建设小康社会这一总体战略的实现具有全局性意义。作为全国第一人口大省和农业大省，河南有 6000 万农村人口，人口多、底子薄、基础弱、发展不平衡的基本省情没有根本改变，城乡二元矛盾突出，新增城镇就业和转移农业劳动力的双重压力比其他省份都大，特别是各项主要经济社会人均指标都在全国一直处于中等靠后位次，如期实现目标的任务十分艰巨。目前距离目标时间只剩下七年多时间，河南全面建设小康社会已进入关键时期，选择适合的发展道路至关重要。而正处于工业化、城镇化加快推进时期的河南，既面临着跨越发展的重大机遇，也面临着一系列挑战和难题，诸如钱从哪里来、人往哪里去、民生怎么办、粮食怎么保的"老四难"和土地哪里来、减排哪里去、要素怎么保、物价怎么办的"新四难"等。作为中国的缩影，河南要破解相互交织的新老"四难"，如期实现全面小康建设的目标，必须进一步加快城镇化和工业化进程，实现经济社会更大规模、更高水平的发展。同时，还要在工业化、城镇化加快发展的同时不能忽视农业，也不能为了保粮食、保农业而拖累经济发展和城镇化进程。这就要求河南必须在全国统筹发展的大格局中充分利用当前的难得的政策环境和经济环境，持续三化协调发展思路的提升，谋划三化协

调发展路径的创新，通过走"两不三新"三化协调发展的新路子，构建起新型工农、城乡、产业关系，加快形成城乡经济社会发展一体化新格局，建设好全国新型工业化、新型城镇化和新型农业现代化协调发展示范区。

四、从发展任务看，可以发掘新的增长空间保持经济平稳较快发展

当前国际金融危机深层次影响仍在发酵，国际贸易增速回落，世界经济复苏的不稳定性、不确定性上升，我国经济下行压力加大，外需恶化、内需萎缩、主要经济活动明显疲弱，全国经济持续减速势头凸显，未来我国经济将进入一个困难相对较多、增速相对较慢的阶段，甚至有"硬着陆"的风险。但这只是外界因素，影响我国经济稳定发展的内在的最根本问题，仍然是结构的不合理。这种经济结构存在的问题在国际金融危机的冲击下更加突出。我国外贸出口是消费、投资和出口"三驾马车"中下降幅度最大的，成为拖累国民经济增长的主因；投资增长速度持续明显超过消费增长速度，投资与消费的比例严重失调。国际金融危机使我国解决这种经济结构不合理问题的任务更加紧迫。只有坚定不移地推进经济结构调整，才能使发展更上层次、更具后劲、更可持续。从国际上看，由国际金融危机引发的世界经济格局大调整正向纵深展开，不少国家和经济体正试图通过调整发展战略，探索和培育新的经济增长点，以赢得新增长周期，重塑竞争优势。对我国而言，加快经济结构调整是应对后危机时代激烈国际竞争的关键举措。如果仍停留在原有的经济结构和发展模式上，就会在未来的国际经济竞争中陷于被动。因此，在当前外需大幅萎缩的背景下，为保持增长，进一步提振经济，实现更有质量的可持续增长，必须调整需求结构，在保持投资适度增长和稳定外需的同时，寻找新的稳定的增长点，着力增强消费对经济增长的拉动作用，并将其作为转方式、调结构、保增长的首要任务。

城镇化是我国内需最大的潜力所在，是经济结构调整的重要依托。目前，我国城镇化率虽然已经超过50%，但是和发达国家70%多的水平相

比，还有相当大的提升空间。在传统工业化拉动经济增长能量释放殆尽的情况下，城镇化已成为拉动经济增长的主引擎。据测算，城镇化率每提高1个百分点，就拉动 GDP 提高 0.15 个百分点，拉动就业岗位增加 0.33 个百分点。同时，我国城镇居民的消费需求明显高于农村居民。城镇化率每提高 1 个百分点，就有 1300 多万人口从农村转入城镇，对衣食等日用消费品、对住房和汽车、对城镇公共服务和基础设施，都会形成巨大需求。对于河南而言，拥有 6000 万农村人口，2011 年城镇化率刚刚超过 40%，比全国平均水平还低了 10 个百分点，城镇化水平提升所形成的庞大的内需市场和投资对经济增长的拉动作用不容小觑，并且通过投资增量调整，将有力带动产业结构和消费结构的优化升级。而传统城镇化由于城乡二元结构、工业化与城镇化协调性不强、资源环境保护不力等因素制约，对投资、内需的拉动作用尚未充分发挥。加快推进新型城镇化进程，以新型城镇化引领三化协调发展，有利于河南保增长、调结构发展任务的顺利实施。这需要充分发挥新型城镇化的引领作用，加快城镇功能完善、农村劳动力转移，加快产业集聚、人口集中，加快城乡统筹、城乡一体发展，加快资源集约节约利用、生态环境改善，走以不以牺牲农业和粮食、生态和环境为代价的新型三化协调之路，助推河南在"十二五"及至更长时期保持经济平稳较快增长。而这一条道路同样适用于其他类似地区当前及今后一个时期的发展。

第三节　探索新型三化协调发展的重大意义

工业化、城镇化和农业现代化协调发展，是我国走向现代化的必由之路。河南作为中国的缩影，探索新型三化协调科学发展的路子，解决好三化协调问题，在全国具有典型性和代表性。以新型三化协调发展为战略任务，是河南在深刻认识世情国情省情基础上贯彻落实中央提出同步推进三化的发展思路，探索经济发展方式加快转变的有益尝试；是自觉站在全局，服务全国发展的历史担当；也是全面建设小康社会、实现中原崛起河南振兴的基本途径。

一、深刻认识世情国情省情、加快发展方式转变的有益尝试

正如前文所分析，我国已进入中等收入偏上国家行列和工业化、城镇化加速推进阶段，要保障粮食安全，跨越"中等收入陷阱"，必须充分汲取国际经验和教训，积极探索适合我国国情的发展路径和模式。同时，国际金融危机背景下，要进一步提振经济，实现更有质量的可持续增长，扩大内需是首要任务，但从更深层次、更系统的层面来看，关键还是加快经济发展方式转变。

在这样的发展阶段，河南的省情决定了其使命。从自然条件看，河南的土壤、气候、日照等更适合粮食和农业生产，目前粮食总量约占全国的1/10，夏粮产量占全国的1/4强，所以，河南的粮食生产关乎全国粮食安全，只能加强，不能放松；从地理位置看，河南地跨长江、淮河、黄河、海河四大流域，大别山—桐柏山、太行山、伏牛山三大山系环绕，又是南水北调中线工程的水源地，因此，河南的生态和环境保护关系全局，不容有失。河南这些年经济社会发展都取得了长足的进步，人均GDP已突破4000美元，进入工业化、城镇化加快推进和蓄势崛起的新阶段，但人口多、底子薄、基础弱、发展不平衡的基本省情没有变，人均发展水平和人均公共服务水平低的状况没有变，特别是发展不平衡、不协调、不可持续问题依然突出：城乡二元结构矛盾突出，农业基础依然薄弱，统筹城乡发展任务艰巨；产业层次低，科技创新能力不强，资源环境约束强化，既要加快发展，又要顺应全球经济轻型化、服务化的趋势和潮流，加快转型任务艰巨。特别是农村人口多、农业比重大、保粮任务重、"三农"问题突出、人多地少等是经济社会发展诸多矛盾最突出的聚焦点。这些都对发展方式转变形成倒逼压力，必须把加快转变经济发展方式贯穿于经济社会发展全过程和各领域。

河南这样的省情恰恰也是当前国情的缩影。因此，河南在现阶段探索"两不三新"三化协调之路，以此统筹破解资源要素等瓶颈制约，实现真正意义上的均衡发展、协调发展、可持续发展和城乡一体发展，不仅体现着能不能更好地对人民负责、对河南负责，更是在深刻认识世情国情省情

基础上，贯彻落实中央提出同步推进三化的发展思路，为我国加快经济发展方式转变所作出的有益尝试。

二、自觉站位全局、服务全国发展的历史担当

由于历史的原因，曾经长期处于全国政治、经济、文化中心地位的中原地区，到新中国成立时已沦为全国最落后的地区之一。1949 年，河南人均生产总值不到全国平均水平的 60%，工业总产值仅为全国总量的 1.6%。改革开放之初的 1978 年，河南经济总量仅列全国第九位。经过半个多世纪的奋斗特别是改革开放以来的不懈努力，河南发生了巨大变化，已成为经济大省、新兴工业大省和有重要影响的文化大省，但人口多、底子薄、基础弱、发展不平衡、人均水平低的基本省情还没有根本改变。2011 年，河南农民人均纯收入相当于全国平均水平的 94.7%，城镇居民人均可支配收入相当于全国平均水平的 95.2%，人均 GDP 相当于全国平均水平的 82.9%，城镇化率比全国平均水平低 10.7 个百分点。由于人口多、体量大、基础差，河南加快自身发展，持续探索新型三化协调之路，不断破解前进中的困难和阻力，就是对全国统筹区域协调发展，妥善解决"三农"问题的特殊贡献。

同时，作为全国粮食主产区，河南用占全国 6% 的耕地生产了占全国 10% 的粮食，为保障国家粮食安全作出了积极贡献。改革开放以来，在工业化浪潮中，全国 13 个粮食主产区中粮食净调出省份仅剩 6 个，但同期河南粮食总产量一直稳步增加，2011 年突破 1100 亿斤，每年净调出原粮及加工制品 400 亿斤。随着新一轮区域竞争的展开，中西部工业化、城镇化进程将会加速，"粮食怎么保"成为不容回避的问题。加之国际市场高粮价局面短期内难以改变，通过国际市场平衡国内供给不仅空间有限，而且受"大国效应"影响，价格风险和政治风险都将越来越大。如果说在改革开放初期，部分地区以削弱粮食生产、破坏生态环境为代价大上工业、发展城镇尚有一定的历史原因，那么在新的形势下，中西部地区已不可能也不允许再复制传统的工业化、城镇化道路。基于此，河南把建设粮食生产核心区作为三化协调发展的重要抓手，致力于到 2020 年粮食综合生产

能力提高至 1300 亿斤，继续为保障国家粮食安全作出更大贡献，这是河南应有的历史担当。

河南结合自身实际，提出"两不三新"三化协调科学发展的思路，就是自觉站位全国大局、服务全国发展的战略抉择。河南的"两不三新"三化协调科学发展，就是坚持以新型城镇化引领三化协调发展，发挥新型农村社区在新型城镇化引领方面的战略基点作用，推动产业互动、产城互动、城乡互动，努力实现农业增产与农民增收协同、推动工业化城镇化与保护耕地"红线"协同、协调推进三化与资源环境保护协同，构建起新型工农关系、城乡关系，保护好绿水青山，加快形成城乡经济社会发展一体化新格局，从而有效解决一些地方经济发展了，粮食生产下来了；有些地方粮食生产保住了，但是经济发展上不去的悖论，为全国同类地区推进现代化探索路子、积累经验。

三、全面建设小康社会、实现中原崛起河南振兴的基本途径

探索新型三化协调之路的最终目的，简单概括就是：既让城里人生活富起来，也让农民生活富起来；既让城市人享受到优良的公共服务，也让农村人享受到均等的公共服务；既让城市的生产生活环境得到改善，也让农村的生产生活环境得到改善；最终提高一亿河南人的福祉，实现共同富裕，实现完整意义上的中原崛起河南振兴。

当前，河南工业化、城镇化加速发展，产业、消费升级步伐加快，基础设施不断完善，劳动力素质提升，经济发展的基本条件较好。但同时，作为一个发展中的大省，人均水平与全国存在着明显差距。如果发展慢了，不仅自身的矛盾和问题无法解决，还会拖全国发展和中部地区崛起的后腿，所以，不发展不行，发展慢了也不行。以往，河南正是依靠探索走三化协调之路，成为全国重要的经济大省、新兴工业大省和有影响的文化大省。将来要实现从劳动、资源密集型向资本、技术和知识密集型转变，推动产业结构调整优化、传统工业转型升级、信息技术融合发展、产业集聚持续提高，又都有赖于城镇发展环境的优化、综合功能的完善以及信息、物流、金融等现代服务业的发展。同时，"三农"问题是实现中原崛

起河南振兴的最大障碍。如果到 2020 年，占河南人口一半左右的农村人口收入水平、居住条件、生活环境等没有显著改善，那就谈不上全省全面建设小康社会目标的实现。从根本上看，解决"三农"问题特别是农民问题的出路，仍然需要坚持"两不三新"三化协调科学发展。

持续探索以新型城镇化为引领，以新型工业化为主导，以新型农业现代化为基础的新型三化协调发展之路，提高产业、人口、生产要素集中度，建成生态高效的现代城镇体系和现代产业体系，形成以产带城、依城促产的良性互动局面，构筑三化融合互动、协调发展的新格局，有助于河南破解瓶颈制约，增强发展活力，实现弯道超车。同时，河南解决好新型三化协调发展问题具有典型性和代表性，探索好这条路子，实现又好又快发展，体现了勇担重责的自觉主动：不以牺牲生态和环境为代价，建设绿色中原生态中原，这也是对全省人民和子孙后代负责。探索和走好这条路子，不仅能建成惠及一亿人口的发展水平更高、更全面、更均衡的小康社会，而且可以为全国同类地区推进现代化作出尝试、积累经验、提供示范，这是河南决策层对中央和一亿河南人民的庄严承诺。

第二章
新型三化协调发展的主要标志和基本特征

工业化、城镇化和农业现代化是区域经济系统中三个相互联系、相互依赖、相互促进的共生单元。新型三化协调发展既体现了发展的系统性原则，又体现了发展的时代要求，具有丰富而深刻的内涵，与一般意义上的三化协调发展有本质上的区别。新型三化之间客观上存在相互联动发展关系，并以"四个协调"为主要标志，具备"五个协同"的基本特征。

第一节　新型三化协调发展的理论基础

关于工业化、城镇化与农业现代化的相关研究，已经取得了许多成果，其中不乏真知灼见，为新型三化协调发展的研究提供了理论基础。

一、相关基础理论

（一）二元经济结构理论

二元经济结构理论是区域经济学的奠基性理论之一。最初提出的二元结构主要包括二元经济结构和社会结构。随着二元结构概念和理论的逐步形成、发展和完善，研究的重点转向了二元经济结构，并取得了一系列重大成果。20 世纪 70 年代以后，关于二元结构的研究延伸到了经济以外的政治、文化、社会等各个领域。

荷兰社会学家 J．伯克最早提出了二元结构的概念和理论。伯克在调查研究了印度尼西亚的社会经济状况后，认为摆脱荷兰殖民统治的印度尼西亚社会是一个典型的二元结构社会：一方面，广大农村依然是没有实现西方工业化的传统社会，农业部门主要依赖土地、使用劳动力生产；另一方面，为数不多的城市却是殖民主义输入以后逐步进行工业化的现代社会，工业部门主要依赖资本、使用机器和技术进行生产。现代城市社会和工业部门与传统农村社会和农业部门在经济制度和社会文化各个方面都存在着巨大的差别，直接或间接地导致了城市和农村、工业和农业中的资源配置方式和人的行为准则的迥然不同。因此，在二元结构社会中矛盾的实质在于工业社会及其现代性同农业社会及其传统性的冲突。

二元经济结构理论是由英国经济学家刘易斯首先提出的。他在《劳动无限供给条件下的经济发展》一文中阐述了"两个部门结构发展模型"的概念，提出了完整的二元经济发展模型。刘易斯认为，在一国发展初期存在二元经济结构：一个是以传统农业为代表的"维持生计"部门；一个是以现代生产方式生产的工业部门和城市。由于传统农业部门人口较多，而耕地数量是有限的，加上生产技术落后，该部门的产量在达到一定的数量之后，基本是无法再增加的，即农业生产中的边际生产率趋于零，有时甚至是负增长。这时就产生了劳动力过剩。那部分过剩的劳动力被称为"零值劳动人口"。正是由于大量的"零值劳动人口"的存在，才导致发展中国家经济发展水平长期处于低水平，造成城乡差距。而在城市现代工业体系中，各工业部门具有可再生性的生产资料，生产规模的扩大和生产速度的提高可以超过人口的增长，即劳动边际生产率高于农业部门的生产边际生产率，工资水平也高于农业部门，所以可以从农业部门吸收剩余劳动力。而只要工业部门所支付的工资比农业部门的收入略高，农业剩余劳动力就会选择到工业部门去工作。这样工业部门可以支付较少的工资，而把多余资本再投入到扩大再生产的过程中。这样一来又可以吸收更多的农民到工业部门，形成一个良性运行过程，促使农业剩余劳动力的非农转移，使二元经济结构逐步消减。

刘易斯的"二元经济"发展模式可以分为两个阶段：一是劳动力无限供给阶段，此时劳动力过剩，工资取决于维持生活所需的生活资料的价值；二是劳动力短缺阶段，此时传统农业部门中的剩余劳动力被现代工业部门吸收完毕，工资取决于劳动的边际生产力。由第一阶段转变到第二阶段，劳动力由剩余变为短缺，劳动力工资水平也开始不断提高。经济学把连接第一阶段与第二阶段的交点称为"刘易斯拐点"。

在刘易斯之后，费景汉和拉尼斯修正了刘易斯模型中的假设，在考虑工农业两个部门平衡增长的基础上，完善了农业剩余劳动力转移的二元经济发展思想。他们认为，因农业生产率提高而出现农业剩余是农业劳动力流入工业部门的先决条件，并以刘易斯对不发达国家经济部门的划分为基础，把二元经济结构当中劳动力向工业部门的流动过程进一步划分为三个阶段。经过改进后的模型更准确地反映了二元经济发展中工农业平衡增长的重要性，以及劳动力转移取决于农业的劳动生产率提高等观点。但是，拉尼斯—费景汉模型仍将二元经济结构的发展归结为农业剩余劳动力向工业部门的转移。刘易斯—拉尼斯—费景汉模型成为了古典主义框架下二元经济结构问题的经典模型。

之后，一些经济学家进一步发展了二元经济结构模型。美国经济学家戴尔·乔根森提出了乔根森模型。该模型放松了关于工资决定等方面的假设，转而用一种动态的角度来分析二元经济结构变迁的情况。乔根森认为工业部门的工资等于边际生产力，而农业部门的工资等于劳动的平均产品，劳动力可以在两部门之间自由流动。工业的发展取决于农业剩余产品和人口规模。农业是经济发展的基础，当农业技术增长导致人均农业产出不断增长时，农业剩余规模变大，劳动力转移规模也越大。

美国发展经济学家托达罗考虑了城市当中的失业情况，认为农村劳动力根据城乡预期的收入差距进行迁移活动决策，而不是实际收入差距。当农村劳动力预测城乡间存在预期收入差距时，就会向城市迁移。通过对发展中国家工业化和城市化的研究，托达罗模型很好地解释了拉美一些国家城市化超前于工业化的情况。同时也表明，如果只重视城市化和工业化问题，而忽视了农村和农业的发展，那么城乡预期收入差距还将继续扩大，则发展中国家的城市失业的状况将会随着农村劳动力的流入而变得越发严重。因此，大力发展农村经济和缩小城乡差距对于发展中国家也有着重要的意义。

总的来看，二元经济结构理论基本概况了第二次世界大战后发展中国家城乡人口和劳动力转移的情况和特征，具有广泛和深刻的理论和现实意义。二元经济结构理论也表明，农业劳动力向非农产业转移是工业化过程的基本内容，农村劳动力向城市转移是城市化的主要特征，而工业化与城市化本身是相互联系、相互影响，是经济发展与结构变革同一过程的两个方面。

（二）区域增长理论

1. 不平衡增长理论。

不平衡增长理论是非均衡增长论的理论之一，由美国经济学家赫希曼在《经济发展战略》一书提出，核心内容包括三大部分：引致投资最大化原理、联系效应理论和优先发展进口替代工业原则。不平衡增长论与平衡增长论的区别就在于其认为落后地区资本有限，不可能大规模地投向所有部门，而只能集中起来投入到几类有带动性的部门，这样可以更有效地解决资本不足问题。赫希曼认为，发展道路是一条从主导部门通向其他部门的"不均衡的链条"。他主张首先发展某一类或几类有带动作用的部门，通过这几类部门的发展带动其他部门的发展。如果是政府投资，则应选择公共部门，特别是基础设施建设，造成良好的发展外部环境；如果是私人资本，则应投入到具有带动作用的制造业部门。

不平衡增长模式在实践中表现为：在经济发展初期，某些部门和某些地区会得到优先发展，而这种优先发展在产生扩散效应的同时，又会产生"回波效应"，即当劳动力、资金、技术、资源等生产要素由于收益差异吸引而发生由落后地区向发达地区流动时，落后地区与发达地区的经济发展差距将不断扩大，从而两类地区的收入差距也将不断扩大。[①]

2. 增长极理论。

增长极理论最初由法国经济学家佩鲁提出，随后许多区域经济学者将这种理论引入地理空间，用它来解释和预测区域经济的结构和布局。后来，法国经济学家布代维尔将增长极理论引入到区域经济理论中，之后美国经济学家弗里德曼、瑞典经济学家缪尔达尔、美国经济学家赫希曼分别在不同程度上进一步丰富和发展了这一理论，使区域增长极理论的发展成为了区域开发工作中的重要理论。

---

① 陈秀山、张可云：《区域经济理论》，商务印书馆2004年版。

佩鲁认为，如果把发生支配效应的经济空间看做力场，那么位于这个力场中推进性单元就可以描述为增长极。增长极是围绕推进性的主导工业部门而组织的有活力的高度联合的一组产业，它不仅能迅速增长，而且能通过乘数效应推动其他部门的增长。经济发展的主要动力是技术进步与创新。创新集中于那些规模较大、增长速度较快、与其他部门的相互关联效应较强的产业中，具有这些特征的产业称为推进型产业。推进型产业与被推进型产业通过经济联系建立起非竞争性联合体，通过后向、前向连锁效应带动区域的发展，最终实现区域发展的均衡。这种推进型产业就起着增长极的作用。

布代维尔将增长极推广到了区域经济，增长极在拥有推进型产业的复合体城镇中出现。他认为增长极是指在城市配置不断扩大的工业综合体，并在影响范围内引导经济活动的进一步发展。布代维尔主张通过最有效地规划配置增长极并通过其推进工业的机制来促进区域经济的发展。

增长极理论提出以来，被许多国家用来解决不同的区域发展和规划问题。首先，该理论非常符合地区差异存在的现实。其次，增长极概念非常重视创新和推进型企业的重要作用，鼓励技术革新，符合社会进步的动态趋势。另外，增长极概念形式简单明了，易于了解，对政策制定者很有吸引力。

不过很多国家的实践表明，增长极理论指导的区域发展政策没有引发增长极的快速增长，反而扩大了它们与发达地区间的差距，尤其是城乡差距，所以20世纪70年代以来增长极理论的有效性受到怀疑，一方面是由于增长极的成长和开发存在一定难度，扩散阶段过于漫长，也不能保证带来大量就业机会；另一方面，这种自上而下的经济政策过分依赖于政府的外力，可能会降低国民经济发展的内生动力。

3．点轴开发理论。

点轴开发理论最早是由波兰经济家萨伦巴和马利士提出的。点轴开发模式是增长极理论的延伸，从区域经济的发展看，经济中心总是首先集中在少数条件较好的区位，呈斑点状分布。这种经济中心既可称为区域增长极，也是点轴开发模式的点。随着经济的发展，经济中心逐渐增加，点与点之间，由于生产要素交换需要交通线路、动力供应线、水源供应线等，相互连接起来这就是轴线。这种轴线首先是为区域增长极服务的，但轴线一经形成，对人口、产业也具有吸引力，吸引人口、产业向轴线两侧集聚，并产生新的增长点，或是沿轴线形成产业开发带。点轴贯通，就形成点轴系统。因此，点轴开发可以理解为从发达区域大大小小的经济中心（点）沿交通线路向不发达区域纵深地发展推移。

点轴开发理论是在经济发展过程中采取空间线性推进方式，它是增长极理论聚点突破与梯度转移理论线性推进的完美结合。点轴开发理论的实践意义，在于首先揭示了区域经济发展的不均衡性，即可能通过点与点之间跳跃式配置资源要素，进而通过轴带的功能，对整个区域经济发挥牵动作用。因此，必须确定中心城市的等级体系，确定中心城市和生长轴的发展时序，逐步使开发重点转移扩散。随着区域网络的完善，极化作用减弱，而扩散作用增强，区域经济逐渐趋于均衡。因此，点轴渐进是区域不平衡向平衡转化的过程，对于欠发达地区来说也是二元经济结构的逐渐消除过程。

4. 网络开发理论。

网络开发理论是点轴开发理论的延伸。该理论认为，在经济发展到一定阶段后，一个地区形成了增长极和增长轴，随着点和轴的影响范围不断扩大，在较大的区域内形成商品、资金、技术、信息、劳动力等生产要素流动和传递的网络。在此基础上，网络开发理论强调加强增长极与整个区域之间生产要素交流的广度和密度，促进地区经济一体化，特别是城乡一体化。同时，通过网络的外延，加强与区外其他区域经济网络的联系，在更大的空间范围内将更多的生产要素进行合理配置和优化组合，促进更大区域内经济的发展。

网络开发理论有利于缩小地区间发展差距。增长极开发、点轴开发都是以强调重点发展为特征，在一定时期内会扩大地区发展差距，而网络开发是以均衡分散为特征，将增长极、增长轴的扩散向外推移。该理论一方面要求对已有的传统产业进行改造、更新、扩散、转移；另一方面又要求全面开发新区，以达到经济布局的平衡。新区开发一般也是采取点轴开发形式，而不是分散投资，全面铺开。这种新旧点轴的不断渐进扩散和经纬交织，逐渐在空间上形成一个经济网络体系。

网络开发理论注重于推进城乡一体化，加快整个区域经济全面发展。因此，该理论应用的时机应选在经济发展到一定阶段后，区域之间发展差距已经不大，区域经济实力已允许较全面地开发新区的时候。网络开发理论在发达地区应用取得了较好的效果。在我国珠江三角洲、长江三角洲地区，经济发展已达到了较高水平，网络开发已成为当地发展模式的主要选择。①

（三）发展阶段理论

早在 17 世纪，英国经济学家配第发现了世界各国的国民收入水平的差异及其形成的不同的经济发展阶段，其关键在于产业结构的不同。配第和克拉克通过研究先后发现，随全社会人均国民收入水平的提高，就业人口首先由第一产业向第二产业转移，而当人均国民收入水平有了进一步提高时，就业人口便大量向第三产业转移。这种由人均收入变化引起的现象称为配第—克拉克定律。

美国经济学家库兹涅茨在继承配第和克拉克等人研究成果的基础上，依据人均国内生产总值份额基准，考察了总产值变动和就业人口机构变动的规律，揭示了产业结构变动的总方向，从而进一步证明了配第—克拉克定律。他发现的这种变动规律，即产业结构的变动受人均国民收入变动的影响，被称为库兹涅茨人均收入影响论。

德国经济学家 W．C．霍夫曼根据工业化早期和中期的经验数据进行推算，并把工业化某些阶段产业结构变化趋势外推到工业化后期。通过设定霍夫曼比例或霍夫曼系数（消费品工业净产值与资本品工业净产值的比），对各国工业化过程中消费品和资本品工业的相对地位变化作了统计分析。他得到的结论是，各国工业化无论开始于何时，一般都具有相同的趋势，即随着一国工业化的进展，消费品部门与资本品部门的净产值之比是逐渐趋于下降，霍夫曼比例呈现出不断下降的趋势。根据霍夫曼比例，工业化进程可划分为四个发展阶段，而在整个工业化过程，就是重工业在制造业中所占比重不断上升的过程，后者的净产值将大于前者。

美国经济学家罗斯托首先提出了主导产业及其扩散理论和经济成长阶

---

① 陈秀山、张可云：《区域经济理论》，商务印书馆 2004 年版。

段论。他认为无论在任何时期，甚至在一个已经成熟并继续成长的经济体系中，经济增长之所以能够保持，是因为为数不多的主导部门迅速扩大的结果，而且这种扩大又产生了对产业部门的重要作用，即产生了主导产业的扩散效应，包括反馈效应、旁侧效应和前向效应。罗斯托的这些理论被称为罗斯托主导产业扩散效应理论。他根据科学技术和生产力发展水平，将经济成长的过程划分为五个阶段：传统社会、为"起飞"创造前提的阶段、"起飞"阶段、向成熟挺进阶段、高额大众消费阶段。

之后，美国经济学家钱纳里利用第二次世界大战后发展中国家，特别是其中的 9 个准工业化国家（地区）1960 年到 1980 年间的历史资料，建立了多国模型，利用回归方程建立了 DGP 市场占有率模型，即提出了标准产业结构。即根据人均国内生产总值，将不发达经济到成熟工业经济整个变化过程划分为三个产业阶段六个时期，并提出从任何一个发展阶段向更高一个阶段的跃进都是通过产业结构转化来推动的。

（四）其他理论

美国经济学家舒尔茨比较研究了发达国家和发展中国家的工业化和现代化进程及其现代生产要素的配置，提出了现代要素引入论。他认为，二元经济结构的转变关键在于传统农业的现代化。传统农业的现代化，关键在于增加农业现代生产要素引入，并且合理地配置。农业的现代生产要素，就是适合贫穷农村和落后农业的既有利又有效的现代农业科技。合理配置农业的现代生产要素，就是农民不仅愿意接受和采用现代生产要素，而且必须懂得如何最好地使用现代生产要素，必须学习新的有用知识和新的有用技能。正是这种学习构成了作为现代农业特征的生产率提高的基础。所以，这种现代农业的知识和技能，在本质上是向农民的一种投资。增加人力资本的投入，促使农民通过教育、培训、健康、迁移、信息获得等方面的投资而形成驾驭现代农业生产要素的能力，是农业经济增长的主要源泉。

美国比较现代化理论家布莱克认为，传统化与现代化的二元结构不仅贯穿和渗透于经济、政治、文化、社会等各个领域，而且贯穿和渗透于从传统农业经济到现代工业经济、从传统社会模式到现代社会模式根本转变和发展的现代化整个过程之中。由此演化而来的多元体系二元结构论强调，现代化是一个改变以往多元体系的二元结构，实现经济领域工业化、政治领域民主化、社会领域城市化、文化领域理性化的互动过程。

二、国内外理论研究进展

前文中我们对新型三化协调发展的相关基础理论做了阐述，在此基础上，我们再进一步梳理该领域的国内外理论研究进展，总结重要观点。

（一）国外理论研究进展

在国外方面，重农主义者认识到靠牺牲农业而发展的工商业是难以持久的；古典经济学家论证了农业中存在的报酬递减规律的作用，可能阻碍工业扩张；马克思指出，农业劳动生产率的提高是一切社会发展的基础，城乡关系将由对立走向一体化；费希尔（1935）和克拉克（1940）阐述的"三次产业"思想，体现了农业与非农业在经济发展中的比例关系；刘易斯（1954）提出二元结构论，认为经济发展的重心是传统农业向现代工业的结构转换，转换的核心是农业部门的剩余劳动力向现代部门的转移；拉尼斯—费景汉（1961）强调了工业与农业的平衡增长，认为农业为工业提供劳动力和农产品剩余；同年的乔根森指出农业剩余是工业发展的必要条件，劳动力转移是提高农业生产率的途径；舒尔茨（1964）认为传统农业通过现代化改造可以成为经济增长的重要源泉，其关键是向农业投入现代生产要素，改变传统农业的低效率。现代农业是一个动态变化的过程，既有传统性的合理继承与发展，又具有现代先进性和合理性的特质。乔根森（1966）将人口增长和家庭人口供给的决策内生化，并强调工业是一个不断进步的部门，农业剩余是劳动力从农业部门转移到工业部门的充分与必要条件。托达罗（1969）解释了在城镇失业率日益上升的情况下农村人口还不断流向城镇的矛盾，强调了增加乡村就业机会、提高农民收入的重要性。耶兹（1970）指出工业发展是城镇成长的最重要推动力；贝罗赫（1975）揭示了一些发展中国家城镇化与工业化之间明显表现出的不协调的"超城镇化"现象；巴顿（1986）分析了工业化与城镇化相关的经济学成因；钱纳里（1989）等指出了工业化与城镇化因果联系的内在机理；小岛（1996）研究了发展中国家人均 GDP 和城镇化率的变动趋势，指出中国的城镇化体现为"控制型城镇化"特征。

（二）国内理论研究进展

在国内方面，张培刚（1945）阐述了农业对工业化及国民经济发展的重要作用，指出工业化必须包括农业的工业化在内，使传统农业转变为现代产业；丁泽霁（1991）认为农业现代化可以叫做农业工业化；牛若峰（1994）论证了农业波动是工业波动和整个国民经济波动的根源；康芸、李晓鸣（2000）指出传统农业要发生根本性变革，必须与工业化相结合；马晓河（1995）认为人均收入在低水平时，农业与工业的发展差距较大，反之差距较小；黄泰岩、王检贵（2001）提出在工业化的不同阶段，农业对经济增长的作用侧重不同；周洁红、黄祖辉（2002）认为用现代工业装备农业是农业现代化的重要内容；林毅夫（2003）指出促进工业化和城镇化，是实现农业现代化的根本途径；刘拥军（2005）强调只要农业现代化没有实现，农业就始终制约工业和国民经济的增长；李岳云（2007）阐述了过度工业化、城镇化对粮食安全的负面影响；曹建海、李海舰（2003）从农业、制造业、第三产业与工业的关联出发强调了实现工业与国民经济各产业的协调和稳定增长的重要性和具体措施，并把信息化作为带动产业结构优化升级的主要驱动力量；任保平（2004）主张，实现经济结构的调整，要用工业化的生产方式改造传统农业，同时还要促进乡镇企业的二次创业；李周（1990）、刘翼浩（1991）、李果仁（1992）、简小鹰（1996）、范晋明（1997）、田魁祥（1998）、顾益康（2001）、张晓山（2007）等许多学者对农业现代化进行了研究。马侠（1987）从人口角度分析了工业化与城镇化存在稳定的正相关关系；王积业、王建（1996）等对中国工业化与城镇化的偏差进行了研究；周一星（1997）对137个国家的城镇化水平与人均国民生产总值进行了相关分析；李青、陶阳（1999）对改革开放后全国26个省区城镇化与工业化的相关性进行了研究；张正河、杨治（2000）等测算了发达国家工业化与城镇化的相关系数；魏后凯（2000）对中国工业化与城镇化协调发展的区域差异进行了评价；王小鲁（2000）、叶裕民（2000）、杨波（2002）等认为我国城镇化严重滞后于工业化；邓宇鹏（2000）指出中国存在着隐性城镇化，因此城镇化不落后于工业化；郭克莎（2001）认为中国城镇化进程并未过多偏离工业化进程；蔡孝箴（1994）、景普秋（2003）、姜爱林（2004）、宋炳坚（2004）、陈圣飞（2005）等许多学者也对工业化与城镇化的相互关系进行了研究。

耿明斋（2004）认为欠发达平原农业区的农村工业化并不就是把企业散布在农村，而是大量农业剩余劳动力被吸纳进非农产业，实现农村工业化和城市化的同步发展；喻新安、陈明星（2007）认为新型工业化是传统农区现代化的必由之路，传统农区新型工业化道路的新内涵为：跨越式的工业化，农业的工业化，农村要素资源的工业化，低消耗低污染的工业化。中西部地区既要加快工业化进程，又不能以削弱农业的基础地位为代价，因此，必须在对既往尤其是东部地区加快工业化的产业政策进行深刻反思的基础上，走出一条工农互动、协调发展的路子。高宝华、蔡庆悦（2007 年）认为工业化和城镇化的协调发展与农业增长是相互促进的；王永苏（2011）指出工业化、城镇化、农业现代化协调发展，就是把三化看成是一个有机联系的大系统，综合把握它们之间的相互联系，相互作用，而不能把它们分隔开来孤立看待，推进其中任何一化的时候都要考虑与其他两化的关系和影响，使之有利于而不是有害于其他两化。吴海峰（2006）认为建设社会主义新农村，需要农业现代化、工业化和城镇化这三化的共同推动。曾宪初、张洁燕等（2006）认为推动传统农业向现代农业转变，统筹城乡经济社会协调发展，加快农业和农村现代化进程，必须使农业产业化现代化、农村工业化城镇化协调联动，整体推进。关黎丽（2010）认为在经济发展进程中，工业化、城镇化和农业现代化三者相互促进共同增长，发展中国家和地区现今都面临着工业化发展趋于稳定而城镇化和农村经济发展滞后的局面。

第二节　新型三化协调发展的丰富内涵

中原崛起，三化为途。作为人口大省、农业大省、新兴工业大省，河南省在多年实践的基础上，提出要积极探索不以牺牲农业和粮食、生态和环境为代价的新型城镇化、新型工业化和新型农业现代化协调科学发展道路。这一新型三化协调之路，突出体现在"新"字上。所谓"新"，是指在新型三化基础上实现协调发展，在充分发挥新型城镇化的引领作用、新型工业化的主导作用、新型农业现代化的基础作用，在不以牺牲农业和粮食、生态和环境为代价。

一、新型工业化的内涵

工业化通常被定义为工业（特别是其中的制造业）或第二产业产值（或收入）在国民生产总值（或国民收入）中比重不断上升的过程，以及工业就业人数在总就业人数中比重不断上升的过程。虽然工业发展是工业化的显著特征之一，但是，工业化也绝不仅限于工业发展。工业化作为现代化的核心内容，是传统农业社会向现代工业社会转变的过程，表现为工业在国民生产总值和总就业人口中的份额不断上升；表现为产业结构的高级化，社会经济资源配置向工业和服务业集中以及人们活动的城镇化；意味着社会经济关系的变革和人类文明的阶段性演进。工业发展绝不是孤立进行的，而总是与农业的现代化和服务业发展相辅相成的，总是以贸易的发展、市场范围的扩大和产权交易制度的完善等为依托的。工业化是人类社会经济发展的必经之路，是发展中国家实现经济增长和社会经济转型的重要途径。工业化不仅表现为一个国家由落后的农业国变成先进的工业国的过程，而且还包含着经济增长量的扩张和结构变动所带来的生产力进步和经济发展的质的变化。工业化的演进也是经济发展、社会变革和文明进化的过程。

现在世界上比较主要的工业化国家，它们的工业化往往是殖民掠夺、大量消耗能源和原材料、严重破坏环境的工业化过程，对自然界和社会造成的负面影响长期难以医治。我国作为发展中国家，有着后发优势，在经济发展的实践当中要避免传统工业化的负面影响。因此，党的十六大提出："以信息化带动工业化，以工业化促进信息化，走一条科技含量高、经济效益好、资源消耗低、环境污染少、人力资源优势得到充分发挥的新型工业化路子。"这段话当中明确地提出了新型工业化道路，也是我们党立足国情，面向世界、面向未来做出的重大决策。

与传统的工业化道路相比较，我国正在推进的新型工业化必须符合以下五个标准：一是科技含量高，就是要加快科技进步以及先进科技成果的推广运用，充分发挥科技作为第一生产力的作用，促进科技成果更好地转化为现实生产力，把经济发展建立在科技进步的基础上，提高产品的质量和竞争力。二是经济效益好，就是要实现经济增长方式从粗放型向集约型转变，即从主要依靠增加投入、铺新摊子、追求数量，转到以经济效益为中心的轨道上来，通过技术进步、加强科学管理、降低成本来提高劳动生产率。三是资源消耗低，就是要充分考虑中国人均资源相对短缺的实际，实施可持续发展战略，坚持资源开发和节约并举，把节约放在首位，努力提高资源利用效率，积极推进资源利用方式从粗放向节约转变，转变生产方式和消费方式。四是环境污染少，就是要高度重视生态环境问题，从宏观管理入手，注重从源头上防治环境污染和生态破坏，避免走旧工业化过程中的先污染后治理的老路。五是人力资源优势得到充分发挥，就是要从我国人口多、劳动力资源丰富的实际出发，制定推进工业化的具体政策，处理好发展资金技术密集型产业与劳动密集型产业的关系，坚持走中国特色的城镇化道路，通过教育和培训提高劳动力资源的能力。纵观世界发展史，任何一个国家的工业化进程都与时代紧密相关，成功的工业化都是吸收和应用当时最先进技术的结果。在人类社会已进入信息时代的今天，我们必须十分重视信息化在工业化发展中的倍增作用和催化作用，积极推进信息化。

我国新型工业化的内容有：第一，以信息化带动工业化。发展中国家或地区，在新型工业化的建设中，可以借鉴发达国家工业化的经验和教训，以信息和技术为动力，以信息化带动工业化，从而发挥后发优势来实现生产力的跨越式发展。第二，以可持续发展指导工业化。新型工业化以可持续发展为基础，在实现新型工业化的进程中要特别强调生态建设、环境保护和资源的有效利用，强调处理好经济发展与人口、资源、环境之间的关系，以此来降低工业化的社会成本和经济代价。第三，以技术进步推动集约式经济增长的实现。新型工业化的实现过程是现代科学成果在工业领域得到广泛、综合地运用的过程。因此，新型工业化应建立在当代最新科学技术基础之上。第四，实现城乡充分就业。我国的国情是人口众多，所以在新型工业化进程中还要注意以充分就业为先导，处理好资本密集型与劳动密集型产业的关系，处理好高新技术产业和传统产业的关系，在推进工业化的同时，也要扩大就业，实现劳动力资源的充分利用。

按照这样的标准，新型工业化的发展具有双重目标：一方面要实现跨越式发展，完成工业化的任务；另一方面要迎接信息化的挑战，提高工业的现代化水平。为此，应当从几方面入手：第一，加速推进工业化进程。我国现阶段工业化发展很不平衡，总体上处于工业化的中期阶段，部分地区处于工业化的高级阶段，部分地区处于工业化的初级阶段，加速实现和完成工业化仍然是一项十分艰巨的历史性任务。第二，实现工业经济结构的优化和升级。在新型工业化的实现过程中，要加大工业结构调整的力度，实现工业产业结构的高级化和现代化。第三，加快农村新型工业化进程。农村新型工业化是中国新型工业化的有机组成部分，我国传统工业化仅从单方面考虑工业发展，损害了农业的发展，忽视了工业对农业的带动，强化了二元经济结构。在走新工业化道路时必须把农村的工业化作为新型工业化的不可缺少的内容。第四，转变工业经济增长方式。将我国传统的以粗放型的经济增长为基础的工业化转变为以集约型经济增长为基础的新型工业化，在经济增长方式上强调利用技术进步提高经济效益。

总之，新型工业化是从我国实际出发，汲取世界各国工业化的经验和教训，立足于当今时代经济科技发展的新水平，充分发挥自己比较优势和后发优势的工业化，是转变经济发展方式、能够增强可持续发展能力的工业化。

二、新型城镇化的内涵

城镇化是指农村人口不断向城镇转移，第二、三产业不断向城镇聚集，从而使城镇数量增加，城镇规模扩大的一种历史过程。城镇化作为一种社会历史现象，既是物质文明进步的体现，也是精神文明前进的动力。城镇化作为一种历史过程，不仅是一个城镇数量与规模扩大的过程，同时也是一种城镇结构和功能转变的过程。这一历史过程包括四个方面：第一，城镇化是农村人口和劳动力向城镇转移的过程；第二，城镇化是第二、三产业向城镇聚集发展的过程；第三，城镇化是地域性质和景观转化的过程；第四，城镇化包括城市文明、城市意识在内的城市生活方式的扩散和传播过程。概括起来表现为两个方面：一方面表现在人的地理位置的转移和职业的改变，以及由此引起的生产方式与生活方式的演变；另一方面则表现为城镇人口和城市数量的增加、城镇规模的扩大以及城镇经济社会、现代化和集约化程度的提高。

但是，近年来我国的城镇化由于片面注重追求城市规模扩大、空间扩张而忽视城市的文化、公共服务等内涵的提升，忽视城乡统筹发展，从而引发了一系列的问题。实践证明，这种资源高耗、城乡分割、缺乏特色的传统城镇化老路已经不可持续。这促使我们不得不反思城镇化的方式，从而提出了新型城镇化的概念。所谓新型城镇化，是指坚持以人为本，以新型工业化为动力，以统筹兼顾为原则，推动城市现代化、城市集群化、城市生态化、农村城镇化，全面提升城镇化的质量和水平，走科学发展、集约高效、功能完善、环境友好、社会和谐、个性鲜明、城乡一体、大中小城市和小城镇协调发展的城镇化建设道路。与传统城镇化相比，新型城镇化更强调内在质量的全面提升，也就是要推动城镇化由偏重数量规模增加向注重质量内涵提升转变；由偏重城市发展向注重城乡一体化发展转变；由粗放式的土地和资源利用向资源节约、环境友好之路转变；由主要依靠中心城市带动向更加侧重城市群、大中小城市和小城镇协调配合发展转变；由过分依赖工业向工业、现代农业、现代服务业的支撑体系的结合转变。

新型城镇化是在对传统城镇化进程的反思和扬弃中逐步探索创新出来的，我国必须从实际国情出发，走符合阶段特征、体现地区特色的新道路。河南经过多年的探索实践，提出了符合河南实际的新型城镇化道路，即：以城乡统筹、城乡一体、产城互动、节约集约、生态宜居、和谐发展为基本特征，大中小城市、小城镇、新型农村社区协调发展、互促共进。可以看到，河南要走的新型城镇化路子着重在思路上统筹、发展上一体、作用上互动、要素上集约。其"新型"所在，表现在基本特征上，是以城乡统筹、城乡一体、产城互动、节约集约、生态宜居、和谐发展为特征的新型城镇化；表现在模式构成上，是由国家区域性中心城市、省域中心城市、中小城市、中心镇、新型农村社区组成的新型五级城镇体系；表现在人口转移路径上，是创造性地将新型农村社区纳入城镇体系，从而以涵盖大中小城镇、延及整个农村的多维转移路径替代了农民进城这一单一转移路径；表现在产城互动上，是依城促产、以产兴城、产城融合的联动发展；表现在功能定位上，是以全国区域性中心城市郑州作为龙头和重心，以省域中心城市发挥辐射带动作用，以中小城市发挥承载承接作用，以中心镇形成重要节点，以新型农村社区构筑战略基点的协调互动分工格局；表现在城市形态上，是以内涵式、紧凑型、生态化、可持续为方向的新型城市发展形态。

河南所提出的新型城镇化，就是要做到个人、政府、企业、社会组织等各参与主体满意，并且与区域要素禀赋结构及环境承载力相适应。这就要求各地必须从本地实际情况出发，坚持以人为本的全面、协调、可持续的科学发展理念，走渐进式、集约化、多样化的可持续城镇化之路。作为一个农业比重大、城镇化滞后的区域，中原经济区必须在我国新型城镇化道路的总体框架中，结合中原地区经济社会发展实际，探索一条对欠发达地区有较强示范意义的城镇化的新路子，这既是国家赋予河南人民的神圣使命，也是中原大地千载难逢的战略机遇。

三、新型农业现代化的内涵

对农业现代化的研究，理论界从过程和结果两方面进行定义。目前普遍认可的农业现代化内涵是：用现代工业装备农业，用现代科学技术改造农业，用现代管理方法管理农业，用现代社会化服务体系服务农业，用现代科学文化知识提高农民素质的过程。

从总体上看，经过实现了农业现代化之后的现代农业应主要具有以下几个基本特点：第一，随着以自然科学为基础的现代农业技术体系的形成和推广，农业生产中大规模采用以现代科学技术为基础的生产工具和生产方法，使农业生产和经营的科学化程度空前提高。第二，由于现代农业机械体系的形成和各种农机具的广泛应用，农业由"畜力—改良农机具生产"转变为"机械动力—现代机器生产"。现代农业的生产实现了全面机械化，并向自动化迈进。现代农业能源的投入也相当大，农业及其相关产业成为石油消耗量最大的部门。第三，农业生产的专业化程度越来越高，农业生产中的社会分工日益深化。不仅地区分工和产品种类上的分工越来越细，而且形成了生产工序上的分工，如产前、产中和产后的分工，产中主要作业工序上的分工。在此基础上，形成了一个比较完整的农业社会化服务体系，大量的农业生产及经济活动是由各种专业化服务组织来完成的。第四，形成了发达的农业市场经济，不仅大部分农产品成为商品，而且农业生产所必需的各种生产要素也成为商品。农产品市场和农业生产要素市场空前发达，尤其是农业生产要素市场的产生和发展，成为现代农业的一个重要特征。第五，随着专业化和协作的发展，农业的产业组织方式发生了根本的变化，农业的产业链条延伸，农业开始实行一体化经营和企业化管理。第六，劳动生产率普遍得到了大幅度的提高，大量农业劳动力转移到工业以及其他非农产业，农业人口和农业劳动力在总人口和总劳动力中所占比重大大下降。第七，农业基础设施完备，交通便利，从而为农业生产和农民生活提供了方便的条件，城乡差别明显缩小。综上可见，现代农业是建立在现代科学技术的基础上，以现代工业为依托，在现代市场条件下进行的大农业，是一种高科技含量、高资本投入、低劳动投入、高消耗、高产出、高商品率和高度社会化的农业。

纵观世界农业发展历史，已经完成农业现代化的国家，由于资源禀赋及其工业化水平的不同选择了不同的发展模式，大体上有三种类型：一类是人少地多、资源丰富的国家，有大量可耕地，最缺劳动力。在农业现代化起步阶段，他们首选提高劳动生产率，实现规模经营。以美国为例，19世纪40年代初基本实现农业机械化，19世纪70年代之后，现代管理、信息和生物技术广泛应用于农业。第二类是人多地少、资源相对紧缺的国家，首选提高资源产出率，实现集约化经营。以日本为代表，在基本完成生物技术措施现代化后，把重点转向实现农业机械化。第三类是资源禀赋介于前两类之间的国家。以德国、法国为代表，它们选择农业机械化和生物现代化并重。中国的农业现代化道路，必然带有中国国情的独特印记。人多地少、资源短缺、经济欠发达、发展不平衡的现实，决定了我们既不可能照搬外国，也不可能按一个模式齐步走。因此，中国特色的农业现代化应是在中国特定的条件下，运用现代科技、现代管理，合理开发、配置、使用各种农业要素资源，优化市场和生态环境，实现中国农业可持续发展的过程。中国特色的农业现代化，是由传统中国农业向现代中国农业转化的过程，是农业综合生产能力现代化的过程，是中国在特定的条件下，具有现代素质的农业劳动者利用现代农业生产手段，生产出能够满足社会需要的高质量的农业产品的过程。

在此基础上，近年来我国理论界又进一步提出了新型农业现代化的概念。刘功成等（2003）指出新型农业现代化道路就是走一条粮食稳产高产、安全生态高效、经营方式先进、基础设施完善、服务体系健全、更加依靠科技进步和农民素质提高的路子，其核心是科学化，特征是商品化，方向是集约化。邱剑锋等（2004）进一步明确了新型农业现代化的内涵体系和目标任务，一是逐步以知识资本替代传统劳力和资本，二是农业、农民、农村"三位一体"，三是农业现代化、农村工业化、农村城镇化、农民知识化"四化联动"，四是生产、生活、生态"三生统一"，五是绿色、蓝色、白色"三色农业"，有机、绿色、无公害"三种"食品全面开发，整体推进，六是数字化替代经验化。顾益康（2007）提出必须走经济高效、产品安全、资源节约、环境友好、技术密集、凸显人力资源的有中国特色的新型农业现代化路子。任秉元、董明（2008）认为新型农业现代化的"新"主要体现在国际背景新、发展路径新、实现目标新。马万杰（2011）认为新型农业现代化包括现代要素和安全性、协调性两方面，其中，现代要素包括现代科技、现代装备、现代服务、现代农民，安全性表现为保障国家粮食安全和食品安全，协调性表现为农业现代化与新型工业化、新型城镇化协调配合、共同发展。董学彦（2012）提出新型农业现代化不仅包括物质装备、产业体系的现代化，更包括农民的现代化，提升农民素质，是实现新型农业现代化的必由之路。

总结多方理论思想，结合实际省情，作为农业大省、肩负保障国家粮食重任的河南，在省九次党代会报告中也总结提出了河南未来要走的新型农业现代化道路，即以粮食优质高产为前提，以绿色生态安全、集约化标准化组织化产业化程度高为主要标志，基础设施、机械装备、服务体系、科学技术和农民素质支撑有力的农业现代化。这赋予了河南农业现代化全新的要求、动力和使命。

四、新型三化协调发展的内涵

工业化、城镇化和农业现代化是人类文明进步的重要标志，是现代化建设的三个不同侧面，工业化创造供给，城镇化创造需求，农业现代化创造条件，工业化、城镇化可以带动和装备农业现代化，农业现代化则为工业化、城镇化提供支撑和保障，三者相互影响、相辅相成。

三化协调发展，就是要兼顾一、二、三产业的协同发展，兼顾产业结构的转换和社会结构的演进，兼顾当前与长远、总量与结构、全局与局部之间的关系，使三者之间发展的均衡性、协调性和可持续性得到充分体现。三化协调发展的核心是要真正使工业化、城镇化、农业现代化相互促进、相互协调，用工业化推动城镇化，用城镇化带动农业现代化，用农业现代化有效解决工业化和城镇化进程中带来的一系列问题，让三化成为良性互动、互为支撑、同步推进的有机统一体。具体而言，就是要适应国际需求结构调整和国内消费升级新变化，紧跟科技进步新趋势，以工业化促进产业布局不断优化、促进经济结构战略性调整，通过加快改造提升传统制造业，全面增强产业核心竞争力，扎实发展战略性新兴产业，加强节能减排和生态环境保护，切实提高经济增长的质量和效益，为城镇化和农业现代化提供重要支持；要坚持统筹规划、合理布局，以城镇化带动城市功能完善、生产要素集聚和农村劳动力加快转移，在城镇化进程中推进城乡一体化，促进大中小城市和小城镇协调发展，为工业化和农业现代化注入内在动力；要加快转变农业发展方式，以农业现代化提高农业综合生产能力，完善现代农业产业体系，多渠道增加农民收入，巩固农业基础地位，为工业化、城镇化奠定坚实基础。

经过多年的实践探索，目前河南又进一步提出新型三化协调发展。比起上述一般意义上的三化协调，河南所提出的新型三化协调，有着更为丰富的内涵，除了三化过程要走新型道路，在要素组合上更强调在城乡统筹、城乡一体的视野中优化资源要素的空间重组，突出节约集约、提高科技含量；在驱动机制上更强调以新型城镇化为引领、以新型工业化为主导、以新型农业现代化为基础，并将现代城镇体系延伸至新型农村社区；

而在目标导向上则更突出资源节约、环境友好，致力于走生产发达、生活富裕、生态良好的文明发展道路。

第三节　新型三化协调发展的内在机理和影响因素

工业化、城镇化和农业现代化相互影响、互为促进。工业化、城镇化可以带动和装备农业现代化，农业现代化则为工业化、城镇化提供支撑和保障，工业化、城镇化不发展，农业现代化就缺乏动力；而农业现代化如果跟不上工业化、城镇化发展步伐，也会导致工业化、城镇化发展受阻，影响整个现代化建设进程。这就是三化之间客观上存在的相互联动发展关系，是新型三化协调发展的内在机理，而外界因素的干扰会影响整个互动过程的正常进行，从而阻碍新型三化协调发展。

一、新型三化协调发展的内在机理

（一）新型三化协调发展的作用机理

人类历史发展证明，工业化、城镇化与农业现代化之间客观上存在着相互联动发展的关系。这种互动关系是三化协调发展的基础和重要动力。

工业发展是工业化的显著特征之一，因此工业化通常被定义为工业或第二产业增加值在生产总值中比重不断上升的过程，以及工业或第二产业就业人数在总就业人数中比重不断上升的过程。但工业化并不能狭隘地仅仅理解为工业发展，而应是以工业为代表的、向其他领域不断推进和渗透的全社会生产力的发展，是传统农业社会向现代工业社会转变的过程。在这一过程中，工业发展绝不是孤立进行的，而是需要与农业现代化和服务业（第三产业）发展相辅相成。农业现代化是工业化过程在第一产业中的表现形式，非农产业（即工业和服务业）的发展和农业现代化是工业化的两个方面。

工业化是以工业为主的第二产业的发生与发展为开端，进而引起服务业（第三产业）的发生和发展。在城市特有的规模经济和集聚经济效应作用下，从事非农业活动的个体、企业和社会组织（包括政府）等微观主体遵循决策效益最大化原则，其区位选择必然向城市集中，从而推动城市的发展，推进城镇化进程。城市发展使集聚效应进一步增强，吸引各种经济要素持续不断地向城市集中，为非农产业发展提供更有利的空间环境，创造更多的市场需求，又反过来加速产业形成与发展，助推工业化进程。这样，就形成了一个连续的具有循环累积因果效应的工业化与城镇化互动协调发展过程。而只有城镇化与非农产业的发展，才能为农业发展提供雄厚的资金、技术、人才和市场支持，才能吸纳更多的农村富余劳动力，提高农业劳动生产效率，从根本上实现农业现代化。同时，农业实现现代化，提高了农产品的供给效率，一方面有利于稳定农产品价格，确保城镇基本生活成本维持在较低水平，从而有利于农村人口逐渐进入城镇生存发展，促进城镇化持续稳定发展；另一方面较高的农业生产效率也可以减少对土地资源的占用，为工业化、城镇化腾出更多的发展空间。

可以看到，三化协调发展是工业化、城镇化与农业现代化三者之间互为动力、共同发展的渐进过程。只有这种互动的作用机理不受干扰正常运行，农业才能为城镇和工业提供充足的劳动力和生活、生产必需品，工业才能为农业和城镇提供强大的装备和支撑，城镇才能为农村人口提供巨大的就业空间，为农业和工业提供广阔的市场空间。新型三化协调发展的作用机理在本质上也是如此，具体而言：

一是产业互动。三次产业之间要互动，一、二、三次产业并不是截然分开的，而是有着内在的联系。新型三化协调，首先仍然是产业要协调，要实现三次产业良性互动、协调发展。以新的思路发展工业，走新型工业化道路，进而有效地推动新型农业现代化的发展，并为第三产业的发展创造更为广阔的市场空间。

二是产城互动。城镇发展与产业培育，两者相辅相成，三化协调必然要求产城之间的互动融合发展，走以城带产、以产兴城之路。城市是产业发展的高地，大量的人流、物流、资金流、信息流等生产要素聚集在城市，为建园区、上项目、聚产业创造了条件，搭就了平台。新型城镇化就是用更好的方式为产业发展搭建平台，吸引要素集聚。同时，城镇化的发展，必须通过产业化来推进，产业为城市发展提供了重要支撑，新型工业化则更能提升产业发展质量，夯实城镇化的基础。

三是城乡互动。推进三化协调发展，就要把克服农业基础脆弱这一瓶颈制约，加快解决农村发展滞后、城乡发展不协调这一突出问题放在重中之重的位置上，以城镇化带动农村富余劳动力的转移，以农业现代化促进城镇化的发展，通过调节和引导，促进城乡经济社会各个层面、各个环节有序、高效运行，最终达到城乡良性互动、共同进步的目的。新型城镇化和新型农业现代化则更能有效地破解难题，从而加快这一进程。

（二）新型三化协调发展的运行机理

以新型城镇化为引领、以新型工业化为主导、以新型农业现代化为基础，通过新型三化相互之间联手联动、深度融合、互动发展来保持速度、体现特色、提高质量、增强实效，从而实现协调发展。

一是新型工业化与新型城镇化相协调。工业化是实现现代化的必经阶段和必由之路，城镇化是工业化的必备条件和必然结果，工业化与城镇化的协调发展也就是非农产业的发展带动农村劳动力向城市集中，城市的发展进一步促进非农产业的发展这一过程的良性循环。推进新型工业化和新型城镇化协调发展，于河南而言就是要改变城镇化进程滞后于工业化进程的状况，以新型城镇化为引领，借助城镇发展环境优化、综合功能完善的优势，吸引和壮大一批能够带动产业升级的龙头项目和骨干企业；发挥城镇集中集聚集约效应，吸引和集聚大批科技要素，为产业转型升级提供必要的创新支撑与人才支撑；依托城镇发展信息、物流、金融等现代服务业，加快新型工业化进程。而新型工业化的发展反过来又会进一步加快新型城镇化进程、提升其质量。

二是新型工业化与新型农业现代化相协调。通过新型工业化提升生产力，不断强化工业化与农业现代化联动发展的能力和水平，以工业的组织和生产方式对农业进行改造，用现代物质条件装备农业，用现代科学技术改造农业，用现代产业体系提升农业，用现代经营形式推进农业，从而加快现代农业发展，不断夯实农业作为基础产业的地位。

三是加快农村发展与加速城镇化相协调。以推进城乡经济社会一体化发展为主导，把新型城镇化作为破解"三农"问题和二元结构的切入点与突破口，加速城乡资源要素和生活方式有机融合，积极推动农业转型、农村转变、农民转身份，着力提高农业现代化水平和农民生活水平，从制度安排着手改善城市与农村的关系，同步推进城市繁荣与农村进步协调发展。

四是三化与资源环境保护相协调。资源节约与环境保护是三化的内在要求。从工业化、城镇化、农业现代化与环境保护的关系上看，资源节约、环境保护与工业化、城镇化、农业现代化是矛盾对立的统一体，既相互制约，又相互促进。转变发展方式走新型工业化、新型城镇化道路、新型农业现代化道路，通过建立以清洁生产和资源节约为目标的新型产业结构、新型农业和内涵式城镇化，把工业化、城镇化、农业现代化逐渐纳入资源节约、环境保护的轨道，则将有效破解矛盾，最终形成相互促进的良性循环过程。

（三）新型三化协调发展的实现机理

一是推进机制上的统筹协调。立足自身历史、区位条件和资源禀赋，因地制宜、统筹安排、合理布局，建立三化之间优势互补、协调互动的推进机制，既要在发展速度上保持一定的均衡，同时又要在发展内涵上保持同步发展。

二是要素配置上的统筹协调。重视资源和要素在城镇和农村、三次产业等各个领域和层面上的合理优化配置，通过资金、技术、人才等外部要素的注入和拉动，转变农业和农村经济的发展方式，加速新型农业现代化进程；通过推动项目和基础设施等经济资源的优化升级，加速新型工业化和新型城镇化进程，为农村富余劳动力转移和就业开辟新的和更多的空间。

三是政策体制上的统筹协调。重视政策体制的优化与健全，建立以工促农、以城带乡、粮食持续增产、三化联手联动深度融合的长效机制，切实改变"三农"在资源配置和国民收入分配中的不利地位，打破城乡二元体制，建立城乡统一的公共服务制度，形成城乡一体的制度框架，统筹协调好工农、城乡关系。

二、新型三化协调发展的影响因素

一是制度设置。工业化、城镇化与农业现代化之间存在着互动发展的内在联系，但制度设置上的问题则有可能隔断这种内在联系，从而阻碍三化协调的发展。新中国成立以来，我国一直实行的是城乡"二元"分割的政策体系和管理体制，这使得城乡之间在就业、教育、医疗、社会保障等各个领域，都存在着制度上和政策上的不公平，城乡结构仍处于不平衡状态。例如，以户籍为分界的不公平的社会管理制度，使得农民工自身的合法权益难以得到保护，进城落户融入城市困难；现有的土地使用权制度，阻碍了合理扩大城市空间和提高土地使用效率，不利于土地集聚；就业和社会保障制度不完善，在一定程度上阻碍了劳动力的流动，使得城市建设和工业发展缺乏人力资源的支持。此外，已出台的一些旨在打破城乡二元结构的法规政策存在制度棚架，落实困难。这些都形成了制约三化协调发展的制度障碍，阻碍了三化进程的快速推进。

二是资源要素和生态环境约束。高效利用、承载力强的资源环境是三化协调发展的重要保障性因素。但随着我国工业化、城镇化的快速发展，资源、环境对经济发展的硬约束不断强化。农业作为国民经济的基础，耕地的保护是农业乃至国民经济发展的根本保障。但是，伴随工业化、城镇化的不断推进，大量农村人口转移到城市生活，工业用地、新增城市人口居住以及公共设施建设用地的需求不断加大，在耕地红线不得突破、基本农田不能减少、可开垦的宜农荒地已经不多的硬约束条件下，满足三化快速推进对土地的需求具有一定的困难，土地供求矛盾不断凸显。如何在城市发展、土地征用和耕地保护方面进行统筹兼顾，成为新型三化协调发展当中的重要课题。受二元结构体制的作用、市场机制的推动，在工业化、城镇化的深入发展中，许多地方对农业保护不力、对农村支持不够，资金、人才等资源要素加速从农村向城市流动，从粮食、农业向非农产业转移，导致城乡失衡加剧、城乡差距扩大，对社会稳定和发展产生了影响。此外，工业化和城镇化的发展过程中，不可避免地会产生废水、废气和生活垃圾等的污染，不断影响周边农村和城市人口的生产、生活。这对于新

栾川新城镇

壮丽的郑东新区

型三化互动协调，走集约型发展、环境和谐型发展道路提出了更为严峻的挑战。

三是经济社会发展方式。改革开放以来，我国主要采取了投资驱动和要素投入的发展方式，推动经济社会发展取得了长足进步。但伴随着次贷危机和欧元区债务危机的爆发，国际金融体系受到了严重的挑战，欧美经济体的增长趋势显著放缓。在这样的外部环境条件下，过度依赖出口的经济发展方式将逐渐变得难以为继。同时，现有这种发展方式也导致国内出现区域经济发展不均衡，城乡发展不均衡、资源消耗大、环境污染严重以及科技含量不足等问题，使得三化之间难以协调，与能源资源约束与生态环境脆弱的矛盾也更加突出。因此，必须尽快转变发展方式，促使我国经济增长方式由粗放型向集约型转变；由出口拉动向出口、消费、投资协调发展转变；由结构失衡型向结构均衡型转变；由高碳经济型向低碳经济型转变；由投资拉动型向技术进步型转变；由技术引进型向自主创新型转变；由第二产业带动向三大产业协调发展转变；由不可持续性向可持续性转变等。河南探索新型三化协调之路，正是要通过走新型工业化、新型城镇化和新型农业现代化道路，加速转变经济发展方式，不断创新发展模式，优化资源配置，摸索出适合国情省情的发展路径，实现三化真正意义上的协调发展。

四是科技创新能力。科技是第一生产力，对于一个国家或地区而言，科技创新能力和经济发展方式转变有着必然的内在联系。走新型三化之路，转变过去劳动密集型和资源密集型的发展方式，离不开强大的科技和创新研发的技术支持。尽管我国近年来在科技领域不断取得突破性进展，企业科技水平不断提高，但是与国外先进国家相比还有一定的差距，同时与我们发展资源节约型、环境友好型和科技创新型的经济发展方式也不相适应。这需要我们不断加大科技研发支持力度，改进科研和创新研发的制度体系，提高产业科技含量，逐步建设创新型经济发展模式。唯有此，才能确保工业化、城镇化和农业现代化真正走上新型的发展道路。

第四节　新型三化协调发展的主要标志和基本特征

根据新型三化协调发展的内涵、内在机理和影响因素，新型三化协调发展可通过产业关系协调、产城关系协调、城乡关系协调、人与自然关系协调四个主要标志来综合判断，具备"五个协同"的基本特征。

一、新型三化协调发展的主要标志

一是产业关系协调。就是要防止产业发展失衡、失序，甚至畸形发展，形成三次产业互补、互动、协调、可持续发展的局面。在工业化进程中，工业的发展绝不是孤立进行的，而是需要与农业现代化和服务业（第三产业）发展相辅相成。发达国家的工业化发展历程显示，工业化是以劳动密集型轻工业起步，随着资本存量的增加，重化工业逐渐取代轻工业成为产业发展的主角，而服务业的迅速发展又保证了对劳动力的吸纳，这种渐进式的、以劳动密集型工业起步，轻工业、重工业、服务业有序推进的工业化模式，可以最大限度地创造出非农产业就业机会，吸纳农业人口进入非农产业就业，从而促进人口向城镇集中，推动城镇化进程，带动农业现代化。而农业现代化则为工业化、城镇化提供支撑和保障：一方面，农业现代化要求提高农业生产技术，转变农业生产与经营模式，必然会加大对农用机械设备以及农产品物流服务、农业企业的金融、咨询、法律等服务需求，能够有效拓展工业、服务业向更高级化发展的空间，从而加快工业化进程；另一方面，农业现代化能够提高农产品质量，从而为工业发展提供更高品质的原材料，保障了工业发展的基础。再者，农业现代化本身就是工业化过程在第一产业中的表现形式，没有农业的现代化，工业化过程就不完整，出现脱节，最终难以持续下去。因此，新型三化协调发展的重要标志之一，是产业关系协调。具体表现为：农业方面，完成由家庭经营向适度规模经营转变，建成比较完善的现代农业产业体系，农业基础设施不断完善，粮食综合生产能力不断增强，农业综合效益明显提高。工业方面，传统产业质量和效益通过信息技术等先进适用技术的改造得到提升，战略支撑产业做大做强，战略新兴产业形成规模，战略基础产业进一步强化。服务业方面，以市场化、产业化、社会化、现代化为方向，生产性服务业和生活性服务业规模不断壮大，效益不断提升，服务业在国民经济中的比重和服务业从业人员在全社会从业人员中的比重得到显著提高。新型工业化带动和提升新型农业现代化的能力进一步增强，形成三次产业协调发展、良性互动的局面。

二是产城关系协调。就是城镇建设与产业发展相互适应、互为依托，形成以产带城、依城促产的良性互动格局。产业支撑是撬动一个城市经济增长的杠杆，强有力的产业能够创造出更多的就业机会和需求，为不断完善城市功能、解决城镇化进程中遇到的各种问题提供源源不断的财力。产业是立城之本、兴市之基，是城镇发展的推进器，一个没有产业支撑的城市必然是一个经济基础脆弱、缺乏造血功能、没有发展动力的城市。而城市是高度集约、高效配置资源的载体，为产业发展提供良好的环境条件。工业化发展必须以城市为依托；城镇化的推进必须强化城市产业支撑。只有产业发展和城市发展有机融合，才能使农村富余劳动力同时实现就业空间和就业部门的双重转变，从而持续推进工业化和城镇化，带动农业现代化。因此，新型三化协调发展的重要标志之一，是产城关系协调。具体表现为：城镇规模的扩大、新城建设与产业发展相互适应、互为依托，产业、人口、生产要素集中度明显提高，建成生态高效的现代城镇体系和现代产业体系，形成以产带城、依城促产的良性互动局面。

三是城乡关系协调。就是打破城乡二元结构，形成以城带乡、城乡平等、开放互通、互补互促、共同进步的城乡一体化发展局面。当前，我国经济社会结构中最大的问题是城乡二元结构仍然明显，收入分配中最突出的问题是城乡居民收入差距还在扩大，产业发展中最严重的问题是农业基础依然较为薄弱。尽快解决这些问题，实现城乡关系的协调，是保持经济平稳较快发展和社会和谐稳定的迫切需要，是全面建设小康社会、加快推进现代化的必然选择。这既是新型三化协调发展的目的，也是新型三化协调发展的又一重要标志。具体表现为：城乡在规划建设、产业发展、市场信息、政策措施、生态环境保护、社会事业发展等方面实现一体化，城镇化和农村建设协调推进，工业反哺农业、城市支持农村长效机制基本形成，城乡居民和城乡各类经济主体都能享受公平的国民待遇，拥有平等的权利、义务和发展机会，城乡居民和城乡各种生产要素能够自由迁徙和自由流动，最终形成地位平等、开放互通、互补互促、共同进步的城乡社会经济发展新格局。

四是人与自然关系协调。就是要切实做到集约型、内涵式发展，尽可能地降低资源损耗、减少污染，在确保生态安全这一大前提下推进工业化、城镇化和农业现代化，建设资源节约、环境友好型社会。人类社会与自然环境是密切相关的，一方面人类社会的存在和发展依赖于自然环境，受着自然环境的制约和限制，因此人类社会的发展、人类对自然的作用要与自然环境的状况相适应；另一方面人类又能通过生产劳动能动地改造自然环境，使自然环境不断发生适应人类需要的变化。新型三化协调发展的内涵特别强调不以牺牲生态和环境为代价，正是基于对人类社会与自然环境之间这种关系的深刻认识，而人与自然关系的协调就是新型三化协调发展不同于一般意义上的三化协调的一个标志。具体表现为：工业化与信息化融合、制造业与服务业融合、新兴科技与新兴产业融合，形成结构合理、特色鲜明、节能环保、竞争力强的现代产业体系。城乡建设向节约集约和生态宜居转变，产业向城镇有效集聚，在相对固定空间内拓展产业深度，发展循环经济，降低资源损耗，集中治理污染，最大限度地提高资源利用效率。农业发展方式由家庭分散经营向规模化、现代化、集约化经营转变，农业生产率和土地利用率有效提高，节约型农业、循环农业、生态农业全面推广。

二、新型三化协调发展的基本特征

一是农业增产与农民增收相协同。在国家千亿斤粮食增收计划中，河南省将承担 155 亿斤，占近 1/7，可谓责任重大。但现实的情况是，粮食主产区农业增产并不一定能带来农民致富，种粮大县多数是财政穷县，这与粮食生产的比较效益低有关，也与各方面对农业的支持扶持不够有关。只有农业增产与农民增收有效衔接，才能充分调动农户种粮积极性，使粮食生产建立在坚实的基础之上。因此，农业增产与农民增收相协同，意味着农业的生产效率和效益提高，达到了全社会生产的平均利润率水平，这需要实现农业发展方式的根本转变：农业结构调整，农业区域布局优化，农业产业功能不断拓展；农业产业链条全面延伸，培育出众多农产品龙头企业、优势品牌和产品；现代农业服务体系健全，农业科技支撑能力和机械化水平大大提升，农民具备适应现代农业发展需要的文化、科技、经营管理等多方面素质。最终，实现农民收入增加，消除城乡收入差距。

二是工业化与城镇化相协同。工业化是城镇化的发动机，城镇化是工业化的助推器，工业化与城镇化本应当是一致的、同步的、不可分离的。但由于不少地方推进工业化和城镇化靠政府力量和行政手段，与经济发展条件和阶段并不吻合，由此导致工业化与城镇化的脱节。实现工业化与城镇化相协同，关键是尊重经济发展规律，发挥市场调节的功能，减少政府对微观经济活动的直接干预，由城市功能定位确定主导产业选择；以产业集聚促进人口集聚；以产业发展带动城市功能完善；以城市功能提升推进产业升级；产业功能与社会功能充分融合。

三是推动工业化城镇化与保护耕地"红线"相协同。工业化、城镇化都需要占用土地甚至耕地，而我国的耕地保有量十分有限，耕地"红线"不能突破。怎样使工业化城镇化与保护耕地"红线"相协同，是一个十分困难的问题，却又是新型三化协调所必须解决的问题。其出路在于，一方面改变过去盲目追求规模和数量的粗放型、外延式工业化城镇化模式，坚持注重效益和质量，在市场主导的前提下政府适当引导促产业、人口集聚，发展节地型工业、紧凑型城市，最大限度减少工业化城镇化对土地特别是耕地的占用；另一方面，通过各种措施增加耕地供给，盘活土地资源。

四是推进三化与资源环境保护相协同。资源节约与环境保护是新型三化协调发展的内在要求。从工业化、城镇化、农业现代化与环境保护的关系上看，资源节约、环境保护与三化是矛盾对立的统一体，既相互制约，又相互促进。决不能以牺牲环境、过度消耗资源为代价来换取一时的发展，而应是统筹安排城镇建设、产业集聚、农田保护、生态涵养等空间布局，发展绿色生态安全的现代农业，建立以清洁生产和资源节约为目标的新型产业结构，建设复合型、紧凑型城市，协调推进粮食生产核心区、现代城镇体系和现代产业体系建设，通过走新型道路把工业化、城镇化、农业现代化真正纳入节约资源、环境保护的轨道，实现更高水平、更高层次的三化协调发展。

五是城市繁荣与农村进步相协同。城乡二元结构的存在，是导致城乡差距不断扩大的制度性原因，也是坚持新型三化协调科学发展必须正视的问题。从制度安排着手改善城市与农村的关系，是城市繁荣与农村进步相协同的不二选择。需要建立起城乡协调发展的机制，确保人力资源在农业和非农产业之间、人口在城市和农村之间合理优化配置，土地资源在农业和非农产业之间、城市和农村之间合理优化配置，资金等生产要素在农业和非农产业之间、城市和农村之间合理优化配置。最终实现城乡要素平等交换，各要素在城乡间无障碍迁徙和流通，"空间城镇化"向"人口城镇化"转变；城乡产业整合，联动发展；城乡基础设施和公共服务联网一体化发展。

第三章
国内外三化协调发展的经验教训及启示

工业化、城镇化和农业现代化三化协调发展，是一项长期而复杂的系统工程，不少国家和地区已经做出了尝试和实践。尽管它们在自然禀赋、发展基础、所处阶段等方面不尽相同，但他山之石可以攻玉，分析不同国家和地区在三化协调发展中的探索和做法、吸取其经验和教训，对于促进河南工业化、城镇化和农业现代化三化协调发展，具有十分重要的参考借鉴价值。

第一节　国外三化协调发展的历史考察及经验教训

我们习惯于把 18 世纪 60 年代出现在英国的工业革命作为现代化进程的开端，其实质是把传统的农业社会转化为现代的工业社会。从世界各国现代化的发展历程看，城镇化和农业现代化往往是伴随着工业化而出现的。

一、发达国家三化协调发展的历史考察

发达国家在工业化之前大都经历过一场农业革命，通过农业革命较大幅度地提高了农业生产效率，使农业劳动力向工业部门和城镇的转移成为了可能，只是这时候的农业革命还称不上是农业的现代化。在基本实现工业化后，通过机械的引进和化肥的使用，加上工业反哺农业，出现了第二

次农业革命，农业在生产率和产量上均实现了新的飞跃，也为城镇化奠定了良好基础。

（一）美国

美国是当今世界上最大的发达国家，其工业化、城镇化、农业现代化的发展密切相连，具有良好的互动机制。

美国工业化进程开始于 19 世纪初，虽然起步晚于英法等欧洲国家，但进展很快。1860 年，美国就成为仅次于英国的世界第二大制造业国家；到 1880 年，美国工业产值超过英、德两国，成为世界第一工业强国；1894 年，美国的工业产值相当于整个欧洲工业产值的一半。在这个过程中，美国政府发挥了积极的调控作用，如制定对内自由贸易政策和对外有限制的关税保护政策、直接投资公共工程、给予工业发展以实物或金融奖励和补贴、设立专门管理机构等。此外，美国土地私有制度、发明专利制度、现代企业制度和教育人才制度等一系列制度选择，也是工业化快速推进的必要条件。

随着工业化的迅速发展，美国城市人口的增长速度也在加快。1840 年—1850 年，美国城市人口数量几乎翻了一番，1850 年—1860 年又翻了一番。到 1920 年，城市人口已经超过了农村人口，城镇化水平由 1790 年的 5% 提高到了 51%。第二次世界大战后，美国城市化进程仍在继续，乡村人口主要流向中小城镇，甚至出现了大城市人口向郊区小城镇迁移的逆城市化趋势，10 万人以下的小城镇占到了美国城市总数的 99% 以上，20 世纪末美国的城镇化率已达到 85% 以上。美国非常重视市镇建设规划，每个城市都有自己的详细发展规划，这些规划必须通过专家的论证和市民的审议，一经确定，就具有法律效力，不得随意更改。美国多数基础设施都是由社会投资建设的，只要城市有需求、有项目、有效益，就有人投资建设。美国的土地政策、移民政策、户籍政策对城镇化也有着重要的促进作用。

美国农业发展慢于工业，但就农业本身来说，在美国工业化时期内，农业发展也是相当快的，1860 年—1920 年，棉花增长约 1.5 倍，玉米增长约 2.9 倍，稻米增长约 12.6 倍，羊毛增长约 2.8 倍。农业的较快发展，一方面为工业提供了市场；另一方面，农产品加工业成为美国第一大制造业。第二次世界大战后，凭借发达的现代工业和低价能源优势，美国开始大规模实行以提高劳动生产率为主的农业现代化，用机械取代人力和畜力，通过扩大经营面积提高农作物的总产量。为了降低由于经济重心转移和人力资源缺失对农业造成的不利影响，美国加强了对农地的保护，并从制度、经济和技术上形成了扶持农业发展的政策体系。处于农业地带的小城镇也把吸引和促进农副产品加工业和储运业的发展作为小城镇发展的重点，有效促进了城乡一体化。如今，美国的农业现代化已经进入了一个更高的层次，其中最具代表性的特征是以生物工程为主的科技化和以卫星定位遥感技术为主的信息化，充分彰显了新型现代农业的先进性。

（二）日本

日本在实行工业化过程中，采取工业化和城市化同步推进的策略，在亚洲率先实现了农业现代化和农村城市化。

20世纪50年代中期开始，日本工业进入高速增长阶段，70年代初，日本成为重化工业品出口比重最高的国家之一，基础工业水平赶上了欧美发达国家。但之后由于能源、环境制约，生产能力过剩，后发优势渐失，工业化步伐放缓。通过一个时期的产业结构调整，借助现代新技术的运用，日本工业很快走出低迷，进入一个新的发展阶段。到20世纪80年代后，日本不仅在经济规模上成为世界第二大国，而且在工业技术装备、高精尖产品加工能力、产业结构等方面均居世界前列。

第二次世界大战后日本的工业虽然得到高速发展，但人口主要集中在大城市圈，城乡不平衡越来越突出。20世纪70年代开始，日本政府针对农村加大资金的投入，进行了较大规模的基础设施建设，以缩小城乡差距。20世纪80年代中后期，日本全国村镇基础设施水平已和城市持平。为保证城镇化顺利进行，日本政府制定了《向农村地区引入工业促进法》、《新事业创新促进法》及《关于促进地方中心小都市地区建设及产业业务设施重新布局的法律》等大量法律法规，引导农村人口向城镇集中。为解决区域发展不平衡问题，日本先后制定和实施了五次全国综合开发规划，分别从产业发展、社会福利、居住环境、城乡一体化、村镇建设等方面提出了战略和目标，促进了城乡统筹发展。

日本农业现代化的起步，首先是化肥工业的加速发展，之后生物科技的兴起和发展为日本农业现代化提供了契机，通过生物技术改良农作物品种，从而实现土地生产率的大幅度提高，为农业资源禀赋先天不足的类似国家树立了典型。其农业现代化大体分为两个阶段：一是第二次世界大战结束到 20 世纪 60 年代初，日本农业发展主要是以增加粮食产量为目的，在这一阶段农村人口开始急速向城市集中；二是 20 世纪 60 年代至今，日本农业发展主要是顺应城镇化进程而做出的调整，以节省劳动时间为目的，以便从农业生产中解放更多劳动力为工业发展和城市建设服务。日本通过实行产业振兴来发展农村工业，主要途径是发展壮大农村副业、农产品加工、农具制造等传统产业以及通过招商引资的办法创办新型农村工业，并通过法律手段不断加强对农业的改造和保护，在大力实施城镇化战略的同时，也非常注重大城带乡、强工补农。

（三）西欧

西欧是近代科学技术发展最早的地区，拥有发达的工业、农业和对外贸易，如英国是世界工业化最早的国家，工业在国民经济中占有绝对优势，轻重工业并重；法国是工业和农业都较发达的国家；荷兰农业实现了高度机械化，畜牧业也是世界闻名。

西欧国家最初通过海外贸易和对殖民地的掠夺，完成了资本的原始积累，在实现工业革命以后，更进一步掠夺外国的财富，为自身的现代化提供了充裕的资金和市场，使得第二产业迅速发展起来，并实现了广大人口由农业向工业、由乡村向城市的转移。

西欧现代化的进程是在市场化的基础上产生的，市场化不仅为其提供广阔的需求以及充分的资源、资金、科技、劳动力集中渠道，而且为其提供重要的制度保障，如自由竞争、财产和合同保护等。此外，西欧国家也很注重发挥政府的作用，通过立法和强制的手段，为资本主义经济的运行和发展提供了制度保障。如德国通过政府补贴、贷款等来扶持特定行业和部门发展，还制定了保障竞争的政策，保证各类市场的开放性，并实行区域统筹政策，缩小地区经济差别，实行双轨制职业教育等。

西欧城镇化是十八世纪后期开始的，起步早但历时长，在工业化的强大推动下，西欧城镇化进程才不断加速发展。总体上来说城镇化是近代工业化的产物，与北美人不同，西欧国家人多地少，城镇化是一种人口、土地相对集约，而且是在政府调控下的市场主导模式。在西欧建设新的城镇的目的，往往是为了防止城市的扩张和蔓延。西欧也通过计划在两个城市区域之间建设绿化带，在绿化带之中不能建设建筑物，以避免超大城市的集中出现。如英国政府在 1936 年的时候就通过了"绿带开发限制法案"，由政府收购土地作为绿化隔离带，引导城市建设开发，减少对城乡环境和利益的损害。

在农业现代化的过程中，西欧一些国家不像美国那样劳动力短缺，也不像日本耕地稀缺，因此他们既重视现代工业装备农业，也重视科学技术的普及与推广，机械技术与生物技术并进，以提高劳动生产率和土地生产率。通过大力发展专业合作社，西欧各国为资本投入农业、技术引入农业、人才流入农业提供了有效载体，促进农业的区域产业分工、结构优化升级、主体发育成长、产品市场营销，推动了现代农业发展水平的不断提高[1]。以法国为例，农业现代化与工业化是在其相互制约和相互促进下发展的。尤其是二战后，法国将农业装备现代化摆在了重要的位置，通过向国外借款、价格补贴和国家提供长期低息贷款等方式发展农业机械化，这也刺激了城市轻工业与重工业的发展，通过产业连锁反应间接地推动了城市规模的扩大，在市场的作用下，农民开始从事商品化生产，加强了城乡之间的联系，可以说农业现代化是法国城镇化的初始动力。到了 20 世纪 90 年代，法国又开始探寻有利于保护自然生态环境、促进可持续发展的新型农业发展模式，率先提出并践行"理性农业"这一概念，鼓励生态农业和农产品加工业的发展，目前法国已成为欧盟最大的农产品出口国和世界第一大农产品加工出口国。还有荷兰，其农业的外贸依存度很高，是名副其实的创汇农业，"大进大出"是其特色（进口土地密集型产品，大量出口具有比较优势的农产品）。由于缺乏土地，荷兰投入了大量资金发展设施农业，已建成世界上面积最大、集中连片、设施先进的玻璃温室，利用有限的土地创造了可观的经济效益。

---

[1] 陈健、毛霞：《国外工业化进程与农业发展实践对我国新农村建设的启示》，《农业经济》2006 年第 11 期。

（四）澳大利亚和新西兰

澳大利亚和新西兰作为发达国家，又是英联邦国家，在工业化、城镇化和农业现代化的协调发展上既受历史悠久的欧洲模式影响，又有后起殖民地国家快速兴起的自身特色。

为了满足西方宗主国贸易需求，作为殖民地的澳大利亚和新西兰的工业不可能得到较快发展。因此，澳大利亚和新西兰的城镇化，相当程度上并不是以工业化为基础发展起来的，而是在原始自然的土地上强行殖民主义经济的杰作。在第二次世界大战后因为资源丰富而具有的日用品价格优势，特别是羊毛、矿产等带来的优厚的出口收入使得政府能够对企业实施一种高度地方保护政策，在这种坚实的关税保护壁垒之下，诸如澳大利亚的汽车、重工业和其他制造业才得以迅猛发展，高新技术产业近几年也有了较快发展。由此带来的劳动力需求和住宅需求，也使得城市化得到了进一步发展。

此外，澳大利亚和新西兰相当比例的小城镇，早期依靠地方资源开发而产生。在小城镇的管理上，两个国家有类似之处，如构建层级清晰、分工合理、责任明确的政府管理体制，设置功能健全、运行高效、自治性的城市管理机构，适时调整城乡行政规划以及采用市场化手段管理城市卫生等。

作为高度发达的农牧业国家，澳大利亚和新西兰现代农业特色突出，农牧劳动生产率高，而且城乡居民福利待遇和基本公共服务已均等化。在农业现代化与城乡一体化方面，澳新两国政府高度重视农业发展，具有较完善的法律法规政策及农业标准化体系；通过不断加大农业管理体制改革，形成了统筹城乡发展的管理模式；持续加大对农业科研的投入，大力推进科技创新与应用；充分发挥农协等合作经济组织的作用，构建与农业发展要求相适应的社会化服务体系；注重生态环境保护和资源管理，促进农业可持续发展；强化对农民的教育和培训，不断提高农业劳动者的素质。

二、发展中国家三化协调发展的历史考察

在近代世界经济体系中，大多数发展中国家是处于依附发展的地位。因此，与西欧和北美等发达国家相比，发展中国家的工业化和城镇化进程

相对滞后，农业发展基础也很薄弱，其三化发展的道路更为艰难曲折。

（一）巴西

1825 年巴西摆脱葡萄牙将近 300 年的殖民统治获得独立，经过一百多年的发展，巴西已经基本上实现了工业化、城镇化和农业现代化，经济实力居拉美国家之首。

在工业化初期，巴西得天独厚的农业为工业化做出了重要贡献，主要表现在换回出口外汇、提供基础设施及创造工业品消费市场等方面。20 世纪 30 年代到 50 年代中期，巴西开始实施重工抑农政策，依靠外国资金和技术，大力发展制造业，70 年代就建成了比较完整的工业体系，创造了"巴西奇迹"，在钢铁、造船、汽车、飞机制造等现代工业方面，已经跃居世界重要生产国家的行列。

巴西的农牧业发达，是世界蔗糖、咖啡、柑橘、玉米、鸡肉、牛肉、烟草、大豆的主要生产国。全国可耕地面积约 4 亿公顷，被誉为"二十一世纪的世界粮仓"。巴西在 1950 年前后开始推进农业现代化，而且人口众多的巴西选择的却是资本密集型的道路。因为，巴西工业化过程中实行的是进口替代战略，原料及初级产品出口创汇的地位不断加强，农业的规模化经营程度较高，对劳动力的数量需求降低了，对劳动者素质的要求和对资金的需求提高了，大量剩余的农村劳动力被迫流入城市。此外，依托农业优势，巴西从 20 世纪 70 年代开始绿色能源研发，从甘蔗、大豆、油棕榈等作物中提炼燃料，成为世界绿色能源发展的典范。目前，巴西不仅是世界生物燃料生产和出口大国，也是世界上唯一的在全国范围内不供应纯汽油的国家。

巴西的城市是超常规发展，其速度远远超过了工业化发展的速度，仅用了 40 年就将城市人口比重从 30% 提高到了 70%。虽然巴西有着较高的城镇化率，但因为这样的城镇化在很大程度上不是工业化发展带动的，而是国家对"三农"的忽视造成的，因此其城镇化的质量并不高。过度城市化带来了一系列社会问题，造成环境恶化、失业人口较多、公共服务不足等，农业农村问题没有得到解决，在某种程度上也成为了工业化发展的桎梏，其经济在 20 世纪八九十年代滑落谷底，经历了近二十年的高通胀、高债务低迷期。

为了走出"拉美陷阱",巴西在进入新世纪之后着力制定审慎的宏观经济策略,来解决经济发展中的问题,包括建立自由市场、实现央行独立、加大社会财富再分配改革等,经济发展再未出现过那种超过2000%的恶性通胀,2010年巴西贫富差距水平也达到1960年以来的最小值。

(二)印度

1947年独立以后,印度的经济有较大的发展,农业由严重缺粮到基本自给,工业形成了较为完整的体系,服务业发展迅速,已成为全球软件、金融等服务业重要出口国,也是世界上发展最快的国家之一。但是,印度工业化、城镇化和农业现代化的发展并不顺利,尚存在很多问题。尽管如此,其三化发展的道路也值得我们关注和思考,因为印度也是人口大国和农业大国,且发展阶段与我国比较接近。

印度在独立之后迅速将工业化作为发展经济的指导方针。经过几十年的发展,在工业结构上,印度已从一个主要生产消费品的国家变为轻重工业全面发展的国家。为了实现工业化,印度近几届政府都奉行科教兴国战略。然而,印度的知识经济和技术经济发展并未让底层工农群众得到相应的实惠,农业投资率下降,传统工业不振也导致工人失业率上升。社会贫富悬殊扩大,印度政府认识到印度不可以绕过制造业直接从农业经济发展到服务业经济,因为制造业是增加就业的关键。所以近年来,印度的汽车、电子产品制造、航空和空间等新兴工业发展迅速,正在谋求成为"技术制造业中心"。

印度的工业,无论是公营部门还是私营部门,无论是旧有的还是新建的,基本集中在城市地区,工厂也主要坐落于城市,从而促进了城市的发展。印度城镇提供了全国近70%的GDP、85%的税收和70%的新增就业,城镇化对于印度经济的重要性可窥一斑。但从国际比较来看,由于社会文化结构、城乡矛盾、土地私有制度等因素影响,印度的城镇化进程是比较缓慢的。据世界发展指数显示,印度1960年的城镇化水平为17.9%,与目前的情况相比,印度城镇化水平经过半个世纪的发展也仅提高了约10个百分点。当前印度用于城镇建设的支出远远不能满足城镇化建设所需的资金要求,在一定程度上也制约了城镇化的进一步发展。

从1966年起,在世界银行和美国的帮助下,印度政府开始实施以使用靠生物学知识与技术获得的高产品种为核心的发展战略,也被称为"绿色革命"。这一战略使印度农业在较短的时间内取得了显著的成就,可以说绿色革命是印度推进农业现代化的重要方式。绿色革命在增加粮食产量的同时,也为活跃城乡商品经济做出了贡献,强化了城乡间的贸易活动。20世纪80年代以后,印度政府特别强调农产品加工在农村工业中的地位,尤其是外国资本和技术在食品工业中的作用。在此过程中印度政府做了很多努力,取得了一定效果,但实际成效并不大,几十年来农村的面貌没多大改变。进入新世纪后,印度政府的经济改革主要是扩大和促进农村经济繁荣,大幅度提高公共系统和服务的质量,特别强调要改善穷人的生活,政府还承诺将大量增加农业研究与开发、农村基础设施和灌溉方面的公共投资。

三、国外三化协调发展的经验教训

遍览各国发展进程,一些国家在工业化、城镇化进程中注重及时同步推进农业现代化,实现三化协调发展,较快地迈进了现代化国家行列;但也有一些国家没有处理好三化关系,落入"中等收入陷阱",农业萎缩、农民贫困、农村凋敝,导致经济发展停滞、社会局面动荡,现代化进程严重受阻。

欧美发达国家的城镇化、农业现代化与工业化进程紧密相关,如英、法、德、美等国是世界上最早完成工业化的国家,又是最早启动城市化的国家,这些国家在不到100年的时间内使其城市人口占总人口的比例达到50%以上。亚非拉许多国家的城市化基本上不是以工业化为起点的,而是为了方便与西方宗主国之间的贸易而发展起来的。此外,在技术进步方面,发达国家以资本、技术密集为其经济结构的特征,并处于技术前沿;发展中国家主要是以引进技术为主,经过改进、消化、吸收以后,来取得技术创新。在市场特征和政府导向方面,西方发达国家的现代化往往是在开放的市场化的基础上发挥政府的宏观调控作用,政府的干预手段在不同的阶段也不断变化,产业革命以来的经验也证明,市场和政府在实现资源的优化配置中可起到互补的作用;相比之下,发展中国家运用市场化手段来促进三化协调的水平则较弱,行政管理的特色较浓。

在产业结构演进上，发达国家服务业在产业中的地位不断提高，制造业发展的重点在于提高产品的附加值，并且产业高科技化、信息化趋势明显；发展中国家处于工业化加速发展阶段，制造业中重工业仍占较大比重，产业科技含量较低，第三产业尤其是现代服务业发展相对滞后，产业结构调整升级是其面临的迫切任务。在农业地位方面，发达国家迈向现代化的进程中，工业、农业与城镇化之间大多形成了良性循环，因此在工业化和城镇化过程中虽然农业的相对地位下降，但农业的发展始终没有停滞；与之相比，在 20 世纪五六十年代，许多发展中国家在追求高速工业化之时，普遍忽视了农业的发展，致使农业和农民成为了工业发展的贡献者和牺牲者。

在人口城镇化方面，发达国家是建立在工业增长、农业进步的基础上，人口向城镇的转移和集聚较为有序，城镇化与工业化之间相互促进、相互作用；不少发展中国家是为了城镇化而城镇化，由于自主的工业化迟迟未能启动，农业发展停滞，人口向城镇的转移与工业化和经济发展的需要脱节，大批农村人口被"推向"城市，从而产生"城市病"和"过度城市化"现象，城乡差距也进一步拉大。

第二节　国内三化协调发展的省区考察及模式比较

我国地域广阔，各地区工业化、城镇化和农业现代化发展的水平也呈现出区域差异。党的十六大提出"走新型工业化道路"，为转变经济增长方式指明了方向。党的十七届五中全会提出"要在工业化、城镇化深入发展中同步推进农业现代化"。近年来，各地对三化统筹协调发展越来越关注和重视。

一、东部三化协调发展的省区考察

（一）山东

近年来，位于环渤海地区的山东省强化陆海统筹、区域统筹、产业统筹，把建设蓝色经济区和半岛城市群作为新型城镇化的战略重点，打造功能互补的高端产业聚集区、布局合理的城市连绵区、改革开放先行区、城乡统筹和"两型"社会建设示范区。

2004年，山东省做出了走新型工业化道路，建设制造业强省的战略部署，提出要追踪现代制造业发展趋势，承接国际制造业转移，突出产业体系、区域布局、企业组织三个重点，打造强势产业，培育产业集聚区，壮大龙头企业，构筑山东制造业新架构。山东省通过"三调"（规模调大、层次调高、结构调优）成功实现"工业强省"向"先进制造业强省"的转变，吸纳了农村劳动力就地就近转移，涌现了一批工矿型、商贸型、农产品加工型、交通枢纽型、旅游观光型等各具特色的经济强镇。

2009年11月，山东省出台了《关于大力推进新型城镇化的意见》，同年12月又出台了《关于统筹城乡发展加快城乡一体化进程的意见》，指出要通过统筹工业化、城镇化、农业现代化，调整国民收入分配格局，建立健全以工促农、以城带乡长效机制。通过大力实施以"三高"（高起点规划、高标准建设、高水平管理）为基调的新型城镇化发展战略，山东把推进城镇化与优化区域经济布局相结合，构筑以半岛城市群、济南都市圈、黄河三角洲城镇发展区、鲁南城镇带为主体，以区域中心城市和县城为骨干，以各类小城镇为基础的城镇空间结构，促进了工业向园区集中、农民向小城镇集中、居民向社区集中。在实行城乡统一的户口登记的制度基础上，山东省全面放开县域内户口迁移政策，降低农民进城门槛，同时鼓励各地结合实际制定购房落户政策，并加快住房、就业、社会保障、教育、计划生育等与户籍管理相关的配套制度改革，让进城务工人员与城市居民享受同等待遇，进一步加快了城镇化进程。

山东农业现代化起步比较早，通过积极推进城乡规划、产业布局、基础设施、生态环境、公共服务、组织建设"六个一体化"，促进了城市资金、技术、信息等要素向农村流动。山东省农业现代化总体目标是力争到2020年全省基本实现农业现代化，具体目标是实现农业物质装备现代化、农业科学技术现代化、农业经营管理现代化、农业发展环境优良化和农民知识化。并将全省划分为东部外向型经济区、鲁中南生态型经济区、鲁西北基地型经济区和黄河三角洲开发型经济区等四大区域，利用两种资源、两个市场加快农业现代化进程。

（二）江苏

江苏是我国经济发展的领军者和示范者。自 1978 年以来，江苏经济年均增长 16%，在这片仅占全国 1% 的土地上，创造着约占全国 1/10 的 GDP 总量。从 20 世纪 80 年代开始江苏就积极探索农业现代化、农村工业化、城乡一体化建设的路子。1982 年江苏提出了"以城市为中心，以农村为基础，以小城镇为纽带"的发展方针，把产业发展、产业支撑放到城镇化的突出位置，通过二三产业的集聚发展带动人口和要素向城镇集聚。2012 年，江苏在政府工作报告中提出必须坚持新型工业化、农业现代化、城乡发展一体化"三化同步"，在更高层次上统筹城乡区域发展。

"江苏制造"在全国有着不可替代的地位，很多行业已列全国前茅，比如机械、纺织、电子、冶金、化工、医药等。2006 年年初，江苏省政府出台了《关于加快推进新型工业化的意见》，全面部署和积极推进新型工业化进程，并提出"新型"的重点在于自主创新、优化产业结构、节能降耗、提高劳动者素质等方面取得突破。针对区域发展不平衡的实际，江苏采取了产业布局大调整举措，把集中在苏南的块状工业区布局，调整为以"三沿"为轴线的带状工业布局，在提升沿沪宁线高新技术产业带的同时，加快建设沿江基础产业带和沿东陇海线加工工业带，以全面带动苏北、苏中工业化和沿海开发，并积极培育北部增长极，在更高层次上加快区域工业化发展。通过坚持调高调优调强取向、制定"十二五"战略性新兴产业发展规划、推动十大战略性新兴产业发展，江苏转型升级步伐加快，自主创新能力提升，产业结构明显优化。

江苏先后编制了《江苏省城镇体系规划》和南京、苏锡常、徐州三大都市圈规划等一批重大区域性发展规划，全省基本形成了从区域到城市、从城镇到农村、从总体到专项的层次分明、互相衔接、配套完善的规划体系，构筑了"三圈五轴"的城镇空间结构。城乡规划全覆盖是江苏在全国的率先之举。江苏把产业发展、产业支撑放到城镇化的突出位置，通过二三产业的集聚发展带动人口和要素向城镇集聚。借力上海浦东的开发，江苏把开发园区打造成外资高地和产业高地，使开发区与城市发展相融合，成为推动城镇化进程的重要动力。通过构建开发园区与乡镇工业小区之间的配套产业链，形成了一大批专业园区、专业镇、专业村，成功实现了农民的非农化转移，实现了城乡产业联动发展，创造了闻名全国的苏南经验。

江苏是经济大省，也是农业大省，在工业化和城市化过程中，并没有削弱和忽略农业的基础地位，2011年粮食产量实现了新中国成立以来首次连续八年增产，农民收入增幅连续两年超过城镇居民，城乡居民收入比为2.44∶1，收入差距是全国较小的省份之一。2011年，江苏确定了在全国率先实现农业现代化的目标定位，力争到2015年苏南等有条件地方率先基本实现农业现代化，2020年全省基本实现农业现代化。江苏省委十一届十次全会对"两个率先"赋予了新内涵，确立了发展更科学、社会更和谐、文化更繁荣、生态更文明、人民更幸福的"五个更"的新标准，对实施"八项工程"之一的农业现代化工程、加快农业现代化建设提出了更高的要求。

（三）浙江

改革开放以来，浙江工业规模不断壮大，尤其乡镇企业异军突起，早在1995年，乡镇工业就已占全省工业总产值的3/4。2002年12月，浙江省委召开了十一届二次全体（扩大）会议，一致通过了《中共浙江省委关于认真贯彻落实党的十六大精神，加快全面建设小康社会，提前基本实现现代化的决定》，时任浙江省委书记、代省长习近平在报告中提出"走新型工业化道路，加快建设先进制造业基地"。2003年1月，浙江省第十届人民代表大会第一次会议上提出要"加快转变经济增长方式，走新型工业化道路，以信息化带动工业化，以工业化促进信息化，在提高质量和效益的基础上，实现量的新扩张"。

从2006年开始，浙江提出走新型城镇化道路，转变原来的城市化发展模式，促进大中小城市和小城镇协调发展。尤其是提出把中心镇培育成为现代小城市的战略决策，具有很强的前瞻性，成为浙江省实施以新型城镇化为主导、加快推进城乡一体化新战略的关键举措。此外，浙江把新型城镇化规划与新农村建设规划统筹起来进行修订，对全省城乡总体空间布局规划做进一步完善，按照杭州、宁波、温州、金华等四大新都市圈、30个左右区域中心城市、300个左右中心镇和5000个左右中心村新社区这四个层次的基本框架，形成全省新的城乡一体化空间布局规划。

浙江素有"鱼米之乡"之称，是综合性的农业高产区域。2007年1月，浙江省农村工作会议召开，时任省委书记习近平指出，"浙江新农村建设最大的特色，就是坚持以人为本、关注民生，统筹城乡、合力推进，走新型工业化、新型城市化和新型农业现代化整体推进的路子"。其创新之处，就在于把工业与农业、城市与农村作为一个整体来谋划，注重城乡资源要素的集约配置和人口优化布局，以新型工业化理念发展农业、以新型工业化成果反哺农业，以新型城镇化带动农民持续稳定转移、以新型城镇化促进农村社会文明进步，走出一条经济高效、产品安全、资源节约、环境友好、技术密集、人力资源优势得到充分发挥的新型农业现代化道路。浙江已初步形成了新型工业化、新型城市化、新农村建设和农业现代化互促共进，以城带乡、以工促农的城乡一体化发展新格局。

（四）吉林

2010年，吉林省提出了三化统筹、"三动"并举的发展战略，即"坚持科学发展，统筹推进工业化、城镇化和农业现代化，实施投资拉动、项目带动和创新驱动战略，加快实现老工业基地全面振兴，努力让城乡居民生活得更加美好"。

作为我国重要的工业基地，吉林省加工制造业比较发达，汽车、石化、农产品加工是其三大支柱产业，医药、光电子信息是其优势产业。但老工业基地长期积累的体制性、结构性矛盾还没有从根本上破解，总量不大、结构不优、效益不高、活力不足的问题还没有从根本上解决。为了推进新型工业化，建设具有吉林特色的现代产业体系，省委九届十次全会提出了实施支柱优势产业跃升、特色资源产业提升、战略性新型产业培育等"十大计划"。

与工业化相比，吉林城镇化增速较慢，"十一五"期间，城镇化率仅由52.3%变成53.3%，5年才增长1个百分点，而全国平均水平是每年就增长近1个百分点。2010年，吉林出台《关于统筹推进吉林特色城镇化的若干意见》，提出了长吉一体化率先带动，东中西部区域联动，城镇乡村共进互动，有步骤、分层次、有重点、高质量地推进全省城镇化的吉林特色城镇化建设的发展思路。产业布局与空间布局的融合，是吉林城镇化最大的关注点。各地依托自身比较优势，结合工业区和现代农业示范区建设，推动有较强带动作用的重大项目建设。并将县城作为推进城镇化的重点，强化产业支撑，增强吸纳人口和就业能力，使之成为有一定规模效应和集聚效应的中小城市。到 2020 年，全省城镇化率将达到 65%。

吉林省地处"黄金玉米带"，是著名的"黑土地之乡"，农业生产条件得天独厚，多年来，粮食商品率、人均粮食占有量以及人均肉类占有量居全国第一位。为了实现"五大一强"的目标（粮食大省、牧业大省、林业大省、北方特产业大省、农产品加工业大省，农村经济强省），吉林按照农业产业化经营模式，推进产加销有机结合、农工商一体经营，努力打破生产要素的地域、行业、城乡界限，有效配置技术、人才、物资、信息、土地、劳力、原料等资源，使农业生产链条不断向工业和流通领域延伸，使更多的农民不断向工商领域转移，促进工业化、城镇化和农业现代化统筹协调发展。

二、中西部三化协调发展的省区考察

（一）湖南

2001 年 11 月，湖南省第八次党代会作出了大力推进工业化、城镇化和农业产业化进程，促进农业大省向经济强省转变的重要决议。以工业化为核心的三化发展战略的确定，是湖南根据省情实际对经济社会发展战略的调整和创新，为后来新型工业化的建设创造了一定的条件，积累了经验。

2006 年，湖南省第九次党代会提出了"一化三基"战略："一化"即加速推进新型工业化，以新型工业化带动新型城镇化和农业现代化；"三基"即加强基础设施、基础产业、基础工作。湖南将新型工业化作为富民强省的第一推动力，2007 年起开始设立新型工业化引导资金，当年财政拨付 3 亿元，2011 年增加至近 10 亿元，其中 70% 以上用于支持企业自主创新和技术改造。湖南已先后制定了三十多个推进新型工业化的政策文件，并分行业制定了支持工程机械、汽车、有色、食品、信息产业发展等政策。湖南推进新型工业化，注重三个"立足于"：一是立足于现有工业基础，加强重点行业和企业信息化，将传统重化工业的转型升级作为重中之重；二是立足于生产性服务业的支撑推动，提高生产性服务业的发展水平；三是立足于惠及民众，着力治理企业污染，坚持绿色发展。

2010年，湖南在《关于加快经济发展方式转变、推进"两型社会"建设的决定》中提出了"四化两型"战略。同年9月，湖南召开农业现代化建设工作会议，提出了湖南农业现代化建设的具体目标和十大举措，湖南农业现代化步入新的发展阶段。2011年11月，湖南召开第十次党代会，将全面推进"四化两型"建设作为实现未来五年任务的总战略，提出要以建设资源节约型、环境友好型社会为方向和目标，以推进新型工业化、农业现代化、新型城镇化和信息化为基本途径，着力调整经济结构、加快自主创新、推进节能环保、深化改革开放、保障改善民生，努力实现优化发展、创新发展、绿色发展、开放发展、人本发展，加快建设绿色湖南、创新型湖南、数字湖南、法治湖南。

湖南省委、省政府围绕资源节约、环境友好这两大主线，颁布了试验区改革建设实施意见、政策法规等七十多个，省人大出台保障试验区改革建设的决定，颁布实施《长株潭城市群区域规划条例》。试验区制订出台1个改革总体方案和10个专项改革方案、1个城市群区域规划和14个专项规划、18个示范片区规划、87个市域规划，出台两型社区、两型园区等标准体系。公开发布试行两型产业、企业等12大标准，编制出两型社会建设统计评价指标体系。已有一大批中央企业在试验区布局实施规划环评、排污权交易、节水型城市等五十多项改革试点。

"十二五"期间，湖南开始进行"两型社会"第二阶段探索实践，将实施涉及产业、统筹城乡、环境、信息化等领域的"八大工程"。这一阶段，其主要任务是纵深推进各项改革，形成较完善的"两型社会"建设制度保障体系和新型工业化、农业现代化、新型城镇化、信息化促进机制，全面增强城市群基础设施保障水平，大幅提升科技进步对经济发展的贡献率，初步形成节约资源和保护环境的产业结构、增长方式和消费模式。

（二）四川

四川工业化奠基于几个特殊的历史时期：抗日战争期间，沦陷区的工厂大量内迁四川；新中国成立初期，国家把156个重大项目中的13个部署在四川；"三线"建设时期，全国上千个工矿企业、科研单位和大专院校搬迁和建设在四川；改革开放特别是西部大开发以来，四川工业化和城镇化进程加快，现代化建设取得了巨大成就。

2002年5月，四川省第八次党代会提出"加快工业发展，以信息化带动工业化"。2003年四川省两会明确提出要"着力提高工业经济整体竞争力"，"工业强省"战略的路径逐渐清晰。2003年，四川省委省政府下发《关于加快城镇化进程的意见》，四川城镇化进入高速发展期。

2007年12月，四川省委九届四次全会确定了"一主、三化、三加强"的基本工作思路，即以工业强省为主导，大力推进新型工业化、新型城镇化、农业现代化，加强开放合作，加强科技教育，加强基础设施建设；此次会议还首次明确提出"联动推进新型工业化和新型城镇化，要把工业化和城镇化统筹起来，以工业化推动城镇化，以城镇化促进工业化，实现两者良性互动，共同促进"。

2012年5月，四川省第十次党代会提出，要深入实施"两化"互动、统筹城乡总体战略，在深入推进"两化"互动的同时，加快推进农业现代化和社会主义新农村建设，坚定不移走统筹城乡的发展之路，努力形成三化联动、城乡一体的发展新格局。

四川省坚持把大力推进工业化作为核心战略，重点培育发展电子信息、装备制造、能源电力、油气化工、钒钛钢铁、饮料食品和现代中药等优势产业，积极培育航空航天、汽车制造、生物工程等有潜力的产业，努力发展一批千亿产业，打造大企业集团，形成优势产品链条，发展产业集群。2008年汶川特大地震后不久，四川省委省政府就组织编制了《四川汶川地震灾区工业生产布局和产业结构调整规划》，在城镇重建中，高起点、高标准布局了一批工业企业和工业园区，目前已累计有10个园区进入国家新型工业化产业示范基地名单。各地城市产业结构的调整、升级不仅带来自身发展质量的提升，也成为周边地区承接产业转移，进而加速城镇化的直接动力。

四川省还始终把统筹城乡发展作为破解"三农"问题的根本途径，大力推广成都统筹城乡综合配套改革取得的成功经验，强力推进新型工业化、新型城镇化和农业现代化联动发展，使城乡面貌焕然一新、城乡差距不断缩小。"十一五"末，四川省工业化率和城镇化率分别由"十五"末的34.2%和23.3%升至43.8%和40.3%。可见，四川省工业化的起点较高，但城镇化步伐基本上紧跟工业化的进程，呈现出人口伴随产业向城镇聚集的态势。

三、国内三化协调发展的模式比较

三化协调发展，是我国经济社会发展中面临的长期任务，目前各地区正处于探索实践阶段，大都经历了由重视工业化到工业化城镇化并重再到三化联动的过程。从东中西部的发展来看，在探索三化协调发展的模式上尚存在一些差异。

东部沿海地区得益于交通便利与对外开放，形成了具有鲜明地区特点和时代特征的经济发展经验，如苏南经验、温州经验、珠江三角洲经验等，这些成功经验的产生大都是因其发达的工业。总的来说，东部地区主要是资本驱动的工业化模式，包括外资、民营资本和乡镇集体资本等。伴随着工业化的迅速发展，沿海地区也形成了以城市群、都市圈为标志的城镇体系，如今这些地区城镇化速度稳定甚至适度放缓，在实际发展中更加注重城镇化的质量，城乡差异区域缩小，城乡居民生活水平差异有所降低，城乡关系也趋于和谐。与沿海地区相比，东北地区的老工业基地建设对大城市形成产生了积极的影响和推动作用，因此其大型城市所占比例较高，但城市数量偏低，而且由于城市建设较早，一些公共基础设施较为落后，遗留问题较多，制约了城镇化的进一步发展。

地处内陆的中西部地区无法克隆东部的经验，走外资驱动、"两头在外"的发展道路，其现代工业发展主要是在资源开发或战备需要的推动下展开的。近几年中西部地区发挥资源丰富、要素成本低、市场潜力大的优势，积极承接国内外产业转移，一方面加速了中西部地区新型工业化和城镇化进程，促进区域协调发展，另一方面也有利于推动东部沿海地区经济转型升级，在全国范围内优化产业分工格局。由于当前中西部地区城镇化水平和未来五年的目标仍有一定差距，因此正在加快城镇化步伐以减少与东部地区的差距。中部地区缺少特大型城市，同等级的城市发展规模差别不太大，在城镇化过程中主要是推进城市群的建设，促进资源优势互补和自由流动。受经济社会发展相对滞后和生态环境脆弱的影响，西部地区城镇化进程相对缓慢，大型城市的带动力比较缺乏，很多地方主要是依托县城发展壮大一批中小城市。

不容忽视的是，东部沿海和部分内陆发达地区工业化和城镇化发展，很大程度上是以牺牲农业和粮食、生态和环境为代价的，农业现代化的发展往往是文件里重要、实践中忽视，致使耕地面积大幅度减少、粮食产量难以保障、资源环境遭到破坏。我国的粮食主产省已由过去的二十多个减少为 13 个，粮食调出省也由之前的十几个减少为 6 个，昔日"南粮北调"已变为今日的"北粮南运"①。如果说在改革开放初期，东部沿海省份以放弃和牺牲农业而发展工业，尚有其历史的合理性，那么在工业化不断深化、国家产业布局已相对稳定之后，作为中西部传统农业大省，已不可能也不允许再复制沿海工业化模式。因此，这些传统农业大省不仅要承担为本省区工业化、城市化提供诸多贡献的功能，而且担负着在全国大的区域经济分工格局中为其他先期工业化省份提供诸多贡献的功能。

第三节　国内外三化协调发展的实践对河南的启示

在建设中原经济区过程中，对于国内外三化协调发展的经验或模式，当然不能简单地照搬，必须立足河南省情实际，积极借鉴有益经验，吸取深刻教训，努力探索出一条适合自己的不以牺牲农业和粮食、生态和环境为代价的新型三化协调科学发展之路。

一、遵循经济规律，理清三化协调发展思路

三化协调，是经济发展和现代化建设的客观规律。工业化、城镇化和农业现代化三者相互影响、相辅相成。工业化、城镇化的起步和发展

---

① 何平：《开辟三化协调新境界》，《河南日报》2012 年 8 月 30 日。

有赖于农业生产力的发展和农业领域中资源要素的转移，而工业化、城镇化的深入发展则将进一步增强以工促农、以城带乡的力量，为农业现代化加快发展创造更为有利的条件。同时，工业化、城镇化深入发展需要两者相互促进。国际经验表明，一个国家在现代化进程中必须正确处理工业化、城镇化和农业现代化三者之间的关系，形成工农差距、城乡差距、市民与农民差距不断缩小的三化协调发展格局，否则就会引发各种经济和社会问题。当前，河南已进入工业化和城镇化快速推进、农业现代化加快发展的关键阶段，农业的支撑保障任务日益艰巨。随着城市人口增多以及人们生活水平不断提高，客观上要求农业提供更多更好的食物和原料。河南农村人口庞大，在现代化过程中还要解决好农民问题，包括农民转移就业、增收及农民市民化问题。从我省实际看，既有工业化动力不够强劲的制约，更有城镇化自身引领不足的软肋，同时农业现代化滞后于工业化和城镇化，农业基础还比较薄弱。我们应充分认识和牢牢把握同步推进三化这一现代化的基本规律，认真分析当前河南三化不够协调的问题，采取更有针对性的举措，加快补齐"短腿"、拉平"短板"。

二、依托地方优势，选择合理的发展模式

在加速推进工业化和城镇化的关键时期，发展道路和模式的差异会带来截然不同的结果，不合适的推进模式将会给地方经济社会发展带来深远的负面影响。从国内外发展实践看，如果工业化超前于城镇化，会因城市配套设施的缺乏，出现交通拥挤、资源短缺、环境污染、房价暴涨等问题。反之，则会由于城镇化缺乏必要的产业支撑，出现产业"空心化"和就业不足现象，产生贫民窟等一系列社会问题。河南应当抓住建设中原经济区的机遇，将国家意图与地方经验有机结合，根据资源禀赋、区位优势、环境容量、市场需求和产业状况，探索适合自身特点的三化协调发展模式，并把成熟的区域推进模式适时在条件适合的地方进行推广。

三、强化政府引导调控，发挥市场机制作用

发达国家近 200 年的经验证明，实行市场经济，充分发挥市场优化资源配置的积极作用，并辅之以适当的国家干预，对三化协调发展是必要的。发达地区三化协调发展取得的成绩与政府的积极调控和市场的不断调节密不可分。资本和劳动力市场的完善、国内产品市场的扩大、国际贸易的发展都将为三化提供重要支撑。此外，政府的作用还表现为通过各种政策，校正"市场失灵"所造成的资源错配，并为生产效率提高创造必要的宏观经济条件。因此，河南既要发挥地方政府的引导作用，也要争取国家政策的扶持，还要完善各项市场制度。凡是市场能够调节的政府要尽量放开，对市场没有能力调节的，政府要积极引导和调控，通过"看得见的手"和"看不见的手"的共同作用，以确保三化协调科学发展。

四、制定科学的规划，形成区域发展的新格局

三化协调发展需要一个布局合理的空间结构的支撑，规划水平决定了建设效果。从国内外实践的经验来看，只有高水平的规划才能实现高水平的建设和发展。如美国城市发展规划内容，最早主要是土地使用规划，现在还包括投资改善规划、居住社区规划、地区就业规划及专业系统规划，这些规划不具有强制性，主要用于指导未来的城市建设。从未来五年、十年甚至更长时间来看，河南工业化和城镇化水平都将会大幅度提高，对建设用地的需求也不断增加，人地矛盾会越来越突出。因此必须未雨绸缪，对所辖范围内的产业、人口、城镇等的总体布局以及区域资源特点和生态承载力进行通盘考虑，统筹安排城镇建设、产业集聚、农田保护、生态涵养等空间布局，推进农业生产专业化、城镇结构合理化、产业布局最优化，形成区域优势互补、功能定位清晰、空间高效利用、产业分工合理、三化互为支撑的区域发展格局，做出长远规划的同时要增强规划的前瞻性、科学性和权威性，发挥好规划的指导、引领和调控作用，以免使三化协调走入建设用地供应不足的死胡同。

五、坚持可持续发展，注重资源节约和生态保护

传统的三化发展道路是以牺牲资源、环境为代价的，片面强调经济增长，忽视经济效益和社会效益及生态效益。河南尚处于工业化和城镇化的快速发展阶段，作为国家重要的粮食生产核心区、能源原材料基地和生态保护屏障，资源合理利用以及生态环境保护的任务依然艰巨。尤其是水源、土地、森林等自然资源的生态保护对保障农业生产至关重要。河南人均耕地面积只有 1.2 亩，不到 0.1 公顷，在可耕地少、人口分布不均、生态环境脆弱等国情条件下，必须吸取一些国家过度郊区化的教训[①]，以免造成耕地减少、环境破坏、资源能源消耗过度的后果。三化协调涉及经济社会发展的方方面面，河南不能再走牺牲农业、浪费资源、污染环境的老路，必须立足长远、着眼全局、统筹考虑，以应对各种制约和挑战。

六、统筹城乡协调发展，推动城乡一体化

城乡一体化是一个国家或地区社会进步的集中表现，是城乡经济社会发展、空间布局、居民生活相互促进、逐步融合的过程。马克思曾经指出："城乡关系的面貌一改变，整个社会的面貌也跟着改变。"纵观世界上许多国家的现代化发展历程，可以看出在工业化发展初期，依靠农业支持工业、为工业提供积累是普遍趋向，它们也都经历了城乡关系失衡和城乡二元分化阶段，但是在工业化城镇化达到一定程度后，一些国家开始以工业反哺农业、以城市支持农村，实现了工业与农业、城市与农村的协调发展，也有一些国家忽视了城乡的统筹发展和一体化发展，造成城乡差距日益拉大。河南同全国一样，在解放后通过计划经济和运用行政手段，集中力量发展工业和城市，形成了城乡二元结构。改革开放以来，随着家庭承包经营制等农村各项改革的不断深入，河南城乡二元结构有所改变，但由

---

① 李凤：《国外城镇化模式及其以美国为代表的自由放任式城镇化》，《城市建设》2005
年第 8 期。

于长期受工农分割、城乡分割的二元结构以及欠发达省情等因素的制约，城乡经济社会发展及居民的生活水平差距仍未根本解除。在探索新型三化协调发展的过程中，河南必须统筹规划生产力和人口空间布局，推动产业向园区集中、人口有序向城镇集中、农村富余劳动力向二、三产业转移，促进城乡资源共享和生产要素的优化配置，加快城乡融合；以产业发展为支撑，形成一、二、三产业相互促进、协调发展的产业体系；加快体制创新步伐，大胆试验，破除城乡分割的体制性障碍；加快构建城乡一体的公共服务体系，促进城镇基础设施向农村延伸，城镇公共服务向农村辐射；建立工业、城市反哺农业、农村的长效机制，加大以工补农、以城带乡的力度；把推进城乡一体化与建设新型农村社区结合起来，形成以统筹城乡产业发展、统筹社会事业发展、统筹基础设施建设、统筹劳动就业和社会保障为重点的城乡一体化新格局。

第四章
河南探索三化协调发展的历程、成就与经验

　　加快工业化和城镇化、推进农业现代化，是实现全面建设小康社会目标的基本途径，是欠发达地区走向繁荣富强的必由之路。改革开放尤其是新世纪以来，河南省坚持以工业化为主导、以城镇化为支撑、以农业现代化为基础，走出了一条不以牺牲粮食和农业为代价的工业化、城镇化、农业现代化三化协调发展的路子。回顾和总结河南省三化协调发展的历程、成就和经验，对于更好地贯彻落实科学发展观、促进同类地区现代化建设和我国经济健康发展，具有重大意义。

第一节　探索三化协调发展顶层决策的形成历程

　　科学的决策是正确行动的指南。任何区域发展战略的成功实施，都需要顶层设计。在区域经济发展的战略顶层设计中，往往有初始提出、不断发展和逐步完善的过程。回顾改革开放以来，河南工业化、城镇化和农业现代化三化协调发展战略的提出和实施，大致经历了四个阶段：萌芽时期（1983年—1990年）、雏形时期（1991年—1997年）、形成时期（1998年—2008年）和完善时期（2009年—2011年）。在这个过程中，河南不断加快工业化、城镇化，始终把农业生产放在重中之重的地位，以农兴工、以工促农，形成了农业与工业、城镇与乡村的良性互动，实现了工业化、城镇化和农业现代化的协调发展。

一、萌芽时期（1983年—1990年）

这一时期，河南虽然没有明确提出三化协调发展战略，但在省委省政府的一些文件和省主要领导的有关讲话中，反映出河南决策层在把握省情和提出发展的对策中，闪烁着许多三化发展的思想萌芽和观点火花。

从20世纪50年代后期到改革开放前，河南粮食产量一直低迷，保证不了本省人民的吃饭需要，粮食和农业始终是河南最大问题。20世纪80年代，农村家庭联产承包责任制的推行，打破了平均主义，保障了农民的劳动成果，极大地激发了农民生产的积极性。加之农业科技的不断进步，大幅度提高农产品的收购价格，河南农业大幅度增产。1983年全省粮食总产量创历史最高水平，甚至开始出现"卖粮难"现象。为此，1984年，河南省委省政府发布了《关于大力发展农村商品经济的意见》，做出"决不放松粮食生产，积极发展多种经营"的决策，提出"大力发展养殖业和食品加工业，努力搞好粮食转化、增值"。同时提出"采取有力措施，加快发展乡镇企业"，"发展乡镇企业要因地制宜，立足当地资源，发挥自己的优势，面向国内外市场，与城市工业协调发展。"要"充分发挥中心城市的作用，积极探索城乡改革同步发展的新路子"。

20世纪80年代后期到90年代初，河南处于经济转型的关键时刻，各种发展思路激烈碰撞，既有沿海发达省份加速工业化的巨大诱惑，也有河南重农意识造成的发展思路上的困惑，经济发展进入缓慢期，各项经济效益指标均落在全国后面，与沿海省份的差距逐渐拉大。沿海地区大力推进工业化带来的经济繁荣，也给河南各级政府带来了很大思想冲击。这一时期，许多领导干部到经济发达地区进行考察，多数人认为河南的差距主要表现在工业化程度的落后上，工业化是河南不可逾越的发展阶段。没有工业化，河南要想摆脱贫困落后面貌是一句空话。1990年12月，在省委省政府举行的"学习先进经验，加速振兴河南步伐"报告会上，时任河南省长的李长春同志提出："在决不放松粮食生产的前提下，加速农村产业结构的调整，全面发展农村商品经济"；"把大力发展城乡集体工业作为振兴河南的战略措施来抓"；"要以提高经济效益为中心，下决心抓好产品结构调整、技术进步和企业管理，使我省工业跃上一个新台阶"。

二、雏形时期（1991年—1997年）

这一时期，在探讨河南作为农业大省如何实现现代化的过程中，形成了工业与农业相互促进、协调发展的思路，并探索了河南的城市化道路，为下一时期河南三化发展战略的确立，奠定了良好基础。

1991年1月，河南省委五届二次全体会议，确定了"一高一低"的战略目标，即河南经济发展速度和效益要略高于全国平均水平，人口增长速度要低于全国平均水平。1992年，随着邓小平南方谈话和党的十四大胜利召开，确立了建设社会主义市场经济的总体目标，新一轮解放思想在全国范围内展开，区域经济进入新的快速发展期，面对不能再错过的历史机遇，作为农业大省的河南如何选择自己的发展道路，破解发展难题？结论是必须加快工业化进程，这逐步成为全省上下的共识。河南省决策层深知，对全国重要的农业大省和人口大省来说，工业化是从传统农业社会向现代社会迈进的必经阶段，也是河南实现富民强省的必由之路，越是农业大省越要大力发展工业，但绝不能以牺牲农业为代价。否则，既不符合河南的省情，也会对国家粮食安全构成威胁，影响稳定大局。河南必须探寻一条新的发展道路，这条道路就是工业与农业的协调发展、相互促进，河南必须在强农兴工中寻求经济转型。

河南拥有丰富的农业资源和劳动力资源，在"农"这个字里蕴含着巨大的产业机会和市场潜力，是河南工业化进程的重要突破口。1992年以后，河南省委省政府在不断解放思想过程中，科学分析河南省情，制定了"以农兴工、以工促农、农工互动、协调发展"的发展战略，坚持"跳出农业抓农业、围绕农业上工业、上了工业促农业"。"八五"期间，河南省委省政府围绕"一高一低"的战略目标，提出"工业、农业两篇文章一起做"和"两道难题（工业化缓慢、农民增收困难）一起解"，采取有力措施，积极促进结构调整和产业升级，加快全省工业化进程，进一步巩固农业基础。1994年2月，河南省委省政府在关于贯彻《中共中央国务院关于当前农业和农村经济发展的若干政策措施》的文件中提出，逐步建立土地使用权的流转机制，在坚持土地集体所有和不改变用途的前提下，农民承包土地的使用权可以依法有偿转让和入股。第二第三产业比较发达、大部分劳动力转向非农产业并有稳定收入的地方，可尊重农民意愿，允许土地向种田能手集中，实行适度规模经营。

同时，河南积极探索城市化道路。1994 年，省政府计经委组织开展了中原城市群开放战略研究。当时，中原城市群是指沿陇海铁路河南段两侧，以郑州为核心的较为密集分布的 15 个城市。其中，有特大城市郑州，大城市洛阳、开封、新乡，中等城市焦作，小城市巩义、新密、新郑、荥阳、登封、偃师、卫辉、辉县、沁阳、济源。研究认为，中原城市群在世纪之交期间应朝着都会带的方向发展，在我国中原地区竖起一座新的可带动周围地区开放开发的核心经济区。因此，必须树立大系统的观念，明确建设都会带城市体系的指导方针，制定联体成片的布局原则，打破行政区划壁障，清除各自为战的思想，按照一个统一的群体大规划全面展开各市城建和经济布局，充分发挥中原城市群的互补优势和聚合优势。

1995 年，结合河南省国民经济和社会发展"九五"计划和 2010 年远景目标纲要的制定，省计委组织编制了《河南省生产力布局规划纲要》。《纲要》，提出以中心城市和交通主干线为依托，按"六个"层次展开全省生产力布局的规划：一是抓紧抓好郑州商贸城建设，使其逐步成为有较强吸引力、辐射力的经济中心城市；二是加快以郑州为核心的中原城市群的发展步伐，加强分工与协作，使之逐步成为亚欧大陆桥上的一个经济密集区，在全省经济振兴中发挥龙头带头作用；三是依托交通主干线，改造和建设一批对增强河南经济实力有重大影响的工业基地。重点抓好洛阳、郑州等老工业基地的改造和发展，加快洛阳、濮阳、南阳石化基地，焦作、平顶山能源和重化工基地，开封精细化工基地，以及安阳、新乡、鹤壁电力工业基地建设；四是抓住京九铁路全线开通的机遇，加快以商丘及潢川、台前为重点的沿线市县的开放开发，建设农副产品生产加工基地和永城能源基地，推动豫东和豫东南经济的发展；五是抓住黄淮海平原、南阳盆地、豫西山区、豫南山区四大农区的综合开发，黄淮海平原和南阳盆地重点发展粮棉油产品生产和农副产品加工业，提高农业集约化和产业化水平。豫西山区和豫南山区以发展林果业、畜牧业为重点，搞好旱地农业及矿产资源开发，加快发展步伐。1995 年 11 至 12 月，河南省委五届十二次全会在郑州召开，时任河南省委书记的李长春同志在全会上强调：要切实加强农业的基础地位；要突出抓好国有企业改革这个中心环节；大力推进工业化、城市化进程。

三、形成时期（1998 年—2008 年）

这一时期，河南省委省政府明确提出加快工业化、城镇化，推进农业现代化的三化发展战略，采取了加快中原城市群建设等一系列政策和举措，动员全省上下全面建设小康社会、奋力实现中原崛起。

农业大省的工业化需要立足农业，不能片面理解工业化。只有依据省情选择主导产业，立足丰富的农业资源进行深加工，使农业"长入"工业，大力培育和发展涉农工业，才能在延伸产业链条中实现农业的新突破和更大发展。20 世纪 90 年代后期，河南农业获得了新的发展，1999 年粮食产量创纪录达到 851 亿斤。但由于农产品加工程度低、销售渠道不畅等原因，导致农业效益持续下滑。针对这种状况，河南省委省政府果断作出了化农业资源优势为商品竞争优势、加快向农产品精深加工进军的重大抉择。2000 年 1 月，河南省委农村工作会议提出"调整农村经济，发展乡镇企业和农副产品加工业"的方针。接着，省委省政府又提出"大力发展食品工业、振兴河南经济"等一系列重大战略部署，此后河南连续几个"五年"计划把食品工业作为支柱产业来培育，带动了河南经济发展的深刻转型。

2001 年 10 月，中共河南省第七次代表大会召开，陈奎元同志代表省委在大会作的报告中指出：加快工业化、城市化进程，促进农业现代化，要把城市化作为一项重要战略来抓。2002 年 12 月，河南省委七届三次全会又提出，要认识和顺应经济社会发展的规律和趋势，强化工业意识、城市意识，进一步加快工业化、城镇化进程。要统筹城乡经济社会发展，在促进农村富余劳动力向城镇二、三产业转移的同时，推进农村经济结构和农业产业结构调整，加快传统农业向现代农业的转变。

2003 年，李克强同志任河南省委书记。这一年，是河南决策顶层形成"以工业化为先导，大力推进工业化、城镇化和农业现代化"的三化发展战略的最为关键的一年。在 2003 年—2004 年河南省委省政府的一系列重要文件中，闪烁着三化发展战略的重要思想和大政方针。2003 年 6 月，河南省委省政府发布了《河南省委河南省人民政府关于加快城镇化进程的决定》，详细阐述了 2003 年—2020 年河南省城镇化战略。《决定》指出：加快城镇化进程，是实现工业化、优化城乡布局、全面繁荣农村经济、加速现代化进程的迫切需要，是全面建设小康社会的必由之路。《决定》提出了全省城镇化发展的指导思想、原则和主要目标，要求突出城镇化发展重点、深化土地使用制度改革、深化户籍制度改革、深化城建投融资体制和公用事业改革，大力发展城镇经济，营造加快城镇化进程环境，加强城镇规划和行政区划调整工作。

2003 年 8 月，河南省委省政府印发《河南省全面建设小康社会规划纲要》，这是一份比较全面而系统地阐述河南三化发展战略非常重要的文献。《纲要》确定了全省全面建设小康社会的奋斗目标、基本途径、发展布局和战略举措。《纲要》指出：全面建设小康社会，最根本的是坚持以经济建设为中心，不断解放和发展社会生产力；必须大力推进经济结构的战略性调整，努力完成基本实现工业化这一历史性任务；加快工业化、城镇化，推进农业现代化，是河南全面建设小康社会的基本途径，也是从根本上解决"三农"问题的必由之路；要坚持以工业化为主导，以城镇化为支撑，以推进农业现代化为基础，统筹城乡经济社会协调发展。《纲要》提出，要加快工业化进程，走新型工业化道路；加快城镇化进程，充分发挥城市的聚集辐射带动作用；用工业理念发展农业，推进农业现代化。《纲要》还提出：中原城市群经济隆起带是以郑州为中心，包括洛阳、开封、新乡、焦作、许昌、平顶山、漯河、济源在内的城市密集区。在此前后，时任河南省委书记的李克强同志明确指出："以郑州为中心的中原城市群，是我省经济发展的核心区域，可以发展成为全国区域性范围内具有独特优势和重要影响的经济隆起带。要加快这一区域的发展步伐，从整体上率先实现全面建设小康社会的目标，使之成为带动全省经济发展、实现中原崛起的龙头。"

2004 年 9 月，河南省委省政府颁布的《关于推进农业现代化建设的意见》，系统提出了推进河南省农业现代化建设的一系列举措。《意见》指出：坚持以人为本，树立全面、协调、可持续的科学发展观，强化农业的基础地位，用发展工业的理念发展农业，通过科技水平的提高、产业链条的延伸、现代要素的引进、市场机制的强化和服务体系的建立，大幅度提高农业的品质和效益，增加农民收入，促进传统农业向现代农业的转变，努力把河南建设成为农业组织程度较高、农产品加工能力较强、农业机械和现代农业科学技术应用较为广泛的现代农业强省。为此，《意见》提出：推进农业现代化建设要做到"七个坚持"：坚持"多予、少取、放活"的方针，把增加农民收入作为根本出发点和落脚点；坚持以市场为导向，不断调整优化农业和农村经济结构；坚持以改革开放和科技进步为动力，切实转变农业增长方式；坚持加快工业化、城镇化进程，加速农村富余劳动力转移；坚持推进农业产业化经营，培育和壮大现代农业企业；坚持以家庭承包经营为基础、统分结合的双层经营体制，逐步发展土地适度规模经营；坚持统筹城乡经济社会发展，充分发挥城市对农村的辐射带动作用。

为了促进河南省城镇化快速健康发展，2005年12月，河南省委省政府颁布了《关于进一步促进城镇化快速健康发展的若干意见》，进一步明确了全省推进城镇化的指导思想、目标任务、方针政策和工作举措。《意见》指出：河南的城镇化水平仍然较低，城镇规模较小，基础设施较差，城镇功能较弱，一些体制性障碍还在影响着人口、资源等要素向城镇聚集，推进城镇化的任务依然很重。《意见》就进一步促进河南城镇化快速健康发展提出了一系列意见要求：以科学发展观为指导，实施中心城市带动战略；以加快中原城市群建设为重点，全面推进城镇化进程；大力发展二三产业，增强城镇化的产业支撑；破除体制障碍，改善城镇化发展环境；放开投资市场，加快城镇基础设施建设步伐；改进城市规划工作，提高城市综合管理水平；合理利用资源，努力建设节约型城市；加强对城镇化工作的领导。

2005年10月，河南省委七届十次全会通过的《河南省委关于制定全省国民经济和社会发展第十一个五年规划的建议》提出：进一步加快工业化、城镇化，推进农业现代化。2006年2月颁布的《河南省国民经济和社会发展第十一个五年规划纲要》又提出：以工业化为核心，加快城镇化进程，推进农业现代化，继续保持较高的增长速度和较高的增长质量，实现又快又好发展，在中部崛起中走在前列。

河南在统筹城乡一体化发展上，作为顶层决策的突出标志，是 2006 年 6 月河南省政府颁布的《关于加快推进城乡一体化试点工作的指导意见》。《意见》提出：以加快城镇化为核心，以构建城乡统一的基础设施、公共服务体系为着力点，打破城乡二元结构，统筹城乡发展，推进农村生产、生活方式转变，使农村和城市共享现代文明。《意见》选择鹤壁、济源、巩义、义马、舞钢、偃师、新郑等 7 个市为试点，为全省推进城乡一体化取得经验，提供示范。《意见》总体要求：统筹规划生产力和人口空间布局，推动产业向园区集中、人口有序向城镇集中、农村富余劳动力向二三产业转移，促进城乡资源共享和生产要素的优化配置，加快城乡融合；以产业发展为支撑，形成一、二、三产业相互促进、协调发展的产业体系；加快体制创新步伐，破除城乡分割的体制性障碍，加快构建城乡一体的公共服务体系，促进城镇基础设施向农村延伸，城镇公共服务向农村辐射；把推进城乡一体化与建设社会主义新农村结合起来，同步进行。形成以统筹城乡产业发展、统筹社会事业发展、统筹基础设施建设、统筹劳动就业和社会保障为重点的城乡一体化新格局。

河南三化协调发展战略不断得到丰富。2006 年 10 月，时任河南省委书记的徐光春同志在中共河南省第八次党代会的报告中指出：坚持走新型工业化道路，努力在转变经济增长方式上取得新突破。要下大力气推动经济增长方式由粗放型向集约型转变；坚持走新型城镇化道路，努力在促进城乡区域协调发展上取得新突破。要适应城镇化发展趋势，走城乡互动、区域协调、体系合理、发展集约、以人为本理念得到充分体现的新型城镇化路子；坚持把解决"三农"问题作为重中之重，努力在建设社会主义新农村上取得新突破。要坚持"以工促农、以城带乡"和"多予、少取、放活"的方针，扎实推进社会主义新农村建设。2007 年 1 月召开的河南省委八届二次会议指出：以经济建设为中心，加快工业化、城镇化，推进农业现代化，加大改革开放和经济结构调整、转变经济增长方式的力度，推动城乡、区域、经济社会协调发展，促进人与自然相和谐，实现又好又快发展，加快经济大省向经济强省跨越。同年 12 月召开的河南省委八届五次全会指出：狠抓粮食生产不动摇，坚持发挥优势和承担责任相统一，坚持发展工业不以牺牲农业为代价。坚持在加快工业化进程中巩固农业基础地位，坚持在城乡互动中培育新的增长极。2008年8月，河南省制定了《国家粮食战略工程河南核心区建设规划纲要》，《纲要》力求在河南现有粮食年产1000亿斤的基础上，到2020年再增加年产300亿斤粮食的生产能力，这是河南省切实肩负起国家和民族粮食安全重任的生动体现。

四、提升时期（2009年—2012年）

这一时期，丰富完善了三化协调科学发展战略的内涵，河南省委省政府明确提出：走不以牺牲农业和粮食、生态和环境为代价的新型工业化、新型城镇化、新型农业现代化的协调科学发展之路，是贯穿整个中原经济区建设的主线和核心。

2009年，卢展工同志任河南省委书记后，在组织大量调研、广泛讨论、系统研究的基础上，提出了建设中原经济区的重大决策。2010年11月召开的省委八届十一次全会提出：中原经济区是探索一条不以牺牲农业和粮食、生态和环境为代价的三化协调科学发展路子的载体和平台。全会通过的《中共河南省委关于制定全省国民经济和社会发展第十二个五年规划的建议》指出：必须把城镇化带动三化协调发展作为建设中原经济区、加快中原崛起和河南振兴的关键性、全局性战略举措。全会审议并原则同意《中原经济区建设纲要（试行）》。《纲要（试行）》把中原经济区建设的首要重要战略定位，确定为全国三化协调发展示范区。《纲要（试行）》指出：要发挥新型城镇化的引领带动作用，统筹安排城镇建设、产业集聚、农田保护、生态涵养等空间布局，协调推进粮食生产核心区、现代城镇体系和现代产业体系建设，在加快工业化、城镇化进程中保障国家粮食安全，推进农业现代化，率先走出一条不以牺牲农业和粮食、生态和环境为代价的三化协调科学发展路子。《纲要（试行）》提出：要构筑三化协调新格局。产业、人口、生产要素集中度明显提高，基本建成生态高效的现代城镇体系和现代产业体系，形成以产带城、依城促产的良性互动局面；新型工业化带动和提升农业现代化的能力进一步增强，新型城镇化和社会主义新农村建设协调推进，工业反哺农业、城市支持农村的长效机制基本形成。①

2011 年 4 月颁布的《河南省国民经济和社会发展第十二个五年规划纲要》，又进一步提出：以解决"三农"问题为出发点和着力点，统筹推进新型工业化、新型城镇化和农业现代化，持续探索不以牺牲农业和粮食、生态和环境为代价的三化协调科学发展的路子。《纲要》用三篇的篇幅系统详细阐述了推进三化协调科学发展的政策措施：加快新型工业化，构建现代产业体系；加快新型城镇化，构建现代城镇体系；推进农业现代化，加快社会主义新农村建设。《纲要》还提出了以空间布局的优化推动三化协调科学发展的战略布局。

2011 年 8 月，省委书记卢展工指出：所谓河南新型城镇化，就是以城乡统筹作为结合点、以城乡一体化作为切入点的城镇化。如果离开了农村、离开了农民、离开了农业，这个城镇化很难说是新型城镇化，充其量也就是我们传统意义上的城镇化。河南要走一条不以牺牲农业和粮食、生态和环境为代价的三化协调科学发展的路子，怎么走？一定要抓住这个结合点和切入点。卢展工书记指出：建设中原经济区，走好一条不以牺牲农业和粮食、生态和环境为代价的三化协调科学发展之路，新型城镇化是引领。要通过新型城镇化建设，整合村庄、土地、人口、产业等要素，增强新型农村社区综合服务功能，着力破解保护耕地与保障城乡建设用地的问题，提升节约集约用地水平。持续探索走一条不以牺牲农业和粮食、生态和环境为代价的以新型城镇化为引领的三化协调科学发展的路子，必须遵循规律，必须依法依规，必须创造环境条件，必须注重安全质量，必须创新体制机制，必须节约资源能源，必须保护生态环境。卢展工书记还指出：走不以牺牲农业和粮食、生态和环境为代价的三化协调科学发展之路，将是贯穿整个中原经济区建设的主线。②

2011 年 9 月颁布的《国务院关于支持河南省加快建设中原经济区的指导意见》指出："积极探索不以牺牲农业和粮食、生态和环境为代价的

---

① 喻新安：《中原经济区顶层设计的背景、历程与经验》，《中州学刊》2011 年第 2 期。
② 喻新安、完世伟、王玲杰：《河南经济发展报告（2012）》，社会科学文献出版社 2012 年版。

三化协调发展的路子，是中原经济区建设的核心任务。"2011年10月，卢展工书记在中共河南省九次代表大会上作的报告中指出：前不久国务院制定下发了《关于支持河南省加快建设中原经济区的指导意见》，以此为标志，中原经济区建设正式上升为国家战略。卢展工书记强调：持续探索不以牺牲农业和粮食、生态和环境为代价的新型城镇化、新型工业化、新型农业现代化的三化协调科学发展的路子，是从根本上破解发展难题的必然选择，是我省加快转变经济发展方式的具体实践，是中原经济区建设的核心任务。走好这条路子，一是要强化新型城镇化引领，统筹城乡发展、推进城乡一体。二是要强化新型工业化主导，加快转型升级、提升支撑能力。三是要强化新型农业现代化基础作用，维护粮食安全、促进城乡繁荣。四是要强化三化协调的保障能力，增强发展后劲、推动持续发展。五是要强化三化协调的驱动力量，破解发展难题、拓展发展空间。

《中原经济区建设纲要（试行）》和《河南省国民经济和社会发展第十二个五年规划纲要》中关于河南三化协调发展的论述，尤其是《国务院关于支持河南省加快建设中原经济区的指导意见》中和卢展工书记在中共河南省九次代表大会上作的报告中关于河南三化协调科学发展的论述，标志着河南省三化协调科学发展战略决策的日臻完善。

第二节　推进三化协调发展取得的巨大成就

自20世纪90年代尤其是进入新世纪以来，河南把加快工业化和城镇化、推进农业现代化作为振兴经济的基本途径，坚持工农业互动协调发展，积极探索"以农兴工、以工促农"、"以城带乡、以农促城"的有效方式。实践充分表明：河南在加快工业化城镇化进程的同时，农业基础地位得到了巩固，粮食产量稳定增长，现代农业不断发展，工业规模迅速壮大，城镇建设日新月异，实现了由传统农业大省向经济大省和新兴工业大省的历史性跨越，走出了一条不以牺牲农业和粮食、生态和环境为代价的三化协调发展的现代化路子，经济社会发展取得了巨大成就。

一、粮食和农业稳定增产

改革开放以来，河南始终把粮食和农业生产放在重中之重的地位，千方百计稳定粮食增产，大力推进农村经济结构调整，加快构建现代农业产业体系，实现了从曾经的缺粮大省到如今的国人"大粮仓大厨房"的巨大转变。

第一阶段，吃粮问题不再困难（1978 年—1983 年）。河南，这一承载着中华文明发祥地厚重文化的中原大省，自南宋以后的漫长岁月里越来越落后，甚至长期成为贫穷、落后、灾荒的代名词。1949 年河南解放，在土地改革、合作化运动的推动下，人民生活得到初步改善。但"大跃进"和人民公社化的推行，严重压抑了农民发展生产的积极性。结果，从 20 世纪 50 年代后期到改革开放前，河南仍为粮食净调入省。1978 年全省粮食产量只有 420 亿斤。党的十一届三中全会，"忽如一夜春风来，千树万树梨花开"。家庭联产承包责任制的推行，赋予了农民生产自主权，保障了农民的劳动成果，激发了农民生产的积极性和创造精神，大大解放了农业生产力。加之同期国家大幅度提高农产品收购价格，中原化肥厂的顺利投产增加了化肥投入，农业科技不断进步，杂交玉米、杂交水稻和小麦新品种的大面积推广，尤其是 1982 年起中央连续五个一号文件的强力推动，河南农业发展实现了飞跃。1983 年，全省粮食总产量增长到581 亿斤，人均占有量提高到 767 斤，尽管当时主食中粗粮占的比重还比较大，但河南已经完全解决了吃饭问题，粮食除养活自己外，还能输出省外。

第二阶段，多种经营全面发展（1984 年—1992 年）。随着粮食丰收，一些地方出现了"卖粮难"及收购粮食"打白条"现象，为此，1985 年，根据国家统一部署，河南对农产品统购统销制度进行了改革，对大部分农产品实行市场调节。由此扩大了农民的经营自主权，农业生产与市场需求的联系更加紧密，推动了农业结构调整，促进了多种经营全面发展。各地在稳定粮食作物播种面积的基础上，不断扩大以棉花、油料为主的经济作物种植，积极发展林果生产。依据农副产品和秸秆资源比较丰富的条件，河南确定了稳定猪禽生产、大力发展草食畜禽养殖业的指导方针，促进畜禽结构向多元化转化。畜、禽、渔等产业的发展增加了对粮食的需求,刺激了粮食稳定增产,促进了以粮带畜、种养互动,促进了种植业内部乃至农业各部门的良性循环。1991年—1992年,国家两次提高粮食销售价格,实现了购销同价,结束了近40年粮食统销的历史。为了促进粮食市场化,1990年郑州粮食批发市场成立,三年后郑州商品交易所成立,正式推出小麦、玉米、绿豆等粮食期货交易。"郑州价格"的产生,结束了中国没有粮油期货批发价格的历史,逐渐成为中国乃至世界粮食市场的"晴雨表"。

第三阶段,向农产品精深加工进军(1993年—2002年)。1992年邓小平南方谈话,解决了对市场经济的认识问题,促进了经济快速发展。加上1994年、1996年两次大幅度提高粮食价格,促进河南粮食产量又创新高,先后迈上700亿斤、800亿斤两个台阶,1999年粮食产量创纪录达到851亿斤。但由于农产品原字号多,加工链条短、附加值低,以及随之而来的新一轮"卖粮难"、财政补贴库存压力增大等问题,加上畜禽、油料、蔬菜等农产品也相对过剩、销售不畅,造成农业效益不断下降。针对这种状况,河南果断作出了化农业资源优势为商品竞争优势、加快向农产品精深加工进军的重大抉择,制定了围绕"农"字上工业、上了工业促农业、大力发展食品工业等一系列重大部署。2001年,河南又提出了建设"两个基地"的重大战略,就是把河南建成全国重要的优质小麦生产和深加工基地及全国重要的畜产品生产和深加工基地,并把这列为全省国民经济发展的八大举措之首。

第四阶段,打造国人"大粮仓大厨房"(2003年—2011年)。2003年以来,中央提出统筹城乡经济社会发展,实行"以工哺农、以城带乡"和"多予、少取、放活"等一系列方针政策,连续下发了八个一号文件,农民不仅被免除了粮食生产上的税收和各种提留负担,而且得到了财政多方面的补贴。这些都极大地激发了农民和涉农企业的积极性,为推动粮食增产和农业发展提供了强大动力。特别是2004年以来,农村基础设施明显改善,农业科技不断进步,农业产业化不断发展,农业机械化水平不断提高,河南的粮食和农业连年获得丰收,传统农业的改造升级步伐加快,促进农业发展方式实现重大转型,以基地化、标准化、特色化、品牌化为代表的现代农业在中原迅速崛起。2006 年 5 月，河南省委进一步明确提出，河南不仅要成为国人的"大粮仓"，而且要成为国人的"大厨房"。河南积极提高农业综合生产能力，大力发展农产品精深加工，推进农业产业化龙头企业发展，使农业生产和农产品加工呈现出互动互促的良好态势。到 2010 年，河南的粮食总产，连续五年保持 1000 亿斤以上，连续 7 年创历史新高，连续 11 年稳居全国第一位。2011 年，全年粮食产量又首次登上 1100 亿斤的历史新台阶。河南用占全国 6% 的耕地生产了全国 10% 以上的粮食，每年向省外输出 400 亿斤左右的商品原粮及粮食制成品，为国家粮食安全做出了重大贡献。同期肉、蛋、奶产量也位居全国前列，农业结构不断优化，优质农业持续扩大，特色农业优势鲜明，农民生活水平稳步提高。另一方面，河南形成了粮食制品、肉制品、乳制品、果蔬、油脂和休闲食品等六大农产品加工业体系。河南的粮食、肉类加工能力均居全国第一位。河南生产的面粉、挂面、速冻食品、方便面、味精等市场占有率均为"全国冠军"，食品工业主营业务收入、创造的利税双双跃居全国第二，其中利润占到了全国食品工业利润的 10% 以上。河南已成为全国最大的肉类生产加工基地、全国最大的速冻食品加工基地、全国最大的方便面生产基地、全国最大的饼干生产基地、全国最大的调味品生产加工基地。河南已成为全国畜牧养殖大省和食品工业大省。河南作为中国"粮仓"转变为国人"大粮仓大厨房"的地位和形象，越来越清晰地展现在世人面前。①

河南农业的发展，为本省工业发展奠定了雄厚基础。改革开放以前，河南与全国一样，是依靠工农业剪刀差实现工业资本积累的，农业为河南及全国的工业发展做出了巨大贡献。改革开放后，农业的制度创新促进农业生产实现了第一轮快速发展，农业生产剩余的出现和增加为农业劳动力向工业的大规模转移提供了可能。作为农业人口大省，河南的工业结构带有明显的农业色彩，其中，以食品工业和农机工业为代表，这些优势工业的出现又反过来推动了农业技术进步，使农业实现了第二轮较大发展。进一步地，农业的较大发展又更有力地推动了工业规模的持续扩大，使涉农

---

① 刘道兴、吴海峰、陈明星：《改革开放以来河南农业的历史性巨变》，《中州学刊》2008年第 6 期。

工业走向成熟，如农业发展为食品工业提供了丰富的原料、为机械工业尤其是农机工业创造了广阔的市场。还以食品工业为例，依托雄厚的农业基础，河南的粮食和肉类加工能力已稳居全国第一位。此外，农业制度创新和技术进步，也为采矿、建筑、服务业等非涉农产业的发展提供了条件，突出表现为农业生产对劳动力的节约维持了河南的劳动力成本优势，对土地的节约为河南非农产业的发展提供了空间，这对于地少人多的传统农区的工业化有着特殊的重要意义。

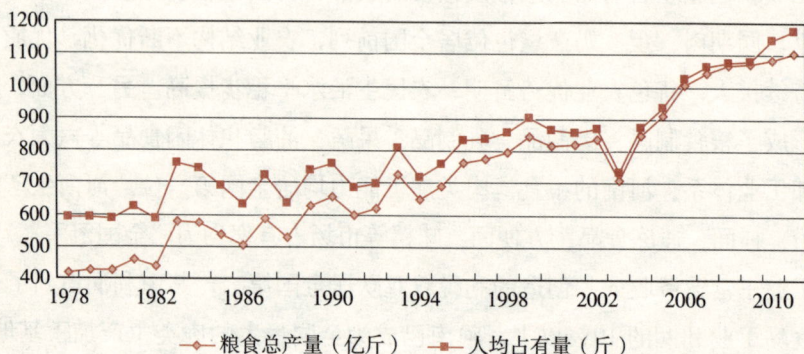

图4—1 改革开放以来河南省粮食总产与人均占有量变动情况（1978年—2011年）

资料来源：《河南统计年鉴（2011）》和《2011年河南省国民经济和社会发展统计公报》。

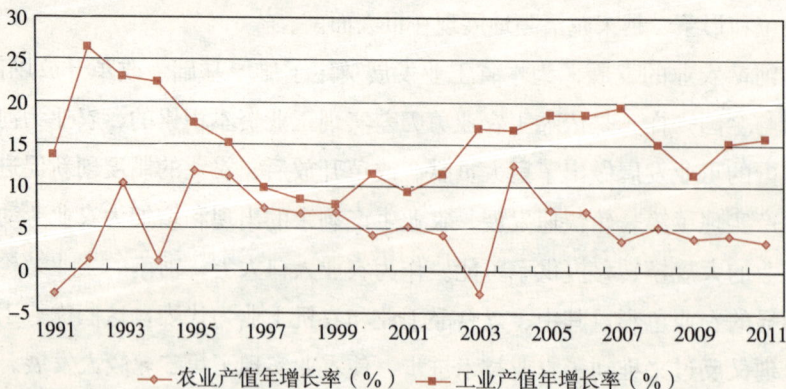

图4—2 1991年—2011年河南省工农业产值增长率比较

注：增长率按可比价格计算。

资料来源：《河南统计年鉴（2011）》和《2011年河南省国民经济和社会发展统计公报》。

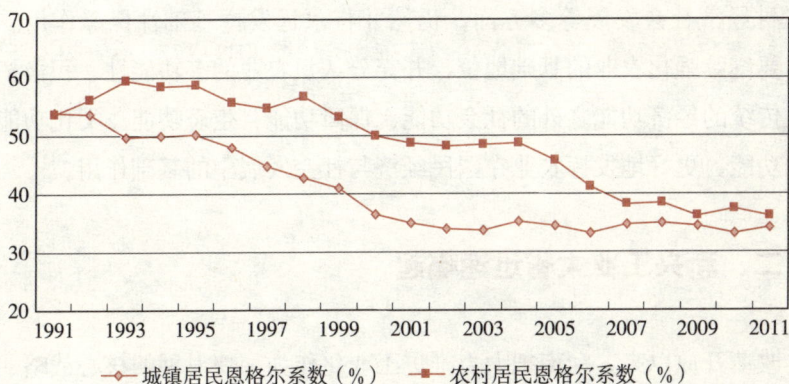

图4—3　1991年—2011年河南省城乡居民恩格尔系数变动情况

资料来源：《河南统计年鉴（2011）》和《2011年河南省国民经济和社会发展统计公报》。

表4—1　2005年—2010年河南省农业和农民收入情况

年份	粮食总产量		农业增加值		农民人均纯收入	
	总量（亿斤）	占全国比重（%）	总值（亿元）	占GDP比重（%）	人均收入（元）	与城镇居民人均可支配收入之比
2005	916.4	9.5	1892	17.9	2871	1∶3.02
2006	1011	10.2	1917	15.5	3261	1∶3.01
2007	1049	10.5	2218	14.8	3852	1∶2.98
2008	1074	10.2	2659	14.8	4454	1∶2.97
2009	1078	10.2	2769	14.2	4807	1∶2.99
2010	1087	9.9	3258	14.1	5524	1∶2.88
2011	1108	9.7	3512	12.9	6604	1∶2.76

资料来源：《河南统计年鉴（2011）》和《2011年河南省国民经济和社会发展统计公报》。

应该认识到，随着经济社会发展，河南农业或第一产业的产值占全省国民生产总值的比重越来越小。1978年，河南的第一产业生产总值为64.86亿元，占全省国民生产总值的比重为39.8%。到2011年，全省第一产业生产总值上升到3512.06亿元，占全省国民生产总值的比重反而下降到12.9%。然而必须认识到，虽然第一产业在河南省经济发展中的份额不断下降，农业在全省国民生产总值中的份额越来越小，但农业在国计民生中的作用却越来越大，在经济社会中的地位不仅不会下降，反而在日益上升。农业在提供衣食、工业原料和其他农产品，维护和改善生态环境，促进农村经济社会发展等多方面，仍然并将永远发挥基础性保障作用。因此，要继续强化农业的基础地位，并充分认识农业的多功能性，积极拓展农业传统的经济功能之外的社会功能、保障功能、生态功能、文化功能等其他功能，更好地发挥农业在国民经济与社会发展中的基础作用。①

二、新兴工业大省迅速崛起

改革开放以来，河南把大力推进工业化作为加快发展的核心战略，尤其是近些年坚持走新型工业化道路，以结构调整为主线，积极推进信息化与工业化融合，工业持续快速增长，工业规模不断壮大，经济效益显著提高，带动全省国民经济增长的作用日益增强。1978 年，河南工业总产值仅 203 亿元，占全国的比重为 3.7%，居全国第 12 位。2011 年，河南工业增加值 14401.7 亿元，比上年增长 16.1%。其中，规模以上工业增加值比上年增长 19.6%，高于全国平均水平 5.7 个百分点，实现利润突破 4000亿元。主营业务收入超百亿元的工业企业有 37 家。2011 年全部工业对全省 GDP 增长的贡献率超过了 70%，河南已进入全国工业第一方阵，成为新兴工业大省。改革开放以来，河南的工业化进程，大体经历了以下三个阶段：

第一阶段：调整恢复（1978 年—1983 年）。改革开放前的"十年动乱"，使河南工业经济陷入到严重的困境之中。党的十一届三中全会决定把全党工作重点转移到以经济建设为中心上来，标志着我国经济发展开始了一个新的历史阶段。河南针对当时国民经济比例严重失调的情况，按照"调整、改革、整顿、提高"方针，在对工业结构进行优化调整的同时，对全省 2300 多个企业分期分批进行整顿，积极开展扩大企业自主权试点工作，工业得到迅速恢复。1983 年，全省工业总产值达到 236.64 亿元，占工农业总产值的 53.6%；总量相当于 1978 年的 1.45 倍，年均增长 7.7%；全民所有制独立核算工业企业实现利润 18.2 亿元，相当于 1978 年的 1.9 倍；

---

① 吴海峰、郑鑫：《河南工农业互动协调发展模式研究》，《经济研究参考》2008 年第71 期。

成品钢材产量从 1978 年的 30.94 万吨增长到 69.51 万吨；发电量从 1978 年的 130.68 亿度上升为 187.88 亿度。

第二阶段：蓄势发展（1984 年—2000 年）。这一阶段的早期，工业企业改革成为经济体制改革的中心。1984 年，省委省政府要求进一步扩大国营工业企业的自主权，简政放权，实行政企分开；试行厂长负责制，有效解决了对企业生产经营缺乏责任心的局面；适度提高国营工业的固定资产折旧率，加速企业固定资产的更新和改造力度。1992 年后，党的十四大提出"建立和完善社会主义市场经济体制"，工业经济管理体制逐步摆脱指令性计划和行政性管理。政府向企业不断放权让利，国有企业改革朝着"实行现代企业制度"的方向推进。社会分配结构开始发生重大变化，按要素分配具有了充分合法性。价格体制改革顺利进行，到 20 世纪末，绝大多数工业产品价格都实现了市场化。这些都极大地调动了企业的积极性，使工业经济步入了良性发展的轨道，工业经济在国民经济中逐步占据了主导地位。17 年间，全部工业以年均 13.9% 的速度增长，比调整恢复阶段的增速加快了 5.6 个百分点。到 2000 年，全部工业增加值为 2000.04 亿元，占 GDP 的比重达到 39.6%，超过第一产业 16.6 个百分点；其增长对全省经济增长的贡献率突破 50%，达到 55.4%。

第三阶段：加速起飞（2001 年—2011 年）。党的十六大在总结 20 世纪我国工业发展和工业化经验的基础上，提出了走新型工业化道路的重要战略。在河南省委省政府正确领导下，全省上下按照走新型工业化道路的要求，大力推进工业结构调整，转变增长方式，深化企业改革，加快优势产业发展，河南工业步入以重化工业为主导的经济增长期，工业经济快速发展，占国民经济的比重不断上升。2001 年—2011 年，全部工业实现增加值年均增长 15.5%，比 1978 年—2000 年加快了 2.1 个百分点。2011 年全部工业增加值占 GDP 的比重达到 52.9%，比 2001 年提高 13.4 个百分点。在这一阶段，河南以发展为第一要务，紧紧抓住国家促进中部地区崛起的重大机遇，充分发挥区位优势和资源优势，大力发展非公有制经济，扶持和培育大型工业企业和企业集团，加快工业结构调整步伐，在规模、结构及增长质量等方面发生了积极的变化，全省工业经济发展实现了大跨越，基本确立了新兴工业大省的地位。

改革开放以来，河南大力推进工业化进程，实现了经济总量、规模、效益、结构上的大跨越。河南工业经济取得的成就，主要表现在以下几个方面：

第一，工业经济总量迅速扩大，工业产品产量大幅增长。改革开放三十多年来，河南全部工业增加值年均增长 14%，增速快于全国平均水平 2.9 个百分点。2011 年年底，全省工业增加值已达到 1.4 万亿元，居全国第五、中西部首位，产品销售率为 98.4%，主要产品产量均比 1978 年有大幅度增长。其中，发电量 2598.4 亿千瓦小时，相当于 1978 年的 19.9 倍；原煤 20935.1 万吨，相当于 1978 年的 3.6 倍；平板玻璃 2153.5 万重量箱，相当于 1978 年的 11.7 倍；粗钢 2370.7 万吨，相当于 1978 年的 43.7 倍。许多产品经历了从无到有、从小到大，一举主导国内甚至国际同类产品市场，有力地支撑了地方和国家的经济建设。例如，河南的畜肉制品，2001 年年初形成规模，到 2011 年产量达到 139.3 万吨。

第二，工业经济活力不断增强，工业创造了大量财富。1978 年全省工业以公有制企业为主，许多国有工业企业陷入亏损"怪圈"，一些企业甚至资不抵债，濒临破产倒闭边缘。面对这种尴尬与窘境，改革开放以来河南省委省政府积极推动国有工业企业改革，采取了一系列有利于股份制、私营经济发展的措施，同时积极吸引外商、港澳台商投资来豫兴办工业企业。2008 年年末，全省各类经济成分的工业企业总数达 680343 家，比 1978 年年末的 14677 家增长了 45 倍多。2010 年非公有制工业增加值增长 21.8%，增幅高于公有制工业 7 个百分点；实现利润总额 2693.4 亿元，同比增长 30.5%；增加值占全省比重达到 71.4%，比 2008 年提高 4.9 个百分点；对全省工业增长的贡献率达到 85.5%。目前，非公有制经济已成为拉动全省工业经济增长的主要力量。全省工业快速增长的同时，科技对工业增长的贡献率大幅度提升，企业经济效益不断提升。企业主营业务收入、利润总额、利税总额均刷新历史最好水平。2011 年，全省规模以上工业企业主营业务收入达 47759.83 亿元，比上年增长 35.9%，同比提高 6.6 个百分点；利润总额 4066.13 亿元，增长 32.8%。

第三，工业结构调整取得突破性进展，一批优势企业迅速崛起。河南坚持把工业结构升级作为加快工业发展的核心任务，着力发展精深加工和

巩义市豫联集团

最先进国产磨机成功下线

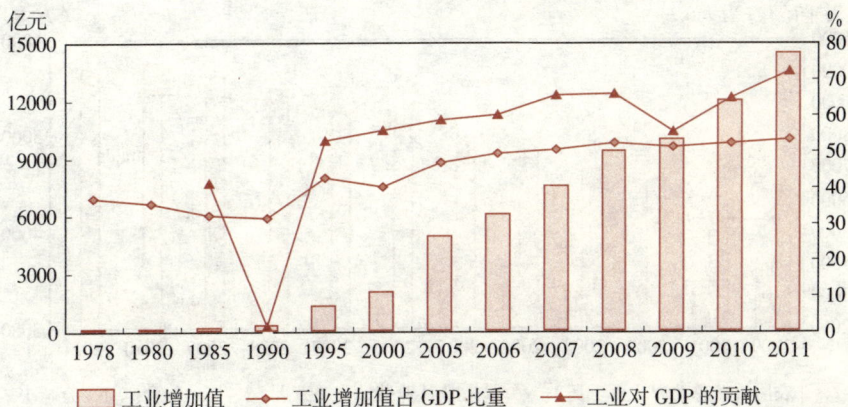

图 4—4　河南省工业增加值的规模、比重与贡献率

资料来源：根据《河南统计年鉴（2011）》和《2011 年河南省国民经济和社会发展统计公报》计算整理。

终端产品，重点扶持优势产业和高新技术产业发展，使全省工业竞争力得到不断提高。2011 年，汽车、电子信息、装备制造、食品、轻工、建材等六大高成长性产业比上年增长 25.3%，对全省规模以上工业增长的贡献率为 69.6%。伴随着工业结构调整和产品升级换代，一批优势企业快速发展壮大，永煤、安阳、中信重机、平煤、双汇、豫联能源、郑煤机、许继电气、洛玻、洛轴、三全等企业在市场上的竞争力显著增强。一批高技术产业企业成为新的经济增长点，在医药、电子信息设备、超硬材料、多晶硅和太阳能电池等领域，有些产品如锂离子电池、单晶硅片、光学产品等已经形成产业优势。2010 年高技术产业工业增加值增长了 31.9%，高于工业平均增速 12.9%，实现利润 133.9 亿元，同比增长 5.8%。2011 年高技术产业又增长了 53.3%。大批"河南创造"的产品得到认可，奥运工程"鸟巢"用的特种钢材，国家大剧院椭圆形的玻璃"大蛋壳"，"神舟"系列飞船上的姿态控制、化学动力、测试系统、航天员紧急逃逸塔壳体、精密轴承、插接件等，以及"三峡工程"人工治沙全套设备、闸门定轮重载轴承，"西气东输"全液压吊管机、橡胶履带自行电站，"南水北调"大型泥水盾构机，北京正负电子对撞机机械主体结构等等，均来自河南制造。

　　第四，工业强力支撑国民经济发展，有力地促进了农业进步。伴随着连续多年的高速增长，河南工业整体实力显著增强。2011 年，全省工业

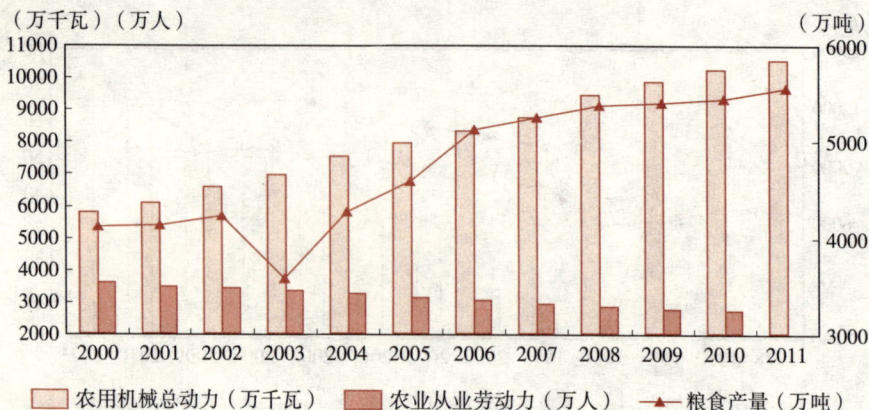

图4—5 河南省粮食生产中工业资本对劳动的替代及其效果

资料来源：根据《河南统计年鉴（2011）》和《2011年河南省国民经济和社会发展统计公报》计算整理。

增加值占GDP的比重比1978年提高16个百分点。从工业对经济增长的贡献来看，工业是河南经济增长的主要拉动力量。工业在国民经济发展中的主导地位不断增强，2011年全部工业对全省GDP增长的贡献率比1985年提高近30个百分点。从GDP增长速度与工业经济增长速度的相关关系来看，河南工业增加值增长速度的变化对GDP增长速度的变化影响极大。1978年—2011年，河南工业增长与GDP增长表现出同步变化的规律。工业经济进入快速增长周期，则GDP也进入快速增长周期。河南工业经济的快速发展大大提升了工业反哺农业的能力，工业化的成果惠及了农业和广大农村地区。一是食品工业、烟草工业、生物制药工业等农产品加工工业为农业提供了广阔市场；二是农机工业、农用化工业等农资工业的发展降低了农业投入成本，促进了农业资本形成；三是工业化带动了大量农村富余劳动力向城镇转移，为农业单位经营规模的扩大创造了有利条件；四是由工业化积累起来的社会资本为农业基础设施的完善提供了保障；五是工业的持续发展，也为农业、农村发展投入了大量资金、培育了许多人才、注入了科学技术，加快了农村基础设施建设和农村社会事业发展。

第五，在全国的比重稳步上升，产业竞争优势逐步形成。从规模上看，河南工业增加值在全国的比重逐步上升（图4—6），由1978年的3.68%上升到2011年的7.6%，增幅高于全国平均水平。工业规模的扩大和产业结构优化带来了河南工业产品在全国的竞争力逐渐增强。目前，河南省已成为全国重要的彩电玻壳、新型电池、血液制品、抗生素原料药和超硬材料生产基地；在大中型拖拉机、大型干法水泥主机设备、二次继电设备、有色金属加工设备、玻璃深加工设备、煤矿液压支架等高端制造业领域，产量居全国第一位；金刚石和超薄电子玻璃等产品在国内市场占有率超过50%。郑洛工业走廊形成了国内最大的铝工业集聚区，鹤壁已经成为全球最大的镁粉镁粒生产中心，济源是世界最大的铅冶炼生产基地。目前河南省装备制造业总量从全国第9位上升至第7位，公路客车、高档皮卡和专用半挂车的国内市场占有率均居同行业首位，纺织业棉纱产量居全国第3位。[①]

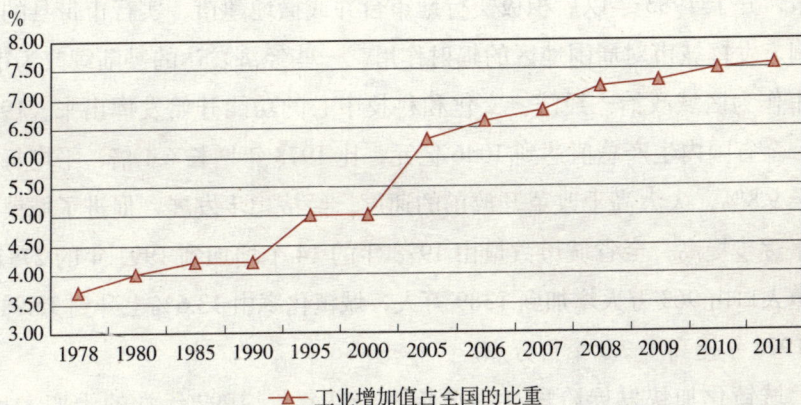

图4—6　河南省工业增加值占全国工业增加值的比重

资源来源：根据《河南统计年鉴（2011）》、《中国统计年鉴（2011）》和《2011年河南省国民经济
　　　　和社会发展统计公报》计算整理。

三、城镇建设日新月异

城镇化是区域经济发展的主要推动力。推进城镇化，是提高河南经济综合实力、实现中原崛起的必然选择，是加快工业化、走向现代化、推进

---

① 　河南省社会科学院：《河南改革开放30年》，河南人民出版社2008年12月出版；周洋：
　《论改革开放以来河南省工业化进程与经验》，《现代商贸工业》2009年第24期。

社会进步的迫切需要，是从根本上解决"三农"问题、达到全面建设小康社会目标的必由之路。改革开放以来，河南省委省政府不断加大推进城镇化力度，城镇化水平不断提高，城市基础设施不断改善，城市综合实力不断增强，城市居民生活质量明显提高，为全省经济社会发展做出了巨大贡献。1978 年以来，河南城镇化发展大致经历了以下三个阶段：

城镇化起步发展阶段（1978 年—1991 年）。党的十一届三中全会确立了以经济建设为中心、坚持改革开放的指导方针，使河南城镇化步入起步发展阶段。在农村改革取得阶段性成果的基础上，城市经济体制改革相继推进。1980 年，国务院制定了"严格控制大城市规模，合理发展中等城市，积极发展小城镇"的城镇化发展方针，河南确定了优先发展小城镇的改革政策，并于 1983 年以后积极实行地市合并或撤地建市，实行市带县的新体制，发挥城市对周围地区的辐射作用，一些经济发达的县陆续改为市。城市作为区域政治、经济、文化和科技中心的功能开始发挥出来。1991年，全省国内生产总值达到 1046 亿元，比 1978 年增长 6.4 倍，平均每年增长 9.8%，大大高于改革开放前的速度。经济稳步发展，促进了城镇化水平逐步提高，全省城市数量由 1978 年的 14 个增加到 1991 年的 27 个，城镇人口由 963 万人增加到 1389 万人，城镇化率由 13.6%上升到 15.9%，比 1978 年提高了 2.3 个百分点。

城镇化加快发展阶段（1992 年—2002 年）。1992 年党的十四大后，我国进入了建立社会主义市场经济体制的新时期，城市改革进入主战场，相继对财税、金融、外贸、投资等体制进行了改革，逐步构建了社会主义市场经济体制的基本框架。现代企业制度的改革从理论研讨进入实施阶段，国有企业从计划体制下解脱出来，以独立市场主体身份在市场中开始运作。随着经济体制改革深入展开，市场经济蓬勃发展，国民经济保持了快速增长态势，全省国内生产总值增长速度连续五年都在 12%以上。同时，市带县体制也逐步完善，综合实力进一步增强。在这种背景下，河南的城镇化进程步入了加快发展期。到 1996 年，河南城市数量由 1991 年的27 个增加到 38 个，短短 5 年时间就新增了 11 个城市；2002 年全省城镇人口达到 2480 万人，比 1991 年增长 78.5%。

城镇化迅速推进阶段（2003 年—2011 年）。2003 年以来，河南的城镇化进入迅速发展时期。这一时期各城市进一步解放思想，全面贯彻落实科学发展观，积极构建社会主义和谐社会。河南在提出实现中原崛起的目标后，不断完善城镇化的发展之路。在发展战略上，从"城镇化战略"，到"中心城市带动战略"；在发展布局上，从提出发展大城市、中小城市、小城镇"三头并举"，到明确"建设大郑州"，培育"中原城市群经济隆起带"，"形成若干个带动力强的省内区域性中心城市和新的经济增长极"等，逐渐探索和形成了一条促进中原崛起的城镇化之路。经过全省上下共同努力，河南城镇化以前所未有的速度向前推进。2011年全省城镇化率上升至40.57%，比2003年提高13.4个百分点。

改革开放以来，河南城镇化发展取得了巨大成就。河南省委省政府以提高人民生活水平为目的，以壮大二三产业为支撑，以制度改革和体制创新为动力，加快农村富余劳动力转移，突破二元体制性障碍，促进城镇化快速健康发展，全省城镇化进程不断加快，城镇规模不断扩大，城市人口持续增加，城镇化水平快速提高，城镇经济实力显著增强，城镇建设日新月异，城镇功能逐步完善，城镇在全省国民经济发展中的作用越来越重要，为河南实现全面建设小康社会的目标打下了坚实基础。

1. 城市规模不断扩大。

在河南城市数量发展上，1985年末河南城市数量由1978年的14个上升到18个，1996年河南城市数量达到38个，至今河南的城市数量为39个。在目前的39个城市中，18个为省辖市，21个为县级市，城市数量占全国城市总量的5.8%，在全国各省区内居第四位，仅次于山东、广东和江苏；全省城市数量占中部六省城市总量的28.4%。另一方面，河南的城市建成区面积迅速增加。2010年，全省18个省辖市市区面积达到1.4万平方公里，比2000年增加1980平方公里。其中，建成区面积2010年达1547平方公里，比2000年的785平方公里增加了762平方公里。随着城市建成区面积的增加，城市人口规模也在不断扩大。市区非农业人口在100万以上的特大城市有郑州、洛阳两个城市，50万—100万人口的大城市有新乡、安阳、焦作、开封、平顶山、商丘和南阳7个城市，20万—50万人口的中等城市有漯河、信阳、濮阳、许昌、鹤壁、驻马店、济源、周口和三门峡9个城市。

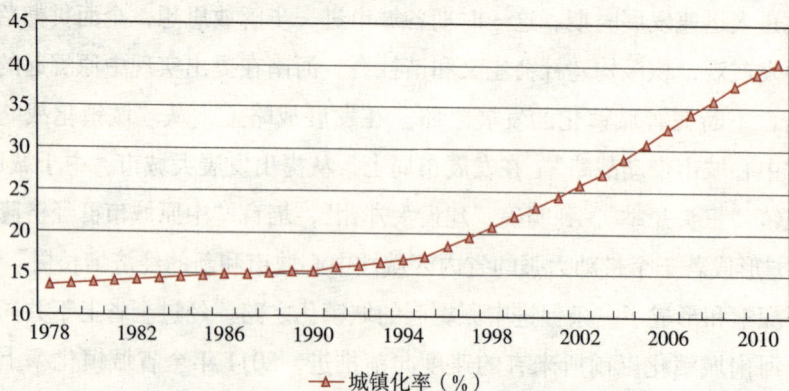

城镇化率（%）

图4—7　河南省改革开放以来城镇化水平变化趋势（1978年—2011年）

资料来源：《河南统计年鉴（2011）》和《2011年河南省国民经济和社会发展统计公报》。

2. 城镇化水平持续提高。

河南城镇人口不断增长，2010年，河南全省城镇人口接近4000万人，是1978年的4.1倍。城镇化率比1978年的13.6%提高了25.6个百分点。在全省18个省辖市中，郑州市城镇化水平最高，2010年达到63.6%，是个流入型的特大城市；开封、洛阳、平顶山、安阳、鹤壁、新乡、焦作、许昌、漯河、三门峡、济源等11个省辖市城镇化水平均在全省平均水平以上。改革开放以来，河南省城镇化快速发展的原因，主要有以下三个方面：一是随着国民经济的较快发展和第二、第三产业的迅速增长，河南省中小城镇建设步伐不断加快，表现出稳步发展的趋势；二是城市框架拉大、行政区划调整，小城镇建设快速发展的结果；三是农村大批富余劳动力逐渐向非农产业转移，大量农民工外出，减少了农村常住人口总量，人口的空间分布逐渐向城镇聚集。

3. 城市经济实力显著增强。

改革开放以来，河南抓住国家宏观调控和经济增长由外延式向内涵式转变的有利时机，积极发展城市经济，对产业结构进行了战略性的调整，城市产业结构优化升级取得明显成效。2010年，全省省辖市市区国内生产总值按当年价格计算为6572.48亿元，是2003年的3倍，其中，第一产业为275.98亿元，第二产业为3400.89亿元，第三产业为2895.61亿元，占全省的比重分别为8.5%、25.7%、43.8%。从2003年到2010年，省辖市市区第一产业比重由4.4%下降为2010年的4.2%，第二产业比重由53.2%稍降为51.7%、第三产业比重由42.4%上升为44.1%。第三产业发展迅速，产业结构日趋合理，产业结构优化升级取得明显成效。同时，随着城市总体经济效益水平持续提高，综合经济实力进一步增强。2010年，18个省辖市市区规模以上工业企业主营业务收入8786.88亿元，占全省主营业务收入的比重达31.1%。

4. 城市基础设施不断完善。

全省各城市优化投资环境，把城市基础设施建设作为拉动投资的着力点，不断加大对城市交通和公用设施的投入，提高投资效益，引导投资方向，为城市经济社会发展提供强有力的支撑。2010年，全省省辖市市区固定资产投资总额4087.78亿元，是1991年的38.5倍；房地产开发投资完成额1398.73亿元，其中住宅开发投资1087.19亿元，是1991年的146倍，居民的生活居住条件也在发生翻天覆地的变化。2010年，居民家庭用水普及率达到91%，用气普及率达到73.4%。城市路网建设、公交发展加快，城市交通基础设施得到较大改善，城市交通体系逐步完善，城市交通功能得到提升。2010年，全省38个城市年末实有铺装道路长度9413千米，实有道路面积21767万平方米，公共交通标准运营车辆18912标台，平均每万人拥有公交车辆9.8标台。城市绿化和环保工作得到加强。发展绿色经济、倡导绿色文明、推广绿色生活方式、营造绿色城市环境已成为每个城市发展的首要选择。2010年年底，全省38个城市建成区绿化覆盖面积73652公顷，建成区绿化覆盖率达到36.5%，人均公园绿地面积8.7平方米。郑州、洛阳、许昌、南阳、新乡、济源、登封、舞钢、偃师、焦作等获得国家园林城市称号。濮阳、登封、新郑、郑州、济源、荥阳、洛阳等城市被命名为国家卫生城市。

5. 城镇社会事业有序发展。

河南各城市坚持科教兴豫，人才强省战略，持续加大对科技教育的投入，高等学校招生规模继续扩大，职业教育迅速发展，基础教育更加巩固，科技创新能力及科技进步对经济增长的推动作用不断增强。2011年全省申请专利34076件，授权专利19259件，分别增长35.5%和16.4%。2010年全省18个省辖市普通高校在校学生132.67万人，是1991年的16

倍，占全省普通高校在校学生的 91.1%。各城市进行了中小学教育资源重新整合和优化，九年义务教育得到进一步强化，基础教育整体素质明显提高。各城市充分发挥文化资源的优势，出台了一系列加快文化产业发展的措施，文化产业蓬勃发展，居民精神文化生活日益丰富。河南不断加强城市医疗卫生事业的投入，城市卫生事业健康有序发展，建立了较为完整的医疗卫生防疫体系，城镇居民医疗保险制度逐步完善，社区医疗网点不断增多，医疗设施和服务水平不断提高。2011 年全省城镇居民人均可支配收入 18194.8 元，是 1991 年的 13 倍；人均消费支出 12336.47 元，是 1991 年的 10 倍，城市居民生活水平不断提高。社会保障体系日趋完善，基本养老制度已经建立，养老金水平逐年提高，覆盖范围持续扩大。社会福利事业稳步发展，社区建设逐步加快。

6. "以城带乡"作用日益突出。

河南城镇化的推进，对新农村建设的带动作用，主要体现在以下几个方面：第一，推动农村富余劳动力向城镇二三产业转移就业，使农民来自二三产业收入不断增多，大幅度增加农民收入。2001 年河南农村劳动力省内转移人数首次超过省外，新增转移就业的 102 万人中，省内转移占到了 89%。而且据统计，2000 年至 2010 年间，平均每年河南省农民超过40%的收入是来自劳务收入。第二，城镇化的推进，使城镇人口数量和经济规模不断增长，不断扩大城镇居民对农产品的需求总量和消费支出，为农产品拓展了市场空间，有利于农业持续发展和农民收入不断增加。第三，随着城镇居民收入的增加，城镇居民对农产品的需求，不仅表现为量的扩大，还表现为质的提高，从而引导农民调整农业结构、增加农业特色品种，推进农产品及其加工向多元化、营养化、方便化、安全化和优质化方向发展。第四，城镇化在吸纳农村富余劳动力向城镇转移就业的同时，也使农业农村的劳动力不断减少，推动着农村土地的相对集中和规模经营，从而不断降低农业成本、提高农业生产率、增加农民人均收入。第五，城镇化有利于农村人口、资源与环境的协调发展。庞大的农村人口和生存的压力，往往迫使部分农民急功近利，进行掠夺性开发，给农村可持续发展带来危害。随着城镇化的推进，农村劳动力和人口大规模向城镇转移，客观诱导着农村发展建立在人口、资源与环境相协调的基础之上。

7. 城乡一体化取得重要进展。

2006 年河南省出台的《关于加快推进城乡一体化试点工作的指导意见》指出：推进城乡一体化，要以科学发展观统领全局，以体制机制创新为动力，以缩小城乡差距和提高城乡居民生活水平为目标，以加快城镇化为核心，以构建城乡统一的基础设施、公共服务体系为着力点，打破城乡二元结构，统筹城乡发展。同时确定在鹤壁、济源、巩义、新郑、偃师、义马、舞钢等 7 市开展城乡一体化试点工作。为推动城乡一体化试点工作健康发展，2007 年河南省政府办公厅又出台了《关于 2007 年城乡一体化试点重点改革工作的意见》。各试点市按照《意见》和有关精神，立足现有基础，努力创新体制机制，积极统筹城乡经济社会发展。经过几年探索，工作各有侧重，发展各具特色。鹤壁市以统筹城镇化和新农村建设为主要抓手，通盘谋划，协同推进，激发了城乡互助互动的内在活力，形成了城乡协调发展的局面；济源市坚持规划先行，打破城乡二元结构，在乡镇人口聚集上狠下功夫；偃师市加强特色产业聚集，强化产业支撑；舞钢市积极扩大医保覆盖范围，实现了城乡居民同等待遇；巩义市优化教育资源配置，着力推进城乡教育统筹发展；新郑市拓宽融资渠道，推动基础设施建设向农村延伸；义马市加快农村劳动力转移，积极推进农村社区化管理。这些行之有效的做法，为河南全省实施城乡一体化战略提供了宝贵经验。①

四、民生不断得到改善

改革开放以来，河南切实保障和改善民生。特别是在党中央提出科学发展观、构建和谐社会、关注民生等重大战略之后，河南支持教育、医疗、就业和社会保障等的投入不断加大，促进民生状况不断得到改善，人民生活持续提高。尤其是"十一五"时期，是河南社会事业全面进步、人民群众得到更多实惠的五年，各级财政累计投入 2016.8 亿元，连续五年为群众办好"十项民生工程"；居民收入稳步提高，农民人均纯收入和城

---

① 河南省社会科学院：《河南改革开放 30 年》，河南人民出版社 2008 年 12 月出版。

镇居民人均可支配收入年均分别实际增长 9.9% 和 9.6%；社会保障体系逐步健全，新型农村合作医疗、农村低保、城镇居民基本医疗保险制度全面建立，新型农村养老保险试点顺利推进，城镇职工基本养老和城镇居民低保标准稳步提高。①2011 年，河南进一步加大民生投入，全省财政用于与人民群众日常生活密切相关的民生支出 2815 亿元，占财政支出的 66.3%，其中用于"十项重点民生工程"超过 700 亿元。城镇居民人均可支配收入、农民人均纯收入分别达到 18000 元、6500 元。河南还建立了社会救助和保障标准与物价上涨挂钩联动机制，有效保障了低收入群体的基本生活。中原大地出现了政通人和、平安和谐的发展局面。

1. 教育事业获得迅速发展。

曾几何时，"上学难、上学贵"的问题一直是困扰河南的难题之一。随着河南经济迅速发展，这一难题正逐步得到解决。穷省办大教育，改革开放 30 年以来，河南省的教育事业取得了飞速的发展，在破解"学有所教"这一民生难题上不断迈出坚实步伐。河南正在稳步实现建设教育强省、人力资源强省的目标。

第一，基础教育问题得到根本性解决。改革开放以来，为保障每个孩子都有学上，河南针对贫困家庭子女的教育问题出台了一系列惠及广大学子的政策措施。从希望工程，到普及九年义务教育，再到"两免一补"，全面免除学杂费、课本费等政策的实施，真正实现了基础教育由人民办到政府办的跨越。河南建立并逐步完善了各级政府负责、"以县为主"的农村义务教育管理体制，财政投入之多，位居全国前列，使长期影响农村义务教育发展的突出问题得到了有效解决，农村义务教育进入了前所未有的快速发展期。而且，河南还将进城务工人员随迁子女义务教育纳入公共教育体系，根据进城务工人员随迁子女流入的数量、分布和变化趋势等情况，合理规划学校布局和发展，努力解决农民工子女入学难问题。"十一五"时期，各级各类教育规模不断扩大，全面实现了免费义务教育，高中阶段教育毛入学率达到 89.08%。

第二，高等教育实现了由精英教育向大众教育的转变。为推进高等教

---

① 河南省人民政府：《河南省国民经济和社会发展第十二个五年规划纲要》，2011 年 4 月 20 日。

育的发展，切实解决上大学难问题，河南实施"科教兴豫"、人才强省战略，采取多种形式，加大资金投入。从1999年起，省级财政支出中逐年增加高等教育经费所占比例。与此同时，积极鼓励、协调、帮助高校利用信贷资金举债发展。一项项利好政策出台，一笔笔巨大资金注入，使河南省高校数量迅速增加，办学条件不断提高，招生规模也逐年增加，莘莘学子"千军万马"迈大学门槛的"独木桥"已经变成了一条宽广的道路，河南的高教事业也由过去针对少数人的精英教育转向了大众化教育。一是普通高等院校的数量和在校生人数迅速增加，切实解决了河南考生入学难的问题。2007年，河南普通高等院校在校人数达到109.52万人，成功跨进"高校百万俱乐部"。二是河南高等教育的办学条件也有了很大改善，"学有所教"从质量上得到了保证。三是扶贫帮困措施的实施，切实保障了经济困难大学生能够顺利完成学业。河南已建立了健全的救助贫困生体系，基本实现"确保没有一个大学生因为经济困难而辍学"的目标。"十一五"时期，高等教育毛入学率达到23.7%。2011年，郑州大学"211工程"三期建设进展顺利，河南大学百年名校振兴计划启动实施，新增3所省部共建高校。①

表4—2　历年来河南省普通高等院校数和在校生人数

年份	1983	1986	1995	2000	2002	2004	2006	2008	2010
普通高校数／所	32	47	50	52	66	82	84	84	107
在校生数／万人	4.81	7.50	12.24	26.24	46.8	70.66	97.41	125.02	145.67

资料来源：《2011年河南统计年鉴》。

第三，职业教育实现蓬勃发展。河南省是人口大省，通过大力发展职业教育，加快培养大批高素质劳动者和技能型人才，把巨大的人口压力转化为人力资源优势，可为经济社会发展提供更加有力的智力支持和人才保障，也是解决就业、创业、增加居民收入的重要途径。改革开放以来，河南省的职业教育事业从小到大，从弱到强，逐步走上了科学化、规范化、法治化的发展道路，各级各类职业学校教育和职业培训取得显著成绩，为

① 郭庚茂：《河南省政府工作报告》，2012年1月8日。

现代化建设培养了大量高素质劳动者和实用人才。"十一五"时期，河南省的职业教育进入快速健康发展新阶段，职业教育在校生达到189.3万人。

2. 居民居住条件发生根本变化。

"小康不小康，关键看住房"，住房是百姓最为关心的问题。千百年来，实现"居者有其屋"一直是中华民族的不懈追求，唐朝大诗人杜甫就有"安得广厦千万间，大庇天下寒士俱欢颜"的著名诗句。改革开放30年来，河南省为保证老百姓有安居之所，出台了系列措施和保障，广大群众的住房条件得到了很大改善。

第一，河南省农民居住条件发生了翻天覆地的变化。三十多年来，河南省农村居民的住房由过去的茅草房、土坯房，逐步改造为现在的砖瓦房、水泥房，有的甚至建成了两三层的小楼房，住房日趋宽敞舒适，居住环境也持续得到改善。尤其近几年来，随着社会主义新农村建设步伐的加快，广大农村地区加大了旧村改造、村庄整理建设力度，排排砖瓦房、幢幢新楼房拔地而起，成为新农村建设最鲜明的写照。住房宽敞明亮，过去只有在城市才有的室内装修，现在也开始在农村流行起来，老百姓的居住越来越舒适。

第二，河南省城镇居民居住条件实现了质的飞跃。城镇住宅建设不仅是城市发展的一个重要组成部分，也是事关百姓生活的重大民生问题。伴随着国家住房体制改革的步伐，河南省努力向实现"居者有其屋"的目标迈进。30年来，河南省城镇居民的居住条件发生了质的飞跃。尤其"十一五"时期，河南城镇居民居住条件明显改善，五年新建保障性住房28万套，完成棚户区改造937万平方米。2011年，河南大力推进保障性安居工程建设，强力推进保障房项目建设，完成投资260多亿元，新开工45.12万套，建成22.63万套，较好地发挥了改善民生、提振消费、促进增长的综合效应。一是城镇住宅面积持续增加，城镇居民人均居住面积有了很大改善。1984年，河南城镇人均居住面积仅为4.6平方米，到了2010年，河南省城镇居民人均住房面积达到33.27平方米。二是城镇居民居住条件不断得到改善。住宅在装修、用水、卫生设备、取暖设备、燃料使用方面也有较大改善，居民居住条件不断提高。2010年，独用自来水占比例97.7%，有卫生设备占比例94.0%。七成家庭既有厕所又有浴室，利用空调设备取暖的家庭比例也大幅上升。三是为保障城镇中低收入家庭的住房问题，经济适用房和廉租房建设取得较大发展。政府为促进解决城镇中低收入家庭住房问题做了不懈的努力。河南各省辖市的廉租住房保障对象逐步扩大到城市低收入家庭，所有县城要全面实施廉租住房保障制度，对符合条件、申请住房保障的家庭基本实现应保尽保。

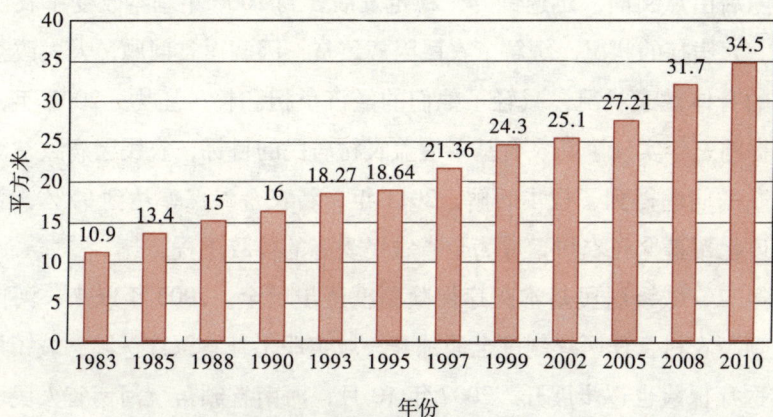

图4—8　河南省历年农村居民人均居住面积

数据来源：历年《河南统计年鉴》

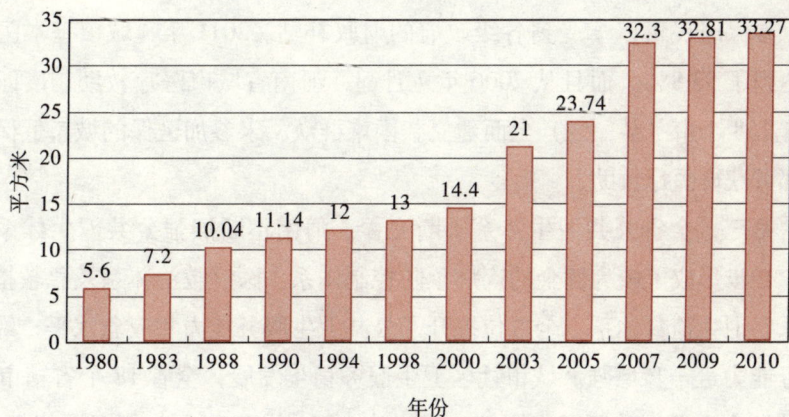

图4—9　河南省历年城镇居民人均居住面积

数据来源：历年《河南统计年鉴》

3.实现全民保健迈出新步伐。

多年来，河南把解决群众看病难、看病贵的问题，作为政府承诺的重点任务持续坚持来抓，使长期困扰人们的看病难、看病贵问题得到了有效缓解。

第一，新农合使农民不再"小病拖，大病扛"。河南是农村人口大省，长期以来农民看病难的问题严重困扰农村发展，不少家庭因病致贫，因病返贫，这引起了省委省政府的高度重视。2003年起，河南开展新农合试点，随后由点到面、迅速铺开、稳定发展，到2006年基本改变了农民小病拖、大病扛的状况，缓解了农民因病致贫、因病返贫问题，大大改善了农民的身体健康状况，减轻了他们的经济负担和精神压力。2007年，河南省提前三年实现了新农合基本覆盖农村居民的目标，农民因病致贫、因病返贫的问题得到了根本缓解。2011年，新农合参保率达到97%，新农合制度已覆盖全省农村，成为全省农民受惠的德政工程。

第二，城镇居民基本医疗保险制度逐步健全。2005年以来，河南省不仅新型农村合作医疗制度全面铺开，城镇职工基本医疗保险、城镇居民基本医疗保险也逐步展开。2007年10月，河南省颁布《河南省人民政府关于建立城镇居民基本医疗保险制度的实施意见》。同年郑州、洛阳、南阳、济源4个城市被确定为全国城镇居民医保试点城市，2008年又有14个城市被确定为试点城市，城镇居民基本医疗保险在河南逐步实现全覆盖，参保居民可以享受到各级政府的财政补贴。2011年，城镇基本医保率达到了93.8%。而且从2006年7月起，河南省城市医疗救助制度即在全省158个市（县、区）全面建立。困难群众、未参加医保的城市低保对象都可获得医疗救助。

第三，全省公共卫生体系不断完善。河南不断加强公共卫生体系建设，初步形成了较为健全的疾病预防控制体系、医疗救治体系及急救指挥体系、卫生监督体系，全方位提升了公共卫生服务能力和应急水平，综合服务能力进一步增强。城市社区卫生服务稳步发展，全省18个省辖市50个城区全面开展社区卫生服务，初步建立了城市社区卫生服务网络框架，初步形成了分级医疗、双向转诊、"大病"进医院、"小病"在社区的格局。同时，全面加强农村卫生服务体系建设，农村卫生服务能力建设进一步加强，全省乡镇卫生院全部得到改造，在全国率先启动村卫生室建设，形成了较为健全的农村医疗卫生服务体系，农民基本可实现"小病不出村、一般疾病不出乡、大病基本不出县"。全省公共卫生体系不断得到完善。

4. 社会保障不断完善。

随着人口老龄化加剧,养老问题日益成为社会关注的民生问题。改革开放以来,河南不断完善养老社会保障。到 2011 年,河南覆盖城乡的基本养老制度基本建立,集体企业 65.5 万应保未保人员实现老有所养,新农保试点县市区扩大至 101 个,城镇居民社会养老保险试点县市区达到 98 个。提高了企业养老金、城乡低保补助标准和优抚对象、困难群众保障标准,不断扩大保障面,基本实现了应保尽保。

第一,养老模式从单一走向多元。河南是人口大省,改革开放以来实行严格的计划生育政策,使河南进入老龄社会和养老问题最突出的省份。省委省政府适应人口变化,确立了以家庭养老为主、社会养老为辅、充分发挥政府和市场双重作用的养老工作的指导方针。家庭养老是由家庭成员对老年人的经济赡养、生活照顾和精神慰藉,社会养老又可分为"社区养老"、"集体养老"等方式。河南充分发挥政府、社区作用,积极推进城市养老模式的多元化发展,倡导家庭养老与发展社会养老相结合,改革和完善社会养老保障制度,家庭、社区、社会三管齐下,使老年人不仅老有所养,而且还要以老有所乐成为努力方向。

第二,"新农保"让农民老有所养。近年来,河南加快探索新型农村社会养老保障制度。"新农保"既是一项惠及农民的德政工程,又是构建和谐社会实现城乡公共服务均等化的重要体现,也是社会建设中一项极具挑战性的工作。2007 年 11 月,社旗县作为全国首批 8 个农保资金规范化管理的试点县之一,在全省率先启动新型农村社会养老保险综合改革。2009 年 11 月,河南省政府颁布《关于开展新型农村社会养老保险试点的实施意见》,省政府专门成立了新农保试点工作领导小组,指导各省辖市及试点县(市、区)开展新型农村社会养老保险试点工作,三年来取得了明显成效。2010 年,河南共有 43 个县(市、区)列入国家第一、二批新农保试点范围,全省新农保参保人数达到 646.7 万人。

第三,努力实现全覆盖的全民社保。党的十七大从战略高度提出努力使全体人民"老有所养","加快建立覆盖城乡居民的社会保障体系,保障人民基本生活"的目标任务。根据十七大精神,几年来,河南城镇职工养老保险事业继续得到巩固和发展，农村社会保障制度和城镇全民社保制度也在尝试和推进之中。河南各地从实际出发，积极探索适合农民工特点的养老保险办法：已实现稳定就业的农民工可以直接参加城镇职工基本养老保险；灵活就业的农民工，可以灵活参照城市就业人员参保的有关规定参加城镇职工基本养老保险；大力推行农村养老保险制度，农民工可自愿参加原籍的农村养老保险。不久的将来，河南实现覆盖全省的全民社保，进入"全民养老"时代，将化为现实。

5. 促进全民创业带动全民就业。

就业是民生之本，创业是富民之本。改革开放以来，河南十分重视就业创业工作，并取得很大成效。尤其"十一五"时期，河南就业规模持续扩大，五年城镇新增就业和转移农业劳动力累计分别达到648.4万人和806万人。2011年，河南实施更加积极的就业政策，多渠道开发就业岗位，鼓励以创业带动就业，应届高校毕业生就业率达到84.1%。农村劳动力转移就业总量达到2465万人，省内转移就业人数首次超过省外。新增城镇就业141.1万人，新增农村劳动力转移就业102万人。突出表现为：

第一，破解就业难题的战略性转变。20世纪八九十年代，河南促进就业的方式主要是通过加快经济发展提高就业总量，就业总量得到大幅度提升，农村劳动力得到显著性转移。新世纪，党的十六大提出"千方百计扩大就业"，十七大又提出"促进以创业带动就业"，这已成为河南破解就业难题的主要方向。省委省政府提出"促进全民创业带动就业"，实现了由被动就业向主动就业发展的战略转变。全民创业，不仅是创业者自己实现就业，还可以通过发展多元化创业主体和多种创业形式，发挥创业带动就业的倍增效应，提供更多的就业岗位。因此，促进全民创业带动就业，更有利于激发劳动者的创业精神，是市场就业的主要措施，是促进就业工作中最活跃、最根本、最有效的战略。

第二，全民创业支持政策日趋完善。近年来，河南全民创业政策在覆盖的广度、深度上都日趋全面。全民创业政策向综合化、深入化方向发展，政策的务实性和实用性更加凸显，各项政策之间的体系效应更为明显，主要表现在：政府资金扶持力度加大，建立了专项创业基金；创业基地建设得到发展；创业环境继续改善；创业培训力度增大，创业服务体系日益健全。近年来在全省组织实施了"创业扶持工程"，各地对创业实体和创业人员给予税费减免、培训补贴、小额贷款、社保补贴、岗位补贴和资金补贴等政策扶持。劳动保障部门还组织开展了"培养千名小老板，带动万人再就业"的创业培训工程，为自主创业者提供技能培训、开业指导和跟踪服务。河南以"党委政府领导、部门广泛参与、创业项目依托、政策资金支持、典型带动引导"的创业新机制已经形成。

第三，持续营造着全民创业氛围。河南持续营造全民自由创业氛围，努力形成人人能创业、处处可创业的局面。积极创造创业机会，降低创业门槛，减少创业成本和风险，制定创业优惠措施，扩大扶持创业的范围，进行创业教育，创新培训方式，提高劳动者创业能力，提供最优创业服务，搭建最佳创业平台，使更多劳动者成为创业者。通过各种方式，让每一个人根据自身情况，抓住发展机遇、选准发展路子、充分发挥才能，在市场经济中大显身手，在各自领域创造价值、成就事业。各级政府激发一切能够鼓起的创业热情，调动一切能够动员的创业主体，放开一切能够开放的创业领域，落实一切能够做到的创业政策，在全省上下大力营造千方百计谋创业、千辛万苦去创业、千军万马兴创业的局面，取得了可喜成效。①

第三节　推进三化协调发展的主要经验

改革开放以来，河南在加快工业化城镇化进程的同时，坚持"以农兴工、以工促农、城乡互动、协调发展"，实现了耕地面积不减少、粮食产量不降低、农业地位不削弱，在放大农业大省光环过程中，又确立了新兴工业大省地位，创新了农业大省现代化模式，走出了一条不以牺牲农业和粮食、生态和环境为代价的三化协调科学发展的路子，其经验和启示至少体现在以下几个方面。

---

① 河南省社会科学院：《河南改革开放30年》，河南人民出版社2008年12月出版。

一、充分调动农民积极性、积极扶持粮食大县、加大农业支持力度，是推动粮食增产、农业发展和农民增收的动力源泉

20 世纪 80 年代河南农业的较快发展，正是因为推行家庭联产承包责任制、连续 5 个中央一号文件以及市场导向的改革等，较好地解决了农民的生产决策和物质利益问题，极大地激发了农民务农的积极性和创造性。而在 20 世纪 90 年代末，由于农民税费负担过重，粮食生产成本过高，严重影响了农民的种粮积极性，致使 2000 年前后河南的粮食产量一度出现下跌势头。2004 年以来，连续 9 年中央一号文件的支农惠农政策在河南都得到了很好贯彻，先是实行"两减免、三补贴"政策，接着取消农业税，并以新农村建设为契机，全面落实支农惠农政策，让公共财政的阳光普照新农村，让农民更多地得到产业化中农产品加工、流通环节的收益，使农民越来越多地分享改革发展的成果，大大提高了农民种粮的积极性，使粮食产量和农业发展连年上新台阶。尤其是在免除农业税之后，财政开始对农民进行种粮直补，河南省委省政府要求对农业补贴必须做到"一分钱不能少，一户不能漏掉，一天不能耽误"，极大提高了党在农村政策的公信力。近些年河南粮食总产量连年超千亿斤，正是由于"政策好"，改变了农民对种粮的态度，庄稼长在田野里，更长在了农民的心上。

粮食生产的稳定增长，离不开激发粮食主产县的动力。以前产粮大县面临着一种尴尬的局面——投入了大量人力物力财力，但从农业和粮食上获得的收益却很低，种粮大县一般都是"农业大县、工业小县、财政穷县"。为了改变这种局面，近些年，河南在壮大县域经济的过程中，加大了对产粮大县的补助和奖励力度，加大了对农业县财政转移支付的力度。省里每年拿出专项资金，对产粮大县和增产幅度大的县进行奖励。也只有把粮食产量大县的种粮积极性调动好、保护好，才能打造粮食生产核心区。同时，为了支持畜牧养殖业发展，省政府专门设立了畜牧业发展专项资金予以扶持。河南还积极调整优化农业结构，以优质农产品和畜产品核心生产区为依托，引导生产要素向该区域集中，形成了专业化、规模化、

特色化的农产品生产、加工、销售一体化的综合产业带，促进农产品加工转化增值。这些都有力地推动了农业的发展。

河南积极创新农业农村经济制度，在稳定家庭承包的基础上，合理流转农业用地，促进农业适度规模经营，大力发展农民合作经济组织，健全农村社会化服务体系，提高农民生产经营的组织化程度，积极开拓农产品市场，加大农业产业化的扶持力度。同时，积极推进农业水利化、加大农田基本建设和林业生态工程投资，为河南的粮食和农业生产创造了良好的物质条件和生态环境。尤其是黄河小浪底水库建设成功，使黄河洪涝防御提高到千年标准，方便浇灌两岸富饶的平原土地，成为真正意义上造福两岸人民的"母亲河"。同时，河南不断提高机械化和信息化水平，提高土地产出率、资源利用率和农业劳动生产率，积极推进农业的集约化、规模化、产业化发展，推动传统农业向现代农业转变。[①]

二、立足丰富农业资源进行深加工、推动相关产业集聚融合、使农业"长入"工业、大力培育涉农工业，是实现工农业良性互动发展的重要路径

工业化是传统农业大省迈向现代社会的必由之路，也是河南实现富民强省、追赶沿海发达地区的根本途径。如果说在改革开放初期，有的沿海省份牺牲农业发展工业尚有其一定的历史原因，那么在工业化不断深化、国家宏观产业布局已相对稳定之后，河南作为农业大省和人口大省，就必须创新工业化模式。其关键，就是必须用新的眼光审视发展工业与维护农业的关系，在发挥农业资源优势的基础上推进工业化，以工业化带动农业现代化，在不放弃农业优势特别是粮食生产优势的基础上加快工业化，走出具有河南特色的新型工业化道路。发展工业与维护农业既有矛盾的一面，也有协调的一面，工业化并不一定要以牺牲农业为代价，通过努力完全能够从"两难"走向"双赢"。因为，工业与农业之间具有天然的投入

---

① 刘道兴、吴海峰、陈明星：《改革开放以来河南农业的历史性巨变》，《中州学刊》2008年第 6 期。

产出关联，依据本地农业资源优势发展起来的工业化，必然与农业发展客观上存在一种相互联动、相互促进的发展关系。农业发展好了，不仅能为工业生产提供充足而优质的原料支撑，而且能为工业化提供广阔的市场；同时，在加快工业化进程的同时，反过来也能为现代农业发展提供技术、信息、装备支撑和财力支持，推动农业的品种改进和生产技术提高，推动农业向多元化、产业化、标准化、品牌化方向发展，给现代农业开辟广阔的发展前景。所以，要坚持把推进工业化与发展现代农业有机结合起来，以工业化带动现代农业发展，以现代农业的发展支持工业化的推进。

传统农区具有农业比较优势。传统农区工业化的一般规律是，与农业关联度高的初级消费品工业率先发展起来，这些工业部门主要包括食品、烟草、纺织、皮革、服装、家具等轻工业，随后资本品工业才开始发展，并在产值和速度上逐渐超过消费品工业。因此，农业大省的工业化需要立足农业、围绕农业做足工业文章，将工业化看作是从农业中产生、发展和壮大的过程，看作是农业、工业与服务业协调发展的过程，并在推动产业升级中不断增强工业反哺农业的能力，实现农业的更大发展。这也是河南工业化过程所表现出来的一大特色。20世纪90年代以来，河南坚定不移地实施"以农兴工"战略，坚持"以农兴工、以工促农、农工互动、协调发展"，提出工业与农业两篇文章联起做，作出了"围绕农字上工业，上了工业促农业"等一系列部署，积极促进农业产业化，推广龙头带基地、公司连农户、产加销一条龙等模式，建立企业与农户利益共享、风险共担的经营机制，大力培育发展农产品加工业和涉农工业，尤其重点扶持食品工业，将食品工业作为河南六大优势产业之首长期坚持不懈来抓，积极发展以农副产品为原料的轻工业。河南以食品和农产品加工业为代表的消费品工业逐渐发展成为优势产业，通过拉长农业产业链条、挖掘农产品增值潜力，建立起了具有地方特色的农副产品加工体系，并有效地带动了农业的发展和升级，走出了一条工农业互动协调发展的路子，并以"农业安天下"有力支持了全国的工业化进程。[1]

---

[1] 吴海峰、郑鑫：《河南工农业互动协调发展模式研究》，《经济研究参考》2008年第71期。

推动相关产业的集聚融合壮大，是工农业互动发展的必要条件。市场需求，是农业和农产品加工业发展的导向，也是其下游流通业发展的导向。食品工业和农产品深加工，是农业、工业和商业的连接点，也是农业生产价值的再延续，是实现农产品从田间到餐桌的重要环节，在产业链上与其他环节一起构成完整的产业体系。由于农产品和食品的物理特性，其生产组织、产品销售，要求流通和交通与之相配套，才能大大降低产品的生产、销售和运输成本，并以规模化的生产占有大的市场份额，进而拓展农业发展空间、提高农业现代化程度。也就是说，农业和食品工业，要面向大市场获得大发展，必须以顺畅的大流通为条件。而大流通的发展，又以发达的交通为载体。反过来，发达的交通又催生流通的大发展，促进农业和食品工业的不断壮大。基于这种认识，河南利用地处中原的区位优势，多年来着力发展大流通、培育大市场，大力发展现代物流，重视基础设施建设，加快交通事业发展，使公路总里程、高速公路里程、农村公路里程均跃居全国前列。从而，为农业和食品工业发展创造了外部环境，紧密了工业与农业之间的产品交换和要素交流，降低了工业与农业之间的交易成本。河南建立的全国第一个粮食批发市场和商品期货交易所，通过 20 年来的不断发展，发挥的影响越来越大，为农业发展提供了大市场。河南推进粮食企业改革，完善粮食市场体系，放开粮食购销市场，拓宽了粮食产销渠道，促进了粮食流通。发达的交通体系，顺畅了生产要素在城乡间和区域间的流动，为农业和食品工业的迅速崛起提供了畅通的经济动脉。郑州生产的水饺、汤圆、馄饨，一天之内就可摆上北京、上海、武汉的超市货架，得益于便捷的交通和发达的物流。同时，大市场引导农业区域分工和农业产业化的高度化，通过产业集聚形成产业带，河南形成了专业化、规模化、特色化的农产品生产、加工、销售一体化，实现了工农业协调发展。

三、推进以市场为导向的改革、依托区域优势培育优势产业、转变经济发展方式、走新型工业化道路，是壮大工业规模和提升工业竞争力的核心所在

市场机制决定着资源的分配和流向，市场体系是否健全则直接关系到

资源配置的效率。坚持以市场为导向的改革，是推进工业发展的不懈动力。改革开放以来，河南不断推进市场化进程。1979年，全省着手进行以扩大企业自主权为主导的国有工业企业改革。1984年开始的城市经济体制改革，一方面把原来作为政府附属物的国营企业转变为独立核算的经济主体，通过引进经济激励机制，逐渐改变了"干与不干一个样、干好干坏一个样"的严重低效率局面；另一方面允许和鼓励非公有制企业发展，并逐步扩大非公有制经济可以进入的领域。大力推进所有制改革，是加快工业发展的活力之源，这不仅使得国有企业的改革有了更大的回旋空间，还使微观经济主体更能适应市场经济的运行。1992年以后，我国确立了社会主义市场经济体制的改革目标，市场机制的导向作用得到有效发挥，河南省的投资来源渠道越来越宽，争取外来投资和民间资金投资的政策渐趋灵活。据统计，河南民间投资占全社会固定资产投资总额的比重由"八五"期间的37.3%提高到2011年的78.8%。河南以更加开放的心态、更加主动的姿态、更加有力的措施，吸引更多的社会资金和民间资本投入工业，推动着河南工业跨越式发展。

河南新兴工业大省地位的确立，同样得益于优势产业规模的扩大。优势产业具有鲜明的地域性，竞争优势突出，经济效益较高，发展前景广阔。河南就是找准了区域比较优势，选择优势产业率先突破，才有了工业的高速增长。河南从本地区的资源禀赋考察出发，从市场竞争格局中发挥比较优势，逐步形成了具有区域特色优势的现代化产业体系。河南矿产资源和能源比较优势明显，是我国重要的能源、原材料生产和输出基地，为河南发展有色金属、化工等资源加工业提供了十分有利的基础条件；河南是全国重要的农业大省，河南的食品加工在全国具有一定的影响力和竞争力，造就了全国最大的面粉、面制品、肉制品加工和冷冻食品生产基地；河南依托丰富、廉价、高素质、低成本的劳动力资源，培育发展了纺织、食品加工等劳动密集型产业；河南作为承东启西、连南贯北的中部省份和全国重要的交通枢纽，具有得天独厚的区位优势和交通优势，不仅适宜物流商贸等服务业的发展，也是我国东部产业转移和西部资源输出的重要枢纽和桥头堡，促进了河南更多优势产业的发展壮大。20世纪90年代以来，河南根据资源条件和比较优势，逐渐把资源优势转化为竞争优势，始终把食品、有色金属、装备制造、纺织服装、化工、汽车及零部件等作为优先培育的产业，加大政策支持力度，优势产业竞争力持续增强，工业规模不断壮大。

河南坚持以市场为导向，以产业升级和提高竞争力为重点，大力调整和优化产业结构，用先进适用技术改造传统产业，有选择有重点地发展高新技术产业，大力发展终高端产品，拉长产品链条，积极推进机制创新和制度创新，全省工业经济驶入健康发展的快车道，成为国民经济增长的主导力量。工业经济规模的持续扩大以及部分优势产业的快速发展，使得河南资金、技术、人才等高端生产要素的积累能力持续增强，高附加值产品产量大幅度增加，带动了产业结构调整和产品结构优化，提升了河南工业的核心竞争力。伴随新兴工业大省的确立，一些产业的竞争优势逐渐形成并在全国范围内得到强化，有色金属、食品、汽车配件等产业在全国经济发展中均占有重要地位，许多企业走向国际市场。并且，河南增强自主创新能力，培育以名牌产品为龙头、跨地区跨行业具有较强竞争力的企业集团，提高河南高端、高附加值产品的市场占有率。这些都有力地促进了全省经济的发展。[1]

新世纪以来，为缓解日益加大的资源约束和生态环境压力，河南摒弃了高投入、高消耗、高污染、低产出的传统发展模式，选择以信息化带动工业化，走一条科技含量高、经济效益好、资源消耗低、环境污染少、人力资源优势得到充分发挥的新型工业化的道路，建立科技依赖型、资源节约型和生态环保型的现代发展模式，强力推进火电、建材、有色、钢铁、煤炭、化工、造纸、皮革等高耗能、高排放重点行业的节能减排，加快淘汰落后产能和落后设备，突出抓好重点流域和重点区域环境综合整治，使火电行业"上大压小"和脱硫设施建设、水泥行业淘汰机立窑水泥、污水垃圾处理厂（场）建设等工作走在了全国前列。同时，循环经济示范区、生态园区、产业集聚区的建设和发展，为河南推进节能减排起到了很好的示范作用并极具推广价值。工业发展模式的转变，促进了河南环境质量好

---

[1]　喻新安、陈明星：《工农业互动协调发展的内在机理与实证分析——基于河南省"以农兴工、以工促农"的实践》，《中州学刊》2007年第6期。

转、可持续发展能力增强。

四、坚持严格保护耕地、集约节约利用土地、通过土地整理等实现耕地占补动态平衡，是解决三化协调发展土地制约瓶颈的有效措施

耕地是农业发展的最重要条件。只有保护耕地才能从根本上保障粮食安全和农业发展。而工业化的空间结果表现为企业增多和工业占地规模扩大，工业化带动的城镇化也必然使占地需求增加，还有兴建高速公路、高速铁路等公共设施，扩大土地占用是不可避免的，这就产生了工业发展与农业发展的内在矛盾和冲突。如何寻求工业扩张、城镇扩大、基本建设与农田保护之间的合理平衡点，是三化协调发展面临的一大难题。为了破解这一难题，河南根据人多地少的基本省情，以集约节约利用土地为主线，坚决落实国家最严格的耕地保护制度，各县乡村都明确了基本农田保护边界，立碑明确。河南规定，国家下达的用地指标主要用于事关国计民生的重点项目，一般项目从建设多层标准厂房和盘活存量用地中解决。全省上下坚持节约集约用地，推进企业布局集中、产业向园区集聚，尽可能减少项目建设的耕地占用。根据现实中存量建设用地的粗放利用，有的甚至是闲置浪费的现象，省委省政府明确提出，要从新增建设用地中"抠"地、从存量建设用地中"盘"地、从严管严查中"挖"地、从土地整理中"增"地、从多层标准化厂房中"节"地，积极推动土地再开发，发掘土地再利用的潜力。通过集约利用土地、清理盘活闲置土地等多种途径挖潜土地资源，使河南在工业化和城镇化用地不断增加的情况下仍然实现了耕地面积的增加。1999 年以来，河南不断加大耕地开垦费收缴使用力度，大力开展土地整理，积极实施"空心村"、黏土砖瓦窑厂、工矿废弃地等土地复垦，有条件地开发土地后备资源，通过实施占补平衡项目共补充耕地264.94 万亩，到"十一五"末，耕地保有量高出国家下达任务一百多万亩，使粮食播种面积稳定在 1.3 亿亩以上，为粮食和农业发展提供了坚实保障。据统计，仅 2010 年河南占补平衡项目就投资 12.82 亿元。近年来，国家明确了确保 18 亿亩耕地红线的战略目标，河南更加感到确保中原大

地良田安全的历史责任，开始探讨"工业出城、工厂靠山"的工业发展新模式，在郑州、洛阳、焦作、济源等地，出现了开发整理浅山丘岭、乱石滩地发展工业的新经验。河南正在探索既不占用耕地又能大力发展工业的新路子。河南的实践表明：保护耕地不是反对用地，不是反对工业化、城镇化，而是要合理用地、科学用地、文明用地，这是工业化城镇化发展的必要保障。①

五、建立高效科技研发体系、不断完善科技推广体系、大力推动自主创新、努力提高企业竞争力，是加快农业现代化和工业化的关键支撑

在农业种植面积稳定的情况下，粮食增产和农业发展越来越依赖科技进步。多年来，河南积极转变农业发展方式，加大农业研发和科技推广力度，把"主攻单产、提质提效"作为粮食稳定增产和农业发展的重要举措，不断提升粮食和农业生产的科技含量，不断提高农业机械化和水利化的水平。一方面，河南依托农业的规模优势，将培育适合本省自然条件、适应农业和农产品加工业发展要求的高质量农业新品种作为重点，建立了高效的农业研发体系。河南农科系统选育出了郑麦 9023、豫麦 34、郑单985、浚单 20 等一大批全国知名新品种，其中郑麦 9023 已成为国产食用小麦首次出口品种和郑州商品交易所优质强筋小麦期货交易的首选品种。河南不断涌现出亩产超过七百公斤的高产田，其中大多出自"粮食丰产科技工程"的超高产攻关田，在攻关田的新品种选育起到了非常重要的作用。河南的小麦、玉米优良品种培育分别获得两个国家科技进步一等奖。另一方面，河南建立了较为完善的农业科技推广体系，重点推广农作物优良品种、测土配方施肥、秸秆还田与地力培肥、精量半精量播种、节水灌溉、病虫草害综合防治等先进实用技术。目前，全省小麦良种覆盖率达到98%；全省共有 110 个县实施了测土配方施肥项目，既培养了地力，又节

---

① 刘道兴、吴海峰：《转型升级——郑洛工业走廊发展研究》，河南人民出版社 2010年版。

省了肥料；全省多数县实施了科技入户项目，提高了农民科学种田的技术水平。例如，滑县以实施农业科技入户示范工程为契机，实现科技人员与农户、科学技术与生产、放心农资与农田的"零"距离对接，有力地促进了农业增产增收。农业科技水平的不断提高和科技成果转化机制的日臻完善，为河南粮食和农业的持续增产起到了保驾护航作用。河南省农科院培育的优良品种郑麦9023和郑单958，成为全国推广面积最大的授权品种，连续三年位居全国小麦、玉米推广面积第一位，为全国的粮食增产作出了重大贡献。河南许多粮食产量大县通过引导农民繁育优良品种，进一步提高了农民收入。如今，河南已成为全国粮食生产用种大省和供种大省。河南农副产品加工业的快速发展同样依靠科技。双汇集团坚持用先进技术和设备改造传统肉类加工业，高起点培育研发队伍，使企业的研发能力和技术创新能力不断提高。现在，双汇的产品已由单一产品发展到六百多种肉制品、二百多种冷鲜肉和相关产品。科技在支撑河南食品工业迅猛发展的同时，也使这个农业大省实现了从"卖原料"到"卖产品"的深刻变革。

当代，科技进步与创新日益成为工业化的决定性因素。20世纪90年代以来，河南把推进工业化的重点转移到依靠自主创新、科技进步和提高劳动者素质的轨道上来，把自主创新作为工业发展的重中之重，把增强自主创新能力作为调整产业结构、转变增长方式、实现科学发展的中心环节，大力实施自主创新跨越发展战略。全省上下坚持以市场为导向、调整为主线、创新为动力，推动企业的技术创新体系建立，通过技术创新提高企业的竞争力。河南制定了一系列财税扶持政策和金融扶持政策，鼓励企业不断增加技术开发费用的投入，加大科研创新的力度。成立了省产学研合作中心，整合全省科技资源，打造一流的技术交流平台，并与世界上九十多个国家和地区建立了科技合作关系。大力推进高新技术产业化和现有产业的高新技术化，注重研发具有自主知识产权并能促进产品结构、产业结构调整升级的共性和关键性技术，技术创新取得了丰硕成果，科技创新能力不断增强，科技进步贡献率不断提高，高新技术产业增加值占工业增加值的比重不断增大。许多企业适应国内外市场需求和工业生产升级的要求，不断推出新产品、新技术、新工艺，使河南企业的产品在国际国内市场占有了一席之地，不少领域里的技术创新走在国内前列，例如，多晶硅产业化、纯低温余热发电等关键技术，输变电装备、电解铝、客车等产业技术，达到了国内领先水平。企业非常注重专利技术成果的转化，大量专利技术在生产中得到应用，如，超薄电子玻璃、选矿拜耳法氧化铝、千吨级多晶硅、纯低温余热发电成套装备、特高压电力保护装备等一批拥有自主知识产权的技术实现了产业化。通过积极实施名牌战略，引导企业加大研发力度，努力掌握高端核心技术，提高产品质量水平，增强了工业品牌的核心竞争力。目前，河南发明专利年授权量处于中西部地区前列，自主创新能力和科技综合实力达到中西部地区先进水平，科技力量日益增强，产品科技含量日益提高，自主创新能力不断提高，带动了工业结构不断优化，有力地促进了河南由新兴工业大省向工业强省跨越的步伐。

六、实施中心城市带动战略、不断强化产业支撑、加快城镇基础设施建设、提高城市管理水平、推进城乡一体化，是城镇化健康发展的必要保障

多年来，河南以中原城市群为核心，以中小城市为依托，努力构建布局合理、协调发展的城镇体系。一是强化郑州的中心城市地位，加快郑东新区建设，完善老城区功能，提高城市品位，增强经济实力和辐射带动力。加快中原城市群建设步伐，努力把中原城市群建设成为全国重要的先进制造业基地、能源基地和区域性现代服务业中心、科技创新中心，形成全省对外开放、东引西进的主要平台和带动中原崛起的增长极，形成以郑州为中心的产业聚集和城镇密集的中原经济隆起带核心区。二是充分发挥周边省辖市的自身优势，加大基础设施建设，完善城市服务功能，增强城市综合实力，努力把其打造成为辐射周边经济发展和社会进步的区域性中心城市。三是发展壮大县城和县级市，加强县城基础设施建设，改善居住条件，提升建设品位，增强县城在县域经济发展的带动作用，促进经济实力较强的县级市发展成为具有区域性影响力的中等城市。四是积极发展有产业支撑的中心镇，形成各具特色的小城镇，形成大、中、小城镇之间良性互动、协调发展的格局。

河南增强城镇化产业支撑，实现产业城镇融合发展。河南坚持推进城

镇产业结构升级，依托城镇自身优势，发展特色产业，壮大优势产业，改造提升传统产业，加快高新技术产业，拉长产业链条，促进产业聚集，形成产业集群，增强带动辐射能力。河南发展有技术含量的劳动密集型产业，拓展城镇就业容量，吸纳农村剩余劳动力进城就业。积极引导产业聚集，办好国家和省级高新技术产业开发区、经济技术开发区，培育一批配套能力强、聚集效应明显、特色突出的产业集群。加快发展现代物流、金融、房地产、社区服务、中介、信息服务、会展等现代服务业和新兴服务业，改造提升交通运输、仓储、邮电通信、批发零售、餐饮等传统服务业。充分发挥区位、交通和信息等综合优势，加快建设综合物流园区和一批专业物流中心为载体的现代物流网络体系。发展文化产业和旅游业，推进文化与旅游的融合，努力把文化产业和旅游业培育成新兴支柱产业。河南为了实现产业与城镇融合发展，积极建设产业集聚区，首批确定了180个，在空间布局上将产业功能、城市功能、生态功能融为一体，实现产业和城镇功能互补、相辅相成、相互渗透、互相支撑，促进资源利用的最大化，既完善城镇功能、提高城镇形象和品位，又聚集更多高端产业、推动产业集聚发展。

为了加快农村富余劳动力向城镇转移，大力发展劳务经济，河南积极为进城务工人员提供技能培训、社会保险、权益维护、计划生育、承包田转让等方面的服务。一是健全服务组织。河南各级政府成立了协调部门，在全省建立了农村劳动力市场和就业服务机构，建立了劳务输出服务网络和农村劳动力资源数据库。全省各地还在沿海等地建立了驻外劳务办事机构，并先后加入了华北、华南和华东三大劳务协作区，初步形成了以驻外劳务办事机构为龙头，以各级劳动保障部门为依托，以乡镇、街道和社区劳务保障机构为龙尾的"一条龙"就业服务体系。二是加强就业培训。河南大力实施农村劳动力转移培训"阳光"工程，培训机构根据市场需求，按照定向培训、农民自愿的原则，开展几十项专业培训。三是重视权益保障。在省内，为了帮助农民工融入当地城市，河南先后出台了一系列保障农民工权益的"新政"，建立城乡平等就业安居制度，完善社会保障制度。2005年9月，全国首部专门保护农民工权益的地方性法规《河南省进城务工人员权益保护办法》施行，使维护农民工权益第一次上升到立法层次。

在省外，河南省推广农民工"双向维权机制"，为农民工异地维权提供了帮助。由于上述措施取得了显著成效，促使河南农村劳动力转移规模不断扩大，劳务输出人数以每年10%的速度递增，2011年河南农村劳动力转移就业达2465万人。

河南以体制机制创新为动力、以完善政策体系为支撑，积极推进城乡一体化发展。具体做法是：统筹规划生产力和人口空间布局，促进城乡资源共享和生产要素的优化配置，促进城乡产业联动发展；统筹城乡基础设施建设，加快城乡公路网络建设，加快城乡能源建设，完善城乡电网改造配套工程，加快建立城乡一体的交通、供水、流通、能源、信息网络体系，推进城乡生态环境建设，推进新型农村社区建设；健全城乡一体化的就业体系，保障进城从业人员享有和城镇居民同等的劳动就业和公共服务的权利，优化进城从业人员就业环境；降低进城从业人员进城落户限制，改革户籍管理模式，在全省推行按实际居住地进行登记的户籍管理制度，实现城乡统一户籍管理；完善社会保障制度，积极为进城从业人员提供社会保险范围、办理城镇职工基本养老保险、医疗保险和工伤保险，提供失业保险和城镇最低生活保障，加快发展覆盖城乡的社会事业。促进初中向中心镇集中，高中向城镇和县城集中，提高高等职业教育办学水平，保障进城从业者享有平等义务教育的权利；以提高公共医疗服务水平、完善医疗保障制度为重点，改善城镇医疗卫生条件。逐步将外来从业人员纳入城镇住房保障体系，努力解决进城从业者"就医难"、"居住难"及其子女"上学难"等问题。

河南创新体制机制，实现投资主体多元化，放开城镇基础设施建设市场，广泛吸纳社会资金和银行信贷资金，积极通过资本市场筹措资金直接投资，扩大和加强城镇交通、供排水、供热、燃气、电力、通信、信息、防灾等基础设施建设，全面提高城镇基础设施水平。优先发展城镇公交，优化公交线路和公交场站布局，完善城镇道路网络，提高通行能力。加快园林绿化、污水处理、垃圾处理、大气污染防治等生态保护工程建设。确保所有县级以上城市、县城和部分重点镇的污水处理厂和垃圾处理厂按期建成投入使用，中等以上城市空气、水质量和绿化率达到国家标准，形成良好的生态环境。完善城市社区科技、教育、文化、医疗卫生、体育等公共服务设施。加快国有市政公用行业产权制度改革步伐，对供水、燃气、热力和污水垃圾处理等可竞争领域，推行特许经营制度，鼓励外商或民营企业通过收购、参股、合资、合作等方式参与经营。以建设宜居城市和节约型城市为目标，科学进行城市规划，节约集约利用土地，加强城市环境保护，完善城市综合管理，提高城市文明程度。

第五章
河南探索新型三化协调发展的总体构想

作为中原经济区建设的核心任务，探索"两不三新"三化协调发展之路，是二十多年来中原崛起实践中发展战略的持续和提升，是新形势新任务倒逼发展方式转变的必然选择，是与全国同步实现全面建设小康社会的历史使命。河南探索新型三化协调发展的总体目标是要建立现代产业体系、构建现代城镇体系、增创粮食生产新优势、形成城乡一体化新格局、筑牢生态安全大屏障。为此，要以发展为核心、以为民为本质、以协调为关键、以融合为重点、以新型城镇化为引领、以改革开放为动力，以建设郑州航空经济综合实验区为战略突破口，积极探索粮食安全保障新路径，实现新型城镇化引领的先行先试，打造工业转型升级的示范区，推进新型农业现代化率先发展，构建中原经济区核心增长极和三化协调发展先导区。

第一节　探索新型三化协调发展的基本前提

探索新型三化协调发展是河南对二十多年来中原崛起之路的调整、拓展和提升，其基本前提就是要持续探索加快中原崛起进程、践行"两不牺牲"的庄严承诺，使亿万中原人民与全国同步实现全面建设小康社会的宏伟目标。

一、持续探索加快中原崛起进程

崛起不是生存，也不是一般的发展，而是指一个国家或地区成长为具有世界影响的大国或对全局有重要影响力的强势地区。所谓中原崛起，就是经过长期努力，使河南成为与其历史传承、地理位置、人口数量相适应的中国经济强省、文化强省，区域综合竞争力显著提高，实现经济、社会、政治、文化、生态的全面、协调、可持续发展。实现中原崛起是党中央、国务院对河南的殷切期望，是亿万河南人民的美好期待和福祉所在，也是河南历届省委、省政府砥砺奋斗的宏伟目标。近年来，河南上下围绕崛起谋发展、围绕跨越做文章、不断解放思想、坚持科学发展，持续探索中原崛起、河南振兴的实现路径。

早在 20 世纪 90 年代初，河南就提出了"中原崛起"的概念。1992 年 1 月，时任河南省省长李长春以《加快改革开放，实现中原崛起》[①] 为题撰文提出，"从全国一盘棋的战略出发，为促进东、中、西部经济的协调发展，必须加快中原的振兴和崛起"，并指出，"在党的十四大精神指引下，中原一定能够再度崛起"。

2003 年 3 月，《人民日报》刊发对时任河南省委书记李克强的访谈《埋头苦干实现中原崛起》。李克强指出："目前我国经济正由东向西梯度推进，世界性产业转移也由我国沿海向内地延伸，河南这样一个中部省份要紧紧抓住这个机遇，充分发挥区位优势和比较优势，加快工业化和城镇化，推进农业现代化，努力实现在中原崛起。"

2003 年 7 月，河南省委七届五次全会召开，全会通过了《关于兴起学习贯彻"三个代表"重要思想新高潮、全面建设小康社会的决议》和《河南省全面建设小康社会规划纲要》，第一次以省委全会的名义和全会决议的形式，向全省人民发出"实现中原崛起"的号召。《河南省全面建设小康社会规划纲要》指出："我省全面建设小康社会的总体目标是：在优化结构和提高效益的基础上，确保人均国内生产总值到 2020 年比 2000 年翻两番以上，达到 3000 美元，基本实现工业化，努力使河南的发展走到中西部地区前列，实现中原崛起。"《规划纲要》还对实现中原崛起的基本途径、发展布局、战略举措、政治建设和文化建设进行了系统阐述，这表明"中原崛起"目标的系统化，表明"中原崛起"已成为河南全省上下的共识。

---

① 收入 1997 年中共中央党校出版社出版的《团结奋进振兴河南》一书。

2005 年 8 月，胡锦涛总书记在视察河南时充分肯定了实现中原崛起的奋斗目标和工作思路，指出中原崛起符合中央的精神、符合河南的实际、符合全省干部群众的愿望，要求聚精会神抓好落实，努力推动河南经济社会实现更大发展，在促进中部地区崛起中走在前列。

2006 年 10 月，河南省八次党代会对新形势新阶段下加快中原崛起进行再动员再部署，大会围绕在科学发展观引导下加快中原崛起的主题，明确了今后五年的总体要求和奋斗目标，提出了加快"两大跨越"（由经济大省向经济强省跨越，由文化资源大省向文化强省跨越）、推进"两大建设"（和谐社会建设和党的建设）的历史任务。会议提出，中原崛起与中央促进中部崛起战略部署相统一，与全面建设小康社会相一致，是包括经济、政治、文化和社会建设在内全面发展的综合目标。

2007 年 10 月，河南省委八届四次全会通过了《关于认真学习宣传贯彻落实党的十七大精神，奋力开创中原崛起新局面的决定》，提出建成"农业先进、工业发达、政治民主、文化繁荣、社会和谐、环境优美、人民富裕"的新河南。2008 年 7 月，河南省委八届八次全会进一步阐释和丰富了中原崛起的内涵和总目标。

2010 年 11 月，河南省委八届十一次全会通过的《中共河南省委关于制定全省国民经济和社会发展第十二个五年规划的建议》，以及 2011 年 4 月公布的《河南省国民经济和社会发展第十二个五年规划纲要》提出，"十二五"期间，河南省要以建设中原经济区、加快中原崛起和河南振兴为总体战略，中原经济区是中原崛起、河南振兴的载体和平台，进一步明确了中原崛起的途径。

2011 年 9 月发布的《国务院关于支持河南加快建设中原经济区的指导意见》指出："支持河南省加快建设中原经济区，是加快河南发展、与全国同步实现全面建设小康社会目标的需要，是带动中部地区崛起、促进区域协调发展的需要。"《指导意见》提出了建设中原经济区的指导思想、基本原则、发展目标和战略举措，为"中原崛起"指明了前进方向。同年 10 月 26 日，河南省九次党代会提出，持续探索"两不三新"的发展路子是中原经济区建设的核心任务，走好这条路子，必须充分发挥新型城镇化的引领作用、新型城镇化的主导作用、新型农业现代化的基础作用。

因此，持续探索"两不三新"三化协调科学发展路子，就是在历届省委省政府实践的基础上，根据形势发展和变化而对中原崛起之路的调整、拓展和提升。随着中原经济区建设上升为国家战略，中原崛起河南振兴进入蓄势勃发的新阶段，不仅极大地提升了河南在全国的地位，扩大了河南在全国的影响，而且提振了全省人民的精神，使持续探索"两不三新"三化协调科学发展路子成为全省上下的共识，在更好地担负起为全国同类地区发展提供示范的历史使命的同时，加快中原崛起进程。

二、确保"两不牺牲"

不以牺牲农业和粮食、生态和环境为代价，是探索新型三化协调发展的庄严承诺和前提条件。改革开放以来，许多地方为推进三化协调发展进行了有益的尝试，取得了积极的成果，但两种不协调现象仍不同程度存在：一些地方经济发展了，粮食生产却下来了，生态环境破坏了；一些地方粮食生产、生态环境保住了，但经济发展却长期滞后。如果说在改革开放初期，部分地区因历史原因以削弱粮食生产上工业尚有一定的历史原因，那么在全国区域发展布局基本形成的新形势下，确保在工业化、城镇化进程中不牺牲农业和粮食、生态和环境是河南发展的不二选择。

确保"两不牺牲"意味着探索新型三化协调发展面临着更多的困难和挑战。要看到，随着改革开放的深入和区域发展格局的演变，长期以来传统农区定位的分工角色相对"固化"，导致自身以工补农、以城带乡乏力，"钱从哪里来、人往哪里去、民生怎么办、粮食怎么保"这一"老四难"尚未根本破解，"土地哪里来、减排哪里去、要素怎么保、物价怎么办"的"新四难"接踵而至，探索新型三化协调之路面临协调难度大、压力大等困难和挑战。协调难度大，是因为新型三化之间，虽然有着内在的有机联系，但真正实现相互协调的确存在诸多矛盾，如工业化、城镇化与稳粮保粮的矛盾、推进三化进程与土地制约的矛盾、三化协调与资源环境约束的矛盾等，作为后发地区，还面临着先发地区不曾遇到的诸如资源约束和路径依赖的"后发劣势"。协调压力大的原因在于，河南经济结构性矛盾依然突出，工业多处于产业链前端和价值链低端，服务业发展滞后，农业基础薄弱，科技创新能力不强，经济发展的质量和效益亟待提高等等。

确保"两不牺牲"也倒逼着河南必须创新三化协调的内涵和模式。倒逼是一种压力，更是破解发展难题的动力源。"两不牺牲"既是国家区域经济协调发展的需要，更是立足河南省情、加快发展方式转变的必然选择。"两不牺牲"是三化协调的前提和基础，正是有了"两不牺牲"倒逼的压力和动力，才有了对新型三化协调发展的探索。这也是国务院《指导意见》赋予中原经济区先行先试政策的意义所在。先行先试的关键，在于"行"和"试"，在于敢于创新、率先突破，在于先思先谋、抢抓先机。先行先试要求我们决不能守着政策要政策、机遇面前不作为。凡是不违反国家大政方针的，只要有利于中原经济区建设，都可以大胆地试，先干不争论、先试不议论、先做不评论。要借力人地双挂钩、资源税、排污权和碳排放交易、考核评价机制等国家赋予的探索权、试点权，在先行先试中不断破解制约三化协调的难题和瓶颈，走出新型三化协调发展之路。

三、与全国同步实现全面建设小康社会目标

2002 年，党的十六大明确提出全面建设小康社会的奋斗目标：要在本世纪头 20 年，集中力量，全面建设惠及十几亿人口的更高水平的小康社会，使经济更加发展、民主更加健全、科教更加进步、文化更加繁荣、社会更加和谐、人民生活更加殷实。河南是中国发展的一个缩影和面临问题的真实写照，拥有一亿人口的河南能否如期完成全面建设小康社会的任务，将直接影响全国小康社会进程。为深入贯彻党的精神，响应中央全面建设小康社会的号召，2004 年河南省颁布了《河南省全面建设小康社会规划纲要》，明确提出全面建设小康社会的总目标：在优化结构和提高效益的基础上，确保人均国内生产总值到 2020 年比 2000 年翻两番以上，达到 3000 美元，基本实现工业化，努力使河南的发展走在中西部地区前列，实现中原崛起。建成完善的社会主义市场经济体制和更具活力更加开放的经济体系。各项社会事业全面发展，社会保障体系比较健全，社会就业比较充分，人民生活更加富足，社会主义民主更加完善，社会主义法制更加完备，人口素质明显提高，可持续发展能力不断增强。

但是，河南经济发展水平较低，人口负担巨大，农民纯收入仅相当于全国的90%，城镇收入仅相当于全国的80%，人均GDP仅相当于全国的80%，人均财政支出全国倒数第一。据统计，在全国2009年全面建设小康进程实现程度排名中，河南实现程度只有73.4%，低于全国平均水平近4个百分点，位列全国第20位、中部第五位。在全面建设小康社会评价体系的六大指标中，河南只有社会和谐、民主法治、文化教育三个指标超过全国平均水平，经济发展、生活质量、资源环境三个指标仅达到57.3%、81.6%、73.8%，分别低于全国15.3个百分点、2个百分点和3个百分点，小康建设总体进程明显低于全国平均水平。此外，作为全国第一人口大省和农业大省，河南拥有6000万农民，农村能否实现全面小康对河南建设全面小康社会进程而言至关重要。可以说，没有河南农民的全面小康，就没有河南的全面小康。然而，《2010年河南省农村全面建设小康监测报告》显示，2010年河南农村全面小康实现程度为56.2%，在农村全面小康监测指标体系包含的6个方面18个指标中，四个方面实现程度过半，两个方面不及一半。

如今，距离实现全面建设小康仅剩七年多的时间，人口多、底子薄、基础弱、人均水平低、发展不平衡的基本省情，决定了河南要全面实现小康社会的任务仍然非常艰巨。河南不发展不行，发展慢了也不行，如果一亿人口的河南延缓全面建设小康社会进程，将拖住全国的后腿，严重影响全国实现全面建设小康社会的总体进程。面对与全国同步实现全面小康的历史使命，河南只有加快发展，而发展的核心就在于探索新型三化协调之路。没有三化的协调，就不会有整个经济的协调和可持续增长，不会有河南全面小康目标的完成。只有走好新型三化协调之路，才能解中原之忧，实现中原崛起；才能奔向全面小康，实现河南振兴。协调推进新型三化，既是中原经济区建设的核心任务，也是富民强省的必由之路。

第二节　新型三化协调发展的战略目标

根据新型三化协调发展的特点和新形势下的要求和定位，确定新型三化协调发展目标需要重点考虑以下五个方面的因素：一是保持连续性，需要充分吸纳"十二五"规划和全面建设小康社会规划纲要等相关规划中经济社会发展的主要发展目标，充分吸纳国家和历届河南省委省政府关于城镇化的主要发展目标；二是突出新型三化协调发展的内涵，全面体现新型三化协调发展的新要求；三是彰显目标的引领性和号召力，需要目标清晰且鼓舞人心，具有可操作性，能够为基层实践所把握，能够成为中原崛起的动力；四是与中原崛起的目标相衔接，新型三化协调发展是建设中原经济区、加快中原崛起河南振兴的核心任务，新型三化协调发展的目标应体现与中原崛起目标的一致性和支撑性；五是兼顾中原地区和河南发展实际及其适用性，需要具有实现的可能性。

一、总体目标

总体来说，新型三化协调发展就是要在城乡统筹、城乡一体、产城互动的视野中优化资源要素的空间重组，突出节约集约、提高科技含量，强调资源节约、环境友好，致力走上生产发达、生活富裕、生态良好的文明发展道路，产业、人口、生产要素集中度明显提高，基本建成生态高效的现代城镇体系和现代产业体系，形成以产带城、依城促产、城乡一体的良性互动局面。因此，新型三化协调发展的战略目标可以定性归纳为以下几个方面：

（一）建立现代产业体系

构建现代农业产业体系。加大支农惠农政策力度，积极发展现代农业，逐步做到用现代物质条件装备农业，用现代科学技术改造农业，用现代经营形式推进农业，用现代发展理念引领农业，用培育新型农民发展农业，提高农业水利化、机械化和信息化水平，提高土地产出率、资源利用率和农业劳动生产率，提高农业素质、效益和竞争力。

发展壮大优势主导产业。做大做强高成长性的汽车、电子信息、装备制造、食品、轻工、新型建材等产业，改造提升具有传统优势的化工、有色、钢铁、纺织产业，加快淘汰落后产能，形成带动力强的主导产业群。

积极培育战略性新兴产业。集中优势资源，实施一批科技重大项目，加快产业化基地建设，重点推动生物、新材料、新能源、新能源汽车、高端装备等先导产业发展，大力发展节能环保产业。

加快发展服务业。提高规模化、品牌化、网络化发展水平，改造提升商贸、餐饮等传统服务业，加快发展现代物流业、金融业等生产性服务业，积极发展信息服务、科技服务、服务外包和会展等新型业态，大力拓展生活性服务业领域。

完善高新技术产业发展的政策支撑体系。进一步完善高新技术产业发展的政策支撑体系，突出自身在高新技术产业发展中的比较优势，制定高新技术产业发展路线图，对高新技术产业发展中、长期目标作出预测和规划，在具有一定优势的高新技术产业领域，鼓励、引导成长性好、竞争力强的企业与国内外高端要素结合，推动高新技术产业的成果转化和规模扩张。

（二）构建现代城镇体系

按照统筹城乡、推进新型三化协调发展的要求，推动基础设施和公共服务向农村延伸、农村人口向城镇有序转移，加快形成国家区域性中心城市、地区中心城市、中小城市、小城镇、新型农村社区层次分明、结构合理、功能互补、协调发展的现代城镇体系。

增强中心城市的辐射带动作用。完善中原城市群联动发展机制，推进交通一体、产业链接、服务共享、生态共建，形成具有较强竞争力的开放型城市群。加强城市新区建设，强化产业复合和经济、生态、人居功能复合，支持城市新区建设成为中原经济区最具活力的发展区域。发展城区经济，重点发展高端制造业、战略性新兴产业和现代服务业。提高城市建设和管理现代化水平，加强城市基础设施建设和公共服务，完善城市功能，建设宜居宜业城市。

转变城镇化模式。更加注重依产促城、以产兴城，推动城镇建设与产业发展格局向产城互动转变；更加注重生产要素在城乡之间合理流动和优化配置，低成本推进城镇化；优化中心城市布局和形态，建设紧凑型城市、复合型城市，促进中心城区与周边县城、功能区组团式发展，培育整体竞争优势；更加注重资源节约和环境保护，把节地、节水、节材、节能等落实到城市规划建设管理的全过程，特别要建立起集约用地、高效用地的新机制，鼓励发展城市集合体、高层建筑等，为未来发展预留空间。

创新城市发展机制。以产业聚集创造的就业岗位来决定人口转移的规模，以产业发展的规模和程度来决定城市发展的规模和进度，以城市功能的完善促进产业集聚发展，增强对农村转移人口的吸纳能力。加强投融资平台建设和管理，真正建立起"政府引导、社会参与、市场运作"的社会投融资机制，缓解城镇建设资金约束。

（三）增创粮食生产新优势

中原经济区是我国重要的粮食核心区，在确保国家粮食安全中发挥至关重要的作用。粮食生产不仅总产量大，而且增产潜力大，目前河南省还有六千多万亩中低产田，玉米、水稻等秋季高产粮食作物种植面积和单产还有望进一步扩大和提高，随着国家粮食战略工程河南核心区建设的稳步推进，粮食增产潜能将进一步释放。因此，在新型三化协调发展下，要进一步增创粮食生产新优势。粮食生产支撑条件明显改善，农业增长实现由粗放型向集约型转变，由主要依靠资源占用和消耗向主要依靠科技进步和农民素质提高转变，由家庭经营向适度规模经营转变，建成比较完善的现代农业产业体系，农业基础设施不断加强，粮食综合生产能力不断增强，农业综合效益明显提高，农民收入持续增加。

扎实推进粮食生产核心区建设，认真组织实施《国家新增 1000 亿斤粮食生产能力规划》和《河南粮食生产核心区建设规划》，强力推进中低产田改造，加快农村土地整理复垦和高标准农田建设，大规模建设旱涝保收高标准农田；加强兴利除害大型水利工程和农田水利建设，加快大中型灌区续建配套节水改造，完善农村小微型水利设施，大幅提升防灾抗灾减灾能力；加强农田防护林体系建设，改善农业生态环境；加快农业科技创新，增强粮食生产科技支撑能力，开展粮食高产创建；积极发展循环农业，提高粮食生产可持续发展能力；实施农业机械化、农业生态环境保护、仓储物流和粮食加工等工程建设。通过稳定面积、主攻单产、改善条件、创新机制、完善政策，夯实粮食生产稳定增长基础，不断提高粮食综合生产能力，把河南建设成为全国重要的粮食生产核心区，确保 2020 年粮食生产能力达到 1300 亿斤。①

（四）形成城乡一体化发展新格局

"以工促农、以城带乡"长效机制进一步完善。继续调整国民收入分配格局，推动公共财政向"三农"倾斜，切实把基础设施建设和社会事业发展的重点放在农村；充分发挥城市的辐射带动作用，将市场机制和政府调控机制相结合，促进城市资金、技术、人才、信息等要素向农村流动，促进城市教育、医疗、文化等公共服务向农村延伸，形成城乡互促、共同繁荣的良好局面。

形成新型城镇化与社会主义新农村建设互促共进格局。深入开展城乡一体化试点。统筹城乡规划、产业发展、基础设施建设、公共服务、劳动就业、社会管理，促进城乡经济协调发展和基本公共服务均等化。加强农村基础设施建设，完善农村现代流通网络，实施农村清洁工程，积极发展农村文化、科技、教育、卫生、体育事业。积极推动城市新区、产业集聚区、城市近郊区和其他有条件的地方率先实现城乡一体化。

实现统筹城乡社会管理。推进户籍制度改革，放宽中小城市落户条件，切实解决农民进城的就业、户籍、住房、社会保障、子女入学等问题，逐步使符合条件进城落户的农民真正转为城镇居民，享有平等权益。完善各级行政管理机构及其职能设置，逐步实现城乡社会统筹管理和基本公共服务均等化。

（五）筑牢生态安全大屏障

河南地跨海河、淮河、黄河、长江四大流域，是淮河的源头和南水北调中线工程的水源地，关系着下游省份尤其是京津地区的饮水安全，并将对全国水、气环境质量的整体改善起到巨大的推动作用。河南地处南北气候过渡带，区域生态系统类型和生物多样性十分丰富，伏牛山、大别山—桐柏山、太行山三大山脉和黄河湿地对于涵养生态、调节气候、保护生物多样性具有非常重要的作用。仅河南境内的高等植物就占全国总数的 12.2%，脊椎动物种类占全国总数的 23.9%，昆虫种类占全国总数的 2/3。

---

① 河南省社会科学院课题组：《探索区域科学发展的时代命题——河南省坚持走新型三化协调之路的认识与思考》，《河南日报》2012 年 8 月 13 日。

由于河南所具有的特殊的地理位置和生态功能，加强生态建设与环境保护，有利于统筹和加强区域生态保护与环境治理，为维护全国生态稳定和平衡提供重要支撑，为广大下游地区生态环境改善提供重要保障。

因此，生态建设必须纳入河南新型三化协调发展的目标体系，着力构筑坚强的生态屏障，强化区域生态保护与环境治理，提高生态涵养水平。以山脉、丘陵、水系为骨干，以山、林、河、田为要素，推进建设桐柏大别山地生态区、伏牛山地生态区、太行生态区、平原生态涵养区，构建横跨东西的黄河滩区生态涵养带和纵贯南北的南水北调中线生态走廊，形成"四区两带"的区域生态格局。继续坚持以生态建设为主的林业发展战略，建设结构合理、功能齐全、持续高效的林业生态防护体系，提高森林覆盖率，增加森林蓄积量，全面增强森林的碳汇功能，提高经济社会发展的环境承载能力。

二、功能目标

在以上几个定性方面的总体战略目标下，新型三化协调发展可以进一步细分为若干功能目标，包括前提约束目标、经济发展目标、社会发展目标、绿色发展目标等。

——前提约束指标：主要反映在不牺牲农业和粮食、生态和环境的前提下推进城镇化、工业化。因另设有绿色发展目标，所以具体的前提约束指标拟采用粮食产量（生态方面的约束指标单列）。

——经济发展目标：主要描述新型三化协调发展过程中，生产方式的发展变化状态，也就是发展方式转变的动态情况，以及相关的经济活动状况。定量分析时选择人均GDP、服务业增加值占GDP比重、R&D投入占GDP比重、产业集聚度、城镇化率等指标。

——社会发展目标：主要描述新型三化协调发展过程中社会结构调整和城乡统筹发展的情况。选择非农从业人员所占比重、城镇化率与工业化率之比、城乡居民人均收入比等指标，分别反映就业、产城互动和城乡统筹发展情况。

——绿色发展目标：主要描述新型三化协调发展过程中人与自然环境

系统的关系发展变化状况，突出两型社会建设。选择万元 GDP 能耗、万元 GDP 二氧化碳排放量等指标来体现节能减排和两型社会建设。

对上述目标体系中涉及的一些可以量化或比较的指标，可以进一步量化如下[①]：

1. 粮食生产稳定增长。实现粮食核心区生产目标，到 2020 年，粮食综合生产能力达到 1300 亿斤。

2. 到 2015 年，综合经济实力明显提升，在优化结构、提高效益和降低消耗的基础上，主要经济指标年均增速高于全国平均水平、力争高于中部地区平均水平，人口自然增长率低于全国平均水平。人均生产总值达到 38000 元，财政总收入增速高于生产总值增速，城镇化率达到 48%。到 2020 年，工业化、城镇化达到或接近全国平均水平，综合经济实力明显增强，城乡基本公共服务趋于均等化，基本形成城乡经济社会发展一体化新格局。

3. 努力实现居民收入增长和经济发展同步、劳动报酬增长和劳动生产率提高同步。到 2015 年，城市居民人均可支配收入达到 24460 元，农民人均纯收入达到 8460 元。

4. 主要污染物排放量持续减少，生态环境质量进一步改善。到 2015 年，万元 GDP 二氧化碳排放量比 2005 年降低 16%，万元生产总值二氧化碳排放量比 2005 年降低 17%。

第三节　新型三化协调发展的原则要求

要在人口数量大、人均资源特别是人均土地资源短缺、社会经济发展程度相对不足的河南，走出一条不以牺牲农业和粮食、生态和环境为代价的新型三化协调科学发展的路子，顺利实现以上目标，必须坚持以发展为

---

① 主要参照《河南省建设中原经济区纲要》、《河南省国民经济和社会发展第十二个五年规划纲要》、《河南粮食生产核心区建设规划》、河南省九次党代会报告中所提出的相关指标的目标值。

核心，以为民为本质，以协调为关键，以融合为重点，以新型城镇化为引领，以改革开放为动力的核心原则，全面推进新型城镇化、新型工业化和新型现代农业化的协调发展。

一、坚持以发展为核心

坚持发展是硬道理的本质要求，把发展作为解决一切问题的关键，突出发展这个第一要务、第一要义，努力保持经济平稳较快发展。落实"四个重在"实践要领，持续科学发展的思路、举措和进程，在发展中调整、在发展中提升、在发展中转变、在发展中增效，提升发展层次、质量和效益。

坚持以加快转变经济发展方式为主线，把经济结构战略性调整作为主攻方向，把科技进步和创新作为重要支撑，把保障和改善民生作为根本出发点和落脚点，把建设资源节约型、环境友好型社会作为重要着力点，把改革开放作为强大动力，加快构建"一个载体、三个体系"，促进经济发展由投资拉动为主向投资与消费、出口拉动并重转变，由传统工业推动为主向三次产业协调推动转变，由物质资源消耗型向创新驱动型转变，由粗放型向集约型转变。大力推进产业结构、城乡结构、区域结构、需求结构、要素投入结构全方位调整，加强自主创新能力建设和人力资源开发，推进资源节约型和环境友好型社会建设，提高经济发展质量和效益，提升经济整体素质和综合竞争力。

坚持着力扩大内需，把推进新型城镇化作为扩大内需的最大潜力，全面贯彻落实国家扩大内需的战略方针，积极扩大消费需求，建立扩大消费需求的长效机制，通过积极稳妥推进城镇化、实施就业优先战略、深化收入分配制度改革、健全社会保障体系和营造良好的消费环境，增强居民消费预期，促进消费结构升级，进一步释放城乡居民消费潜力；持续扩大投资规模，优化投资结构，积极寻求投资与消费的结合点，促进投资消费良性互动，同时积极发展对外贸易，努力保持经济平稳较快发展。

二、坚持以为民为本质

坚持以为民富民为核心要义。科学发展观核心是以人为本，即：始终把实现好、维护好、发展好最广大人民的根本利益作为党和国家一切工作的出发点和落脚点，尊重人民主体地位，发挥人民首创精神，保障人民各项权益，走共同富裕道路，促进人的全面发展，做到发展为了人民、发展依靠人民、发展成果由人民共享。

以富民强省为中心任务。深入贯彻落实科学发展观，促进中原经济区新型三化协调发展也必须坚持以人为本，以为民富民为核心要义，把增加城乡居民收入作为根本着力点，把促进基本公共服务均等化作为重要基础，把创业创新作为实现途径，从最广大人民的根本利益出发，在经济发展中提高居民收入水平，在人的全面发展中推动经济社会又好又快发展，全面增强经济发展内生动力，提高综合实力、竞争力和抵御风险能力，实现富民与强省的有机统一。

坚持把不断改善民生、增进人民福祉作为根本目标。始终围绕这一指导思想探索路径与对策，全面加强社会建设，努力实现以人为本、全面协调可持续的科学发展。加快公共服务体系建设和社会事业发展，持续实施民生工程，在就业、社会保障和教育、医疗、生态、环境、社会建设等领域，坚持每年办好一批事关人民切身利益的实事，提高公共服务产品供给能力，使发展成果更大程度地惠及民生。

坚持充分发挥人力资源优势。人力资源是推进中原经济区新型三化协调发展的最根本因素。因为新型农业现代化离不开有文化、懂技术、会经营的新型农民；新型工业化进程离不开大批训练有素、技能娴熟、能够适应现代化大生产和专业化分工需要的产业工人；新型城镇化也需要大量具有现代文明素质和能力的劳动者和居民。中原经济区是我国人口最为稠密的地区之一，人力资源十分丰富，但只有人力资源转化为人力资本，才能真正发挥出中原经济区这一优势。因此，要推进"科教强省"和"人才强省"战略，把优先发展教育作为促进人的全面发展、提高人力资源素质和提升人力资本价值的核心途径。积极推进义务教育均衡发展，高水平高质量普及九年义务教育；以国家职业教育改革试验区建设为抓手，大力发展职业教育，加强系统性技能培训、农村转移劳动力技能培训、城镇就业人员岗位培训和失业人员再就业培训等，把沉重的人口负担转化为巨大的人力资源优势；坚持规模与质量并重，继续加快发展高等教育。要积极培养各类人才，营造人才发展的良好环境，用事业凝聚人才，用实践造就人才，用机制激励人才，用法制保障人才。要进一步破除影响人才流动的体制性障碍，促进人才合理流动和人才资源优化配置。

三、坚持以协调为关键

以生态优先为基本前提。优良的生态环境，是人类社会发展的前提和保障。没有良好的生态环境，经济社会发展就会成为无源之水、无本之木。因此，推进工业化、城镇化和农业现代化必须始终把生态建设和环境保护摆在优先位置，努力维护好经济社会发展与保护生态环境动态平衡的关系问题，按照生态优先原则转变发展模式，进行战略决策，实施主体功能区划，真正实现可持续的新型三化协调发展。

以集约节约用地为关键环节。在人多地少的河南省推行三化协调发展，土地资源的集约节约利用是关键环节，是保粮食，稳发展，促进现代化农业体系形成的前提。使土地资源在未来工业化、城镇化快速发展的过程中得到优化配置，耕地资源得到有效的保护，从而保护农业综合生产能力、保障国家粮食安全，协调好稳粮保粮与富民强区的关系，需要在城市建设中推广紧凑型城市建设理念，集约土地利用，节约城市开发成本，同时提聚人气发展第三产业；需要在农村和工矿区加快土地整理，增加耕地来源，建立健全共同责任机制，完善耕地保护责任体系，坚守耕地红线；需要深化土地流转改革，促进土地利用和农业生产向适度规模经营转变，以规模求效益，以效益求发展，激活农业发展的内在动力；需要强化土地资源管控，在保障重点项目和民生项目的基础上，增强单位土地利用强度，提高土地利用效率，杜绝土地资源浪费。

坚持持续提升统筹务实。要把持续作为党性人品和从政品格，始终保持锲而不舍的韧劲，不动摇、不懈息、不刮风、不糊弄、不折腾。推进新型三化协调发展，既要持续，更要提升。要勇于创新，提升发展理念，转变发展方式，不断提升三化协调发展的层次和质量。统筹是实现新型三化协调的基本要求。坚持统筹，就要做到三化协调、互促共赢，统筹推进经济社会发展与资源节约、环境保护和生态建设，努力实现可持续发展。务实是实现新型三化协调的重要条件。要一切从实际出发，因地制宜，发挥潜力，找准定位，扬长避短。"三具两基一抓手"，是推进务实发展的有效方法，要结合实际，坚决贯彻。

四、坚持以融合为重点

坚持深化产业融合。积极推进工农业协调发展，把农产品加工业作为发展产业集群的突破口，扩大优势产业规模，延伸产业链条。大力发展民营经济，走"小商品、大市场"，"小企业、大集群"的路子。避免走"遍地开花"办企业的老路，坚持把园区建设作为工业集群发展的平台，形成系列发挥区域比较优势的特色产业园区。坚持发挥比较优势与后发优势相结合、做大总量与优化结构相结合、增创制造业新优势与促进服务业大发展相结合，推进工业化与信息化深度融合，强化产业集聚区载体功能，加快培育优势产业集群和品牌，做强做大战略支撑产业，积极发展战略新兴产业，构建结构优化、技术先进、清洁安全、附加值高、吸纳就业能力强的现代产业体系。同时，顺应知识经济、信息经济、网络经济的潮流和经济增长方式和经济形态中出现的经济服务化、工业服务化的趋势，积极改造提升传统服务业，加快发展生产性服务业和新型业态，促进高附加值环节逐步向研发、服务两端集中，满足经济社会发展对信息、研发以及教育、金融等方面的需求。

坚持深化产城融合。推进城镇建设与产业升级互动发展，推进载体平台建设与增强城镇实力互动发展，加快城市新区规划建设，培育一批千亿级产业基地，形成中心城市现代产业发展高地。提升城市组团发展水平，大力发展与中心城区主导产业分工协作的关联配套产业，形成中心城市空间拓展的重要功能区。深入推进产业集聚区建设，加快形成一批特色产业集群，成为承接产业转移的主平台、县域经济发展的增长极。结合新城建设和老城改造，努力打造高端服务业集聚区、城区经济增长中心、区域发展服务中心和展示城市形象的窗口。推进新型农村社区建设与现代农业互动发展，把新型农村社区建设与农村土地流转结合起来，打造一批"全链条、全循环、高质量、高效益"的现代农业产业集群，促进农民转移就业，推动农业增效农民增收。

坚持深化城乡融合。统筹城乡经济发展，调整、优化和重组现有城乡分割、关联性不强和结构趋同的产业体系，实现产业分工一体化；鼓励城乡合作，跨区发展，建立网络齐全、功能完善、交易灵活、高效统一的城乡市场体系和城乡各种生产要素自由流动的机制，确保城乡要素流动渠道畅通；统筹安排城乡基础设施和公用设施一体化建设，促进城镇基础设施向农村延伸、公共服务向农村覆盖；统筹城乡生态建设，协调环境保护；统筹城乡社会发展，建立城乡一体的财政支出体制，着力解决农村社会事业滞后于城市的状况，努力缩小城乡之间公共服务水平的差距，做到城乡居民在发展机会面前地位平等。

五、坚持以新型城镇化为引领

坚持以新型城镇化引领三化协调发展，是贯彻落实科学发展观的生动实践，也是破解"三农"难题、消除城乡二元结构、促进三化协调科学发展的战略抉择。2011 年河南城镇化率仅为 40.58%，低于全国平均水平10.7 个百分点，河南城镇化进程明显滞后于工业化进程，已经成为制约三化协调发展的主要矛盾。坚持新型城镇化引领，就是以新型城镇化为突破口和着力点，通过城镇规模扩大和功能完善，带动产业集聚和人口集聚，推动新型城镇化、新型工业化和新型农业现代化协调发展。坚持新型城镇化引领的路子，是"谋河南的事，解发展的题"的有益探索。由国家区域性中心城市、省域中心城市、中小城市、中心镇、新型农村社区构成的五级城镇体系，不是简单地由过去的四级构成拓展为五级，而是创造性地将新型农村社区纳入城镇体系，以延及整个农村的多维转移路径替代农民进城的单一转移路径，实现了农民就地城镇化，打破了城乡二元分割和要素单向流动的被动局面，推动了城乡统筹、城乡一体，体现了科学发展、和谐发展、可持续发展的要求。

新型城镇化引领的先行先试主要从以下几个方面探索尝试：一是引领发展方式转变，增强经济社会发展的驱动力。强化城镇发展动力的培育，推动城镇与产业互融联动，城镇体系布局与生产力布局相匹配。二是引领城镇化内涵式发展，提升城镇功能和综合承载能力。避免摊大饼式的发展模式，实现由偏重数量、规模和粗放发展向注重提升质量内涵、节约集约发展转变。三是引领工业集聚和布局优化，促进工业转型升级。按照工业布局与城镇布局相协调的要求，引导产业合理布局、集聚发展，强化城市新区、城市组团、产业集聚区、特色专业园区、商务中心区和特色商业街区等载体建设，由此引导工业集聚和布局优化，促进工业集聚集群发展。四是引领农业现代化水平提升，促进农村经济平稳较快发展。要把加快转变农业发展方式作为主线，把保障国家粮食安全作为首要目标，把促进农民持续较快增收作为中心目标，提高农业综合生产能力、抗风险能力和市场竞争能力，推进农业生产经营专业化、标准化、规模化、集约化。五是引领城乡统筹城乡一体，推进城乡公共服务均等化。改变在城乡规划、生产力布局、基础建设、资源配置、公共服务、劳动就业、社会保障等方面重城市、轻乡村的传统格局，通过完善城镇规划，调整产业布局，强化基础设施建设，优化公共服务，健全社会保障等，促进城乡资源优化配置，促进城乡均衡发展。六是引领体制机制创新，增强三化协调发展的动力。探索建立农村人口向城镇有序转移、土地节约集约利用、城乡利益平衡和资源节约和环境保护等机制，推动农村人口有序转移、土地资源优化配置、城乡要素平等交换以及解决发展中的资源环境突出问题。

六、坚持以改革开放为动力

坚持持续推进改革开放。改革开放是经济社会发展的强大动力，先行试点、由点及面的渐进改革方式是三十多年来改革开放攻坚克难、成功推进的重要经验。作为内陆地区，中原经济区外向型经济发展滞后，经济社会发展缺乏活力。改革开放是发展之本，是强区之路。改革有助于实现建立符合区情、有利于三化协调的体制机制创新的必由之路；开放则使我们

双汇集团抓紧生产，保障市场供给

郑州大石桥

得以在更大范围内配置资源，从而更好地发挥自身的比较优势。实施科学发展、促进新型三化协调，必须坚持深化改革，优化体制机制；必须坚持对外开放，有效借助外力。要把改革开放作为实现新型三化协调发展的强大动力，以更大的决心和勇气坚持市场化改革方向，全面推进各项改革，努力在重要领域和关键环节取得突破，建立健全有利于转变经济发展方式、促进新型三化协调科学发展的体制机制。

坚持深化改革。探索建立农村人口向城镇有序转移机制，创新进城落户农民的子女就学、社会保障、住房、技能培训、就业创业等制度安排，推动农村人口有序转移。探索建立土地节约集约利用机制，合理调整土地利用布局，有序推进城乡建设用地增减挂钩，开展城乡之间、地区之间人地挂钩政策试点，促进土地资源优化配置和集约节约利用。探索建立城乡利益平衡机制，完善城乡平等的要素交换关系，建立区域统一、城乡统筹的土地市场体系，加快土地征收制度改革，确保农民在土地增值中的收益权。探索建立资源节约和环境保护的体制机制，着重在统筹配置资源、协调治理环境、建立生态补偿、完善资源价格、探索产权交易、合作发展区域和健全财政转移支付等方面，解决经济和社会发展过程中存在的资源环境突出问题。

坚持扩大开放。更加积极主动地实施开放带动主战略，抓住产业加快转移的机遇，坚持对内对外开放并举，扩大总量与提高质量并重，引进来与走出去结合，不断拓展新的开放领域和空间，加快形成全方位、多层次、宽领域对外开放新格局，努力打造内陆开放新高地，以开放促发展、促改革、促创新，增强新型三化协调发展的动力和活力。

第四节　新型三化协调发展的重点任务

持续探索新型三化协调发展的路子，为全国统筹解决"三农"问题提供示范，重点在于积极探索粮食安全保障路径，加大新型城镇化引领的先行先试力度、着力打造工业转型示范区、加快推动新型农业现代化率先发展，为新形势下中原崛起河南振兴寻找到持久动力和新的发展模式。

一、探索粮食安全保障新路径

河南是我国的粮食主产区之一，粮食生产在国家粮食安全中占有举足轻重的地位。推进三化协调发展，要把发展粮食生产放在首位，集中力量建设粮食生产核心区，建立粮食和农业稳定增长的长效机制，不断巩固提升河南在保障国家粮食安全中的重要地位。

加快粮食生产核心区建设。着力建设旱涝保收高标准农田，加快中低产田改造，加大土地整理和开发力度，稳定播种面积，着力提高单产，挖掘秋粮增产潜力。支持黄淮海平原、南阳盆地、豫北豫西山前平原优质专用小麦、专用玉米、优质大豆、优质水稻产业带建设，大幅提高吨粮田比重。加大农业水利基础设施建设，发展高效节水灌溉。加快优良品种更新换代，支持发展现代种业，加快良种引进和选育，尽快培育一批品质优、抗逆性强、产量高的优良品种，提高良种覆盖率，加快建设全国小麦、玉米育种创新基地。全面推广先进农业技术，实施粮食丰产科技工程，提升粮食生产核心区建设的科技支撑能力。

强化土地集约节约利用。加快土地开发，稳固发展基础，重点在于提高农业生产力，解放被土地束缚的农村劳动力。大力推进农业设施化，转变传统农业生产方式，以规模化、集约化为重点，积极推进农业产业化，大力发展温室大棚、喷灌滴灌、设施养殖，大力发展农产品深加工，以"龙头＋基地"的模式，促进一产向二产升级，提高劳动生产率，解放劳动力。结合新型农村社区建设，优化村镇用地布局，加快开展村庄迁并、存量用地挖潜以及荒地开发改造，推动盘活闲置土地，充分挖掘存量上地潜力，最终达到通过农村人口城镇化和农村社区现代化，实现土地资源的节约，增强耕地保障能力的效果。

二、实现新型城镇化引领的先行先试

积极构建符合河南实际的新型城镇体系。把加快新型城镇化、统筹城乡发展推进城乡一体作为建设中原经济区的必然要求，充分发挥中原城市群辐射带动作用，加快构建符合河南实际、具有河南特色的现代城镇体系，走以城乡统筹、城乡一体、产城互动、节约集约、生态宜居、和谐发展为基本特征，大中小城市、小城镇、新型农村社区协调发展、互促共进的新型城镇化道路，引领三化协调发展。按照核心带动、轴带发展、节点提升、对接周边的原则，加快构建以中原城市群为主体形态、符合河南实际、具有中原特色的五级城镇体系。增强郑州龙头作用和中心作用，全面推进郑州都市区建设。增强省域中心城市辐射带动作用，推动中心城市组团式发展，统筹推进老城区改造和城市复合型新区建设，增强中心城市以大带小、以城带乡的主导作用。提高县城规划建设水平，形成产业集聚区、县城新城区和旧城区"三位一体"的发展格局，增强县城承载承接中心城市辐射和带动农村发展的能力。增强小城镇重要节点作用，坚持分类指导、合理布局、适度发展原则，因地制宜发展特色产业，提升服务农业农村发展的能力。

坚持强化新型城镇化的引领作用。加快转变城市发展方式，促进城市集约发展，提高土地利用效率和效益；提高城镇建管水平，加强城镇基础设施现代化建设，完善公共服务设施，增强城市综合承载能力；推进城市精细化管理，建设宜居城市。坚持以新型城镇化引领发展方式转变，增强经济社会发展的驱动力；引领城镇化内涵式发展，提升城镇功能和综合承载能力；引领工业集聚和布局优化，促进工业转型升级；引领农业现代化水平提升，促进农村经济平稳较快发展；引领城乡统筹城乡一体，推进城乡公共服务均等化；引领体制机制创新，增强三化协调发展的动力。

坚持强化新型农村社区的战略基点作用。把新型农村社区建设作为城乡统筹发展的结合点、推进城乡一体化的切入点、促进农村发展的增长点，分类指导、科学规划、群众自愿、就业为本、量力而行、尽力而为，结合当地资源禀赋、区位特点和产业基础，科学规划新型农村社区布局和规模，积极稳妥开展新型农村社区建设，促进土地集约利用、农业规模经营、农民多元就业、生活环境改善、公共服务健全，加快农村生产方式和农民生活方式转变。率先推进城市新区、产业集聚区、城市近郊区的新型农村社区建设，加快地质灾害威胁区、煤矿塌陷区等不宜居住的村庄以及弱小村、偏远村的整村搬迁，统一组织建设新型农村社区。探索建立新型农村社区管理体制，提高管理水平。结合新型农村社区建设，加快推进农村集体土地所有权、集体建设用地使用权、宅基地使用权确权登记发证工作，保护居民的农村集体财产分红收益、土地流转以及集体土地转让收益，使农民真正成为新型城镇化的最大受益者。

三、打造工业转型升级示范区

大力推进信息化与工业化深度融合、新兴产业与传统产业互动发展、服务业与制造业协同演进，提升传统优势产业，培育壮大战略性新兴产业，积极打造全国工业转型升级示范区。

加快工业由外延式增长向内涵式增长转型。工业增长可以分为外延式增长和内涵式增长，外延式增长指主要依靠要素投入来实现增长，内涵式增长指通过科技进步和创新提高效率来实现增长。在不同的发展阶段，一个地区由不同的增长模式占据着主导地位。当经济规模较小的时候，应当依靠扩大资本投入，提高产出以满足快速增长的需求；当经济总量达到一定规模以后，那么继续增加产业规模的效率下降，因此应当通过技术进步提高产业的竞争优势。河南工业发展更多的打上了外延式增长的烙印，当前产能过剩问题十分突出，工业发展不能再靠简单的扩大规模，应更加重视结构优化和质量提升，增长动力需要由主要靠要素投入向主要靠技术进步转变，以图在创新和生产率改进的基础上实现增长。这种转变是一个长期的过程。

加快工业由粗放型向集约型转型。河南的产业结构层次较低，以能源原材料为主的重工业比重大，资源能源消耗大，环境污染比较严重，金融危机以来，各类保增长措施使得高耗能产业增长加快，河南经济发展的粗放型特征更加强化。经济发展过度依赖资源消耗与低成本要素投入、过度依赖投资拉动与产能扩张的状况已经难以为继，必须要加快由粗放型向集约型的转变。

加快由投资驱动向创新驱动转型。河南经济发展靠的主要是以投资和规模扩张为主的传统发展模式，企业与政府管理部门的主要任务就是抓投资，而现在经济发展进入一个消费结构升级与产品更新换代非常快的新阶段，经济发展必须建立在对创新、新产品开发的基础上，这是一种基于创新驱动的经济发展方式。这种方式要求企业和政府管理部门要把精力从注重投资转移到注重创新上，更加关注企业的研发投入、新产品开发能力等指标。

加快由主要靠物质资本积累向主要靠知识资本积累转型。当前制造业服务化趋势越来越明显，高附加值环节逐步向研发、服务两端集中，经济发展动力越来越多的来自于服务业尤其是现代服务业的带动，而制造业服务化的关键就是要吸引到高端要素，也就是说知识对于经济发展的作用越来越明显，这与传统的以物质资本积累为主要动力的经济发展模式截然不同，河南经济显然缺乏高端要素的支撑。

加快由分割发展向融合发展转变。河南工业发展中普遍存在的割裂发展格局，如传统产业与新兴产业、制造业与服务业、信息化与工业化、中上游产业与下游产业、下游产业与装备制造业、科研与企业、科技与文化，以及不同企业和不同区域等之间缺乏关联度，制约了技术、知识、人才等高端要素在不同领域之间的互动和优化配置，限制了创新链条和循环经济链条的展开，加快由分割发展向融合发展转变，将强化不同产业、不同环节之间的交流合作，激发新的经济增长点。

四、推进新型农业现代化率先发展

推进农业产业结构调整。加快转变农业发展方式，培育现代农业产业体系，推进农业技术集成化、劳动过程机械化和生产经营信息化，提高土地产出率、资源利用率和劳动生产率，推动农业专业化、规模化、标准化、集约化发展，加快现代农业建设。实施农业产业化经营，克服"农业即生产"的倾向，突破传统的产加销脱节、部门相互割裂、城乡界限明显等局限性，通过"农业公司、农业合作社＋农户"等生产组织形式，加快农产品的生产、加工、销售一体化，推动农业与工业、商业、金融、科技相互融合，延伸农业产业链条，拓展农业功能，在开放中实现产业化经营，逐步形成农业专业化生产、企业化经营、社会化服务的格局。加快培育和拓展与生态保护、休闲观光、文化传承、生物能源等密切相关的循环农业、特色产业、生物能源产业、乡村旅游业等。加快发展农业科技、社会化服务、农产品加工、市场流通、信息咨询等为农服务的相关产业，以提升农业现代化水平和农业抗风险能力、国际竞争能力、可持续发展能力。扶持重点龙头企业，创建农业产业化示范基地，培育知名品牌，推进农产品精深加工，不断提高农业产业化经营水平。

健全农业管理服务体系。要适应加工业和消费者对农产品的新要求，对农业实行从"田间到餐桌"的全过程标准化管理，加强农产品质量安全监管，逐步建立农产品生产的可控、可量化和可追溯体系。加快发展农业科技、社会化服务、农产品加工、市场流通、信息咨询等为农服务的相关产业，以提升农业现代化水平和农业抗风险能力、国际竞争能力、可持续发展能力。健全乡镇或区域性农业公共服务机构，提高人员素质，充分发挥基层农业技术推广体系的作用。加大对公益性农业科研机构和农业院校的支持，深入实施重大科技专项，力争在关键和共性技术方面取得突破，加快农业科技成果转化。大力推进人才强农战略，强化农民职业培训，着力培育一大批有文化、懂技术、善经营、会管理的农民技术员和经纪人。

推动农业区域合理布局。合理规划区域产业布局，逐步将优势农产品向宜产基地集中，形成具有区域特色的产业群和产业带。根据资源禀赋合理规划种植结构，结合自身优势发展多方位、多元化、多层次的种植结构，形成具有品牌效应的优质小麦、高产玉米、特级水稻、高油花生、高蛋白大豆、杂交棉花、绿色果蔬、花卉苗木、优质茶叶等农产品产业带，实现农产品增效、增产。注重农业经济与生态环境的协调发展，建设资源节约型和环境友好型农业，积极发展生态农业、循环农业等农业发展模式，开展农业节能减排工作，严格执行农业清洁生产标准。

五、积极建设郑州航空经济综合实验区

在推进中原经济区建设的过程中，河南围绕中原经济区的核心任务，持续探索新型三化协调之路。走好这条路子，不仅需要统筹规划，更需要选择一个战略突破口，通过先行先试、示范带动，形成中原经济区的对外开放平台、核心增长极和三化协调发展先导区，为整个区域提供公共服务

平台，支撑、引领、带动中原经济区建设梯次展开。在选择这一战略突破口的过程中，河南按照《国务院关于支持河南省加快中原经济区建设的指导意见》中提出的全国区域协调发展的战略支点和重要的现代综合交通枢纽的战略定位，着重思考如何把培育带动区域发展的增长极与发挥交通区位、人力资源等比较优势结合起来，顺应航空运输正在成为继海运、河运、铁路、公路之后拉动区域经济发展第五轮冲击波的规律，抓住《国务院关于促进民航业发展的若干意见》出台的机遇，积极借鉴美国孟菲斯、路易斯维尔以及德国法兰克福等内陆地区发展航空经济的经验，经过深入调研，提出了建设郑州航空经济综合实验区的战略设想。

建设郑州航空经济综合实验区，要按照"培育大产业、建设大枢纽、塑造大都市"的理念，以郑州国内大型航空枢纽建设为依托，以郑州航空港区为核心区、郑汴新区为主体区，在航空运输、扩大开放、通关模式、口岸建设、产业发展、财税支持等方面加大先行先试力度，积极推进体制机制改革和科技创新，通过促进对航空依赖性较强的高端制造业、现代服务业的加速集聚和人口的加快转移，打造三化协调发展先导区。要通过3—5年的发展，使郑州国内大型航空枢纽地位基本确立，国际航空货运集散中心建设取得明显成效，航空运输核心类、关联类和引致类企业集聚发展形成规模，中西部重要的高端制造业和现代服务业基地初步建成，中原经济区核心增长极、内陆开放高地引领带动作用明显增强。通过十年左右的努力，建成全国重要的航空经济示范区，基本形成国际货运集散中心，基本建成郑州现代航空大都市。

第六章
河南实现新型三化协调发展的制约因素和着力点

目前河南经济发展态势整体较好，新型工业化持续推进，新型城镇化亮点纷呈，农业现代化稳步提升，但国内外经济发展的不稳定、不确定因素仍然较多，河南高起点、高水平推动新型三化协调发展，任重而道远。在实现新型三化协调发展目标，完成新型三化协调发展任务的过程中，河南必须立足战略定位，着眼发展大局，正视制约瓶颈，找出重点难点，把握好推进新型三化协调发展的着力点，努力走出一条不以牺牲农业和粮食、生态和环境为代价的新型工业化、新型城镇化、新型农业现代化协调科学发展的新路子。

第一节　实现新型三化协调发展的制约瓶颈

由于河南人口多、底子薄、基础弱的基本省情还未根本改变，发展中的不均衡、不平衡现象还比较突出，决定了河南在推进新型三化协调发展的过程中仍会遇到许多制约瓶颈，主要表现为：城乡二元结构尚未打破、"三农"问题依然突出、城镇化滞后于工业化的状况还没改变、产业结构调整任务艰巨、区域发展差距拉大、资源环境约束日益加剧等。

一、城乡二元结构严重

我国城乡二元结构的形成，很大程度上归因于我国的城乡二元体制。

尤其在中西部地区，城乡二元结构特征非常明显。这种经济结构的存在，导致城乡之间在收入水平、生活水平、生活质量、生活环境、社会保障体系、科教文卫事业、就业、公共品供给等方面差距日益拉大，严重阻碍了经济发展与和谐社会的建设。

河南历史上是典型的农业区。改革开放以来，河南的经济社会迅速发展，这几年地区生产总值保持全国第五的地位。但是，作为传统的农业大省和全国第一人口大省，长期以来，河南城乡二元结构的矛盾比全国其他任何地方更为突出，城乡经济社会系统相互分隔的状况还未从根本上打破，城乡市场体制、市场主体发育不平衡，突出表现为农村市场体制、市场主体的地位及能力、农民组织化程度严重滞后，与城市相对发达的市场体系和市场主体难以对接；城乡户籍制度、就业制度、社会保障制度、土地制度、产权制度等方面仍不公平；城乡基础设施、社会服务、文化生活和其他公共品供给等方面仍存在较大差距。加上农村人口规模大，大量农村劳动力被束缚在土地上，进行简单的农业生产和初加工，导致农业劳动生产率低下，经济发展比较乏力。这种状况，一方面反映了城乡发展不协调的严峻现实，另一方面又严重制约了新型工业化、新型城镇化和新型农业现代化的协调发展。

二、"三农"问题非常突出

农业、农村和农民问题，始终是关系我们党和国家前途与命运的具有全局性的根本问题，也是制约河南三化协调发展的最大症结。农业既是国民经济的基础，又是一个弱质弱势产业。河南是农业大省和农民大省，农民持续增收难，农业增产增效难，农村发展比较慢，"三农"问题比全国其他地方显得更加突出，新型农业现代化任重道远。

从农业问题来看，改革开放以来，河南省农业结构调整已取得了显著成效，农业总产值占农林牧渔业总产值的比重已由 1978 年的 85.7%下降至 2010 年的 63.9%。但是不少地方农业结构调整是初步的、低层次的、阶段性的。主要表现为河南种植业比重仍然偏大，农业区域化布局不明显，特色农业规模小，不少地方缺乏主导产品和支柱产业，专业化生产水平低，生产经营规模小；河南的主要粮食作物小麦、玉米、水稻、大豆等大宗农产品，与国外先进国家的同类农产品相比，生产成本偏高，产业链条较短，农产品加工转化增值率不高，农业比较收益较低。河南农产品加工业产值与农业产值之比仅为0.7∶1，生产的食品仅占消费的25%，农产品加工程度只有49%，而发达国家这三个指标分别达到了3∶1、90%、80%。而且在河南农产品加工企业中，80%以上为初加工产品，如红薯、小麦等农产品仅仅是粗整理后向外销售，加工成粉条、粉面、精产品等占的比例极小。

从农村问题看，河南有158个县（市、区），1892个乡镇，4.75万个行政村，一方面，农村在水电路气等基础设施和教育、卫生、文化等公共服务设施方面，与城市还存在着相当大的差距；另一方面，河南农业社会化服务体系尚不健全，农业信息体系、质量标准体系、农业执法体系不完善，科技贡献率和科技成果推广率不足50%，农民组织化程度低，农村专业合作组织发展落后，进入市场的能力和抵御市场风险的能力不强，小农户与大市场的矛盾依然十分尖锐。

从农民问题来看，一是农民持续增收难度依然较大，目前，河南农民从第一产业生产中获得的收入，依然是农民纯收入的重要来源，所占比例高达50%以上。农民家庭经营增收渠道过多依赖于第一产业，而化肥、农药、燃油等农资价格继续高位运行，大大消减粮价上涨和国家惠农政策的效应。在农业生产成本和市场风险双增加的情况下，农民务农持续增收的难度不断加大。二是农村富余劳动力加快转移的同时带走了农村也十分需要和紧缺的人力资源，一些地方农业生产缺人手、农村建设缺人才、抗灾救灾缺人力等"三缺"现象凸显，农业兼业化、农村空心化、农民老龄化等三化趋势明显，农村留守儿童、留守妇女、留守老人等"三留守"问题突出，加大了农业农村持续发展的难度。

三、城镇化水平滞后

近些年，虽然河南省城镇化水平呈现出较快的发展速度，但是同全国和经济发达地区相比，河南省的城镇化水平仍然比较低，与工业化和经济发展很不协调。城镇化水平低，目前仍然是河南经济社会发展诸多矛盾最突出的聚焦点，也是新型三化协调发展的重要制约因素。城镇化滞后制约了消费结构升级，限制了服务业发展与新型工业化进程，也阻碍了农村富余劳动力流动转移，延缓了农业结构优化。

2011 年，河南工业增加值占生产总值比重为 52.9%，高于全国平均水平近 13 个百分点，而城镇化率只有 40.57%，落后全国平均水平 10.7 个百分点，在中部六省中排倒数第一，分别比湖北、山西、湖南、江西和安徽五省低 11.2、9.1、4.5、5.1 和 4.2 个百分点；与东部省份相比，分别比浙江、江苏、山东低 21.7、21.3、10.3 个百分点（见图 6—1），在全国 31 个省市自治区排在倒数第五位，仅略高于甘肃、云南、贵州和西藏。以世界相近发展水平国家和地区的城镇化水平作为参照，人均 GDP 达到 3000 美元时，城镇化率一般达到 65% 以上，2011 年河南人均 GDP 达到了 4500 美元，但城镇化率与其应达到的国际参照水平相差 20 多个百分点。

而且，从速度上来看，河南的城镇化率由 1978 年的 13.6% 增加到 2011 年的 40.57%，33 年的时间内增长了 27 个百分点，年均增长 0.82 个百分点，尚未达到全国年均增长 0.97 个百分点的水平，发展速度相对较慢。此外，区域核心城市郑州的规模偏小、综合竞争力不够强，经济首位度位居中部地区省会城市之末。这样也造成城市难以吸纳和支撑大量的农村人口向城市转移，也难以形成对农村发展的有效辐射带动。2011 年年底，河南总人口 10489 万人，常住人口 9388 万人，居全国第三位，仅次于广东和山东。在总人口不变的情况下，河南城镇化率每提高一个百分点需转移 100 万乡村人口，面对庞大的人口基数，河南加快城镇化发展的任务依然是十分艰巨的。

城镇化率（%）

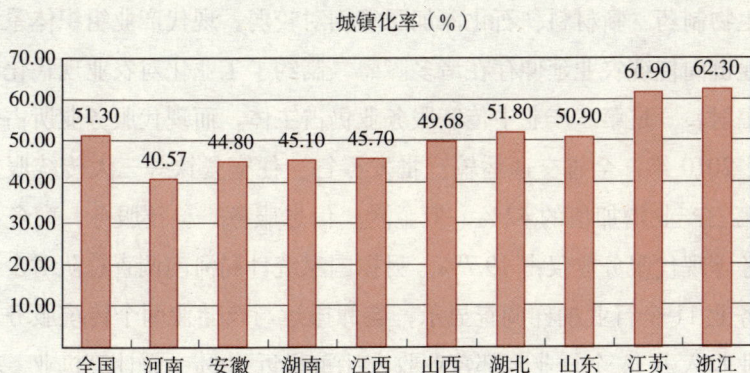

图 6—1　2011 年河南与部分省份城镇化率的比较

数据来源：2011 年全国及各省国民经济和社会发展统计公报。

159

四、产业结构层次低

不合理的产业结构，会通过影响经济发展速度影响经济总量，进而影响人均指标，导致区域经济发展不协调。改革开放以来，河南产业结构实现了"二、一、三"到"二、三、一"的历史性转变，由 1980 年的 40.7∶41.2∶18.1 变成了 2011 年 12.9∶58.3∶28.8，第一产业比重大幅下降，第二产业比重过半，第三产业比重也有所提升。但结构性矛盾依然存在，新兴产业增长快、比重低、贡献小，传统产业比重大、增速慢、贡献弱，经济增长靠投资拉动和资源驱动特征明显。与 2011 年全国平均水平相比，河南第一产业比重过高、第三产业比重过低。其中，第一产业高出全国 2.8 个百分点，第三产业低于全国 14.3 个百分点，第三产业比重则在全国居各省市最后一位。

从各产业内部看，也存在一些问题。一是第一产业内部结构不尽合理。种植业所占比重较高，林、牧业所占比重偏低，农业各行业间关联度不高。二是工业结构偏重，高新技术产业比重偏低。工业生产总体来看仍然处于产业链的前端和价值链的低端，起重要支撑作用的依然是资源型产业和传统优势产业，技术含量低、附加值低、综合利用程度低、物耗高、能耗高、污染高的"三低三高"问题突出，而带动性强、关联度高、对长远发展有重要影响、代表当今国际产业竞争焦点的新型制造产业如电子信息、生物制药、新材料、石化深加工等相对较弱。现代产业组织体系和工业产业链向传统农业延伸存在诸多障碍，制约了工业化对农业现代化的带动与辐射。三是第三产业中传统服务业仍占主体，而现代服务业所占份额偏低。2010 年，全省交通运输、批发零售、住宿餐饮等三大传统服务行业占第三产业增加值的 42%，但金融、信息服务、科技服务、商务与租赁服务等现代服务业仅占 19.7%。另据国家统计局河南调查总队对全省部分服务业 11 个行业抽样调查显示，装卸搬运与仓储业两个传统服务业行业营业收入占 11 个行业全部营业收入比重将近 60%；而计算机业、软件业和科技交流推广服务业等新兴现代服务业产业占全部营业收入的还不足 7%。河南服务业发展滞后，抑制了劳动力向非农产业的转移，从而延缓了城镇化和农业现代化的进程。

五、区域发展差异大

河南的生产力分布区域差异非常明显，从生产力布局变迁历史看，主要是由于长期计划经济条件下区域的投资倾斜引起的。在改革开放前的很长时间里，国家在河南投资的重点放在郑州、洛阳、平顶山、焦作、三门峡等少数几个市地，投资的行业主要是重工、军工、原材料工业，对于其他行业、其他地区譬如豫东南等广大区域则投资较少。改革开放以后投资的区域结构虽有所调整，注重了对工业以外的其他行业和郑州、洛阳以外的其他市地的适当投资，但大格局并没有改变。这种格局，在一定时期内有利于带动河南总体经济的发展，但也表现出一定的局限性，那就是使河南区域经济发展的不平衡性增大。虽然平衡是相对的，不平衡是绝对的，但是如果省内区域经济差距长期过大，容易加剧地方利益恶性竞争，对区域间的产业衔接和配套以及全省经济的协调发展产生不利影响，降低河南区域经济的整体运行效率。

从 20 世纪 90 年代开始，河南省区域间相对差异呈逐步扩大的趋势，各经济区发展水平的差异主要表现为中原城市群与黄淮地区的差异，区域经济差异两级分化日益明显，差异程度进一步扩大。一是从经济总量上看，1990 年—2009 年[①] 中原城市群 GDP 占全省的比重由 53.7%提高到了 58%；豫北经济区、黄淮经济区 GDP 占全省的比重由 11.6%和 23.7%，分别下降到 11%和 20%。二是从人均 GDP 来看，2009 年中原城市群为 28296 元，相当于豫北经济区、豫西豫西南经济区、黄淮经济区的 1.34、1.44 和 2.34 倍。三是从经济增长速度看，中原城市群和豫北经济区经济增长速度最快，处于领跑水平。2000 年—2009 年全省 GDP 年均增长 12.3%，中原城市群、豫北经济区、豫西豫西南经济区、黄淮经济区年均增长速度分别为 13.7%、13.7%、12.5%和 10.6%。四是从产业结构上看，

---

① 由于 2011 年河南统计年鉴中未再统计四大经济区域的主要经济指标，因此该部分内容中涉及四大经济区域的数据主要源自河南 2010 年及以前的统计年鉴。

在 18 个省辖市中，2010 年郑州市、洛阳市、焦作市、济源市二、三产业增加值占 GDP 的比重达到了 90% 以上，其中第二产业的比重在 60% 左右，经济发展水平较高；商丘市、信阳市、周口市和驻马店市第一产业比重较高，在 30% 左右，经济发展缓慢。五是从城乡发展差异来看，有进一步扩大的迹象。河南省城乡居民收入绝对差距已由 2000 年的 2780 元扩大到 2011 年的 11590 元，城乡居民收入比由 2.4∶1 扩大到 2.76∶1；城乡居民消费支出绝对差距由 2515 元扩大到 8016 元，城乡居民消费支出比高达 2.86∶1。城乡基础设施和公共服务水平差距也很大，农村水、电、路、气和教育、卫生、文化设施建设严重落后于城镇。

六、居民人均收入少

居民人均收入过少或收入差距过大，会抑制投资需求，进而制约消费对经济的拉动作用，影响整个经济的发展速度和发展的可持续性，也会使人们的价值观发生偏转进而影响社会的和谐稳定。尤其是促进农民增收的长效机制尚未完全建立，河南农村居民收入较低、消费能力不足等问题仍然比较突出，农村市场拉动消费、扩大内需的潜力巨大但效果不佳。

2010 年，河南城镇居民人均可支配收入 15930 元，农村居民人均纯收入 5524 元，均排在全国第 17 位；2011 年，河南城镇居民人均可支配收入 18195 元，比全国平均水平低 3615 元，农村居民人均纯收入 6604 元，比全国平均水平低 373 元，在中部六省中分别排第 4 位和第 3 位，与东部省份相比差距则更明显（见表 6—1）。从在岗职工平均工资水平看，2010 年河南在岗职工平均工资为 30303 元，仅为全国平均水平的 80.6%，居第 26 位。2010 年河南城镇居民人居消费支出和农村居民人均生活消费支出均在全国排第 22 位；2011 年河南城镇居民人均消费支出 12336 元，农村居民则人均消费支出 4320 元，城乡消费支出差距较大，从表 1 来看，河南人均消费支出在东西部省份中也处于较低水平。

需要注意的是，在贫富差距拉大的情况下得出的平均收入水平，其实掩盖了低收入人群生存的困境。物价上涨、通货膨胀会使基本生活开支增大，如果收入得不到提高，必然会增大低收入群体在医疗、教育、住房、养老等其他与自身利益密切相关的民生领域的消费压力。

表6—1　2011年河南与部分省份人均收支情况（单位：元）

	城镇居民人均可支配收入	农村居民人均纯收入	城镇居民人居消费支出	农村居民人均生活消费支出
全国	21810	6697	——	——
河南	18195	6604	12336	4320
安徽	18606	6232	13181	6232
湖南	18844	6567	13403	5179
江西	17494	6892	——	——
山西	18124	5601	11354	4587
湖北	18374	6897	——	——
山东	22792	8842	14561	5901
江苏	26341	10805	16782	7693
浙江	30971	13071	20437	9644

数据来源：各省2011年国民经济和社会发展统计公报。

七、资源环境约束加剧

河南省正处于经济社会发展的转型期、环境问题的高发期、资源环境矛盾的集中期，一些影响可持续发展的生态、环境、资源等问题仍然存在。

在资源供给上，土地资源的严重紧缺和供应的严重不足，已经成为河南各地经济发展最突出的制约因素。"十二五"期间，河南每年用地需求在60万亩以上，但是每年新增建设用地供给只有20万亩，仅能满足1/3的用地需求。据测算，如果河南城镇化水平超过50%，还需要450万亩土地。巨大的用地需求使土地资源更加稀缺，加上国家对土地的控制将越来越严格，农业用地与工业化、城镇化用地的矛盾也会日益尖锐。在能源方面，由于经济发展过程中长期沿用粗放型"高投入、高消耗、高排放"的增长方式，各种资源利用效率普遍较低，浪费破坏现象严重，一些本来就不丰裕的资源出现需求短线，供求缺口很大，制约了河南经济的健康、平稳发展。2005年以来，河南单位GDP能耗均高于全国平均水平10%以上。此外，在河南这样一个人口大省、人力资源大省，这两年招工难问题也开始突出，用工难已经从结构性的技工短缺向普工不足蔓延。

在生态环境上，经济社会快速发展带来的巨大环境要素需求与环境容量不足的矛盾，成为三化发展的瓶颈，河南面临形势也异常严峻。河南省地貌类型复杂，河流水库众多，生态环境脆弱，自然灾害频繁，加上人为的破坏和污染，目前，水生态系统部分功能失调，许多河道已丧失生态功能，部分湿地面积萎缩；一些城市大气环境容量不足，局部已超出环境容纳能力，难以接纳新的污染负荷。城乡环境保护发展不平衡，农村面源污染问题日益突出，生活污水、垃圾及畜禽养殖废弃物排放量逐年增大。据统计，河南省万元 GDP 排放污染物中的二氧化硫是江苏的 1.45 倍、广东的 1.83 倍、浙江的 1.9 倍，是发达国家的 7.6 倍；2010 年，河南二氧化硫排放量 133.9 万吨，在全国排第 3 位，仅低于山东和内蒙古。

随着中原经济区建设的深入推进，工业化、城镇化步伐的不断加快，资源环境对河南经济发展的制约和约束将更加凸显。

第二节　实现新型三化协调发展的重点难点

推进新型三化协调发展，重点难点在于用好用活用足国家加速中部崛起战略和推进中原经济区建设的发展政策，努力探索如何在实现富民强区中保持粮食农业稳定增产，如何通过转变经济发展方式实现产业优化升级，如何解决发展中的土地、资金、资源和环境的瓶颈制约，如何在新型城镇化进程中保护农民利益，如何顺畅区域和城乡之间的要素流动，如何破解新型三化协调发展的制度制约等。

一、富民强区中实现粮食农业稳定增产

一方面是稳粮保粮的重大责任，一方面是富民强区的迫切需要，如何协调好这二者的关系，是河南探索新型三化协调亟待突破的重大难题。

"民以食为天"是永恒的主题，事关民族的兴衰存亡。我国是第一人

口大国，农产品需求量巨大，不可能也不能寄托于国际市场，必须立足国内解决农产品供给。作为占全国粮食总产量 1/10 的"中国粮仓"，河南面临着新时期赋予的重大使命：就是要在加快工业化城镇化进程中，继续自觉承担起保障国家粮食安全的重任，确保全国 18 亿亩耕地的"红线"，这是国家对产粮大省河南的殷切期望和必然要求。随着经济社会快速发展和人们生活水平提高，保障农产品供求总量平衡、结构平衡和质量安全的压力越来越大。到 2020 年，河南粮食综合生产能力要达到 1300 亿斤，这意味着未来几年内，粮食产量要年均增长约 20 亿斤，在资源环境约束加大、生产风险和市场风险提高、科技进步有限的背景下，达到这一目标是有很大难度的。

而且，农业本质上是一个弱质产业、经济效益低，种粮收益更低。河南要实现真正的振兴，仅仅依靠粮食和农业发展，是根本不可能的。尤其在农村劳动力富余的情况下，如果让几千万农村劳动力仅仅从事农业生产，那么人民生活只能长期维持在温饱线上。事实也已经证明了这一点，"粮食大县、工业小县"往往都是"财政穷县"，地方政府无力改善地方发展的基础设施条件，也无力为民众提供其所需的公共服务，地方经济发展缺乏活力，农民收入过低，大量劳动力外出务工，致使人力资源等多种生产要素流失，这反过来又进一步抑制了当地经济发展，如此便形成了恶性循环。

保粮食是责任，谋发展是使命。河南只有充分发挥新型城镇化的引领作用、新型工业化的主导作用、新型农业现代化的基础作用，以新型工业化、新型城镇化带动和提升农业现代化，以新型农业现代化夯实城乡共同繁荣的基础，才能使人民走向富裕，才能从传统农业大区转变为经济大区、从经济大区走向经济强区，真正实现富民强区的目标任务。

二、工业化城镇化中保护耕地资源

工业化城镇化的空间结果，表现为企业和城镇占用土地的扩大。从沿海地区的发展历程以及河南以往的发展轨迹来看，工业化和城镇化的不断推进导致人地矛盾越来越突出，保护耕地任务十分艰巨。一是数量方面。

工业化和城镇化水平不断提高，二三产业的不断发展和壮大，大量农村人口转移到城市生活，会直接带动城镇住宅用地和各类公共基础设施用地需求的增加。同时，随着经济社会的发展，原有城镇需要调整产业结构，进行现代化建设和旧城的更新改造，新城市的发展和老城市的扩大是整个经济社会发展的内在要求，是社会发展的必然趋势，为此而占一部分土地，包括一部分耕地，是不可避免的。这种情况下，维持耕地的保有量面临空前的压力。二是质量方面，在工业化城镇化过程中，我国实行耕地"占补平衡"原则，按照"占多少，垦多少"的原则，建设单位必须补充相应的耕地，以保证耕地数量不减少。然而在实际过程中，占补平衡存在很多问题，现有城镇大都建立在相对平整的、水利条件较好的土地上，在农业生产上都是属于耕地质量等级比较高的肥沃良田。城市扩张和城镇化发展所占用的往往是周边的良田，而在偏远地方补上的耕地质量则各不相同。据有关部门统计，新开垦耕地与占用耕地相比，一般相差 2—3 个等级以上，其生产能力不足被占用耕地的一半，甚至不足被占用耕地的30%[①]。而且，通过宜农耕地后备资源的开发来扩大耕地面积的潜力已经不大。此外，在城镇化和工业化进程中，由于"三废"大量排放，在城市、工矿区周边的耕地污染严重，尤其是重金属污染，也大大降低了耕地质量。这些都给保护耕地提出了挑战。

土地是农业发展的最重要条件。只有尽量保持现有耕地面积不再减少，保护好耕地的品质不下降，才能保护农业综合生产能力，从根本上确保粮食安全。当前，河南省正处在工业化、城镇化加快推进阶段，国外经验教训表明这个时期也是大量土地被征用占用的时期，这自然给粮食稳产增产和农业发展带来很大压力。河南的基本省情是人多地少，人均土地资源相当稀缺。因此，处理好工业化、城市化进程中的土地问题，处理好当前发展和可持续发展的关系，十分珍惜和合理利用每一寸土地，避免在土地问题上犯不可挽回的历史性错误，是关系到河南省现代化建设能否顺利进行的一个重大问题。

---

① 江娜：《城镇化建设中如何保护耕地》，《农民日报》2010 年 3 月 10 日。

三、转变经济发展方式中实现产业升级

当前，国际经济格局深刻调整，市场竞争日趋激烈，尤其是西方各国在应对国际金融危机冲击的同时，都在对本国科技和产业发展进行新的部署，转变发展方式已成为世界各国走出后金融危机影响的必然选择。事实表明，过度依赖资源消耗与低成本要素投入、过度依赖投资拉动与产能扩张的传统粗放的发展模式已经难以为继，必须加快转变经济发展方式，促进产业发展由主要依靠增加物质资源消耗向主要依靠科技进步、劳动者素质提高、管理创新转变，全面提升产业层次，走出一条创新驱动、绿色低碳、高端切入、临界加速和开放合作的发展路径，这也是保证河南经济协调可持续发展的必然选择。

长期以来，河南以传统产业为主，产业结构性矛盾突出，多处于产业链前端和价值链的低端，产业延伸度不够、附加值偏低、关联度不高，生产性服务业支撑能力弱，自主创新能力不强，产业结构调整和转型升级的任务艰巨而迫切。此外，河南推进产业转型升级尚存在诸多薄弱环节，如一些重要领域的体制机制障碍尚需破除，工业管理机制与管理体系尚不健全，支撑产业转型升级的基础条件还不完善，资金、技术、人才等高端要素积累比较薄弱。从国内环境看，区域产业竞争愈演愈烈。国家区域发展规划密集出台，中西部工业经济发展的多元化格局正在形成，周边省份竞相发展、相互赶超的竞争格局趋于强化，对资源、产业、企业、资金、人才等要素的争夺日趋激烈。

总体上判断，未来几年河南省仍然处于工业化中期加速发展阶段。在转变经济发展方式中加快推进产业转型升级将是河南推进中原经济区建设、实现中原崛起和新型三化协调发展的一项重要历史任务。产业转型升级如能加快进行，就能推动经济社会进入良性发展轨道，如果行动迟缓，不仅能源资源和生态环境承载难以支撑，而且会错失面临的重要战略机遇期，失去发展的主动权，陷于被动局面。河南能否抓住历史机遇、积极创造有利条件、解决突出矛盾和问题，加快推进产业转型升级，直接影响到"十二五"及未来一段时期河南经济结构调整和经济社会发展大局。

四、解决资金资源和生态三大制约瓶颈

一是解决资金瓶颈。"钱从哪里来"是三化协调发展面临的一大突出难题。新型工业化、新型城镇化和新型农业现代化的推进均需要强劲的资金支撑，同步推动、协调发展更需要在薄弱环节上加大投入力度，这给河南的地方财力带来了很大的挑战。以新型城镇化的资金需求为例，据有关方面研究，近年来城镇人口每增加一个，至少需要 10 万元的城镇固定资产投资。按此计算，2015 年河南实现 48% 的城镇化目标，每年需要 1700亿元的城市建设投资，如果再加上教育、医疗、社保等方面的投入，需要的资金更是惊人[①]。豫西、豫北等经济发展水平较好的地区，财力较为充裕，有能力投资基础设施和公共服务设施，也可以撬动社会资金进入三化发展的领域；而黄淮四市等地发展基础薄弱，远远落后于其他地区，这一地区正是新型三化需要提速和提质的重点地区，需要大量建设资金，没有资金的保障新型三化就难以推进。

二是解决资源瓶颈。未来一段时期，推进中原经济区建设，加快三化发展将是河南经济发展的主线和核心任务，随着工业能力的逐步释放、大量基础设施的兴建、新型农村社区的建设等，都蕴涵着对土地、水、能源、原材料等各类资源的大量需求。新型三化协调发展要求各种所需资源的集约使用，但是，目前河南资源短缺与利用效率低下并存，如果不能兼顾当前需要和长远发展，切实有效地保护和利用资源，就难以保障新型三化发展所必需的资源供给，新型工业化、新型城镇化和新型农业现代化也就难以实现科学发展、可持续发展。

三是解决生态瓶颈。生态建设功在当代、利在千秋。优良的生态环境，是人类经济社会发展的前提和保障。目前河南传统污染问题尚未根本解决，新污染问题接踵而至，突发环境事件时有发生，防范环境风险的压力持续加大。"十二五"末，河南将新增城镇人口一千多万人，以每人每

---

① 河南省社会科学院课题组：《河南城市发展报告（2012）》，社会科学文献出版社 2012年版。

天排放 67 克污染物计算，仅此一项，就需要新建 80 多座 3 万吨的污水处理厂，才能削减新增污染物排放量①。新型三化协调发展的基础是不以牺牲生态和环境为代价，这源自于对河南省情的清醒认识，源自于对发展规律的深刻把握，是形势所迫、发展所需，更是责任所在、使命所系。因此，如何化解工业化、城镇化和农业现代化与保护生态环境之间的两难冲突，解决河南生态脆弱地区和重点生态功能区的水土保持、土壤和水体环境保护等问题，杜绝"一个小厂污染一条河，一家作坊污染一方土，一根烟囱染黑一片天"等现象，让老百姓喝上干净水、呼吸上新鲜空气、生活在良好的环境之中，是推进新型三化协调发展的重要课题。

五、破解三化协调发展的制度障碍

工业化、城镇化和农业现代化的不协调，很大程度上是制度造成的。因此，破解制度障碍是新型三化协调发展的关键点。一是户籍制度障碍以及与之相伴而生的就业制度障碍与社会保障制度障碍。户籍制度是我国城乡二元结构的制度基础，其初衷与核心就在于严格控制农村人口向城镇地区的迁移，结果导致城乡居民在劳动就业、教育、医疗、住房及其他社会保障等方面进入不同的体系，享受不同的待遇。近些年来，尽管户籍制度在历经多次改革后有所淡化，但与之相配套的就业制度与社会保障制度改革还没有得到实质推进。这使得很大一部分农村人口虽然在就业上实现了向城市产业的转移，但却不能真正转型为城镇人口。二是城乡分割的市场机制。农产品价格和农业生产资料价格非对称性造成农业增收困难，土地交易市场中农民几乎没有发言权，难以享受土地转化过程中产生的增值收益。三是城乡差别的投入机制。以前城市优先发展战略，使得资金、技术、人才等生产要素集中投向城市，国家在基础设施和科教文卫等公共服务设施上向城市倾斜，由此造成城乡各方面的差距非常明显。四是城乡分割的土地制度。由于农村土地使用权流转受到法律限制不能向城镇化或工业用途流转，且农民为了生活保障

---

① 寰宇：《绿色发展正当时》，《河南日报》2011 年 12 月 14 日。

不愿意放弃土地，从而形成土地资源和农业人口沉积农村；另一方面，土地资源紧缺，导致城市总体规划受土地利用规划和用地指标的制约，工业化所需的城市工业用地相对不足，城镇化所需的建设用地受到硬性约束。同时现行的农村家庭土地承包制使得农业规模化经营难以有效展开，从而也制约了农业现代化的推进。

如果不能破解这些制度障碍，就会加剧城乡差距和区域差距，新型三化协调发展也就无从谈起。因此，必须寻求破冰之法，消除城乡二元结构壁垒和城乡有别的体制机制，带动土地、就业、教育和社会保障相关制度改革，变"候鸟型"农民工为"稳定型"城镇居民，促进"空间城镇化"向"人口城镇化"转变，统筹产城、城乡和区域协调发展，为加速推进新型三化提供有利支撑。

六、消除区域分割促进要素自由流动

消除区域分割促进生产要素自由流动与优化配置是三化协调发展的重要突破点。在现代市场经济条件下，本应发挥市场对社会经济资源的优化配置的基础性作用。但是，当前基于GDP竞赛的区域竞争仍然主导着区域关系。各地存在产业同构的情况下，对生产要素的需求是相同的，尤其是在地区本位主义影响下，地方政府利用区域分割提高本地经济规模的动机较强，由此造成区域内资源的浪费和内耗的加剧。另一方面，城乡分割发展的限制性因素难以消除，工业反哺农业、城市反哺农村的长效机制远未建立，转移支付制度与体系尚不完善，各类生产要素在区域城乡间自由流动的瓶颈制约普遍存在。

区域分割必然造成工业化、城镇化、农业现代化进程中由于资源误配导致的偏差和失误。河南高起点推进新型三化协调发展，无疑需要消除传统体制下的区域分割，拆除各种"非市场"壁垒，促进人才、资金、资源、技术、信息等要素在不同区域间的自由流动和优化配置，加快区域间产业分工体系的形成，实现资源共享、优势互补、协调发展、互利共赢，使各地区从寸土必争的"诸侯经济"转变为合纵连横的"命运共同体"。

七、积极承接产业转移助推三化协调

承接产业转移是经济增长的重要方式、财政增收的重要来源、安置就业的重要渠道，也是三化发展和富民强省的重要推力。因为产业的转移必将伴随着投资、消费和就业的转移，有利于促进相关产业快速发展，吸纳大量农村劳动力，实现农村劳动力就地转移，有利于拓宽城镇发展空间，带动人口和生产要素向城镇集聚，进一步增强城市的辐射带动作用，推动城乡产业结构、人口结构和生产力布局加快调整，实现城乡互动、产城融合。因此，作为欠发达地区，河南处于工业化、城镇化加速发展期，自我积累、自我发展能力弱，积极地、主动地、大规模地承接产业转移，是促进新型三化协调发展、建立城乡统筹新格局的有效途径。

随着世界范围内产业分工和结构调整向纵深推进，我国产业结构调整升级步伐也在加快，发达国家和东部地区的相关产业向中西部地区转移的速度和规模显著提升。而且，我国资源配置市场化程度提高，资金、技术的要素在地区间流动加速，经济增长的热点向具有优势和潜力的中西部地区转移，有利于河南省利用区位、劳动力、资源和市场优势，承接发达地区产业梯度转移。但也应该认识到，承接产业转移不仅取决于企业和承接地政府的意志意愿，还取决于交通、配套、人才、服务等相关要素。物流成本比较高，产业配套能力比较低，工业的平均税负比较高是目前影响沿海产业往中西部地区转移最主要的制约因素。

由于新一轮产业转移的机遇期大约5年，黄金期在3年左右，所以承接产业转移这项工作抓得越早、抓得越好，集聚的生产要素就越多，三化发展的速度就越快，发展的质量就越高，发展的后劲就越足。因此，在短暂的机遇期内，以承接产业转移助推新型三化协调发展，河南既要消除制约因素，为承接产业转移提供良好平台，又要考虑生态环境和风险收益，避免"挖到篮里都是菜"、用后代的青山绿水换取短期小利的现象。

八、新型城镇化进程中切实保护农民利益

土地作为城镇化发展的空间载体发挥了不可替代的重要作用。我国的城镇化主要就是以大量征用农用土地实现的，一些地方甚至是靠经营农民的廉价土地来建设城市的，河南也不例外。

伴随着城镇化如火如荼、大刀阔斧，衍生出了一批新的社会人群——失地农民，由此也产生了很多社会问题，主要表现在以下几个方面：一是城乡二元化的户籍制度下，国家出台的许多政策对城市和农村居民是双重标准，致使在城镇化过程中涉及的利益补偿问题也存在显著的城乡差异，例如失地农民的房屋拆迁补偿金甚至与城市居民相差几倍，整合节约出来土地的升值也很少用到农民身上，使得农民利益受到损害。二是征地与用地实行双轨制，土地的使用具有市场经济特点，而土地的征用是按计划经济方式运作，政策是由政府一方制定，存在信息和地位的不对称，导致征地过程中强迫命令、强制拆迁的现象屡见不鲜。相对于土地征用者而言，失地农民总是处于弱势地位，很难在政策中表达自己的利益诉求，即使利益受到严重侵害也往往是状告无门。这种侵害与城乡差异相比显得更为隐蔽。三是失地农民生活水准降低甚至难以为继。对农民而言，土地既是生产资料又是社会保障，农民失去土地意味着失去安身立命的基础。目前对失地农民普遍采取的是一次性货币安置的方式，即失地农民在一次性全额领取安置补助费后，自主择业，自行解决养老、医疗、失业等社会保险问题。再加上某些地区补偿标准偏低，相关的社会保障没有及时到位，同时，目前的就业形势也较为严峻，缺乏非农业工作技能的农民在被推向市场后很难找到适合的就业岗位，就成了"种田无地、就业无岗、社保无份"的三无人员，很容易被社会边缘化。

这些问题不仅关系到失地农民一时的利益，还关系到新型城镇化长远的发展，是最基本的民生问题，十分敏感。在今后一段时期，随着城镇化进程的推进，失地农民这一群体数量还会继续增加，如果这个问题处理得好，不仅有利于进一步调动农民参与新型城镇化进程的积极性、主动性和创造性，而且有利于减少城乡贫困人口，缩小城乡差距，也有利于构建

社会主义和谐社会；相反地，如果处理不好不仅可能导致这一群体贫困加剧，更为严重的是可能诱发社会不稳定。所以，如何切实保护失地农民的利益，解除失地农民的后顾之忧，做到"不从农民手中挖土地，不在农民身上打主意"，确保他们过上长期稳定的生活，将直接关系到小康社会目标的实现和城乡社会的稳定。

第三节　实现新型三化协调发展的着力点

国务院关于支持河南省加快建设中原经济区的《指导意见》指出："积极探索不以牺牲农业和粮食、生态和环境为代价的三化协调发展的路子，是中原经济区建设的核心任务。"河南省九次党代会报告强调：持续探索不以牺牲农业和粮食、生态和环境为代价的新型城镇化、新型工业化、新型农业现代化的三化协调科学发展的路子，是从根本上破解发展难题的必然选择，是我省加快转变经济发展方式的具体实践，是中原经济区建设的核心任务。走好这条路子，必须把握好推进新型三化协调发展的着力点。

一、强化新型城镇化引领，统筹城乡发展、推进城乡一体

以新型城镇化引领三化协调发展，是基于河南省情的必然选择，是结合实际主动探索发展新路的重大创举。从我省实际看，城镇化水平低是经济社会发展诸多矛盾最突出的聚焦点，这既有工业化动力不够强劲的制约，更有城镇化自身引领不足的软肋，河南经济社会发展中存在的问题都能从城镇化水平不高的现实中找到答案。强化新型城镇化引领，是推动经济社会可持续发展的增长点，是统筹城乡发展、破解"三农"问题的切入点，是扩内需、调结构、促转型、惠民生的关键所在。强化新型城镇化引领，必须统筹推进大中小城市、小城镇和新型农村社区建设，加快构建符合河南实际、具有河南特色的现代城镇体系。

要着力增强中心城市辐射带动作用。中心城市是实现依城促产、以城

带乡的主导力量。完善中原城市群联动发展机制，推进交通一体、产业链接、服务共享、生态共建，形成具有较强竞争力的开放型城市群。优化中心城市布局和形态，促进中心城区与周边县城、功能区组团式发展，培育整体竞争优势。加快郑州都市区建设，提升交通枢纽、商务、物流、金融等服务功能，建设全国重要的区域性中心城市。加强城市新区建设，强化产业复合和经济、生态、人居功能复合，支持城市新区建设成为中原经济区最具活力的发展区域。发展城区经济，重点发展高端制造业、战略性新兴产业和现代服务业。提高城市建设和管理现代化水平，加强城市基础设施建设和公共服务，完善城市功能，建设宜居宜业城市。

要着力增强县域城镇承载承接作用。县级市、县城和中心镇是统筹城乡发展的重要节点。要用现代城市的理念和标准来规划建设城镇，注重内涵式发展，突出特色、提高品位，强化产业支撑，完善公共服务，把有条件的县（市）发展成为中等城市，把基础较好的中心镇发展成为小城市，提高承接中心城市辐射能力和带动农村发展能力。大力发展县域经济，依托产业集聚区和专业园区，加大招商引资力度，培育主导产业，壮大产业规模，发展特色产业集群。深化县域经济体制改革，做好省直管县和经济发达镇管理体制改革试点工作，激发县域经济发展活力。

要着力增强新型农村社区战略基点作用。新型农村社区建设是统筹城乡发展的结合点、推进城乡一体化的切入点、促进农村发展的增长点。要坚持分类指导、科学规划、群众自愿、就业为本、量力而行、尽力而为，积极稳妥开展新型农村社区建设，推动土地集约利用、农业规模经营、农民多元就业、生活环境改善、公共服务健全，加快农村生产方式和农民生活方式转变。把新型农村社区建设纳入城镇体系规划，统筹安排、合理布局；纳入重点项目，加大支持力度。探索建立新型农村社区管理体制，提高管理水平。

要着力构建城乡一体化发展新格局。把加快新型城镇化与建设社会主义新农村结合起来，统筹城乡规划、产业发展、基础设施建设、公共服务、劳动就业、社会管理，促进城乡经济协调发展和基本公共服务均等化。切实解决农民进城的就业、户籍、住房、社会保障、子女入学等问题，逐步使符合条件进城落户的农民真正转为城镇居民，享有平等权益。

二、强化新型工业化主导，加快转型升级、提升支撑能力

新型工业化主导，就是以新型工业化支撑新型城镇化、带动新型农业现代化，真正实现三化协调。新型工业化是农业现代化的基本前提。通过新型工业化主导，让工业反哺农业，"化"传统农业为现代农业，"化"农民为市民，"化"乡村为城镇，从根本上破解"三农"难题。新型工业化是新型城镇化的重要支撑。当今社会，工业化和城镇化是一对孪生兄弟，相容共生，新型工业化推进产业集聚、人口集中，使更多的城镇居民有活干、有钱赚。新型工业化是破解新老"四难"的必由之路。新型工业化，为破解"四难"提供充分的资金、技术、装备等保障和支持，使我们的环境更宜居，生态更美好，人民更富足，社会更和谐。新型工业化是科学发展的决定力量。新型工业化追求不以牺牲生态和环境为代价、加速科技进步的跨越式发展，对建设中原经济区具有决定性意义。

要着力以做大做强为方向争创工业新优势。加快工业转型升级，推动生产规模由小到大、产业链条由短到长、产业层次由低到高、企业关联由散到聚。以龙头带动、基地支撑、高端突破为着力点，大力发展汽车、电子信息、装备制造、食品、轻工、新型建材等高成长性产业；以精深加工、节能降耗、重组整合为着力点，积极运用先进适用技术和信息技术改造提升化工、有色、钢铁、纺织等传统优势产业；以核心关键技术研发、自主技术产业化为着力点，培育壮大生物、新能源、新材料、新能源汽车、高端装备等先导产业，大力发展节能环保产业，促进战略性新兴产业发展。食品工业关联工业、农业、服务业，要发挥农产品资源丰富的优势，加快建设食品工业强省。优化投资结构、提升投资质量，提高工业项目投资在重点项目投资中的比重，发挥重点项目在产业升级中的带动作用。深入推进企业兼并重组，提高产业集中度，壮大一批拥有知名品牌和核心竞争力的大型企业集团。培育一大批"专、精、特、新"中小企业，增强分工协作和产业配套能力。支持老工业基地调整改造和资源型城市可持续发展。

要着力以拓展提升为重点发展壮大服务业。适应经济社会发展需要，

拓宽领域、提升层次、优化环境，推动服务业发展迈上新台阶。大力发展生产性服务业，突出发展现代物流业，培育一批全国性、区域性和地区性物流节点城市，建设全国重要的现代物流中心；加快发展金融业，壮大地方法人金融机构，构建多层次资本市场体系，推动企业上市融资，发展创业投资基金；积极发展信息服务、科技服务、服务外包和会展等业态。拓展生活性服务业领域，积极发展家政、养老、健身、社区服务等行业。加快发展旅游业，整合旅游资源，建设一批精品景区、精品线路，打造世界知名、全国一流的旅游目的地。促进房地产业平稳健康发展。建立扩大消费需求的长效机制，优化消费环境，培育消费热点，释放城乡居民消费潜力。认真落实价格监管措施；创新服务方式，拓展服务领域，完善基础设施和服务网络，积极发展社区服务业。

要着力以产业集聚区为载体推动集聚发展。在中原经济区建设中，要吸取我国发达地区工业化、城镇化进程中大量耕地被占用、生态环境被破坏的教训，就必须坚决告别"遍地开花"办企业的老路。要以产业集聚区建设为载体，高度集约、高效配置资源，使产业集聚区成为产业投资的密集区和集约发展的示范区。一要搭建平台，集聚资金，用好省市对每个产业集聚区的补助资金，逐步建立以政府资金或资源为引导，企业投入为主体，金融贷款为支撑，外资与民间资本并重的开放式、多元化投入机制和融资体系。二要强化创新，集聚技术、集聚人才。要抓好创业中心、研发中心、孵化中心等创新平台和服务设施建设，加快创新成果的转化；要在引进高层次人才、设立科研机构、吸引人员创业等方面向产业集聚区予以重点倾斜。三要完善社会化服务体系，不断强化产业集聚区的服务功能，采取政策引导、市场化运作的方式，在集聚区大力发展服务型的出口代理商、生产力中心、技术信息中心、质量检测控制中心、行业技术中心等集群发展机构，建立法律、会计、审计、仲裁、信息咨询等方面的中介服务机构。通过这一系列举措，加速资金、土地、技术、人才等生产要素向产业集聚区集中，建设好产业集聚区这一载体。四要把新增建设用地和环境总量指标优先向产业集聚区配置，加强基础设施、公共服务平台建设，促进企业集中布局、产业集群发展、资源集约利用、功能集合构建、人口有序转移，充分发挥产业集聚区在构建现代产业体系、现代城镇体系和自主创新体系中的承载作用。培育和引进龙头型、基地型企业，促进同类企业、关联企业和配套企业集聚，形成一批特色鲜明的产业集群。

三、强化新型农业现代化基础作用，维护粮食安全、促进城乡繁荣

加快推进新型农业现代化，充分发挥新型农业现代化的基础作用，既是落实科学发展观的具体实践，也是协调推进新型工业化、新型城镇化的必然要求，对于维护粮食安全、促进农业发展、实现城乡繁荣和富民强省，具有重大意义。当前，我国已处在"以工促农、以城带乡"阶段，国家将不断加大对农业农村发展的支持力度，这无疑为河南发展推进新型现代农业化提供了重大的机遇。而且，河南作为人口大省，农产品消费量大，又是粮食转化和食品工业大省，必须坚持稳粮强农、提升粮食生产能力、把新型现代农业做大做强。

要着力在提升粮食生产能力上实现新突破。要贯彻落实《全国新增500亿公斤粮食生产能力规划（2009年—2020年）》，积极实施《河南粮食生产核心区建设规划（2008年—2020年）》，加快粮食生产核心区建设，积极进行粮食高产创建活动。进一步稳定提高粮食综合生产能力，培育涵盖良种开发、粮食生产、粮食收储、粮食加工、食品加工、物流销售、循环利用等环节的完整粮食产业链和产业集群。实行最严格的耕地保护制度，通过稳定粮食播种面积，优化品种结构，提高单产和品质，确保全省粮食播种面积不减少、粮食产量不断增加。在粮食主产区，大力实施水利设施、基本农田、防灾减灾、农业科技创新、农业技术推广、农业生态、粮食物流、农业机械化八大工程。要完善粮食生产支持政策和利益补偿机制，探索建立有利于粮食稳定增长的长效机制；要推进农业科技创新，健全农业技术推广体系，努力发展现代种业，加快推进农业机械化，实现粮食耕种收一体化、标准化作业；要加强以水利为重点的农业基础设施建设，大规模改造中低产田，加大高产创建力度，大规模建设旱涝保收高标准农田。

要着力在提高农业效益上取得新进展。一要在确保粮食稳产增产的前

提下，推进农业结构战略性调整，大力发展现代畜牧业和特色高效农业，加快发展节约型农业、循环农业、生态农业，加强农产品质量安全监督管理。二要探索多种土地承包经营权流转方式，促进适度规模经营。优化农业经营组织模式，根据畜禽养殖、经济林果、花卉苗木、水产养殖、休闲观光等不同农业形态的特点，重点推广合作组织和种养大户联动发展、龙头企业主导、中小企业集群发展三类农业经营组织模式，逐步形成适应工业化和产业化发展的新型农业经营格局。三要推进农业产业化，实现农副产品的精深加工，发展壮大龙头企业和知名品牌，拉长产业链，提高附加值。培育有文化、懂技术、会经营的新型农民。发展农民专业合作组织，健全农业社会化服务体系，提高农业经营组织化程度。四要依托已批准建设的农产品加工业产业集聚区，围绕十大现代农业产业链条，积极建设现代农业先导示范区。五要坚持内部挖潜与外部拓展相结合，创新农民增收机制，拓宽农民增收渠道，加快农村富余劳动力转移，千方百计增加农民收入。

要着力在改善农村生产生活条件上迈出新步伐。要因地制宜、科学合理地建设新型农村社区。要坚持规划先行、就业为本、农民自愿、量力而行，因地制宜、分类指导，推进社会主义新农村建设。加强乡镇村庄规划管理，合理安排乡镇建设、农田保护、产业集聚、村落分布、生态涵养等空间布局，统筹基础设施、服务设施建设和公益事业发展。要提高农村公共服务水平。积极推动基本公共服务资源向农村倾斜。巩固提高农村义务教育水平，重点发展农村中等职业教育，推进教育资源均等化。实施广播电视村村通、文化信息资源共享等农村文化惠民工程。完善新型农村合作医疗制度，提高筹资标准和保障水平。健全农村医疗救助制度，完善农村三级医疗卫生服务网络。建设农村社区服务中心，统筹农村便民服务设施建设。

强化新型农业现代化的基础作用，事关三化协调科学发展大局，事关经济社会发展全局，事关富民强省新跨越的宏伟目标能否顺利实现。基础不牢，地动山摇。夯实农业现代化这个基础，责无旁贷。积极探索新型农业现代化道路，重在提升、重在统筹。全省上下必须坚定不移地把"三农"工作摆在重中之重的位置，坚持工业支持农业、城市支持农村和多予少取放活的方针，加大强农惠农富农力度，扎实推进新型农业现代化，充分发挥新型农业现代化的基础作用，加快农业发展方式转变，夯实城乡共同繁荣的基础。

四、强化三化协调的保障能力，增强发展后劲、推动持续发展

推进新型三化协调发展，必须强化保障能力建设，增强发展后劲、推动持续发展。基础设施、资源环境、人才队伍、质量建设事关全局和未来，是三化协调发展的重要保障性因素。要立足当前、着眼长远，着力构筑功能完善、协调配套的基础设施保障，高效利用、承载能力强的资源环境保障，规模宏大、结构优化的人才队伍保障，标准严格、管理精细的质量保障。

要着力适度超前发展基础设施。加快建设全国重要的综合交通枢纽，优先发展民航业，推进郑州国内大型航空枢纽建设，加快客运专线、城际铁路网和大能力运输通道建设，完善公路网络和城际快速连接通道，发展内河航运和管道运输，构建网络设施配套衔接、覆盖城乡、连通内外、安全高效的综合交通运输网络体系。优化能源结构和布局，构建现代能源产业体系，建设全国重要的综合能源基地。加强水利基础设施建设，完成南水北调中线工程河南段及受水城市配套工程，推进大中型控制性水利工程建设，构建水资源保障体系。加强信息网络设施建设，建立和完善信息数据资源共建共享机制，加快经济社会各领域信息化，推进电信网、广电网、互联网三网融合，打造"数字河南"。

要着力建设绿色中原生态中原。树立绿色、低碳、可持续发展理念，落实主体功能区规划，加快生态省建设，努力构建资源节约、环境友好的生产方式和消费模式。突出抓好重点企业、重点领域节能减排，全面推进节地、节水、节材和资源综合利用，加快推进循环经济试点省建设。统筹安排矿产资源开发和保护，增加资源战略性储备。加大污染治理力度，着力解决好饮用水不安全和空气、土壤、重金属污染等损害群众健康的突出问题。提高森林覆盖率和固碳能力，加强生态保护和修复，完善生态保护

补偿机制，推进伏牛山、桐柏大别山、太行山山地生态区和平原生态涵养区建设，构建沿黄生态涵养带、南水北调中线生态走廊，建设南水北调中线工程渠首水源地高效生态经济示范区，努力形成完善的区域生态网络。加强防灾减灾体系建设。

要着力积极推进人才大省建设。人才是第一资源，要加大人力资源开发力度，把人口压力转化为人力资源优势。统筹推进各类人才队伍建设，突出培养创新型科技人才，抓紧开发重点领域急需紧缺专门人才，着力造就高层次文化领军人物和高素质文化人才，大力培养青年英才，积极引进高层次人才。完善人才发展体制机制，创新人才政策，形成尊重劳动、尊重知识、尊重人才、尊重创造的良好氛围，让更多人才增辉河南。

要着力大力实施质量立省战略。质量是发展大事、民生大事、立省大事。要牢固树立以质取胜的理念，完善质量体系，加强质量管理，营造诚信环境，努力提升发展质量，切实提高产品质量、工程质量、工作质量、服务质量，做到以质量求生存、以质量求效益、以质量求安全、以质量求形象。要严把包括食品在内的所有河南产品质量安全关，让广大群众用上放心产品。品牌是质量的结晶。要加大品牌培育和保护力度，打造一批优势明显的产品品牌、工作品牌、科技品牌和服务品牌，发挥品牌对产业提升和各项事业发展的带动作用。

五、强化三化协调的驱动力量，推进机制体制创新、拓展发展空间

推进三化协调发展、加快中原经济区建设，必须强化驱动力量。要破除体制机制障碍，增强扩大开放的带动力，提高科技创新培育核心竞争力，深化改革增添内生动力，促进创业激发发展潜力。

要着力扩大开放增强带动力。开放是带动全局的战略性举措，不仅能引进资金、技术、管理和人才，而且能够开阔视野、更新观念，促进结构调整、改革创新和政府职能转变。要更加积极主动地扩大开放，加快形成全方位、多层次、宽领域的对外开放格局，建设我国内陆开放高地。加大招商引资力度，大规模、高层次承接产业转移，深化河南与央企的战略合

作，推动国内外大型企业在河南建立区域总部、研发中心、营销中心和生产基地。加大社会事业、城乡建设等领域开放力度。完善对外开放平台，建设承接产业转移示范区，建好郑州新郑综合保税区，打造内陆无水港。引进和培育出口型企业，促进对外贸易加快发展。鼓励支持有条件的企业开展境内外能源资源和劳务合作。切实提高服务水平，培育对外开放的环境优势。

要着力提高科技创新培育核心竞争力。科学技术是第一生产力。要深入实施科教兴豫战略，加快构建自主创新体系，不断提升科技研发能力、科研成果转化能力、科技创新运用能力和科技人才集聚能力。培育壮大创新主体，引导和支持创新要素向企业集聚，增强高等院校、科研机构创新动力，推动产学研用紧密结合，实施重大科技专项，努力在产业转型升级的核心关键技术和共性技术研发上取得突破，推出更多的"河南创造"。支持高等院校培养创新型人才、开展原始创新和集成创新。加快建设企业研发中心、重点实验室等创新平台，推进创新资源开放共享。营造鼓励创新的环境，完善支持创新的政策体系，加大科技投入，加强知识产权保护，使全社会的创新能量能够充分释放、创新源泉能够充分涌流。

要着力深化改革增添内生动力。要以更大的决心和勇气推进改革，充分调动人民群众的积极性主动性创造性，使资本、劳动、知识、技术和管理的活力竞相迸发。在三化协调发展上先行先试，探索建立工农城乡利益协调机制、土地节约集约利用机制、农村人口有序转移机制，促进生产要素在农业和非农产业之间、城市和农村之间合理优化配置。毫不动摇地巩固和发展公有制经济，毫不动摇地鼓励、支持、引导非公有制经济发展，加快国有企业战略性重组，深化资源性产品价格改革，发展各类要素市场，完善财税、投资等体制。持续推进行政体制改革，健全政务公开和政务服务体系，提升服务型政府建设水平。积极稳妥推进事业单位分类改革。深化农村综合改革，加快集体林权制度、供销社体制等改革，开展农村金融综合改革创新试点。积极支持新乡统筹城乡发展试验区和信阳农村改革发展综合试验区建设。

要着力促进创业激发发展潜力。发挥创业就业的倍增效应，改善创业环境，强化创业服务，积极培育创业主体，加强创业培训和创业服务平台建设，完善支持创业的政策和体制机制，以创业带就业、以创业兴家业、以创业促事业。民营经济是中原崛起的优势所在、潜力所在、后劲所在、支撑所在，民营经济是河南经济发展充满活力的重要源泉。要大力鼓励、支持和引导民营经济发展，积极营造加快民营经济发展的良好环境，提升服务民营经济的水平，增强民营企业市场竞争力。落实完善促进民营经济发展的政策措施，放宽市场准入，拓宽投融资渠道，扶持和培育一批骨干民营企业，造就一支敢闯善创、爱拼会赢、诚实守信、能承担社会责任的企业家队伍，把民营经济做大做优做强①。

① 卢展工在中国共产党河南省第九次代表大会上的报告：《深入贯彻落实科学发展观全面推进中原经济区建设为加快中原崛起河南振兴而努力奋斗》，2011 年 10 月 26 日。

第七章
河南新型城镇化引领三化协调发展

坚持以新型城镇化引领三化，是河南省贯彻落实科学发展观的生动实践，也是破解"三农"难题、消除城乡二元结构、促进三化协调科学发展的战略抉择。走新型城镇化引领三化协调科学发展的路子，既体现了省委、省政府对三化协调科学发展的深度认知与准确把握，也反映了中原崛起河南振兴的阶段性特点和内在规律。目前河南省正处在加快中原崛起和河南振兴的关键时期，必须要充分认识到新型城镇化在三化协调发展中的重要意义，通过建立科学合理的城镇体系、促进产城融合、增强城镇的区域带动能力、统筹城乡社会经济发展等系列举措，促进新型城镇化引领三化协调发展战略的实现。

第一节　发挥新型城镇化在三化协调发展中的引领作用

新型城镇化引领在三化协调发展中起着战略性、全局性和关键性的作用，新型城镇化引领是实现三化协调发展的内在要求，是保持河南经济社会持续发展的现实选择，三化协调发展战略必须充分发挥新型城镇化的引领作用，以新型城镇化引领推动难题破解，以新型城镇化引领带动转型升级，以新型城镇化引领促进区域与城乡协调发展。

一、新型城镇化引领是河南长期理论与实践探索的必然选择

新型城镇化主要是指以城乡统筹、城乡一体为核心，以产城融合、集约节约、生态宜居、和谐发展为主要特征，大中小城市、小城镇、新型农村社区互促共进、协调发展的过程。坚持新型城镇化引领，就是通过城镇规模扩大和功能完善，带动产业集聚和人口集聚，推动新型城镇化、新型工业化和新型农业现代化协调发展。以新型城镇化引领三化协调发展，不是一时的主观臆想，而是河南在长期的实践探索中发展思路的持续提升与不断创新。

"八五"之初，河南提出了"工业、农业两篇文章一起做"和"两道难题（工业化缓慢、农民增收困难）一起解"。2003年《河南省全面建设小康社会规划纲要》进一步明确指出："要坚持以工业化为主导，以城镇化为支撑，以推进农业现代化为基础，统筹城乡经济社会协调发展"。省八次党代会提出"坚持以工促农、以城带乡"的指导思想。随着河南发展思路的不断提升和完善，发展成效日益明显，工业连续多年保持两位数增长，并于2007年跻身全国前五，粮食产量从2004年起连续三年跨过800亿斤、900亿斤和千亿斤台阶。然而，城镇化率低始终是河南发展的短板，2011年河南城镇化率仅为40.58%，低于全国平均水平10.7个百分点。进入转型发展的新阶段，如何破解新老"四难"问题，成为河南经济社会持续发展的关键，而城镇化支撑乏力又成为破解新老"四难"的主要瓶颈。为此，省九次党代会明确提出，要走好"两不三新"三化协调科学发展的路子，必须充分发挥新型城镇化的引领作用、新型工业化的主导作用、新型农业现代化的基础作用。从工业化初期以强农兴工为主要任务，选择工业化主导为先，到现在省委提出城镇化引领三化协调发展，这既体现了弥补短板、增强动力、拓展空间、激活潜力的客观要求，也是准确把握阶段性特征，不断深化对客观规律的认识，不断提升区域发展理念的科学抉择。

河南省坚持新型城镇化引领的路子，是城镇化发展模式的重大创新，是"谋河南的事，解发展的题"的有益探索。由国家区域性中心城市、省

域中心城市、中小城市、中心镇、新型农村社区构成的现代五级城镇体系，不是简单地由过去的四级构成拓展为五级，而是创造性地将新型农村社区纳入城镇体系，以延及整个农村的多维转移路径替代农民进城的单一转移路径，实现了农民就地城镇化，打破了过去城乡二元分割和要素单向流动的被动局面，推动了城乡统筹、城乡一体，体现了科学发展、和谐发展、可持续发展的要求。特别是在新型城镇化引领中着力增强新型农村社区的战略基点作用，极大地丰富了新时期推进城镇化的内涵，拓展了城镇化对经济社会发展的引领和带动作用。新型农村社区作为统筹城乡发展的结合点，有利于形成新型三化协调发展的有效载体，推动土地集约利用、农业规模经营、农民多元就业，实现思路上统筹、发展上一体、作用上互动、要素上集约。新型农村社区作为推进城乡一体化的切入点，有利于推动城镇生产要素和产业链条向农村延伸，基础设施和公共服务向农村覆盖，现代文明和科学技术向农村传播，实现一体化、均等化发展。新型农村社区作为促进农村发展的增长点，有利于提高农业现代化水平和综合效益，切实改善农村生产生活条件，激活农村消费力，进而消除城乡差距，增强经济社会发展的内生动力。由此可见，新型城镇化引领在三化协调发展中起着战略性、全局性和关键性的作用，新型城镇化引领三化协调发展是河南理论与实践探索的必然选择。

二、新型城镇化引领是实现三化协调发展的内在要求

强化新型工业化主导作用需要新型城镇化引领。2011 年，河南三次产业比例为 12.9：58.3：28.8，二产比全国平均水平高出 11.5 个百分点，服务业比重低于全国平均水平 14.3 个百分点。从产业结构演进状况来看，河南正处于工业化中期阶段，加快推进工业化进程，以新型工业化为主导仍然是富民强省重中之重的任务。但同时也要看到，在工业化的初期阶段，河南工业虽然实现了由小到大的快速发展，但主要是建立在劳动力和资源成本优势的基础上，能源原材料等上游产业比重大，高加工度、高科技含量、高附加值的产业发展不足。进入工业化中期阶段后，要实现负重爬坡、持续发展，就必须实现从劳动密集型、资源密集型向资本密集型、

技术密集型和知识密集型转型升级。实现这一目标，必须借助城镇发展环境优化、综合功能完善的优势，吸引和壮大一批能够带动产业升级的龙头项目和骨干企业；必须发挥城镇集中集聚集约效应，吸引和集聚大批科技要素，为产业转型升级提供必要的要素支撑；必须依托城镇发展信息、物流、金融等现代服务业，加快新型工业化进程。而现实的情况却是，河南的城镇化明显滞后于工业化，城镇化滞后就难以为传统工业向现代工业演进积累规模效应和集聚效应，难以为新型工业化发展提供创新、人才、信息等高端要素集聚平台。显然，没有新型城镇化的引领作用，新型工业化的主导作用就无从谈起。

强化新型农业现代化基础作用需要新型城镇化引领。从河南农村发展现实看，一家一户粗放经营的小农生产方式是农业现代化的主要障碍，也是在高基点上稳粮保粮必须解决的根本问题。加快推进新型城镇化，通过城镇化有效转移农村剩余劳动力，实现由分散家庭经营向适度规模经营转变；通过城镇化推动现代科学技术向农村传播推广，以现代科学知识提高农民素质，建立绿色、优质、高产、高效农业生产体系；通过城镇化推动农业生产管理方式转变，提升专业化和标准化水平，增强粮食综合生产能力，提高农业综合效益。然而，河南目前的城镇化水平难以为农业现代化提供必要支持，已成为现代农业发展的制约因素。只有坚持新型城镇化引领，才能促进资金、技术、人才、信息等生产要素在城乡之间自由流动，进而加速新型农业现代化进程并强化其基础性作用。

实现新型三化协调发展需要新型城镇化引领。新型三化协调发展的重要标志是产城协调、产业协调和城乡协调。推动产城、产业和城乡协调发展，需要以新型城镇化引领城市功能完善、生产要素集聚和农村劳动力加快转移，使现代城镇体系成为培育现代产业体系的土壤和高地，推动依城促产、以产兴城，实现产城协调发展；以新型城镇化引领企业集中、产业集群和人口集聚，进而拉动生产、生活性服务业加快发展，为工业化和农业现代化注入新的内在动力；以新型城镇化引领，加快城乡分割向城乡统筹、城乡一体转变，推动大中小城市、小城镇和新型农村社区互动融合，实现城乡协调发展。

三、新型城镇化引领是保持河南经济社会持续发展的现实选择

新型城镇化引领可为经济发展提供持久动力。从当前经济发展的趋势看，扩大内需是转变发展方式的首要任务和基本支撑，而城镇化是激活内需潜力的原动力和主引擎。我国城镇居民消费水平是农村居民的 3.6 倍，一个农民转化为市民，消费需求将会增加 1 万多元。城镇化率每年提高 1 个百分点，可以带动 1000 多亿元的消费需求，而相应增加的投资需求则更多。河南是人口大省，有 6000 万农村人口，市场空间广，内需潜力大，然而城镇化水平低在很大程度上抑制了扩大内需的潜能。因此，只有坚持新型城镇化引领，进而推动消费观念和生活方式的深刻变化，促进消费群体扩大、消费水平提高，才能为经济发展提供最强大、最持久的内生动力。

新型城镇化引领为转变发展方式提供现实可能。从产业发展普遍规律看，服务业作为最大的就业容纳器和科技创新重要的驱动力量，是产业结构升级、发展方式转变的重要影响因素，同时，服务业发展水平与城镇化率成正相关。2011 年，河南第三产业在生产总值中的比重为 28.8%，低于全国平均水平 14.3 个百分点，究其原因，主要是城镇化水平低，对服务业发展带动弱。此外，对外开放水平低也是河南发展的短板。而新型城镇化引领有利于全面提升城市新区、产业集聚区的功能，为大开放、大招商提供平台和载体。

新型城镇化引领是破解发展难题的必然要求。以新型城镇化引领破解"三农"难题。五级城镇体系为农村人口有效、有序转移提供了更大的容量和多元选择；新型农村社区让农村居民不出家门就能过上城里人生活，有利于实现城乡统筹、消除城乡差距的目标；通过社区化发展促进耕地流转，实现土地规模经营，有利于提高农业生产效率和综合生产能力。以新型城镇化引领破解土地资源瓶颈制约。通过不断优化城市布局和形态，避免"城市"摊大饼式的无序蔓延，同时推动农村土地挖潜、整治、复耕，更好地促进城乡土地资源集约节约利用，缓解建设用地刚性需求与保护耕地硬性约束的矛盾。以新型城镇化引领破解资源与环境瓶颈制约。通过产业集群发展、要素集约利用、功能集合构建，提高资源投入产出效率，形成循环

经济发展链条，协调推进资源节约集约利用、污染物减量和环境综合治理。

第二节　形成科学合理的城镇体系

城镇体系是在一个国家或相对完整的区域中，有不同职能分工、不同等级规模、空间分布有序联系密切、相互依存的城镇群体。城镇体系是否科学合理对区域经济的发展具有举足轻重的作用，但目前河南省的城镇体系还存在结构不够完善、布局不够优化、分工不尽合理等问题，迫切需要从区域实际出发，实施中心城市带动战略，将18个中心城市纳入中原城市群，构建由国家区域性中心城市、省域中心城市、中小城市、中心镇、新型农村社区组成的五级城镇体系，形成城乡统筹、城乡一体的新型城镇化发展格局，以此来推动新型城镇化引领三化协调发展战略的实施。

一、优化城镇空间布局

优化城镇空间布局有利于引导生产要素合理流动，选择差异化的城镇化发展模式，促进经济结构调整和经济发展方式转变。一个区域能否最大程度地发挥集聚效应和规模效应，很大程度上依赖于城镇布局的优化。河南城镇空间布局优化就是要按照"向心集聚、圈层组织、轴带辐射"的思路，统筹推进交通一体、产业链接、服务共享、生态共建，逐步形成以郑汴都市区为中心、洛阳为副中心、省域中心城市为骨架，中小城市和小城镇为依托，布局合理、协调发展的现代城镇体系。

1.打造全省的核心增长极。一是构建郑汴都市区。在郑汴一体化的基础上，构建郑汴都市区，形成组团式、网络化的复合型城镇密集区，使之成为全省的交通、产业网络中心，进一步增强全省核心增长极的区域影响力、核心竞争力，以及郑州市作为国家区域性中心城市、全国重要的综合交通枢纽、现代物流中心和商贸中心的地位。围绕郑汴都市区的发展，建设高度发达的、联系便捷的快速交通体系及大量的生态隔离空间。二是把洛阳建设成为省域副中心城市。洛阳为河南省第二大城市，工业实力雄厚，是河南省的工业中心、豫西地区重要的经济中心和区域物流枢纽，在全省承担着先进制造业基地、高新技术产业基地、职业培训基地、研发中心以及辐射带动豫西地区等重要职能。洛阳应立足工业优势，与郑汴都市区共同打造全省城市群功能复合中心，促进城市群双中心结构的形成，推动全省走在中部崛起的前列。

2. 构建"两圈三层"的空间结构。围绕郑汴都市区，依托现代交通体系，尤其是干线铁路、干线公路、城际轨道交通、城际快速客运交通、城际货运交通等现代交通方式，在全省范围内形成"两圈三层"的大都市区空间结构。"两圈"：即以郑州综合交通枢纽为中心的"半小时交通圈"和"一小时交通圈"。"半小时交通圈"，就是以城际快速轨道交通和高速铁路为纽带，实现以郑州为中心、半小时通达开封、洛阳、平顶山、新乡、焦作、许昌、漯河、济源8市，密切中原城市群9市的经济联系；"一小时交通圈"，就是以高速铁路为依托，形成以郑州为中心、一小时通达中原城市群周边9市的快速交通格局，缩短豫北、豫西、豫西南和黄淮地区与紧密层的时空距离。"三层"：即中原城市群核心层、紧密层、辐射层。核心层指郑汴一体化区域，区域范围包括郑州、开封两市市区和"郑汴新区"。紧密层区域范围包括洛阳、新乡、焦作、许昌、平顶山、漯河、济源7市。辐射层区域范围包括安阳、鹤壁、濮阳、三门峡、南阳、商丘、信阳、周口、驻马店周边9个省辖市。

3. 发展城镇产业复合轴带。依托交通通道和产业布局，按照国家级、省级和区域级三级轴带组织全省城镇体系发展网络，促进生产要素向城镇轴带和交通节点城镇集聚，以线促点、以点带面，整合、优化城镇体系空间结构，形成依托轴带、聚内联外、开放式的空间发展态势。

培育打造城镇—产业复合发展轴。依托主要交通通道，培育打造四大城镇发展轴，即南太行城镇发展轴、洛平漯城镇发展轴、宁西（沪陕）城镇发展轴和大广城镇发展轴。南太行城镇发展轴主要依托侯月—新菏铁路、东济高速公路（规划）等重要交通通道，在南太行山前构建连通新乡、焦作、济源及其他城市的南太行城镇发展轴，重点发展煤炭、电力、铝工业、化工、汽车零部件、铅锌加工6大产业基地和9个工业园区及特色产业集群。洛平漯城镇发展轴主要依托洛阳—漯河—阜阳铁路、南洛高速公路等交通通道，在伏牛山以东构建连接洛阳、平顶山、漯河、周口及其他城市的伏牛东城镇发展轴，重点发展能源、钢铁、盐化工、建材、食品等产业，建设成为河南中东部地区产业密集区。宁西城镇发展轴主要依托宁西铁路、沪陕高速公路等，培育连接南阳、信阳等城市的宁西城镇发展轴，重点发展生态旅游、能源、纺织、工艺品、食品、医药、汽车零部件、盐化工生产集群或基地。大广城镇发展轴主要依托大广高速公路等，培育连接濮阳、开封、周口等城市的大广城镇发展轴，重点发展化工、机械、食品、纺织、卫材、文化旅游和劳务输出基地，培育黄淮产业集聚区。

按照国家"两横三纵"城市化战略格局，依托京广铁路、陇海铁路等交通要道，培育形成由京广发展带、陇海发展带共同构成的"十"字形城镇—产业复合发展带。京广发展带依托京广铁路、京珠高速、107国道等交通通道，发挥安阳、鹤壁、漯河、平顶山、驻马店、信阳等城市的支撑作用，大力发展装备制造业、高技术产业、钢铁、食品和劳动密集型产业，全力打造国家重要的钢铁、汽车、煤炭、食品、有色金属、装备制造等产业基地。陇海发展带依托陇海铁路、连霍高速公路、310国道，发挥三门峡、洛阳、开封、商丘等城市的重要支点作用，发展壮大郑汴洛工业走廊，做大做强能源原材料、现代装备制造、高新技术、汽车、石化等支柱产业，打造全国重要的能源原材料、食品工业、铝工业、装备制造业、太阳能等产业基地。

二、明确城镇职能定位

城镇的职能定位就是明确一个城市的发展方向，并据此制定产业选择、竞争和发展战略。城市的职能定位关系到一个城市未来发展的全局，准确的城市职能定位能够指导城市在发展的历史机遇中集中使用和配置城市资源，最大化地创造财富和提高城市的影响力和竞争力，实现城市的最优最快发展。河南省城镇体系的职能定位就是要根据各个城市现有的经济基础、发展态势以及在区域发展中承担的主要任务，按照合理分工、发挥优势、形成合力、协调发展的原则，形成主副结合、五级联动、职能完备、分工合理、协作紧密、特色鲜明的城镇体系职能等级结构（见表7—1）。

表7—1　全省城镇体系职能等级结构（2020）

等级		数量（个）	城镇名称	
省级中心城市	国家区域性中心城市 省域中心城市	1	郑汴都市区（郑州、开封）	
	省域副中心城市	1	洛阳	
地区性中心城市	地区中心城市	15	新乡、焦作、许昌、漯河、平顶山、安阳、三门峡、南阳、周口、商丘、信阳、驻马店、鹤壁、濮阳、济源	
	地区副中心城市	13	巩义、林州、永城、邓州、项城、灵宝、汝州、禹州、长垣、固始、潢川、新蔡、义马—渑池组合	
县级中心城市	县（市）域中心城市	81	郑州	新密、登封、新郑、荥阳、中牟
			洛阳	孟津、新安、汝阳、嵩县、栾川、伊川、洛宁、宜阳
			开封	尉氏、兰考、通许、杞县
			平顶山	舞钢、鲁山、郏县
			安阳	汤阴、滑县、内黄、安阳新县城
			新乡	辉县、卫辉、获嘉、封丘、延津、原阳
			焦作	孟州、沁阳、博爱、修武、温县、武陟
			许昌	襄城、鄢陵
			三门峡	卢氏
			商丘	宁陵、虞城、民权、柘城、睢县、夏邑
			鹤壁	淇县、浚县
			濮阳	南乐、清丰、范县、台前
			漯河	临颍、舞阳
			南阳	镇平、新野、桐柏、内乡、淅川、西峡、方城、社旗、唐河、南召
			周口	西华、淮阳、太康、鹿邑、郸城、扶沟、沈丘
			驻马店	西平、正阳、上蔡、平舆、汝南
			信阳	新县、罗山、光山、商城、息县、淮滨
镇（乡）	中心镇	308	略	
	一般乡镇	900左右	略	
新型农村社区			略	

1. 省级中心城市。实施中心城市带动战略，加快郑州、洛阳城市发展，不断提高其在全国城镇网络中的地位。发挥郑州、洛阳的"领跑"作用，使之成为河南城镇化战略的核心动力，带动省内各级城镇积极参与区域协作和城镇分工，加速中原城市群和全省发展，带领河南在中部崛起中走在前列。郑汴都市区包括郑州和开封两市，共同打造国家区域性中心城市，全国重要的综合交通枢纽、通讯枢纽、现代物流中心和商贸中心，国家历史文化名城，文化旅游城市。其中郑州市为河南省省会，全省核心城市，区域性金融中心和现代制造业基地、科技创新基地。开封市为郑州都市区重要功能区，纺织、食品、化工、医药产业基地和高等教育基地，重要旅游城市。洛阳的职能定位是国家历史文化名城，全国先进制造业基地，全省副中心城市、物流枢纽、科研开发中心，重要旅游城市。

2. 地区中心城市。按照规模做大、实力做强、功能做优、环境做美的原则，发挥比较优势，加快发展，壮大现有区域中心城市规模，积极培育新兴区域中心城市，增强集聚和辐射带动作用，使之成为各区域空间组织的核心。15 个地区中心城市的职能定位如下：

新乡：中原城市群北部重要节点城市、区域性物流中心，家电、机械、轻纺和医药工业基地，职业培训基地。焦作：中原城市群西北部重要节点城市，能源、原材料、重化工、汽车零部件制造基地，山水旅游城市。许昌：省级历史文化名城，中原城市群重要节点城市，轻工、电力装备制造业基地。漯河：国家食品工业基地，中原城市群重要节点城市，区域物流中心。平顶山：中原城市群重要节点城市，重化工、能源、原材料、电力装备制造业基地。安阳：国家历史文化名城，豫北地区中心城市及钢铁、电子工业基地，重要旅游城市。鹤壁：豫北地区中心城市之一，以能源、机械、建材、电子、轻工业和农副产品加工业为主导的综合型城市。濮阳：国家历史文化名城，全省重要旅游城市和石化工业基地，豫北地区中心城市之一。南阳：国家历史文化名城，豫西南及豫鄂陕交界地区中心城市和重要交通枢纽，以发展机电、医药、农副产品加工为主的综合性城市，重要旅游城市。三门峡：全省电力、冶金和重化工基地，豫西中心城市，豫晋陕黄河金三角经济协作区中心城市。商丘：国家历史文化名城，黄淮地区中心城市之一，旅游城市和交通枢纽，以食品、机械、化工、医药为主的工贸城市。信阳：黄淮地区中心城市之一，以机械、电子、制药、能源、食品工业为主的商贸旅游城市。周口：黄淮地区中心城市之一，以农副产品加工为主的工贸城市。驻马店：黄淮地区中心城市之一，以食品、医药工业为基础的商贸、旅游城市。济源：省级历史文化名城，中原城市群能源及原材料基地，重要旅游城市。

3. 地区副中心城市。主要有巩义、林州、永城、邓州、项城、灵宝、汝州、禹州、长垣、固始、潢川、新蔡、义马—渑池等城市。地区副中心城市要发挥自身优势，大力发展优势产业和特色产业，加大基础设施建设力度，完善城市服务功能，增强城市聚集力和辐射力，使之成为具有一定区域影响力的中等城市，与区域中心城市共同承担带动和辐射区域发展的职能。

4. 县（市）域中心城市。县级市和一般县城要通过建设各具特色的产业集聚区，积极培育特色产业，壮大支柱产业，提升城镇功能和综合承载力，加强基础设施和社会服务设施建设，增强县城的辐射带动作用，使之成为县域经济发展的增长极和县域城镇化的主要空间载体。

5. 中心镇和一般乡镇。中心镇的主要职能是为周边乡村地区提供综合服务，促进农业产业化发展，提升乡村地区公共服务水平。应积极发展农产品加工业和流通企业，引导企业向镇区集中。有条件的中心镇，积极培育产业集群，发展专业产业园区，加快产业集聚。一般镇（乡）主要为乡村地区提供基本公共服务，其发展建设应突出特色，提升服务农村和农业产业化功能。

6. 新型农村社区。新型农村社区建设是统筹城乡发展的结合点，是现代城镇体系的重要组成部分。新型农村社区建设是要推动农民居住由分散向集中转变、村庄向社区转变，通过全面提升农村基础设施建设水平，显著改善农村生产生活条件，推动城镇生产要素和产业链条向农村延伸、基础设施和公共服务向农村覆盖，现代文明和科学技术向农村传播，使新型农村社区成为三化协调发展的有效载体。

三、合理确定城镇规模结构

城镇只有达到一定规模才能发挥经济中心的集聚和扩散作用。河南城镇规模目前还存在一些不合理的地方，主要表现在数量多，但大城市数量少。全省尚无特大城市和巨型城市，省会郑州在全国城镇体系中的等级地位不高，对全省城镇的辐射带动作用不明显。另外，中等城市数量偏少，承上启下的节点作用不够突出。小城镇数量多、规模小、功能不全，服务带动乡村地区发展的功能较弱。因此，河南省要依托交通通道和区位优势，强化项目建设和基础设施建设，做强做大省会城市，推进其他省辖市发展，择优扶持一批经济基础较好、资源环境承载力强的县城、县级市和有产业支撑的中心镇，形成大、中、小城市和小城镇等级序列完整、层级结构分明的"宝塔"型城镇体系规模结构（见表7—2）。

表7—2　河南2020年城镇体系规模结构

人口规模等级（万人）	数量（个）	城镇名称	
500 左右	1	郑州	
400 以上	1	洛阳	
100—200	8	开封、平顶山、安阳、新乡、焦作、南阳、商丘、信阳	
50—100	8	濮阳、鹤壁、三门峡、济源、周口、驻马店、许昌、漯河	
30—50	38	郑州	巩义、新郑、登封、新密
		洛阳	新安、伊川
		开封	尉氏
		平顶山	汝州、舞钢
		安阳	林州、滑县
		新乡	辉县、长垣、卫辉
		焦作	沁阳
		许昌	禹州
		三门峡	灵宝、义马—渑池
		商丘	永城、民权、虞城、夏邑
		漯河	临颍
		南阳	邓州、新野、镇平、唐河
		周口	项城、淮阳、沈丘、太康、鹿邑、郸城
		驻马店	新蔡、汝南、西平
		信阳	固始、潢川

续表

人口规模等级 （万人）	数量 （个）	城镇名称	
10—30	63	郑州	回郭镇
		洛阳	栾川、嵩县、汝阳、洛宁、宜阳、孟津
		开封	兰考、杞县、通许、开封县
		平顶山	鲁山、郏县
		安阳	汤阴、内黄、水冶镇、安阳新县城
		新乡	获嘉、原阳、封丘、小冀镇、新乡县城、延津
		焦作	温县、修武、武陟、博爱、孟州
		许昌	襄城、鄢陵
		三门峡	卢氏
		商丘	柘城、睢县、宁陵
		鹤壁	淇县、浚县
		濮阳	清丰、范县、南乐、台前
		漯河	舞阳
		南阳	内乡、南召、方城、社旗、桐柏、淅川、西峡、穰东、官庄、云阳镇
		周口	扶沟、西华
		驻马店	上蔡、平舆、泌阳、正阳
		信阳	罗山、息县、商城、淮滨、新县、光山
2—5	308	略	
0—2	900	略	

合理确定城镇规模结构，一是要积极引导城镇经济规模和人口规模扩张，做强做大省会城市，把郑州培养为中部地区具有强大经济实力的国家区域性中心城市。二是要积极引导人口和产业向城镇集聚，推进其他省辖市发展，解决中心城市不强、辐射力弱的问题。三是要择优扶持一批经济基础较好、资源环境承载力强的县城、县级市和有产业支撑的中心镇，使其具备承担一定区域中心职能的经济规模。四是要积极扩大一般县城和小城镇规模，使其成为县域经济的支撑点。五是要加快新型农村社区建设。新型农村社区建设要坚持从实际出发，将新型农村社区建设与城市新区、产业集聚区、小城镇建设、扶贫搬迁、生态移民等结合在一起，因地制宜，建设与区域特征和经济发展条件相适应的不同规模的新型农村社区。

第三节　实现产城融合依城促产

在新型城镇化、新型工业化、新型农业现代化的互动发展过程中，产城融合对于破解资源环境制约、实现产业发展、人口集聚和城市功能发育的协同推进，形成人口、资源、环境、经济、社会等要素的优化配置和良性循环，具有多方面的重要意义和综合效应。新型城镇化引领三化协调发展战略的实施必然要求产城之间的互动融合发展，走依城促产、以产兴城之路。实现产城融合依城促产，重点就是要把推进新型城镇化与加快产业转型升级结合起来，加快各类发展载体建设，引领三次产业协调发展，构建与五级城镇体系相适应的现代产业体系，努力形成依城促产、以产兴城的产城互动发展新格局。

一、依托城镇促进产业集聚升级

城镇是产业发展的载体，城镇规模及其经济容量大小，影响着产业在城镇发展的规模和速度，以及其他要素集聚的规模和速度。完善的城镇基础设施、公共服务能够为产业的集聚发展和产业升级提供服务和保障，如果城镇发展滞后，城镇规模结构和空间结构不合理，城镇功能定位不科学，那么，产业也会受到影响，失去向高端升级的战略机遇。依托城镇促进产业集聚升级就要加快完善城镇功能，提高城镇承载力，促进要素集聚，加快发展高成长性产业，改造提升传统优势产业，发展壮大战略性新兴产业和现代服务业。

一是要依托特大城市促进产业高端要素集聚。郑州、洛阳等特大中心城市在高端要素集聚、科技创新等方面有一定优势，因此，要将高端要素集聚能力作为一种新型城市能力，来解决商务成本高、产业升级难、旧区改造慢、能源约束紧、可用土地少、环保任务重等发展难题。要加快中原金融产业园建设，着力打造金融集聚核心功能区。大力引进世界500强、国内500强、央企、行业龙头企业和行业协会组织的地区性总部和分支机

金水路和中州大道立交桥

红提采摘

构，增强总部经济辐射带动作用。全面提升会展业的市场化、产业化和国际化水平，打造中部会展之都。进一步提升中介服务业水平，大力发展资产管理、咨询策划、研发设计、文化传播等高端服务。积极发展创意产业。加快龙湖中央商务区副中心建设，突出金融功能集聚。完善软硬配套设施，努力营造宜居宜业新环境。

二是要依托中心城市促进产业和人口集聚。中心城市肩负着新型城镇化过程中产业集聚和人口集聚的重要任务，除郑州、洛阳以外的16个省域中心城市要通过培育壮大主导产业，加快传统产业转型升级，推进制造业与服务业融合发展，提升城市产业能级，促进产业集聚。中心城市要统筹新区建设和旧城改造，加强城市基础设施建设，完善城市功能，改善人居环境，提高综合承载能力，增强人口集聚能力。

三是要依托中小城市和小城镇发展特色产业集群。发挥中小城市和小城镇劳动力等要素成本优势，大规模承接产业转移，因地制宜发展劳动密集型产业和特色产业集群。

四是推动资源型城市和老工业基地城市改造提升传统产业，培育壮大新兴产业，扩大服务业发展规模，增强城市综合竞争力。

二、依托载体建设增强城镇发展活力

新型城镇化的推进和产业的发展都需要合适的载体平台为其提供空间，这些载体建设有利于在较短时间内构筑资本、技术、信息、人才集聚平台，增强承接产业转移吸引力和承载力，促进高端要素集聚，更好地发挥规模效应、聚集效应和扩散效应。河南省近年来狠抓载体建设，成效显著。其中，城市新区和中心城市组团作为新型城镇化的载体正在加快推进，产业集聚区作为新型工业化、产业转型升级的载体已经形成一定规模，商务中心区和特色商业区是城区经济和现代服务业发展的载体，目前正在全省展开。新型城镇化引领三化协调发展战略的推动需要进一步找准抓手，完善城市新区、城市组团、产业集聚区、商务中心区、特色商业区等载体建设，加快促进产业集聚，创造就业岗位，增强城镇综合承载能力。

加快城市新区载体建设，增强城镇发展活力。城市新区是引领产业转型升级的重要载体，自2009年以来，河南省先后设立了郑州、开封、洛阳、平原、焦作、许昌、漯河、南阳、安阳、商丘、平顶山、三门峡、鹤壁、濮阳14个城市新区，驻马店、周口城市新区规划总体方案正在研究制订。14个城市新区要着力完善城市新区规划体系，完善基础设施和公共服务体系，推进城市新区功能区综合开发，吸引高端要素集聚，促进城市新区现代服务业和高端制造业集聚，创新城市新区体制机制，提高要素保障能力和运行效率，使其成为宜居宜业、功能现代、生态优美的现代化复合型功能区。

加快城市组团载体建设，增强城镇发展活力。城市组团是完善城市布局和形态，提升中心城市辐射带动能力的重要载体，促进中心城市组团发展，有利于完善城市功能，推进产城互动，形成以大带小、以小补大、相互促进的城市集群优势，加速中心城市产业和人口集聚。加快城市组团载体建设，一是要调整完善规划，统筹考虑中心城区和城市组团的空间布局、土地利用、产业发展、基础设施建设、生态环境保护等地域特点，合理安排城市组团的空间布局，科学确定城市组团的发展规模和功能定位。二是要构建错位发展，优势互补的区域产业格局。城市组团要充分发挥区位、资源、交通优势，大力发展与中心城区主导产业分工协作的关联配套产业，形成与中心城区错位发展、链式发展、优势互补的产业体系。三是要加强城市组团与中心城区以及城市组团之间的交通体系建设。推进中心城区骨干道路向城市组团延伸，加快中心城区与城市组团之间放射状快速通道、轨道交通和快速公交系统建设，形成综合性、立体化、网络型的现代交通体系。

加快产业集聚区载体建设，增强城镇发展活力。要以产业集聚区为载体，以主导产业为支撑，以项目建设为抓手，大力推动产城融合、产城互动、产城一体，带动第三产业繁荣发展，使产业集聚区成为各区域增强城镇发展活力、提升城市发展水平的新载体。一是要严格执行产业集聚区的各项规划。坚持产业集聚区的产业发展规划要与土地利用规划、空间布局规划相互衔接、相互协调，有机融合。产业集聚区发展规划要高度重视产城融合，严格按照产业规划与空间规划布局产业、商业以及配套设施。二是要突出抓好产业集聚区的主导特色产业。重点引进龙头型、基地型企业，带动同类企业、关联企业配套企业高效集聚，加快形成一批特色产业集群，成为承接产业转移的平台、城市经济发展的增长极。三是要完善产业集聚区的基础设施。要按照产业集聚区和城市的定位规划好、建设好产业集聚区的道路、给水、排水、管网等设施，要注重生产型服务业建设，建设研发中心、孵化园和标准厂房，要完善生活型服务业，建设职工公寓等，提高人口集聚能力，推进产业集聚区内的村庄向城镇社区转变，把产业集聚区建成为宜业、宜居的复合型产业聚集区。

加快商务中心区和特色商业区载体建设，增强城镇发展活力。商务中心区和特色商业区是加快发展现代服务业的载体，积极发展中心商务功能区和特色商业区，有助于构筑资本、技术、信息、人才集聚平台，增强承接产业转移吸引力，促进高端要素集聚，引进国内外知名企业设立区域性总部、功能性中心和研发基地，引进高端项目、高端机构、高端品牌和高端人才，形成服务业发展新高地，更好地发挥规模效应、聚集效应和扩散效应，在区域竞争中赢得主动。大力发展商务中心区和特色商业区，一是要全面提升郑东新区中央商务区的地位作用。突出强化金融、总部经济、科技研发和高端商务功能，推进高端服务业集聚发展，要将郑州建设成为立足郑州、服务中原、辐射中西部的区域性金融中心、总部经济中心、高端商务商业中心和综合会展中心。二是要积极推进省辖市和县（市）建设中心商务功能区。省辖市建设中心商务功能区，重点要结合新区建设，突出综合商务服务功能。县（市）建设中心商务功能区，重点要结合老城改造和新城建设，采取商务、商贸功能混合或分设等不同形式，统筹规划，明确目标，突出特色，满足产业集聚区和经济发展需要，尽快形成规模。三是因地制宜发展特色商业区。按照科学规划、挖掘内涵、强化特色、扩大规模、提升效益的原则，结合旧城改造和城市建设，规划建设一批特色商业街区、文化休闲旅游区、特色交易市场和创意产业园、科技创业园、软件园等生产性服务业集聚区，扩大消费需求，拓展市场空间，促进产业发展，城市繁荣。

三、依托新型农村社区建设促进现代农业发展

新型农村社区是新型城镇化引领三化协调科学发展的切入点。新型农村社区建设能够催生现代农业生产方式，促进农业现代化。建设新型农村社区能够提高空间使用效率，以新型农村社区建设为切入点，既可以把城市基础设施和公共服务体系延伸到农村，逐步形成大中城市为主导，县城、中小城镇与新型农村社区协调发展的新型城镇体系，提高城市的综合承载能力；又可以让更多的农村居民转化为城镇居民，促进土地的节约集约利用，为工业化提供更多发展空间；还可以减少农业从业人员，增加人均拥有资源量，促进农业适度规模经营，从而提高农业劳动生产率、土地利用率和资源产出率，加快农业现代化进程。

依托新型农村社区建设促进现代农业发展，要把新型农村社区建设与农村土地流转结合起来，大力推进农业规模化生产和产业化经营，加快农民转移就业，促进人口集聚和土地集约利用。鼓励进入新型农村社区定居的农民，将承包地流转给规模经营主体，推进农业规模经营。通过农村集体建设用地整治节约出的建设用地指标，要优先用于现代农业发展，规划建设农民创业园，按照一村一品、一乡一业的发展模式，重点培植高效农业、现代畜牧业和农产品加工业，为农民就近转移就业、创业提供空间。要选择基础条件好、比较优势强、发展潜力大的农产品生产区，建设规模化、标准化、专业化和集约化原料生产基地，壮大龙头企业，培育知名品牌，完善农产品批发市场，打造一批"全链条、全循环、高质量、高效益"的现代农业产业化集群。在新型农村社区规划范围内建设"农家乐"、"乡村游"等，大力发展设施农业、观光农业，打造集生态涵养、农产品供应和休闲旅游于一体的现代农业示范园区。

第四节　增强城镇区域带动能力

不同规模等级的城镇都是整个城镇结构体系中的重要结点，按照城镇

区位优势、功能定位和产业区域分工，对一定区域内的社会经济发展能量与要素能够进行高效、有序、合理的聚集与扩散，这种辐射带动作用日益成为区域经济的重要发展动力。河南省城镇的区域带动能力总体上偏弱，省会郑州城市规模偏小、在全国城镇体系中的等级地位不高，辐射带动作用不明显。全省中等城市数量偏少，承上启下的节点作用不够突出。小城镇数量多，但规模小、功能不全，服务带动乡村地区发展的功能较弱。为此，河南省要大力提升城镇基础设施和公共服务设施建设水平，加快城市新区、城市组团、产业集聚区、商务中心区和特色商业区等载体建设，提高城市承载能力，充分发挥其对区域经济的辐射带动作用。

一、强化郑州的龙头带动作用

省会城市一直是各省的政治、经济、文化中心，郑州是河南的省会，是全省的龙头，是辐射、带动全省的核心动力。新型城镇化引领三化协调发展战略的实施迫切需要郑州勇挑重任，敢于担当，不断强化省会意识、龙头意识，要立足全市通盘规划，树立大郑州的观念，把中心城区建设与周边县市发展有机结合起来，通盘考虑、统筹布局，使所辖县市成为其有机组成部分，推动共同发展、协调发展。要发挥优势统筹周边发展，用区域经济的概念而不是行政区划的角度来谋划，强化郑州的枢纽地位，增强对周边的辐射带动作用，上下衔接、左右逢源，与周边地区互动联动、形成板块，凸显郑州作为河南省省会城市的"龙头"辐射作用，带动推动全省融合发展。

强化郑州的龙头带动作用，一是要按照全域城镇化的理念，全面推进郑州都市区建设，构建以中心城区、郑州航空经济示范区为核心，外围组团为支撑、小城镇为节点的现代化城市发展格局，提升郑州全国区域性中心城市地位。二是要依托郑州国内大型航空枢纽，以发展航空货运为突破口，积极承接国内外产业转移，促进高端制造业、现代服务业和人口集聚，大力发展航空经济，打造内陆改革开放新高地和全球重要的航空货运集散中心，建设航空大都市，培育中原经济区核心增长极，带动全省产业结构调整，促进经济转型升级。三是要加快中心城区改造提升，疏解部分老城区功能，推进中心商圈、城市商业综合体、特色商业街区建设，打造以现代业态为主的商业高地和商业核心区。四是要推进郑汴新区建设，加快郑汴一体化步伐，积极推动许昌、新乡南北两翼对接融入，打造三化协调发展先导区。

二、着力提升中心城市辐射带动作用

中心城市是实现依城促产、以城带乡的主导力量。除郑州之外，河南还有 17 个省辖市，虽然各省辖市都是本区域的中心，但总的看，除洛阳等少数外，大多数省辖市的经济实力还比较弱，难以发挥区域辐射带动作用。未来要按照规模做大、实力做强、功能做优、环境做美的原则，发挥比较优势，突出自身特色，加快经济发展，壮大城市规模，增强聚集和辐射带动作用，使之真正成为各区域空间组织的核心。

提升中心城市辐射带动作用，一是要统筹推进老城区改造和城市复合型新区建设，推动中心城市组团式发展，构建多中心增长空间，推动中心城市发展方式转变，增强中心城市以大带小、以城带乡的主导作用。二是要推进中心城区棚户区、旧住宅小区、城中村改造和商业区开发，推动现有功能结构调整和空间整合置换，培育综合商业商务服务区，提升辐射带动能力。三是要加快城市新区建设，推动现代服务业和高端制造业集聚，强化三次产业复合和经济生态、人居功能复合，成为中心城区功能拓展的主导区域、城乡一体化发展先行区和区域经济增长极。四是要优化城市发展形态，将中心城区周边符合条件的县城、县级市市区和特定功能区纳入城市组团，构建便捷交通通道，提升特色制造业、服务业和人口承载支撑能力，形成功能互补、集群发展的中心城市发展空间布局。

三、提高县城的承载和承接作用

县级市、县城是承接产业转移和吸纳农业人口集聚的重要力量，全省县级市和一般县城要按照现代城市的理念和标准，提高县城规划建设水平，注重内涵式发展，突出特色、提高品位，通过建设各具特色的产业集聚区，积极培育特色产业，壮大支柱产业，强化产业支撑。加强基础设施和社会服务设施建设，形成产业集聚区、县城新城区和旧城区"三位一体"的发展格局，把有条件的县（市）发展成为中等城市，增强承接中心城市辐射和带动农村发展的能力。

提高县城的承载和承接作用，一是要加快产业集聚区建设，依托产业集聚区和专业园区，加大招商引资力度，培育主导产业，壮大产业规模，发展特色产业集群增加就业岗位，促进农村人口就近就业转移。二是要推动老城区集中连片改造，加快基础设施现代化，提高集约化发展水平。三是要加快新城区规划建设，拓展城市发展空间，提升县城吸纳农村转移人口的能力。四是要结合旧城改造和城市建设，推动商贸服务业加快发展，提升综合服务功能。五是要深入推进省直管县（市）试点改革，激发发展活力，率先发展成为中等规模以上城市。

四、增强小城镇重要节点作用

河南的小城镇多位于城乡之间交通发达地带，环境质量高，适于人们生产与生活，具有环境与区位上的优势。小城镇对于吸引来自农村的廉价劳动力，形成劳动力资本的聚集，有着得天独厚的地理优势，这将为小城镇的经济发展奠定充足的人力基础。小城镇作为统筹城乡整体经济发展规划的重要组成部分，在城市规划完善度体系中，如城市总体布局的配套性建设等，占据着举足轻重的战略地位。由此可知，小城镇具有产业与人口聚集、辐射带动、服务、吸纳农民就业与带动农民增收等重要功能，小城镇是引领传统农业向现代化农业转变，传统农村向现代社会转变，实现城乡一体化的重要节点，要坚持分类指导、合理布局、适度发展原则，加强小城镇基础设施建设，因地制宜发展特色产业，进一步提升服务农业农村发展的能力。

增强小城镇重要节点作用，一是要对产业基础强、区位条件好、发展潜力大的重点镇，实施扩权强镇试点，赋予部分县级政府的经济管理权限，逐步发展成为 10 万人以上的小城市。二是要积极探索交通导向开发模式，优先支持位于中心城区与组团之间快速交通通道节点上的小城镇发展，使之成为密切中心城区与组团联动发展的支点和现代化小城镇。三是要支持具有资源和产业优势的特色镇，加快发展矿产资源、农产品加工和文化旅游等特色产业，逐步扩大城镇规模。四是对不具备产业集聚基础的小城镇，重点强化区域服务功能，成为为周边农村提供生产生活服务的中心。

五、增强新型农村社区战略基点作用

探索新型三化协调科学路子，发挥好新型城镇化的引领作用，新型农村社区建设至关重要。新型农村社区是现代城镇体系的一个重要组成部分，是统筹城乡发展的结合点、推进城乡一体化的切入点、促进农村发展的增长点，要着力增强新型农村社区战略基点作用。新型农村社区建设既有利于改善农民的生产生活条件，又有利于拉动农村投资和消费；既有利于促进人口向城镇集聚，又有利于城市基础设施和公共服务向农村延伸覆盖；既有利于集约节约土地，又有利于农民减少住宅建设投入；既有利于促进当前农村经济社会发展，又有利于城区经济结构的转型升级。

增强新型农村社区战略基点作用，一是要加强规划引导。把新型农村社区建设纳入城镇体系规划，按照县域村镇体系规划、产业发展规划、土地利用总体规划、社区建设规划"四规联动"的要求，高水平编制好各项规划，增强规划的协调性、前瞻性和可操作性。二是要因地制宜选择建设模式。目前河南省新型农村社区已经探索出了五种建设模式，即城镇开发改造型、郊区联村集聚型、多村整合联建型、园区带动型、强村兼并型。各地应从实际出发，依托区位优势和产业基础，综合考虑生态宜居、自然景观、传统文化等因素，选择体现地方特色的新型农村社区建设路径和做法。三是要促进农民就业。要把新型农村社区建设与培育现代产业体系有机结合起来，要因地制宜选择产业发展项目，搭建产业发展平台，积极发展县域二三产业，带动农村劳动力就近就地转移就业，多渠道增加农民收入。四是要充分尊重群众意愿。新型农村社区能不能建、何时建、怎么建、在哪里建，必须充分尊重群众意愿，保障农民的知情权、决策权、参与权、监督权，切实把好事办好。要在认识上和情感上端正对农民群众的态度，无论是政府支持、企业参与还是群众自建，都要设身处地为农民着想，认真听取群众意见。

第五节　统筹城乡经济社会发展

统筹城乡经济社会发展，是从根本上解决河南"三农"问题、全面推进小康社会建设的客观要求，也是促进新型城镇化引领三化协调发展战略实现的现实需要。坚持新型城镇化引领，就是要推进城乡统筹、城乡一体，促进城乡就业、教育、医疗卫生、社会保障等基本公共服务均等化，使人民共享发展成果。坚持新型城镇化引领，就是要改变在城乡规划、生产力布局、基础设施建设、资源配置、公共服务、劳动就业、社会保障等方面重城市、轻农村的传统格局，以新型城镇化为平台，通过统筹城乡规划、统筹城乡产业联动发展、统筹城乡基础设施联网发展、统筹城乡社会保障等措施，实现生产要素的合理流动，促进城乡资源优化配置，促进城乡均衡发展。

一、统筹城乡发展规划

统筹城乡经济社会发展首要就是要统筹制定城乡规划，按照一体化的思路制定和实施城乡各种规划。要科学制定规划并发挥规划先行、规划引导作用，以统筹新型农村社区、产业集聚区和城市新区规划建设为着力点和突破口，提高城乡整体规划水平，优化城乡功能分区，加强城乡土地统一管理和规范利用，盘活土地存量，充分挖掘城乡土地利用潜力，构建布局合理、功能齐全、层次有序、互动融合的新型城乡空间布局体系。

1. 统筹新型农村社区规划。新型农村社区规划要统筹县域村镇体系规划、产业发展规划、土地利用总体规划，充分发挥规划的引导和调控作用。社区规划要体现特色，综合考虑地形地貌、产业基础、生态环境、交通条件和文化传承等因素，参照城市社区规划标准，完善农村社区规划体系，合理确定新型住宅社区的区位、规模、布局，统筹道路交通、电力、文育卫生、供水排水、能源、文体广场、广播电视等基础设施、服务设施和公益事业建设，高标准规划、高质量建设，不断改善农村农民生活居住条件，缩小城乡差距，建设空间布局合理、基础设施和公共服务设施齐全、社区服务和管理体系完善、居住方式和产业发展协调，集政治、经济、文化、生态建设和管理、服务、自治为一体的新型农村社区。

2. 统筹产业集聚区规划。按照合理确定数量、充分体现集聚、适当兼顾地区平衡和推进形成主体功能区的要求，选择交通条件优越、产业导向明确、空间条件充裕、符合生态环保要求的区域，规划建设产业集聚区，为发展大产业、承接大项目、培育大企业构筑战略性大平台。合理确定产业集聚区规划层次和规模，科学划分产业功能区、城市配套区、生态功能区、预留发展区等区块，提出各功能区块的发展导向和建设要求，扎实有序推进。

3. 统筹城市新区规划。把建设复合型城市新区作为统筹城乡发展、加快城镇化进程的重要突破口，通过新区建设，提升城市作为辐射极和增长极的核心驱动作用，带动农村加快提升经济社会的发展层次和水平。以郑州新区、洛阳新区等为重点，将城市新区作为经济集聚和人口集聚的重点区域，推动产业集群发展，培育形成经济中心和产业中心，增强集聚吸纳能力，促进大量农村人口向城镇转移，提升区域整体经济竞争力和辐射带动能力。将城市新区作为不断优化土地利用空间结构和效率结构的重点区域，以节约集约为导向，促进土地资源可持续利用。将城市新区作为不断优化功能布局、完善基础设施的重点区域，以更加完善的交通运输、信息网络和文化、教育、卫生等公共服务设施，提升中原经济区城市的形象和层次。

二、统筹城乡产业联动发展

统筹城乡产业发展是统筹城乡发展的关键环节，通过调整城乡产业布局，建立城乡之间互补互促的产业链条，以城乡产业转移、产业整合等推动城乡产业联动发展。

1.加快推进城乡产业转移。随着城镇化、工业化加速推进，城市土地资源日益稀缺，土地使用成本迅速增加，同时劳动力成本也在不断上升，推动一部分技术相对低端、劳动密集、占用土地较多的企业逐步由中心城市向外转移。由于周边农村具有明显的地缘优势，与城市相比，土地资源、劳动力资源、自然资源都相对充足，城市产业向农村转移便成为促进城乡产业互动发展的重要形式，并由此有效推动城镇产业优化升级、农村产业配套完善。产业转移既是缩小城乡产业差距和协调城乡经济发展的现实选择和必然要求，也是优化配置资源要素，统筹城乡社会经济发展的必要条件。这种产业转移也使农村劳动力非农化可以就地实现，客观上促进了区域经济的发展。实施产业转移，既要考虑各种资源的优化配置和资源效率提高问题，也要考虑这种产业转移对区域经济社会发展的可持续性，更要避免转移污染，破坏人与自然的和谐发展。

2.加快推进城乡产业整合。城乡产业联动发展的重要举措之一就是要推动城乡产业整合，根据城镇与农村的不同发展阶段、发展基础和发展特色以及各自优势条件，在突出城乡产业链条关联的同时，注重城乡产业间通过整顿整理实现重新组合。重点根据城市、农村的不同特质和资源禀赋，以城乡产业协作和产业联合为重点，在农村，充分发挥农业发展优势，以丰富的农副产品资源以及人力资源等为依托，围绕农业上工业，重点发展农副产品加工业，延伸农业产业链，提高农产品科技含量和附加值，推动农业与农村产业结构优化升级。在城市，以产业升级换代为主线，在将技术成熟、产品成型的劳动密集型、资源密集型产业以技术转移、设备转移、设立子公司等形式向农村转移的同时，积极以信息化、科技化推动新型工业化进程，着力发展现代服务业和新兴产业，提升城市辐射力和带动力。通过加强城乡产业分工，突出城乡各自产业发展优势，从而逐步实现城乡产业内部的组织性和组织化程度的改善以及外部协调化程度的提高，也就是通过城乡产业发展带动要素组合和配置的变化，使城乡产业之间的布局更加合理、比例更加协调，城乡产业之间的联系更加紧密，进而促进城乡产业发展效率和质量的提高。

三、统筹城乡基础设施联网发展

城乡基础设施联网发展对于统筹城乡发展具有重要的基础性和保障性作用。通过着力构建覆盖城乡的"路网"、"电网"、"水网"、"气网"、"信息网"以及"生态环保网"，不断推动城乡之间交通便利、信息发达、节能节电、饮水安全、服务完善的基础设施共享共建、一体化发展。

1. 加快推进交通联网。一是要加快城市交通设施建设，重点支持中原城市群城际轨道交通和客运系统建设，推进郑州市、洛阳市等重点中心城市轨道交通线网建设，加快城市快速路、主干路、立体过街通道建设，完善城区立体交通体系，提高城区的辐射带动和支撑保障能力。二是要加大对农村交通网络体系建设的投入，以公路网络为骨架，以现有乡村公路为依托进行道路延长和拓宽，形成网络状的村镇道路体系，同时要着重将村镇骨架干路与城市路网联通，构建开放式、网络化的城乡交通格局，建立城乡之间的快速联系网络，推动城乡一体化发展。

2. 加快实施信息联网。高度重视城乡信息联网建设，推进城乡之间电信网、广播电视网、互联网"三网融合"，积极建设重大应用网络平台及信息系统，促进城乡之间网络资源共享和互联互通。健全农村信息服务体系，加强农村远程网络建设，实现城乡信息资源共享。

四、统筹城乡社会保障体系建设

社会保障是国家通过立法，采取强制手段对国民收入进行分配和再次分配而形成的专门基金，包括社会保险（养老、医疗、失业、工伤、生育）、社会救济、优抚安置、社会福利等内容。它是每个社会成员在遭受生、老、病、死、伤、残及失业风险时获得物质帮助的一项权利，是国家为维护社会稳定而履行的、确保社会成员生活权利的一种法律责任。近年来河南省城镇化快速发展，劳动力和居民在城乡之间流动规模扩大、速度加快，凸显出城乡社会保障制度供给不足的矛盾，给社会稳定以及经济社会健康协调发展带来很大的压力，所以需要在政策、制度、体制等方面打破参保身份界线，提高统筹层次，加快建立覆盖城乡的基本社会保障制度。

1. 推进各项社保政策衔接。研究制定城乡、区域之间养老、医疗等社会保险转移衔接办法，实现进城落户农民养老和医疗保险的顺畅转移和有效衔接。农村低保与新农保的衔接应遵循叠加实施原则，努力实现政策效应最大化。

2. 扩大社会保障范围。加快建设覆盖城乡居民的社会保障体系，稳步提高保障水平。加快实现新型农村和城镇居民社会养老保险制度全覆盖，稳步扩大农村低保覆盖面。随迁未就业家庭成员，可按有关规定自愿选择参加城镇或农村社保。支持灵活就业人员以个人身份参加城镇职工养老和医疗保险。建立健全低收入困难群体基本生活保障体系，及时将符合条件的转户农民纳入城镇低保范围。在城镇单位就业的进城务工人员与城镇职工享受同样的工伤保险、失业保险、生育保险等。

3. 完善社会救济援助体系建设。完善社会福利和养老机构基础设施，建立健全城乡困难群体、残疾人和优抚对象等特殊群体的社会保障机制。加强社会救济援助体系建设。转户进城农民在劳动年龄内有就业愿望无业的免费办理失业登记，符合就业困难人员认定条件的享受公益性岗位安置等就业援助服务。

4. 加强住房保障体系建设。加强以公共租赁住房为重点的保障性安居工程建设，建立健全廉租房、公租房建设、分配、管理机制，将有稳定职业并在城市居住一定时间年限的务工人员纳入城镇住房保障体系。支持开展利用住房公积金贷款支持保障性住房建设试点，增加中低收入居民住房供给。

第八章
河南新型工业化带动三化协调发展

河南省经济发展走三化协调发展的路子，既是从全国发展大局视角的考虑，也是区域科学发展的内在要求。《国务院关于支持河南省加快建设中原经济区的指导意见》中明确提出，"加快新型工业化进程，构建现代产业体系，引领带动三化协调发展"。河南省委书记卢展工指出，在中原经济区建设实践中，工业的发展首当其冲，工业化上不去，其他"化"都很难上去。因此，加快三化协调科学发展，必须发挥新型工业化的主导作用，必须坚持把新型工业化作为经济社会发展的主体，作为转变发展方式、调整经济结构的主战场。

第一节　发挥新型工业化对三化协调发展的主导作用

国内外发展经验表明，工业化是推进区域经济发展的主动力，更是实现三化协调发展的核心。从内在逻辑看，新型工业化是三化的内在要求、连接纽带、核心动力和内在支撑，新型工业化为三化协调发展提供了新的发展理念、要素支撑和空间格局，发挥着带动三化协调科学发展的重要作用。

一、新型工业化是三化协调发展的内在要求

工业化是城镇化发展的引擎器。生产力发展客观要求工业生产的集聚

性和规模化，工业经济形成的强大规模经济，对其他经济产生支配效应、乘数效应、极化效应和扩散效应，吸引各种生产和生活要素在城镇的空间集聚，为城镇发展带来信息、技术和城市文明。工业化进程的不断推进，逐渐引导农村人口进入城镇，既为城市发展提供了主体，也为产业发展提供充足的人力保障。工业化还为城镇化提供强大的资金、物质和技术保证。作为工业化的基本要素，企业在发展中一方面生产供应城市建设消耗的物质资料，一方面以税收利润提供坚强的资金保障，并且在企业不断创新发展中，通过知识、技术的集聚与扩散为城镇发展储备了专业技术和管理人才。

工业化发展能够有效提高农业生产率。美国经济学家舒尔茨（1964）曾经提出，改造传统农业的关键是引进新的现代农业生产要素。工业技术进步不断推动农业生产效率提升，并通过第二、第三产业的不断扩张吸收随着劳动生产率提高不断出现的剩余产品和剩余劳动力，既缓解了农村的人地矛盾，又创造了农业劳动力流向工业的前提条件。工业化发展为农业现代化发展提供了资金与物质支持。在农业现代化发展过程中要求基础设施不断改进、农业生产的物质投入不断加大，然而仅仅依靠农业增长收入难以满足巨大的资金缺口。但是，伴随着工业化发展的不断深入，工业生产积累的资本提升了区域经济的综合实力，为实现农业现代化提供了强大的资金保障，切实落实工业反哺农业。工业化发展还促进了农业专业化分工，优化了农业产业结构。在工业化的发展与实现过程中，农业专业化分工日趋细化，伴随着高产高效农业的发展，农产品总量不断提升，进而带动了农产品加工业的发展，实现了产品层次由农业初级产品向农业精深加工品的转变，大范围、大幅度地提升了农产品价值和效益。

工业化是经济发展的基础。农业化支撑工业化，工业发展带动城镇化，城镇化发展推动农业现代化。没有工业化，城镇化缺乏产业支撑，就缺少保持城市发展的基本动力；没有工业化，农业现代化发展就缺乏先进的物质技术和科学的管理手段；然而，没有城镇化和农业现代化，工业化就缺乏有效载体和坚实基础，反过来也会阻碍工业化进程。因此，工业化、城镇化和农业现代化相互影响、相辅相成，在循环演进中良性互动，加快新型工业化发展是城镇化、农业现代化发展的基本保障，是实现三化协调发展的内在要求。

二、新型工业化是三化协调发展的连接纽带

工业化、城镇化、农业现代化三者之间存在不可分割的内在联系，两两相促进，又相互制约，在相互协调中不断向前发展。三化协调发展，体现了城镇与农村、工业与农业的互动关系。然而，西方发达国家的发展进程表明，产业发展是工业化、城镇化、农业现代化协调发展的连接纽带。

产业发展是城镇化的原动力。城镇化发展和聚集主要是依托产业发展，产业发展水平直接决定着城镇化水平，产业发展为城镇发展提供财源，为第二、第三产业发展拓展空间，为城镇人口提供就业机会。城镇化水平的提高显然不能仅仅依靠简单的"农民进城"，关键还是要有相应的产业支撑，有了产业支撑，就有了就业岗位、收入以及其他社会服务。在我国工业化的实现过程中，不断发展壮大产业支持，提高产业间的关联度和县域发展水平，不断将产业发展融入区域经济发展体系之中，通过提高产业的集聚水平，把产业发展和城镇建设结合起来，有效推动城镇化的健康发展。尤其随着更高端产业向中心地区集聚、一般产业向外围组团扩散的趋势显现，带动了城镇空间结构的优化升级，新的"中心—外围"产业布局为城镇化发展带来了新的空间格局。

产业发展带动农业现代化。现阶段如何推进农业现代化，关键在于农业产业化。以产业化推动第二、第三产业向第一产业渗透，打破传统农业生产、加工与流通相对分割的格局，形成提高农业生产力的组织形式和经营机制，从而强化农业作为第一产业的基础地位。通过进一步发挥本地农业资源的比较优势，培育和壮大特色产业，大力扶持农产品加工龙头企业，推进农业企业向优势农产品集中区域聚集，以产业集聚带动农产品加工业发展，使农业发展满足高产、优质、高效、生态、安全的要求，实现农业专业化、规模化、集约化、标准化发展。

因为无论是工业化、城镇化，还是农业现代化，产业发展都是核心问题，没有产业带动，工业化、城镇化与农业现代化都不可能实现，而产业还是三化之间的连接纽带，只有产业才能带动人员、技术、资金、管理等

生产要素在工业、农业、城镇之间的流动，推进三化协调发展。因此，新型工业化带动的产业发展是三化协调演进的核心问题。

三、新型工业化是三化协调发展的核心动力

三化协调发展关键障碍是工业化、城镇化和农业现代化之间的矛盾，尤其是在资本积累、劳动力资源、土地供给以及环境保护等方面的冲突，如何推进三化协调发展，关键就在于如何解决三化之间的矛盾。面对新的发展阶段，工业化、城镇化、农业现代化的发展均呈现新的态势和特征，推进三化协调发展的核心动力还是主要来源于新型工业化。

一是新兴产业与传统产业互动发展催生新动力。为摆脱国际金融危机，寻找支撑下一轮经济的新增长点，抢占下一轮产业发展的制高点，全球各国纷纷把发展新能源产业、推行低碳经济、实现"再工业化"作为其应对经济危机、调整经济发展战略的重要手段。然而，这种产业发展战略调整并非利用新兴产业取代传统产业，而是利用新能源技术对传统产业进行改造，通过对现有产业的发展模式、分工体系、竞争规则产生影响，使本来已经失去竞争优势的传统产业在引进新技术后变成具有竞争优势的朝阳产业，继续参与国际竞争，把控价值链高端环节。当前河南面临着改造提升传统产业的艰巨任务，而新兴产业与传统产业互动发展可以催生新的产业、产品、技术等，产生新的经济增长点，使新兴产业发展建立在更牢固的基础之上，因此，可以从新旧产业互动发展中寻求推进三化协调发展的新驱动力。

二是服务业与制造业协同演进中催生新动力。对河南来说，工业发展方式偏传统、产业结构偏重化、产业链位置偏上游和价值链位置偏低端等结构性矛盾日益显现，往研发、设计、营销、品牌等高附加值环节攀升的空间还很大。当前，制造业服务化的趋势日益明显，新型工业化发展动力更多地来源于生产性服务业的带动。然而积极发展生产性服务业，提高制造业的服务增值能力及价值收益，需要更高水平的城镇化和农业现代化支撑。因此，推动服务业与制造业协同演进，必将对城镇化、农业现代化产生巨大带动作用，有利于形成三化协调发展的新格局。

三是龙头企业与中小企业分工合作催生寻求新动力。现代产业需要企业分工合作网络的支撑，而构建现代分工合作网络中蕴含着强大动力，三化协调发展需要网络化产业组织结构的支撑，即以龙头企业为中心、中型企业为节点、无数小企业配套的产业网络，这种现代产业网络支撑了工业化对城镇化、农业现代化的带动。

四、新型工业化是三化协调发展的重要支撑

国内外的区域发展经验表明，新型工业化是推进区域经济发展的核心任务，经济学家刘易斯（1955）认为，没有工业发展就没有现代社会的产生，也就没有现代城市的出现，更不会有农业的现代化。尤其是对于尚处于工业化中期加速阶段的河南来说，必须把推进新型工业化作为三化协调科学发展的核心，作为建设河南的重要支撑。

一是现代新型工业体系的支撑。河南能源原材料等资源类产业比重过大的产业结构，不利于三化协调发展，只有按照新型工业化的要求，把推动自主创新与改造提升传统产业、培育战略性新兴产业结合起来，促进工业与现代农业的相互融合，拉长产业链条，提高绿色发展水平，努力构建多元化现代新型工业体系，着力提升工业发展质量，才能发挥区域比较优势，推进三化协调发展。

二是现代服务业的支撑。新型工业化为服务业尤其是现代服务业发展提供了广阔的空间，一直以来，河南服务业发展滞后，抑制了劳动力向非农产业的转移，从而阻碍了城镇化和农业现代化的进程，就河南的具体情况来看，未来要大力发展文化产业与旅游业、积极发展现代金融业、做强现代物流业、加快发展信息服务业、加速推进生产性服务业与工农业的融合、提升传统服务业发展水平，推进三化协调发展。

三是现代产业分工合作体系的支撑。新型工业化必然要发展现代产业分工合作体系，即以大企业为排头，很多中型企业配套、无数小企业层层跟进的现代产业分工合作网络，沿海地区的产业竞争力主要体现在这种产业网络上。而产业集中度低，大企业数量少、带动力弱，中小企业专业性不强，配套能力弱，是河南产业体系的典型特征，河南发展现代产业体系

的着力点就是要提高大型企业集团对产业网络的带动力与支撑力，提升中小企业专业化分工协作水平，引导大型企业向中小型企业延伸产业链，形成适合三化协调发展的现代产业分工合作体系。

第二节　加快工业转型升级

国际金融危机以来，中国工业的发展环境发生了剧烈变化，全球产业格局面临重构，发达国家"再工业化"战略方兴未艾，低端锁定在全球价值链上的中国工业站在了一个转折点上，"转型升级"成为中国工业发展的战略选择。在这个大背景下，河南工业发展无疑也站在了一个十字路口上，建立在资源和投资驱动基础上的传统比较优势逐步丧失，新的增长点和竞争优势尚没有形成，转型升级存在断档风险。然而，要充分发挥新兴工业化对三化协调发展的带动作用，就必须推动河南工业发展由投资驱动向创新驱动转型，加快工业转型升级步伐。

一、加快产业链由上游向下游延伸

河南工业的主导产业大多聚集在产业链上游，虽然近年产业结构调整与优化步伐不断加快，加工粗放、层次低端、产业链短的状况有所改变，但主导产业偏聚产业链上游的格局并未改变。要实现河南工业转型升级，必须从提高主导产业延伸度着手，推动优势主导产业从产业链上游向下游延伸扩展，以向下游终端环节延伸带动上游产业良性发展，着力在高加工度环节、增值环节、瓶颈环节、关键环节、配套环节上寻求突破，重点在装备制造、电子信息、汽车及零配件制造、铝深加工、食品、轻工、新型建材等产业推进产业链上游向下游延伸扩展。从整体上改造提升具有传统优势的化工、有色、钢铁、纺织等产业，全面推广伊电集团铝工业产业链从氧化铝、电解铝向下游铝板箔深加工延伸扩展的成功样本，加快形成有市场有竞争力的新产能，提高主导产业延伸度，全方位带动相关产业良性增长。

二、加快产业层次由传统加工制造转向服务增值提升

河南工业转型升级要着力提高主导产业新型化，由传统的低水平重复扩张向新型的高水平提升，由加工制造向制造服务增值提升。发展方式的转变不仅是指从低水平制造业向先进制造业转变，也是指从过度依赖制造业向现代服务业和先进制造业并举转变。河南庞大的制造业基础将为提升制造服务增值能力提供广阔的空间，应以推进产业服务化为导向，加快构建适于河南省情的生产性服务业体系，鼓励制造业企业向服务增值环节延伸价值链，提高产业附加值与产业链竞争力，推进先进制造业与生产性服务业互动协调发展。以装备制造业为重点，支持制造业企业以提供综合解决方案为核心提高服务增值能力，引导和推动大型制造企业通过管理创新和业务流程再造，提高专业服务在产品价值中的比重。重点围绕电子信息、装备制造业、汽车、家电产业，在技术创新、功能创新、结构优化、成套集成、外观造型、包装展示以及节材节能、新材料使用等重点环节，积极发展以全新技术设计、引进提高设计、市场实用设计等为主要内容的工业设计产业。加快发展工业软件业，围绕河南省优势产业与先导产业需求，加快开发适应行业特点的工业软件，加快产业化步伐与应用推广，提高制造业企业运营效率和经济效益。重点围绕电子信息、装备制造业、食品、医药、汽车、家电等行业，对生产制造产业链的物流业务环节进行"先分离、再嵌入"的产业流程重组，积极发展第三方、第四方物流，大力推进行业性电子商务平台与物流信息化集成发展，推广应用物联网技术，提高物流业信息化水平。

三、加快产业形态由分散形态向集中形态转变

推动河南优势主导产业由分散形态到集中形态是实现河南工业转型升级的重要途径，河南优势主导产业需要抓住当前全球工业和中国工业布局在"后危机时期"面临全面调整的历史机遇，加大产业整合力度。一是推进产能整合，全力推进优势主导产业产能整合，扩充先进优质产能，淘汰

传统落后产能，推动生产要素向先进优质产能与新兴领域集中，加快形成河南工业发展新优势。在煤炭、有色、装备、钢铁、化工等重点领域，依托龙头企业打造一批省级行业发展平台，通过战略联盟合作、产业链对接、产业分工网络构建，组建一批产业创新联盟，从更高层面谋划河南工业转型发展。二是推进企业整合，通过战略重组、购并、参股、托管等资本运作方式，做强做大带动力强的行业龙头企业，培育更多"航母"企业和航母舰队型集群，进而提高主导产业竞争力。三是推进资源整合，支持大型企业或战略联盟企业群，通过战略重组、购并、参股、托管等资本运作方式组建矿产资源经营大型企业或战略联盟企业群，集中开发储备域内外矿产资源。出台具体政策，控制和集中企业采矿权，支持大型企业或战略联盟企业群加强对钼、镁及各类稀土等资源的矿山资源储备和精矿产品储备，增强河南工业发展后劲。

四、加快产业扩张由点式发展向链式发展转变

推动河南工业转型升级，必须转变企业点式扩张的传统发展方式，实现由点式发展向链式发展转变，提高优势主导产业内部企业之间的产业链接度。一是产业集聚区、产业基地、工业园区、产业集群的发展，必须努力由点式企业集合发展方式向链式企业集聚发展方式转变，提高园区和集群内部企业之间的产业链接度，形成完整的无缝对接高效能产业链。二是要培育一批具有较强产业链带动力的"蜂王型"龙头企业，带动基于产业链配套的"工蜂型"企业集聚发展，培育发展主导产业本地配套产业链，支持中小企业单品供应商向模块化供应商转型，补齐产业链缺环与弱环，推动大型龙头企业与配套中小企业发展现代产业分工合作网络，形成产业链式集聚发展的合力。三是要积极引进能与传统产业进行链式对接的新兴产业"蜂王型"企业或项目，以增量改造提升存量，带动传统产业更新改造和转型升级，逐步用新型产业链替代传统产业链。

五、加快产业发展由牺牲资源环境为代价向绿色低碳发展转变

着力突破影响工业经济发展的结构性和素质性矛盾制约，推动工业经济发展方式从粗放型向集约型转变、从以牺牲资源环境为代价向绿色低碳发展转变。按照中原经济区建设"两不三新"的发展战略，切实转变发展理念，注重资源节约、生态建设和环境保护，在推进工业化进程中走资源消耗低、污染排放少、生产安全度高的绿色低碳发展道路。一要综合运用提高行业准入门槛、加强清洁生产审核、实施差别电价等手段，加快淘汰落后产能，加强信贷、土地、环保、供电等政策与产业政策的配合，严防建设淘汰类项目。二要推进工业领域循环经济发展，推动经济与环境协调发展。按照循环经济试点省建设要求，以有色金属、煤炭、火电、食品、化工、建材、造纸、医药等八大高耗能、高排放行业为重点，延长产业链条，提升传统支柱产业，加快发展工业循环经济。在钢铁、有色、化工、建材等重点行业，要总结推广一批资源综合利用先进技术，引导企业节约资源、降低消耗、减少排放，开展清洁生产，提高资源利用率。三要大力发展战略性新兴产业、节能环保产业以及其他绿色低碳产业，以工业产业结构的转变和提升来彻底突破产业发展模式的历史制约。

第三节　增强产业支撑能力

增强产业支撑能力，着眼于抢占全球新一轮产业发展制高点，围绕推行节能减排、发展低碳经济、推进"两化"（信息化和工业化）融合等关键环节，调整产业发展战略，发展壮大高成长性产业，改造提升传统优势产业，积极培育战略性新兴产业。

一、发展壮大高成长性产业

适应消费结构升级和城镇化进程加快的新要求，把大力发展高成长性

产业作为推动经济增长的主要动力，深入挖掘比较优势，以提高产业附加值为主攻方向，以龙头带动、基地支撑、高端突破为着力点，大力发展市场空间大、增长速度快、转移趋势明显的汽车、电子信息、装备制造、食品、轻工、新型建材六大高成长性产业，优化产品结构，培育产业发展新优势。

支持汽车产业大力推进郑州百万辆汽车基地建设，重点发展经济型轿车、轻型商用车、中高端客车和中重卡车四大系列优势产品，大力发展优势专用汽车，推动整车与零部件的集聚发展和互动发展。

支持电子信息产业集中资源攻克产业关键核心技术，积极承接国内外产业转移，龙头引领、配套协同、集群发展，培育壮大信息家电、半导体照明、新型显示、下一代网络技术及服务等产业，加快布局建设一批电子信息产业基地，全面提升产业配套能力。

支持装备制造业重点建设冶金矿山大型成套装备、工程机械及轨道交通装备、现代农业装备和输变电及智能电网装备优势产业链，着力打造石油化工装备、纺织食品专用装备、新型能源装备、数控机床和新型环保装备等特色产业链。推动洛阳动力谷、中原电气谷与轨道交通装备制造基地加快发展，打造具有世界先进水平的电力装备研发和制造基地、全国重要的大型动力装备制造基地和轨道交通车辆装备基地。

支持食品工业加快推进优质原料基地和加工制造一体化发展，提升主食工业化水平支撑，推动企业开发中高端突破性创新产品，提升绿色食品、有机食品、功能食品比重。

支持轻工产业着力吸引行业龙头企业和沿海产业链整体转移，加快产业集群链式发展，重点发展现代家居和劳动密集型产品。支持建材工业大力发展节能、环保和绿色建筑材料，积极引进沿海家居建材龙头企业，加快发展中高端建筑陶瓷、卫生洁具陶瓷、化学建材、高档石材、石膏轻质复合板等新型建筑材料，壮大节能玻璃、优质耐火材料等优势产品规模。

二、改造提升传统优势产业

在全球新一轮的增长体系中，西方各国都不是利用新兴产业取代传统产业，而是利用新能源技术对传统产业进行升级改造，努力实现从资源比较优势和以石化能源为基础的技术路线，向更符合节能环保要求的工业技术路线转换。河南工业经过了三十多年的持续增长，已经积累起巨大的实力和能力，特别是工业企业技术素质的显著提高和国内外竞争力的增强，使得在日益严峻的资源约束条件下对传统优势产业进行技术改造具有了现实可能性。

一是要积极采用高新技术、先进适用技术和现代管理技术改造提升优势传统产业。通过技术引进和自主创新等手段，更新传统产业的机器设备，加强技术研发投入，促使化工、有色、钢铁、纺织等传统优势产业提高生产效率，向高端产业链延伸。支持化工产业石油替代发展战略，以发展高端化工产品与构建循环产业链为重点，充分发挥煤盐资源综合优势，大力推进煤化工、盐化工、石油化工融合发展，提升高端石化产品规模和水平。支持有色金属产业以精深加工为主攻方向，加快原材料的高端产品精深加工延伸，提高中高端精深加工产品比例和有色金属回收利用比例，着力发展铝、镁、铅锌、钨钼、铜、钛六大产业链。推动钢铁产业组建产业联盟，加快战略合作与战略重组，实现钢铁企业向生产服务型企业的转变。加快骨干钢铁企业装备大型化、工艺现代化改造，重点发展高强度建筑和机械用钢，扩大专用宽厚板、优质棒线材、汽车用钢、精密钢管等优钢系列品种，形成"高、特、专、精、深"为主导的产品结构。支持纺织服装业强化企业提升、节能环保、设计创意、品牌塑造、产业配套关键环节，突出发展服装、面料、家用和产业用纺织品等终端产业，改造提升棉纺织和化纤等传统产业，高起点适度发展印染产业，大力承接中高档面料和服装产业转移。

二是要用绿色经济改造传统优势产业。加强新能源、低碳经济等领域的国内外合作，促进节能环保技术的产业化应用。积极引进培育能源与传统产业进行链式对接的新兴产业"蜂王型"企业或项目，以增量激活存量，推动传统产业与新兴产业的良性互动。三是推动信息化与工业化的深度融合。"两化"融合是向传统产业植入高新技术的最有效途径之一，不仅在研发、设计、生产过程中，也要注重销售网络中售后产品的运行监督，重点推动企业信息化水平全面提升，推广信息技术，推进服务业信息化。

三、积极培育战略性新兴产业

所谓战略性新兴产业，对于我国产业发展的现实而言，既包括发达国家已经存在而我国尚没有的高端产业及高端产业链，也包括发达国家正在探索的新的产业门类。在战略性新兴产业链上，有些环节具有资源环保优势，有些也是高污染和高消耗的工艺，所以，发展战略新兴产业不仅要实现产业高端的技术创新，也要实现全产业链乃至产业全生命周期的技术成熟和经济合理。因此，河南要发展战略性新兴产业，就不能脱离河南工业的产业基础与资源禀赋，选择和发展战略性新兴产业需要与传统优势产业紧密结合，在传统产业的优化升级中培育和发展新兴产业，实现传统优势产业与战略性新兴产业的良性互动。以推进产业高端化为导向，河南产业发展层次低主要表现在附加值比较低，发展的关键在于推进产业高端化，提高产业附加值，尤其是要把握好当前战略性新兴产业的发展机遇，根据区域资源优势与产业基础，在新一代信息技术、节能环保、新能源、生物、高端装备制造、新材料、新能源汽车七大新兴产业领域，圈定一批具有比较优势与可持续发展潜力的新兴产业、产品与技术，找准传统优势产业与战略性新兴产业的技术结合点，强化核心关键技术研发，突破重点领域，占领产业制高点，加快形成一批河南新的先导性、支柱性产业，成为河南现代产业体系的重要支撑。

依托装备制造业优势发展高端装备与新兴产业装备。河南装备制造业具有雄厚的产业基础，具有依托装备制造业优势发展高端装备制造业的巨大潜力，可以重点发展先进高效电力设备、大型化工设备、大型冶金及矿山设备、现代化农业装备等高端装备，以及新能源发电设备、智能电网设备、高档数控机床、节能环保设备等新兴产业装备。依托汽车产业基础发展新能源汽车产业。河南汽车制造业在加快扩大规模的同时，依托宇通、日产、海马、少林等企业从传统动力汽车制造向新能源汽车制造扩展，加快混合动力客车、纯电动客车、电动汽车的研发生产。依托化工产业优势发展新材料与新能源产业。

河南应挖掘石油化工、煤化工、盐化工等领域的资源与产业优势，大力发展石化基、煤化基、盐化基新材料，把通用工程塑料、有机硅材料、有机氟材料、碳纤维、膜材料等作为依托化工产业发展新材料产业的重点领域。依托有色金属产业优势发展新材料产业。重点发展铝合金板、箔、丝新特型材产品，铝、镁、钼、钨、钛等多种有色金属合金产品关键技术开发及产业化项目，推进有色金属产业高端化发展。

此外，发展战略新兴产业还要注重发挥比较优势的重要性，在产业的选择上要依托比较优势、保持"有限赶超"特征，即在不久的将来能够成长为新的产业支撑，带动产业升级，不要迷信好高骛远的产业规划，避免距离太远的"产业赶超"。

四、大力发展生产性服务业

随着工业的快速发展，支撑现代服务业发展的工业技术正在飞速进步，科学技术向制造业生产的加速转化将推动产业分工深化，产业链的分解和产业间的融合将拓宽服务业的发展空间。生产性服务业对工业技术具有高度依赖性，其发展的关键在于工业技术的运用，河南庞大的制造业基础将为生产性服务业发展提供了广阔的空间。

一要加快推进制造业服务化。以装备制造业为重点，支持制造业企业以提供产品整体解决方案为核心提高服务增值能力，引导和推动大型制造企业通过管理创新和业务流程再造，提高专业服务在产品价值中的比重。大力发展服务外包，推进制造业企业把产品设计、人力资源、财务管理、设备维护、商贸物流等业务外包出去，加快外包业务的规模化、高端化。

二要大力发展现代物流业。重点围绕食品冷链、医药、钢铁、汽车、家电等行业，积极发展第三方、第四方物流，建成一批专业物流园区、区域分拨中心和配送网络，建立并完善郑州国际物流中心服务平台。推进钢铁、有色、纺织服装等行业性电子商务平台与物流信息化集成发展，加快促进物联网技术普及。

三要加强工业设计与研发服务。围绕外观造型、功能创新、结构优化、包装展示以及节材节能、新材料使用等重点环节，积极发展以功能设计、结构设计、形态及包装设计等为主要内容的工业设计产业，培育一批工业设计机构与人才队伍，形成一批以工业设计与研发服务为纽带、具有行业特点与区域特色的新型产业集群。

四要发展信息服务与软件业。围绕钢铁、机械、石化、冶金、食品等重点行业的信息化需求，加大信息系统咨询设计、集成实施、运行维护、测试评估、数据处理和运营等信息技术服务支撑技术、工具的研发，引导信息系统集成服务向产业链前后端延伸，推动系统集成、测试、数据处理等业务向高端化发展。推动电信增值服务和融合业务发展，鼓励信息技术企业和工业制造企业加强合作。加快发展工业软件业，围绕河南省优势产业与先导产业需求，加快开发适应行业特点的工业软件，加快产业化步伐与应用推广。建设中小企业软件公共服务平台、软件服务外包技术创新平台、软件信息服务中小企业融资担保服务平台。

此外，加快发展生产性服务业，需要大力推进服务业领域的体制机制改革，营造有利于生产性服务业发展的政策和体制环境，构建适于河南省情的生产性服务业体系，鼓励制造业企业向服务增值环节延伸价值链，提高产业附加值与产业链竞争力，推进先进制造业与生产性服务业互动协调发展。

第四节　强化产业集聚载体发展

进一步加快产业集聚区建设，促进各种生产要素向产业基地和特色产业园区聚集，打造一批新型工业化产业基地，培育一批特色产业集聚区，发展壮大主要产业发展带，推进河南工业加快向专业化发展、集聚发展、集群发展转型。

一、加快产业集聚区建设，完善载体功能

当前，区域发展战略和区域竞争格局已发生了较大变化。产业集聚区建设是构建现代产业体系的载体，也是加快新型工业化的基石。河南要加快新型工业化进程，必须加强产业集聚区的功能建设，促进各种生产要素

向产业基地和特色产业园区聚集，推动工业加快向专业化发展、集聚发展、集群发展转型。

一是强化功能建设。加快基础性设施建设，加大道路、供排水等基础设施的覆盖范围，强化产业集聚区与区外设施的互通对接和资源共享。加快生产性服务设施建设，统筹规划建设一批现代物流、金融担保、技术研发、检验检测、信息网络、服务窗口等与企业生产经营紧密相连的生产性服务业项目，提升产业集聚区的承载能力。加快教育、文化、卫生、购物等配套生活型服务设施建设，加快与产业配套的职工宿舍和住宅小区设施建设。

二是完善考核机制。建立产业集聚区发展考核指标体系调整机制，分阶段分别设定不同发展建设阶段的考核指标。在起步阶段之后应提高能耗和排放等质量指标、高新企业营收比重指标的权重，降低当年新增建成区面积指标的权重，增加高科技和新兴产业项目比重、科技创新能力的研发投入、专利量和生产性服务业等指标，以确保产业集聚区建设沿着科学发展观的正确路径展开，真正成为加快河南经济发展方式转变的平台。

二、大力培育链式集群，推动产业链式发展

加快优势产业从点式扩张向链式发展、网络扩展转变，产业核心竞争力由主要依靠单个企业支撑向主要依靠产业链支撑转变。做强核心环节，补充链条缺环，促进配套产业链本地化，积极发展现代产业分工合作网络，强化大型企业集团的辐射带动力，提高中小企业专业化配套能力，培育一批"龙形产业"和"蜂群型"产业集群，发展一批"龙头型"和"蜂王型"领导企业。

一是推进优势产业链本土化。产业链本土化，可以节约运输成本、储存成本，从而降低终端产品总成本，使产品更具价格竞争优势。而且，因为本土化生产更贴近终端消费市场，企业更易根据终端消费需求及时调整产品、销售、渠道等方面的策略，在以反应速度为核心的产业竞争中制胜，最终提升优势产业的区域竞争力。对区域经济来说，产业链本土化还可以增加产业集群的根植性，依托龙头企业的研发、品牌优势与总装能

力，延伸产业链条，补充链条缺环，强化薄弱环节，通过大企业与本地相关配套企业建立战略合作、技术合作关系，提倡中间产品的标准化生产，降低企业间的摩擦成本，提升关键设备、原材料、器件等的本地配套水平。在本地配套率提升的基础上，进一步推动研发、人才等的本地化，最终达到提升区域优势产业整体竞争力的目的。

二是发展现代产业分工合作网络。培育一批产业集群的领军企业，抓好大企业集团的引进、并购重组、自主创新、技术改造。引导中小企业摈弃自我发展、全能发展的发展思路，走专业化、精细化的发展道路，鼓励依托比较优势积极参与区域产业链的分工合作，通过联合重组、资产整合，在价值链上自己擅长的领域做大做强，培育一批行业"隐形冠军"。构建大企业龙头带动、中小企业互联互助的运行机制，大型龙头企业致力于发展核心环节，并向中小企业提供资金、技术和管理方面的支持，开展专业分工、服务外包、订单生产等多种形式经济技术合作，通过大企业集团与中小企业的产业链接，带动中小企业提高配套协作水平。

三是培育一批特色"蜂群型"产业集群。根据区域资源禀赋、产业基础、要素成本的比较优势，按照"特色主导、错位发展、分工合作、网络支撑"的思路，以产业集聚区为平台，以完善产业链、构建分工协作网络为核心，鼓励龙头企业通过并购、转让、联合重组、控股等多种方式，进行区域内资源和产业链整合，在重要行业和关键领域培育壮大一批具有核心竞争力和可持续发展能力、关联度高、辐射力大、带动力强的"蜂王型"企业。支持"蜂王型"企业利用核心技术、品牌等优势聚集和带动更多的"工蜂型"企业，努力打造一批千亿级以"蜂王型"企业为核心的"蜂群型"产业集群，形成规模效应、集群效应，给中小企业创造共同抗御风险的平台。

三、积极承接产业转移，促进产业转型升级

立足资源丰富、产业基础好、要素成本低、区位优势突出的比较优势和竞争优势，抢抓产业梯度转移的历史机遇，积极承接来自国内外的产业转移。实施以市场为导向的优势资源转化战略，通过主动承接、高水平承

接、集群式承接、基地示范承接等等，推动区域产业升级、资源利用效率提升。

一是打造一批优势产业承接基地。以产业集聚区为载体，充分利用各区域独特的资源优势、现有产业优势以及综合成本优势等，打造一批特色鲜明、环境优良、产业集聚效应明显、具有较强区域竞争力的产业转移承接地，为产业承接树立标杆或样板。引导各区域积极承接技术含量高的产业、非资源依赖性产业以及本地特色优势产业延伸配套加工产业，实现承接产业转移与推动产业升级同步。着力优化区域发展环境，破解区位、基础设施、产业配套、物流成本等瓶颈制约，提高本地配套率。

二是重点承接沿海地区产业集群式转移。加强与长三角、珠三角、闽东南和环渤海四大经济区政府、商(协)会和企业的沟通合作，建立省际、区际间产业转移工作联合办公室，构建省际、区际间产业转移对接的长效合作机制，完善产业转移对接渠道。在汽车及零部件、装备制造、有色、化工、食品、纺织服装、电子信息、新能源、新材料等领域与沿海地区展开专题对接活动。支持各级地方政府依托比较优势到沿海地区举办各类专项招商会，快速培育发展特色优势产业集群。

三是积极引进国内外 500 强企业集团。以"招大商、引大项目"为抓手，积极与国内外 500 强企业、跨国公司等投资者展开战略合作和产业对接活动，将产业转移的链条延伸到研发和设计环节，实现高附加值的技术密集型产业转移承接。各区域要立足本地优势，着力打造大企业大集团的投资洼地，鼓励国内外行业龙头企业优化重组整合本地企业，激活存量资产，发展成为他们的区域性产业基地。

四、推进项目达产增效，增强发展后劲

按照"签约项目抓落地，在建项目抓达产，达产项目抓增效"的工作思路，强力推动产业集聚区更多项目落地、达产和增效，努力提升投资强度、产出效益和环保水平，推进资源的集约节约利用，催生经济新增长。

一是强力推动已签约项目尽快落地。加大新签约项目的跟踪落实力度，确保签约项目尽快落地。按照"谁签约、谁负责、谁跟踪"和属地管

理原则，由重大活动承办单位及项目所在地区负责跟踪落实。建立重大签约项目总协调人制度、分级负责制度，对签约项目采取领导干部牵头，组织专门工作班子"一对一"跟进的办法，制订推进计划，明确进度要求，定期召开工作例会，推动项目落地，重大项目由主要领导负责协调推进。加强项目服务协调工作，秉承"急事急办"、"特事特办"的原则，实行重大项目联审联批和无偿代理制度，简化审批程序，优化服务环境，提高办事效率，为项目落地提供优质服务。加强督察考核，实施重大项目落地情况督察通报制度，将签约项目"合同履约率、资金到位率、项目开工率"列为招商引资工作考核的重要内容，进行综合评比。

二是推动重点工业项目达产增效。明确目标任务、工作措施和方法步骤，采取强有力的措施，破解制约重点工业项目达产达效工作中遇到的各种困难和问题，引导和帮助企业提高设备利用率和生产效率。抓好建成项目，以投产项目达产达效为重点，通过固定资产投入、用电量、销售收入、上交税金、用工人数、占地面积的摸底调查，分类采取措施，促其达产达效。抓好在建项目，以在建项目竣工投产为重点，全面掌握在建项目资金筹备、施工安排、投产计划及项目建设存在的问题等情况，搞好项目服务，促使在建项目全面提速，尽快投产达效。抓好污染治理，以环境保护工作为重点，在项目的立项、建设、投产等环节，严格落实国家环保政策，加大污染项目的治理力度，督促企业采用先进的生产工艺，提升环境质量管理水平，确保集聚区可持续发展。

第五节　促进工农业互动发展

从世界工业化和城镇化发展来看，工业化、城镇化的起步和发展很大程度上取决于农业生产力的发展和农业领域中资源要素的转移，凡是在农业发展没有取得突破性进展时，工业化和城镇化的片面发展只会导致城镇繁荣与农村落后并存、城乡差距悬殊、区域发展失衡的局面。因此，三化协调发展的薄弱环节是农业，重点和难点是解决"三农"问题。发展经济学经典理论认为，在工业化的不同阶段，工业与农业的关系是不同的，在初级阶段是农业支持工业，当工业化发展到一定程度以后，将是工业反哺农业、城市带动乡村。然而，新世纪以来，我国农业发展所面临的问题与以往已有本质区别，农业、农村、农民的发展目标由解决温饱为主转向全面小康社会的新要求，农产品供求的主要矛盾由总量矛盾转向结构和质量矛盾，农业发展的核心由主要追求产量转变为适应市场需求结构变化，农业现代化的内涵、目标、路径等均发生了显著变化，工业反哺农业的模式也亟待创新。尤其是对于河南来说，"三农"问题更加突出与严重，在新型工业化视角下，如何加快农业现代化进程，提高以工哺农效率，是摆在全省经济社会发展面前的一个首要问题。

一、破除工农业割裂发展格局，提高新型工业化对农业现代化的带动力

一直以来，河南作为农业第一大省，是我国重要的农产品生产基地。粮食、棉花、油料、畜禽、蔬菜和烟叶等农产品的产量，多在全国三甲之列。然而，丰富的农产品资源并没有转化为经济优势，反而使"三农"问题更加突出，主要在于农产品加工转化率偏低，而其关键制约在于农业与工业的割裂发展，工业化对农业现代化的带动力偏弱。提高新型工业化对农业现代化的带动力，就是要把农业纳入区域现代产业体系中，支持现代工业向农业延伸价值链，使农田成为工业的第一车间，提高农业附加值。尤其在农产品供求关系已发生根本性变化、农产品价格上升空间有限、农民增收困难等大背景下，加快发展能够把二者紧密联系起来的食品工业，对于破解三化协调难题、解决日益突出的"三农"问题意义重大。

一是要支持现代工业向农业延伸产业链。围绕打造优质肉类、乳品、花卉园艺、林产品、蔬菜、棉花、油料、水产、中药材、茶叶十大高效农业产业链条，依托特色农业产业园区，以龙头企业和合作社的产业链、产业群集聚为纽带，积极推动"龙头企业＋农户"、"合作社＋农户"的组织形态向上下游进行产业链的延伸，上游连接产地，重点打造一批农产品基地与加工和生产基地，下游连接消费市场，紧跟需求结构变化加快结构调整与产品升级，形成"种植—加工—销售"一体化的现代产业体系。

二是要支持现代工业向农业延伸管理链。围绕上中下游一体化产业链，支持现代工业企业在科技、装备、人才、服务以及标准化对现代农业的注入，把标准化、高质量、高知识含量的管理输入农业产业中，使农业、农民等要素纳入现代工业的管理链条中，提高产业化、规模化水平。积极推动农业龙头企业的跨区域联合与合作，支持企业通过参股、控股、兼并、收购等方式，加快富裕地区与欠发达地区龙头企业之间的互动式发展。可以引导发达地区的龙头企业到欠发达地区直接投资建厂，将发达地区龙头企业的技术、资金和加工优势与欠发达地区农产品资源及廉价劳动力的优势结合起来，并从资金、技术、管理方面提供援助，实现共同开发、平衡发展。

三是要支持现代工业向农业延伸资金链。积极培育农产品加工龙头企业，支持农业化龙头企业向上游种植环节延伸，以各种方式加大对上游的资金投入，通过塑造品牌、培育基地、链条延伸等方式，积极介入农业生产，解决农业基础设施投入资金不足的问题，分担农业种植风险，提高农业的科技水平与产业化水平。鼓励有实力的农业龙头企业，灵活运用资本运营手段，以资产为纽带，实施联合兼并，进行低成本扩张。

二、创新以工哺农模式，增强新型工业化对农业现代化的支撑力

不同的发展阶段，不同的区域，面临的环境与矛盾各不相同，在工业反哺农业方面需要采取不同的方式与手段，在当前走新型工业化道路这个大背景下，必须抛弃以资金支持为主的"输血"式反哺模式，更加注重向农业延伸产业链、技术链、管理链的"造血"式反哺模式，用工业理念与手段改造提升传统农业，提高农产品的加工度与附加值，带动农业种植结构与经济结构优化升级，提升农业劳动者素质，实现传统农业向现代农业的转型。

一是推进村企互动，搭建以工哺农新平台。积极鼓励和引导各类所有制企业通过直接投资、互利合作、干部兼任和资源整合等形式回报"三农"，政府尤其是镇、村两级通过营造和谐的村企合作环境，在土地流转

和劳动力等方面为企业提供较好的支持和帮助，按照市场法则组织推动"一村一品、一村一企"的特色发展道路，从而实现"村企互动、合作共赢"的目的。通过村企挂钩、以工哺农，解决长久以来制约农村经济发展的资本、技术、机制、人才等瓶颈问题，为工农互动、城乡并进搭建一个有效的载体。

二是构建科技服务体系，提高农业生产技术水平。建立完善适应现代高效农业发展的新型农技服务体系，继续深入开展农技人员"驻点兴园联村"活动，努力构建"服务型农委、创新型农委、和谐型农委"，全力打造为农服务新品牌，促进农业科技成果转化与推广，提高了农民的知识技能、组织管理和规避风险的能力。以"菜单式"、"订单式"培训为主要方式，开展农民实用技术培训、农民创业培训、新型农民及基层农技人员培训，提高农业生产的技术水平，提升科技对农业的支撑力与贡献率。

三是发展农业合作组织，提高农业产业化水平。农村专业合作组织是以合作社（农村经纪人）＋市场（公司）＋农户的联合发展模式，是企业＋农户模式的重要衔接点，通过技术培训与服务、提供种源和生产资料、贴息贷款、组织市场营销等一体化服务，引导农民在推广新品种、新技术、调整种植结构等方面逐步形成农村专业合作组织，把农业产业化经营的各个环节有机地联结起来，把千家万户的农民有效地组织起来，成为以工哺农的新载体，提高农业产业化水平、农产品附加值与农民收入。

四是打造公共服务体系，提高农业产业服务质量。采取"政府主导、企业参与"的合作模式，打造包括农产品安全检测中心、农业综合信息中心、农业合作交流中心、农业高新技术展示展览中心、农业专业技术、人才培训中心、农业研发公共技术服务中心、农业技术、设备、高端产品商贸中心、现代农业中介服务中心、现代农业投融资中心、农业科技知识产权保护中心等在内的现代农业服务体系，为农业产业发展提供优质服务。

三、用工业手段改造提升传统农业生产方式，提高农业产业化水平

随着技术进步、劳动者素质提高、农业产业效益攀升，农业从最初

级、最原料的部分逐步扩展到农产品深加工、食品加工业领域，产业链也从生产延伸至加工、销售、流通等环节，因此，河南要提高农业产业化水平就得跳出"就农业抓农业"的传统思维模式，用工业手段加快推进传统农业向现代农业转型，加快培育发展出涵盖良种开发、粮食生产、粮食收储、粮食加工、食品加工、物流销售、循环利用等环节的完整粮食产业链和产业集群。

一是用品牌战略发展壮大农业产业化龙头企业。整合现有农产品品牌资源，进一步做大做强名牌产品，选择有实力、有潜力、有市场、有技术的龙头企业，给予更多的扶持，培育一大批起点高、规模大、竞争力和带动力强的大型农业龙头企业和企业集团，提高农产品国际竞争力，促进优势农产品出口，扩大农业对外开放。大力推动农业企业优化组合、兼并重组，积极引进国内外大型农产品加工企业进驻河南省，吸引国内外龙头企业在河南省建立总部或区域性总部，将河南省建设成为国内农业产业化发展和营销策划中心，推进全省农产品加工业向高附加值、精深加工转变。

二是用工业标准化生产提高农产品质量。建立完善全省农产品生产加工标准体系、标准化生产技术与信息服务体系、农业标准化组织管理体系和标准化生产示范四大体系，加快推进投入品安全化、基地管理组织化、产品质量可追溯化、产品包装标识规范化、产品流通市场信息化。加大有机农产品、无公害农产品基地建设，积极开展有机农产品、无公害农产品标准化生产示范区。在重点区域、品种、环节和企业，加快推进标准化生产和管理，继续加强农产品生产环境和产品质量检验检测。加强无公害农产品标准化生产基地认定和无公害农产品认证，大力发展农产品无公害、生态化生产。

三是用工业营销理念完善农产品营销体系。强化以市场为先的营销理念为引导，以相对稳定的营销渠道做支撑，以功能完善的营销平台为载体的现代农业的营销体系。转变重生产轻销售、先生产后销售的观念，牢固确立市场营销为先导、营销一体化的观念。培育新型农产品营销主体，壮大农业龙头企业、农业专业合作社，发展农村经纪人、农产品运销储存专业户，着力增强市场开拓能力。发展新型流通业态，建设一批特色农产品展示和配送中心，加快发展农产品连锁经营等现代物流业态，推进农产进超市，积极发展新型交易方式，着力提升流通效率。搭建营销公共平台，重点建设一批设施完备、功能齐全、辐射能力强的信息主导型农产品批发市场，继续完善农产品运输"绿色通道"，改善农产品运输环境，着力降低交易成本，优化营销环境。

四是依托比较优势培育农产品深加工产业。引导各地区立足资源优势，选择具有地域特色和市场前景的品种作为开发重点，培育有竞争力的主导农产品产业带，积极发展特色农产品深加工产业，延长农业产业链，形成"从田头到餐桌"的完整产业链，提高农产品的附加值和农业经济效益，实现由卖原料向卖产品、卖产品向卖品牌转变，如围绕中心城市建设都市农业区，在黄淮海平原和南阳盆地建设规模高效农业区，在豫南、豫西、豫北山丘区建设生态绿色农业区等。加快发展特色农业，加快建设特色农业标准化示范基地，筛选、繁育优良品种，把传统生产方式与现代技术结合起来，提升特色农产品的品质和生产水平，为农业产业发展开拓新领域，为农民增收开辟新来源。

五是用集聚发展打造一批特色农业集聚区。积极引导优势企业向优势产区集中，推动同业企业或上下游企业集聚发展，形成一大批产业集中度高、关联度强、竞争优势明显的现代农业产业集群，引导农业企业走同业联盟的路子，发展现代产业合作分工网络，塑造农业品牌，实现"抱团"经营，共同发展，提高农业企业的覆盖面，逐步把传统农业纳入现代工业的管理范围内。

四、用现代产业发展理念培训农业劳动力，增强农业现代化的内生动力

农业现代化的内生动力来自于农业劳动者素质的提高。长期以来，河南农民整体素质与三化协调发展的要求不相适应，虽然近年来河南高度重视农业从业人员教育，农民素质不断提高，但是农民素质依然难以适应新形势下三化协调发展的需要，因此，全面提升农民素质，尤其是用现代产业发展理念培训提升农业劳动者素质，事关三化协调发展全局。

一是积极推进"订单式"技能培训。按照市场导向的就业机制和培训

机制，采取"契约式"或"订单式"人才培养模式，引导各地建立一批与区域主导产业相匹配的职业教育集团，切实增强培训的针对性、实用性、有效性，提高培训后的就业率。大力实施"农村劳动力素质培训工程"和"农村劳动力转移工程"，坚持以实施技能型人才培养工程、农村劳动力转移培训工程、农村实用人才培训工程、企业职工教育与再就业培训工程为引擎，全面提升各类专业技术人才培养水平，提高面向农村的教育与培训投入，大范围培养农村实用人才，大面积普及农业先进实用技术，提高进城务工人员职业技能。重点围绕产业结构升级和提高农业竞争力的需要，进一步搞好农民转业转岗培训工作，扩大"农村劳动力转移培训阳光工程"实施规模，推进实施"绿色证书工程"，对具有初、高中文化程度的农民进行岗位培训，培养一支能够起示范带头作用的农民技术骨干队伍。

二是积极培育农业劳动力品牌。围绕区域特色，积极培育农村劳动力品牌。目前河南在国内劳务市场上已经呈现出一批具有一定知名度与竞争力的知名劳动力品牌，如鲁山绢花、安阳纺织、长垣防腐、范县废金属挑选加工、鄢陵花工、安阳电子、鹤壁焊工、开封服装加工、民权工艺画制作、汝阳保健等。这些品牌里蕴含着工业理念，隐藏着创业机遇，现在沿海与内地一些地方出现劳动力短缺，主要是掌握一定技术能力的劳动力短缺，农村劳动力的竞争力还很不够，还有很大的提升空间。

三是支持有一定技能的进城务工人员回家创业。在沿海地区已经拥有一定技能的进城务工人员，已经接受了工业理念，作为全国最大的进城务工人员输出省，庞大的进城务工人员群体孕育着创业机遇与新的经济增长点，因此，积极推动进城务工人员回乡创业的协调机制建设。要全面落实各项支持进城务工人员回乡创业的政策措施，最大限度地发挥政策效应，紧密结合当地优势产业和特色经济，支持回乡创业进城务工人员进入劳动密集型、农副产品加工型、服务型等产业或行业，积极引导回乡创业进城务工人员主动接受大中型企业的辐射带动，创办为大中型企业服务的配套配件企业，重点支持利用农村资源优势，发展农副产品加工、规模化种植养殖、特色农业、传统手工艺品制作和编织业。

第六节　以产业升级促进城镇发展

城市化是工业化的必然产物，是工业在空间上集聚分工的自然结果，因此，一般来说，城市化和工业化与经济发展进程紧密相关，工业化带动城市化的形成，城市化又反过来促进工业化。著名经济学家钱纳里曾经概括出工业化与城市化关系的一般变动模式，即：当城镇化率低于20%时，被认为是非城市化，此时经济大体处于工业化初期阶段；当城镇化率高于50%时，被认为基本实现城市化，此时经济大体处于工业化中期阶段；当城镇化率高于70%时，被称作高度城市化，此时经济大体处于后工业化阶段。据统计，2011年河南城镇化率已达40.58%，低于全国10.7个百分点，差距很大。按照以上标准，河南城镇化率滞后于工业化处于中期的特征，未来一段时期，如何推进工业化与城镇化互促共进，是河南建设面临的最为艰巨的任务，我们认为推进的关键在于以产业升级促进城镇提高发展水平。

一、以产业分工强化区域功能，推进城市结构优化

早在古罗马时期，色诺芬就认识到，分工与城市之间存在着内在联系；17世纪的配第认为，城市能够降低交易费用，提高分工水平；1994年杨小凯与赖斯建立了一个关于城市化和分工演进之间关系的一般均衡模型，第一次规范解释了城市的出现、城乡的分离都是分工演进的结果，集中的规模效应与分工的网络效应共同决定了城市结构，并且分工的发展会使城市个数减少、单个城市规模扩大，而多个城市会形成分层结构，即少数大城市在上层、众多中城市在中层、更多小城镇在下层的最优城市结构，以尽量节省高分工水平产生的交易费用，从理论上说明了，大、中、小城市（镇）的分层结构是产业分工与市场选择的结果。因此，可以说城市结构是一个区域空间布局与产业分工最典型的外在表现，从历史视角看，产业结构的演进带来了城市结构的升级与优化。

当前，产业分工演进主要表现为两个方面，一是产业分工中服务业与制造业的分离，并且服务业比重逐步提高；二是产业分工更加依托于区域比较优势展开，产业发展的区域特色更加明显，这两方面也将对河南城市结构变迁产生深远影响。

一方面，服务业尤其是现代服务业的迅速发展，将催生一个区域型大都市区，从而在全省范围内形成区域性"中心—外围"城市分布格局。以现代物流、金融、咨询、科技服务、商务服务为主导等现代服务业是一种以知识与智力为核心的产业形态，其对硬、软环境的要求更高，目前以服务业为主体的产业转移比重不断增加，金融危机并没有改变这种趋势，处于工业化中后期的河南已经到了以生产性服务业为主体的现代服务业推进新型工业化的新阶段，近几年，金融、物流、科技服务等领域的企业入驻河南的速度明显加快，以郑东新区为核心的第一增长极正成为承接现代服务业转移的核心区。伴随着现代服务业与制造业的协同迁入，河南将形成一个区域性的"中心—外围"分工格局，未来高端要素将逐步向以郑汴新区为中心的核心层集聚，而一般制造环节将向紧密层与辐射层扩散，从而形成现代产业分工空间格局。

另一方面，产业分工演进将进一步凸显区域特色，强化区域比较优势，形成分工合理、合作紧密的城市格局。由于资源特点、要素结构、产业基础的不同，河南各个城市本应形成错位发展、良性竞争的格局，但是，由于区域竞争与 GDP 竞赛的因素，各个城市之间存在着功能定位趋同、产业结构类似的问题，城市竞争大于合作，不能形成高效、合理的分工体系，降低了资源的配置效率。这些问题在工业化、城镇化初级阶段对经济社会发展的负面影响不大，但是，随着发展阶段的推进，资源与环境约束的增强，以及区域竞争更加激烈，着眼于河南整体竞争力的提升，必然要求在内部形成中心突出、职能完备、分工合理、协作紧密、特色鲜明的城市结构。因此，在新的区域竞争格局下，顺应区域经济发展阶段与产业分工演进的必然选择，未来河南将形成以郑汴都市区为核心，其他省辖市为支点，县级市和县城为节点，特色中心镇和农村社区为基础，五个层次相互联系，共同形成中心突出、职能完备、分工合理、协作紧密、特色鲜明的城镇体系职能等级结构。

二、以产业集聚促进要素集中，调整城市内部布局

产业的集聚与扩散和生产要素的相对集中，不断推动产业空间布局重构与人口重新集聚，并逐步发展成特色突出、分工合理的产业集聚区，内在推进着城市空间布局的调整与优化。近几年，河南产业集聚区建设全面展开，优势产业逐步向产业集聚区集中，一批特色产业集群和产业基地逐步形成，带动了一批特色城镇与功能组团的发展壮大，城镇布局不断调整，如郑州市已经初步形成了"一心四城、一带两轴"的新空间格局，洛阳正在形成"一中心、五组团、四支撑"的新总体布局，许昌正在形成"主副两中心、四区加两翼"的新发展格局。城市空间结构的重组为区域三化协调发展提供了新的战略空间，未来一段时期，河南需要进一步推进产业集聚与要素集中。

一是以产业集聚加快城市发展。坚持"三规合一"，高水平做好产业集聚区发展规划，科学合理摆布产业、商业以及配套设施，提升单体建筑的规划层次，严格按照产业规划与空间规划布局项目，以产业集聚区为载体，以主导产业为支撑，以项目建设为抓手，大力推动产城融合、产城互动、产城一体，带动第三产业繁荣发展，使产业集聚区成为各区域提升城市发展水平的新载体。

二是以城市功能提升推进产业升级。坚持复合型城市建设理念，加大投入提高城市基础设施水平与管理水平，发挥中心城市集聚高端要素的核心作用，积极推动城区基础设施向产业集聚区延伸，加快完善配套区内道路、水、电、气、通信等基础设施，以城市功能完善促进产业集聚，以产业集聚增强农村转移人口的吸纳能力，通过迁村并点推进集聚区内村庄向城镇社区转化，进一步完善户籍、就业、社保、教育、医疗等配套政策，加快城乡基本公共服务一体化，打造宜居、宜业、宜商的复合型产业集聚区。

三、以产业转移带动空间重组，推动城镇组团发展

目前，国内产业转移表现出诸多特点：一是出现了一般加工环节向外

围转移与核心价值环节向中心转移的双向转移趋势；二是出现了现代服务业与制造业协同转移的特点，研发、品牌、销售渠道等高附加值环节也在加快向内陆地区转移；三是内陆地区围绕优势产业也在实现一般加工环节向外围转移。在承接产业转移中，河南也表现出诸多新特点，最为显著的是，虽然承接产业的结构有所优化，但是研发、创新等高附加值环节承接明显不足，并且政府驱动特征较为明显。

近几年，快速的产业转移及其呈现出来的新特点，带动了产业空间重组与人口流动，改变着河南的城镇结构，各地围绕中心城市正在形成区域"中心—外围"的城镇发展格局，一是高端产业向以郑东新区为核心的郑汴洛区域集中，一般加工制造逐渐向外围转移，带动周边城镇快速发展壮大，目前，围绕郑汴洛三大城市周边发展出一大批中小城镇，成为大城市发展的重要支撑；二是围绕各中心城市形成了区域性"中心—外围"城镇发展格局，尤其是安阳、许昌、平顶山、南阳、信阳、商丘等中心城市与周边城镇、外围组团的错位发展格局更加凸显，这种新型城镇格局已经成为城市带动农村、工业带动农业发展的纽带，成为三化协调发展的主要载体。

一是推进中心城市周边县区优化空间布局。强化基础设施建设，加快形成以主要交通轴线为核心的城镇体系，优化区域空间结构，打破行政区域界限，进行跨行政区域的统一规划，对城镇及乡村发展合理布局，引导周边县区转变发展理念，提高周边县区与城镇的规划与布局水平，主动接受中心城市的辐射，沿主要产业带优化产业布局。

二是加快推进城乡一体化进程。引导周边县区主动接受中心城市与核心产业带的产业转移，与核心区及核心带形成协调互动发展的区域格局，加快特色小城镇的发展步伐，促进资本、技术、人才等和要素向特色城镇的集聚，强化特色城镇的支撑与纽带作用，围绕核心区主导产业，加强农村富余劳动力的专业培训，推进产业与就业结构优化，加快城乡一体化进程。

四、以产业升级拉动基础设施建设，促进城镇功能完善

全球迎来新一轮产业升级兴起，工业生产围绕推行节能减排、发展低

碳经济、实现"再工业化"、推进工业化与信息化融合等调整经济发展战略，电子信息、装备制造、化工、有色、服装等产业面临着最好的产业升级机遇，河南能否抓住新一轮产业升级机遇，关键在于提高产业承载力，吸引高层次产业入驻，形成知识外溢，带动本地产业转型升级。但是，河南的基础设施建设较为滞后，产业配套能力较低，大多数产业集群均存在配套不完善现象，严重阻碍了产业升级步伐。因此，围绕主导产业的转型升级，河南必然要进一步加强配套基础设施建设，进而促进城镇功能完善，加快新型城镇化进程。

一是要进一步明确城镇产业发展定位，围绕产业定位搞好基础设施建设。不同的产业需要不同的基础设施，各地具有不同的资源优势与产业基础，产业发展的方向与空间差异较大，要合理确定大中小城市和小城镇的功能定位、产业布局、开发边界，形成基本公共服务和基础设施一体化、网络化发展的城镇化新格局。重点加强中心城市与特色城镇的基础设施建设，突出抓好交通、能源、环保等基础设施方面的重大工程建设，推进中心城市与特色城镇、外围组团之间的基础设施联网对接，加快形成畅通快捷的区域性综合交通体系。

二是要做好产业空间布局规划，确定不同区域的产业发展形态。各地要立足区域经济、社会、生态和城乡空间的整体性，积极引导各特色城镇做好主导产业发展空间布局规划，坚持规划与产业结合，规划与项目结合，促进城乡规划与产业规划协调发展，促进城市功能提升与布局优化，凸显规划对城乡建设的引导和调控作用。

三是要把握产业升级的方向与路径，为产业升级预留发展空间。各地要围绕特色产业，积极谋求错位发展之路，避免项目重复引进和建设，积极推进产业链向高附加值环节延伸，形成产业链条完整、空间布局合理的发展格局。同时加强资源整合，拓展发展空间，在电力、能源、公共服务等城镇功能完善中预留产业升级空间，强化产业承接与转型升级能力，为培育新的产业支撑打好基础。

第九章
河南新型农业现代化支撑三化协调发展

河南是农业大省和人口大省，农村人口多、农业比重大、保粮任务重，"三农"问题突出是制约新型三化协调发展的最大症结。推进"两不三新"三化协调科学发展，必须强化新型农业现代化的基础作用，走出一条具有中原特点的新型农业现代化道路，在提升粮食生产能力上实现新突破，在提高农业效益上取得新进展，在改善农村生产生活条件上迈出新步伐，以新型农业现代化维护粮食安全、促进城乡繁荣，夯实三化协调发展的基础。

第一节　增强新型农业现代化推动三化协调发展的基础作用

农业是国民经济的基础，农业增长始终是工业化、城镇化和国民经济增长的关键。当前，河南正处于由传统农业大省向现代农业强省转变的关键阶段，处于加快第一、二、三产业融合和统筹城乡发展的关键时期，走具有中原特点的新型农业现代化道路，既是国家对中原经济区的战略要求，更是顺应现代农业发展普遍规律与发展趋势、立足河南特殊省情和发展要求、支撑三化协调发展的必然选择。

一、新型农业现代化的内涵与特征

新中国建立初期，我国提出了初步实现农业现代化的目标，即"四化"：机械化、化学化、水利化、电气化。改革开放后，农业现代化的基本内涵有了发展，即实现三化：基础设施现代化、生产技术现代化、经营管理现代化。进入新世纪后，我国又在之前三化的基础上加上了农业经济结构现代化、农民生活消费现代化和农业资源环境现代化，将其变为"六化"。2007 年，中央一号文件将农业现代化概括为"六用三提高"，即用现代物质条件装备农业，用现代科学技术改造农业，用现代产业体系提升农业，用现代经营形式推进农业，用现代发展理念引领农业，用培养新型农民发展农业；提高农业水利化、机械化和信息化水平，提高土地产出率、资源利用率和农业劳动生产率，提高农业素质、效益和竞争力。可见，随着经济发展和时代进步，农业现代化的内涵不断丰富、特征不断深化、层次不断提高。进而，新型农业现代化的发展理念也应运而生。

新型农业现代化，是以粮食和农业优质高产为前提，以绿色生态安全、集约化、标准化、组织化、产业化、信息化程度高为主要标志，以基础设施、机械装备、服务体系、科学技术和农民素质为有力支撑的农业现代化。新型农业现代化，具有较高劳动生产率、资源产出率、商品率和较强市场竞争力、抗风险能力、可持续发展能力，全链条、全循环、高质量、高效益，是与新型工业化、新型城镇化协调发展的农业现代化。新型农业现代化，不仅包含中国特色农业现代化道路的内涵，还从河南实际出发、涵括了典型的中原元素。新型农业现代化的特征归纳起来，大致有以下几个方面：

1. 优质高产高效。只求数量，产品质量就无法保证；没有效益，农民生产的积极性就难以调动。因此，新型农业现代化更加注重农产品质量提高和综合生产能力提升，走的是数量、质量、效益三者并重之路，全面提高农业的土地产出率、资源利用率和劳动生产率。

2. 绿色生态安全。随着物质生活水平的提高，人们对食物的要求也越来越高，不仅讲求多样化，更看重健康、安全。新型农业现代化面向市场需求，践行绿色发展、生态保护和安全生产理念，确保农产品和食品安全，促进人与自然和谐相处，实现农业可持续发展。

3. 发挥多功能性。新型现代农业，不仅具有经济功能，同时具有生态功能、文化功能和社会功能。随着市场经济的发展，人们要求农业在经济上增产增效的同时，还要求农业提供生态调节或生态服务等多方面的功能。生态环境的优良与否，日益成为影响人们幸福指数的重要内容。要积极拓展农业的生态调节功能，使农业在生态文明建设中发挥越来越大的作用。文化传承和休闲功能，同样是新型农业现代化强化的重要功能。

4. 规模化、集约化、标准化、组织化、产业化、信息化程度高。坚持"六化"并进的经营方式也是新型农业现代化的主要特征。其中规模化是趋势，集约化、标准化是方向，组织化是必然选择，产业化是有效途径，信息化是客观需要。通过对农产品从田间到市场进行全方位、全过程、科学规范的运作和控制，实现农工商一体化、产供销一条龙。

5. 拥有较为有力的支撑体系。完善的基础设施可以打破传统农业地域和时令的限制，加强资源的集约高效利用，使单位面积产出成倍增长。现代的农业机械装备有助于进一步提高生产效率、减少劳动成本。健全的服务体系可以实现农户小规模经营与社会化大生产之间的有效对接，大幅度降低农户承受的市场风险，提高农业的市场竞争力。先进的科学技术是确保国家粮食安全的基础支撑，是突破资源环境约束的必然选择，也是加快现代新型农业建设的决定力量。有文化、懂技术、会经营的高素质的农民则是解决"将来谁来种好地"这一难题的关键。

6. 与新型工业化、新型城镇化协调发展。新型农业现代化是三化协调发展的基础和底气，为新型工业化提供原料和劳动力，为新型城镇化拓展发展空间。同时，新型城镇化可以有效减少农村人口，推进农业适度规模经营，提高农业效益；新型工业化则为新型农业现代化提供技术、装备和信息等方面的支持。

新型农业现代化的内涵和特征，是相对传统农业现代化而言的。新型农业现代化与传统农业现代化的区别，主要存在以下几方面：从基本内容上看，传统的农业现代化是从自给型农业向市场化农业转变，新型农业现代化是从市场化农业向知识型农业的转变；从发展目标看，传统农业现代化是提高农业效率、保证农产品供需平衡等，新型农业现代化则是提高农业效益和竞争力，保证食品安全等；从思想观念看，传统农业现代化注重的是效率、产量、收入、技术等；新型农业现代化注重的则是效益、质量、创新、环境等；从转化动力看，传统农业现代化是由技术、制度、资本、人口、工业化等因素推动，新型农业现代化则是由知识、信息、创新、生态意识、市场竞争等因素推动；从与工业化、城镇化的关系看，传统农业现代化服务于工业化和城镇化，做的奉献多、得的回报少；新型农业现代化则是与新型工业化、新型城镇化相融合，三者成为有机整体，不可分割、互促共进、协调发展。

二、新型农业现代化的重要地位

农业是最大的民生问题，关系到人们的生存与发展，关系到社会的和谐与稳定。农业是最重要的物质生产部门，农业生产率水平决定着农业与非农业的人口比例。工业化、城镇化的推进必须以农业进步为条件。如果工业化、城镇化推进过快，超越了农业的承受能力，或以牺牲农业和农民的利益为代价来推进工业化、城镇化，则严重影响农业的发展。而农业发展受阻，又反过来会制约工业化、城镇化进程。工业化、城镇化水平越高、非农业人口越多，农业的地位就越重要，就越需要加强农业的基础地位。要避免农业发展不足对工业化城镇化的制约作用，就必须大力扶持农业发展。我国作为世界第一人口大国，农产品需求量巨大，不可能也不能高度地依赖国际市场，而且通过国际市场平衡国内农产品供给的风险和成本越来越大。农业始终是我国的首要问题。同时，随着人口不断增长和全球能源危机加深，对农产品的需求量将继续增加。而经济发展和人民生活水平的不断提高，又不断对农产品的质量提出新的更高的要求。因此，我们必须立足国内解决农产品供给问题。如果搞不好农业、解决不了亿万人民的衣食问题，不仅对国民经济产生极为不利的影响，甚至会出现严重的社会问题。农业始终是国民经济和社会发展的基础。因此，我们任何时候都不能忽视农业，一定要把粮食和农业抓得紧而又紧，坚持促进农业发展的重要任务丝毫不能放松，坚持支农惠农的政策力度丝毫不能减弱。[1]

然而从整体上来说，农业本质上是一个弱质产业、经济效益低，粮食的经济效益更低。尤其是在工业化、城镇化深入发展的背景下，农业的弱

---

[1]　吴海峰：《推进城市化必须与农业发展相协调》，《求是〈红旗文稿〉》2004 年第 11 期。

质低效问题愈发凸显，往往会出现为了推进工业化、城镇化而忽视和牺牲农业，特别是粮食的倾向。当前我国农业现代化进程明显滞后于工业化、城镇化，越来越成为国民经济健康稳定发展的瓶颈。所以，如何统筹处理好三者的关系，成为现代化进程中不可回避的一个问题。考察国内外推进农业现代化的历史进程可以发现，凡是在农业现代化与工业化、城镇化关系的问题上处理得比较好的国家和地区，其农业现代化就推进得比较顺利，而且整个国家和地区也能较为顺利地迈进现代化行列；反之，则可能导致经济发展停滞、社会动荡不安、现代化进程遭受挫折。新中国成立以来的探索实践也充分表明，凡是工农城乡关系处理得好、农业基础牢固的时候，经济社会就能繁荣发展；反之，国民经济就会被迫调整，现代化建设就会出现波折。正反两方面的经验教训深刻揭示，农业现代化是整个国家现代化建设不可或缺的重要一环，三化协调是不可违背的客观规律，是推进现代化建设必须遵循的普遍准则。

应该肯定，改革开放三十多年来，河南农业发展取得了举世瞩目的成就。但是，农业发展方式粗放、资源消耗过大等问题日益突出。尤其随着工业化、城市化的快速推进，人多地少、人增地减趋势不断加剧，保证农产品特别是粮食供给的压力越来越重，再加上近年来农业发展的比较效益下降，年轻力壮的农村劳动力大量转移到第二、三产业就业，农业经营出现了副业化、兼业化、老龄化趋向；随着人们生活水平的提高和农产品国内外市场竞争的加剧，农产品质量安全水平不高、农业组织化程度较低、市场主体竞争力不强的问题愈加突出。同时，农业土地资源逐年减少、水资源紧缺、基础设施薄弱、资金投入不足、生产能耗和成本不断上升等问题，困扰着河南农业的发展。"三农"问题突出，依然是关系全省经济社会发展全局的重大问题，是制约三化协调的最大症结。解决这些问题，要求加快转变农业增长方式，创新农业发展模式，探索一条既能发挥河南比较优势又能克服传统农业发展难题、实现又好又快发展的新型农业现代化的道路。而且，河南具有适合粮食和农业生产的天然优势，河南的粮食和农业生产，时刻牵动着党中央、国务院的心，影响着全国发展的大局。为此，河南省九次党代会报告提出"建设中原经济区，探索三化协调科学发展的路子，必须强化新型农业现代化基础作用"。推进新型农业现代化，就是坚持以科学发展观为统领，走经济高效、产品安全、资源节约、环境友好、技术密集、凸显人力资源优势的有中原特色的新型农业现代化路子。这既符合中央的要求，又紧密结合了河南的实际。河南要从农业发展进入新阶段的时代要求和农业自身的实际特点出发，坚持以科学发展观统领农业发展，以新型工业化理念引领农业、以新型工业化成果反哺农业、以新型城镇化带动农民转移，加快把传统农业改造成为市场竞争力强、带动农民致富强、可持续发展的高效生态农业，走好新型农业现代化道路。

三、新型农业现代化的基础作用

推进具有中原特色的新型农业现代化，充分发挥新型农业现代化的基础作用，是促进农业增效、农民增收、农村发展的根本途径，是促进新型三化协调发展的必然要求，对于加快中原崛起、河南振兴具有重要作用。

1. 有利于加快农业发展方式转变，促进现代农业发展。新型农业现代化是对现代农业的进一步提升和发展，不仅包括农业效率的提高，也包括农业结构、农业制度和农业观念的变革，能够更加充分地把工业化、城镇化的成果应用到现代农业建设中来，促进农业综合生产能力的全面提升，不断提高农业效益、促进农民持续增收。

2. 有利于维护国家粮食安全，保障农产品有效供给。随着人口的增加、人民生活水平的继续提高及饲料和工业用粮的不断增长，保证粮食安全和主要农产品供给的压力进一步加大。据统计，到2015年仅河南省内粮食总需求量将由2011年的842亿斤提高到950亿斤。新型农业现代化以粮食优质高产为前提，更加凸显粮食安全、突出农产品质量、重视综合生产能力的提升，能够更好地满足人们对农产品数量、质量和种类的需求。河南的粮食产量约占全国的1/10，每年向省外输出商品原粮及粮食制成品400亿斤左右，相当于再解决我国上亿人的口粮问题。河南推进新型农业现代化发展，也是站位全国服务大局的重要体现。

3. 有利于推进工业化城镇化，促进三化协调发展。农业现代化是工业化、城镇化的支撑和保障。农业生产率持续提高，不断解放农业富余劳动力，为工业化、城镇化的发展提供大量劳动力；农业的发展，满足了城镇广大的消费品需求，也为工业发展特别是为农产品加工业的发展提供丰富的资源；农民收入的不断增加，使得农村市场需求不断扩大又不断拉动城镇经济或二三产业的发展。在三化协调发展的背景下推进新型农业现代化，让农业现代化同步工业化、城镇化发展步伐，将有力地促进国民经济又好又快发展。

在推进新型三化协调发展中，充分发挥新型农业现代化的基础作用，对河南省来说具有非常特殊的重大意义。河南是我国粮食大省和农业大省，肩负着维护国家粮食安全的重大责任。而且，"民以食为天"，河南作为我国第一人口大省，农产品消费量大，又是第一粮食转化和食品工业大省。目前，河南以农产品为原料的工业占全部工业的23%，仅食品工业增加值占规模以上工业的比重就达到14%。河南的农业，不仅要解决本省上亿人口的衣食问题，而且还要为本省工业和城镇的发展提供原料与市场，必须坚持稳粮强农、提升粮食生产能力、把现代农业做大做强。并且，中原是中华民族的摇篮地区，农耕文化的底蕴十分雄厚。中原人民在漫长的农业发展历史中，积累了大量独特的农业技术，形成了精耕细作的农业文化。厚重的农业历史文化也是特色农产品发展的宝贵资源，非常有利于中原农产品特色的形成。随着经济发展和生活水平提高，农业作为农耕文化的载体、作为保护文化多样性和为城镇居民提供休闲服务的功能，也逐渐被发现和重视起来。以观光休闲农业为例，河南在农业田园景观、山水资源、自然生态、农业环境、民俗文化等方面具有明显优势。中原农业的文化传承和休闲观光功能已呈现出旺盛的生命力，其社会需求越来越大。当前，我国已处在"以工促农、以城带乡"阶段，国家将不断加大对农业发展的支持力度，这无疑为河南发展提供了重大的机遇，不仅加快本省农业现代化步伐，还可以通过国家加大农业投入、扩大农民的消费需求、培育新的经济增长动力源，加快全省经济社会发展。[1]

---

[1] 吴海峰：《河南新农村建设三化合力推进的思考》，《郑州航空工业管理学院学报》2008年第3期。

第二节　提升粮食和农业的生产能力

河南作为自然条件较好的粮食和农业产区，在保障国家粮食安全方面发挥着不可替代的重要作用。打造国家粮食战略工程河南核心区的战略目标，不仅仅在于增加粮食产量，更是要在今后发展中继续强化、坚定不移地走不以削弱农业为代价的新型三化协调之路。要以粮食核心产区建设为契机，加强农田水利建设和科技创新，稳定播种面积，优化品种结构，努力提高单产、增加总产、改善品质，提升粮食和农业的生产能力，建立粮食和农业稳定增产长效机制，促进农业不断发展。

一、严格保护和节约耕地

耕地是农业发展的基本条件。促进农业稳定增产，必须明确农业主产区定位，强化农区农业主体功能，严格保护耕地，稳定种植面积，确保基本农田总量不减少、用途不改变、质量有提高。一要加强农业土地资源的保护，坚持实行最严格的土地保护制度，制定耕地红线，严格规范建设用地。加快建立耕地保护补偿机制，设立耕地保护基金，对农民和集体管护耕地特别是基本农田给予直接补贴。二要节约用地。目前，我省存量建设用地普遍存在粗放利用现象，有的甚至是闲置浪费，再利用的空间很大。只有节约用地，才能保护耕地；反过来，只有保护耕地，才能逼出一个节约用地的新局面。农村宅基地和村庄整理所节约出的土地应首先复垦为耕地，调剂为建设用地的必须符合土地利用规划；严格界定公益性和经营性建设用地，逐步缩小征地范围，完善征地补偿机制。三要深挖潜力。加大投入力度，通过土地开发、土地整理、土地复垦、废旧厂矿整治、旧宅基地还田、利用闲置和闲散土地等途径，扩大耕地再造规模。大力推行村庄改造，通过适当撤村、并村、并乡，既节约土地、保护资源，又便于完善公共设施。四要集约用地。以集约节约利用土地为主线，推进布局集中、用地集约、产业集聚。严格控制建设项目用地规模，尽可能地少占耕地尤其是良田。发展林果业和养殖业要尽量占用荒山、荒地和闲散土地。五要完善土地承包经营权权能，依法保障农民对承包土地的占有、使用、收益等权利。减少农田抛荒，推进农业土地适度规模经营，增加农业复种补贴，运用经济杠杆提高农业复种指数和规模化经营。①

二、推进粮食核心区建设

从维护国家粮食安全、服务经济社会又好又快发展的大局出发，认真抓好粮食核心区建设，落实好全国新增1000亿斤粮食规划，稳定提高粮食综合生产能力，构建涵盖生产基地、粮食收储、粮食加工、食品加工、物流销售、循环利用等环节的完整粮食产业链和产业集群。河南要加快实施高标准粮田"百千万"建设工程，结合国家粮食生产核心区规划建设要求，规划建设一批百亩方、千亩方和万亩方高标准粮田。即到2020年，在95个县（市、区）的粮食核心区内，集中打造6000万亩平均亩产1吨以上的高标准粮田，建成2000个万亩方、2万个千亩方、20万个百亩方，并使这些地块成为永久性粮田。实施高标准粮田"百千万"建设工程，要与科技、农机、高产创建、土地流转、农业合作组织结合，主要在平原地区，兼顾其他地区。致力打造专用小麦、专用玉米、优质水稻、优质大豆产业带，使其成为高标准永久性粮田。同时，高标准粮田实现生产全程机械化，良种覆盖率、测土配方施肥、病虫害专业化统防统治达到100%，农业社会化服务全覆盖，粮食品质达到无公害标准。为此，一要加强粮食主产区农业基础设施建设，显著改善粮食生产的物质技术条件。二要大力发展粮食加工产业，提高粮食转化增值能力。三要着力完善粮食物流体系，培育大型粮食流通企业，建成一批粮食现代物流园区和粮食物流中心。

三、搞好农田水利建设

稳定提高农业产量，必须改变农业基础设施长期薄弱的局面。要加大

① 吴海峰：《中国特色农业现代化的土地制度保障》，《郑州市委党校学报》2009年第2期。

农业主产区的投入力度，要以开展中低产田改造为突破口，集中力量搞好大型农田基础设施建设。水利是农业的命脉。在财政投入水利的结构比例上，逐步提高中央财政投入的比例，大幅度增加农田水利工程建设补助专项资金，整体推进农区农田水利工程建设。一要加大灌溉工程建设的投资力度，进一步发挥灌区在农业生产中的主体作用。加快完成大中型和重点小型病险水库除险加固任务。采取奖励、补助等形式，激励农民进行小型农田水利工程建设，扶持农民投工投劳进行农田治理改造，加快沃土工程建设步伐。二要继续把大型灌区节水改造作为农业固定资产投资的重点，增加大中型灌区田间节水改造资金投入，搞好和扩大节水灌溉示范，引导农民积极采用节水设备和技术，大力发展节水灌溉，推广"喷灌"、"滴灌"，支持建立节水型农作制度和与之相匹配的技术体系、工程体系，加快大中型灌区节水改造。三要加大完善防洪排涝工程体系的投资力度，加快粮食核心区排涝设备的更新改造。作为国家农业生产基地，淮河流域目前防洪排涝标准较低，需要加强淮河流域防洪除涝的综合治理，彻底根治水患。四要加大污水处理设施建设的投资力度，努力改善粮食主产区的生态环境。要重视水土资源综合开发利用，提高农业综合开发项目拨付资金标准，以提高工程建设质量、保障工程发挥长期效益。

四、加快科技创新步伐

农业科技是现代农业发展的决定因素。尤其是河南扩大耕地面积的潜力有限，农业增产越来越依靠科技进步。必须加快现代农业技术体系建设，切实转变农业发展方式，把主攻单产、提质提效作为农业稳定增产的重点。要不断增加对农业的投入，强化农业科技创新团队建设，促进产学研密切结合，形成开放、竞争、协作的农业科技发展运行新机制，提高农业及农产品加工企业的技术创新能力。要高度重视种植业对农业生产的带动作用，加强高产优质农产品品种的研发、选育、引进、推广，提高良种覆盖率，基本实现良种化。强化节水、高产技术组装配套，加强先进适用节水器械的研发和普及，大力实施沃土工程和丰收计划，促进农业生产集约化发展。完善基层农技推广体系，促进农业科技成果快速转化。鼓励科研单位、大专院校、龙头企业和农民专业合作组织，以多种形式开展农业科技服务，加强农民农业技能培训，深入实施农业科技入户工程，加大农业科技推广力度，引导农民推广测土配方施肥，改善耕地质量，改进耕作制度，优化种植结构，提高科学种田水平。科学而优质的气象服务，对促进现代农业发展的作用非常重要。要积极应对全球气候变化，建立健全农业气象服务体系和农村气象灾害防御体系，提高气象预报的准确率和精细化水平，努力将气象预警信息及时送达到乡村每一个地区、传递到每一位农民。同时，要加大对人工影响天气的扶持力度，科学合理开发空中云水资源，充分发挥气象服务农业生产的作用。

五、提高农业机械化水平

大力推进农业机械化进程，重点加强农机装备能力、科技示范推广和新技术推广，着重发展大中型、多功能农业机械，推动农机装备结构升级。按照"大农业"、"大农机"的思路，盘活存量，优化增量，以数字化、智能化提升农机装备水平，加快科技含量高、节能环保、操作安全和农村各业所需机械的发展步伐。加大机械化保护性耕作、机械化收获技术的推广力度，提高农业作物生产机械化水平。从过去侧重于小麦生产机械化转向玉米、水稻、花生、蔬菜、花卉等更为广阔领域的机械化；从侧重于产中环节转向产前、产中、产后的全过程机械化。以推进秋粮生产机械化为突破口，实施秋粮生产机械化推进工程，重点建设秋粮生产机械化技术集成与示范、根茎类作物生产机械化技术集成与示范、高效低碳农业机械装备技术集成与示范、现代农业机械关键技术研究与装备提升、农机化技术推广示范基地等项目，重点推进玉米、水稻等秋作物生产机械化，加快经济作物、设施农业和保护性耕作机械化技术的推广应用。加强县级农机服务体系建设，支持建设一批农机专业合作社，推进农机服务产业化。建设农机跨区作业信息网络设施和智能调度管理服务平台，提高农机信息化服务水平。不断提高农业机械化综合作业率，全面推升农业生产机械化水平。

六、完善和加大种粮务农补贴

推进新型农业现代化的关键，是调动好农民务农的积极性。近年来，国家对种粮农民的补贴政策已深入人心，深受广大农民的欢迎。但是，从一些地方反映的情况来看，目前在补贴办法上还存在一些问题，如补贴标准不按农民实际种粮面积而按以前的计税面积、有些农民承包的耕地种粮补贴没有发放到种粮者手中等。特别是目前实行种粮良种补贴，多数群众认为太低。要调动农民务农的积极性，必须高度重视农业生产，巩固完善和全面落实对农业生产的各项扶持政策，形成农民务农基本收益保障机制，确保农民务农收益逐步提高。因此，国家的各项强农惠农政策要继续向粮食核心区倾斜，向提高粮食生产能力倾斜。今后要大幅度增加对粮食核心区的投入，继续加大对种粮农民的补贴力度，增加粮食直补、良种补贴、农机具购置补贴和农资综合直补，实现补贴的全覆盖。同时，农业补贴应该向实际务农者倾斜，谁务农，补贴谁；谁种的面积大，就给谁补贴多。在新增补贴资金的分配中要直接与粮食产量、商品量和优质粮生产挂钩，产量越多、商品量越大、优质粮生产越多，得到的补贴就应该越多。要扩大国家粮食增产奖励基金，在对产粮大县总量奖励的基础上，从增量上进一步完善粮食增产激励措施，实施"稳定基数，奖励增量"政策。这样，才能充分调动各地农民生产粮食和各级政府抓粮促农的积极性。

第三节　提高农业的经济效益和生态效益

要加快转变农业发展方式，不断提高农业生产的质量和效益。要"保粮"与"提效"相结合，确保在保护和提高粮食综合生产能力的前提下，按照高产、优质、高效、生态、安全的要求，积极推进农业结构调整，大力发展现代畜牧业和特色农业，大力发展节约型农业、循环农业、生态农业，积极拓展农业功能，走精细化、集约化、产业化的道路，向农业发展的深度和广度进军，不断提升农业发展的综合效益。

一、积极发展现代畜牧业

积极实施现代畜牧业跨越工程，构建现代畜牧产业体系，实现河南由畜牧大省向畜牧强省的跨越。一要按照规模化、标准化、产业化的发展方向，调整优化畜牧业产业结构，积极推进生猪、奶牛、肉牛、家禽、肉羊五大产业优势集聚区建设，加强优质安全畜产品生产基地建设，大力发展畜禽规模养殖，提高集约化养殖水平，重点打造优质肉类产品 4000 亿元规模产业链条和优质乳品 500 亿元规模产业链条，努力建设成为全国重要的优质安全畜产品生产核心区。加快畜禽良种繁育、饲草饲料、市场信息等社会化服务体系建设，提高保障能力。积极推进优势水产品生产基地建设，扩大名特优水产品养殖规模。二要加快发展畜产品加工业，重点实施一批大型畜产品加工项目，提升中原经济区肉制品、乳制品、蛋品的加工能力和市场竞争力。鼓励龙头企业加大技术攻关和技术创新力度，重点开发符合消费结构变化、市场潜力大的新产品，推进畜产品加工业向高附加值、外向型精深加工转变。三要大力发展畜产品冷链物流，加强冷链物流基础设施建设，围绕城镇体系建设布局一批生鲜畜产品低温配送和处理中心，配备节能、环保的长短途冷链运输车辆，推广全程温度监控设备。加快培育第三方冷链物流企业，培育一批经济实力雄厚、经营理念和管理方式先进、核心竞争力强的大型冷链物流企业。四要建立健全畜产品质量安全监管执法、监测检验和追溯体系，实行从产地环境、投入品管理、饲养过程、市场销售的全程监管，提高畜产品质量安全水平。进一步加强动物防疫体系建设，完善疫病监测预警、动物卫生监督、疫情应急管理等基础设施，改造完善畜禽规模养殖场和畜产品加工企业的动物防疫条件，围绕优势集聚区和产业化龙头企业，加快建设无规定动物疫病区。

二、大力发展特色农业

农业的发展，有特色才有优势，有特色才有市场，有特色才有竞争力。当前河南正处在特色农业发展的重要时期，必须加大推进力度，力争使特色农业发展实现大的跨越。一要以市场需求为导向，稳定发展棉花、油料、烟叶等大宗经济作物，突出发展蔬菜、瓜果、食用菌、花卉、茶叶、中药材等六大主导产业，加快建设优势农产品产业带，继续实施食用植物油生产倍增计划，重点打造优质蔬菜、优质棉花 2000 亿元产业链条，优质林产品 1000 亿元产业链条，优质油料 500 亿元产业链条，优质水产、优质中药材、优质茶叶、花卉园艺产业 200 亿元产业链条。着力建设优质棉花、蔬菜、油料、林果、花卉、中药材、茶叶、烟叶标准化特色农产品生产基地，实施水产良种工程，大力发展都市休闲渔业，促进外向型渔业发展。二要大力发展特色农产品精深加工，油料加工在发展具有资源优势的花生油、菜籽油、芝麻油等传统产品的同时，鼓励开发山茶油、米糠油、小麦和玉米胚芽油等高档新品种，扩大精制油和专用油比重。棉花加工以纯棉针织产品为重点，积极发展色纺纱等高附加值品种，扩大中高档服装、家用纺织品生产能力。果蔬加工在加快发展浓缩果汁、果肉原汁、果酒、果醋以及轻糖型罐头等传统产品的同时，扩大低温脱水蔬菜、速冻菜等产品生产规模，积极开发果蔬功能产品、方便食品和休闲食品等新型果蔬加工产品。提高花卉精深加工能力，促进花卉天然药物、天然色素、天然香精生产。三要高度重视特色农产品物流销售网络建设，以创建品牌为重点，鼓励龙头企业通过"冷链配送＋连锁零售"等形式自建销售网络，同时积极促进生产基地和加工企业与终端销售商共赢合作，发挥国际零售商和本地大型连锁零售企业对生鲜农产品生产的带动作用。

三、积极拓展农业功能

随着我国市场经济的快速发展，农业多功能性特征越来越凸显，从衣食保障、原料供给和就业增收等传统功能，正向更广阔的生态调节、文化传承、休闲观光等领域扩展。拓展农业的多功能性，能最大限度地发挥各地农村的比较优势，高效合理地配置利用农业资源要素。各地农村自然条件和经济社会条件千差万别的特殊性就蕴涵着多样性的农业功能，而对农业功能多样性的发掘过程，实际上也就是比较优势的构建过程，这也是增加农民收入的一个重要途径。拓展农业的多功能性，特别是发掘农业自身具有的科技、环保、民俗、文化、旅游等众多功能，有利于吸引社会上各相关部门参与农业的开发，使农业真正成为全社会意义上的农业，为农业寻找到更多的经济增长点，激活农业自我发展的能力。积极拓展农业功能，一方面，要强化农业用地与农业功能拓展的空间约束功能，从农业多功能发展的角度出发，科学划分农业功能区，确定各地区农业发展方向，促进农业在农产品供给之外的原料供给、就业增收、生态保护、观光休闲、文化传承等重要功能的开发，通过完善相关区域政策，加快形成区域特色鲜明、优势互补的现代农业产业体系。另一方面，要围绕主导产品，因地制宜拓展农业的多功能性，大力发展与生态保护、休闲观光、文化传承等密切相关的循环农业、特色农业、乡村旅游业以及农村二三产业等，提高产业竞争能力和农业整体效益，并以此为重点，引导资金、技术、人才、管理等要素向农村流动和聚集，促进土地增值收益更多地用于新农村建设。尤其要注重依托区位优势和环境优势，把特色文化与旅游业融合起来，大力发展以"农家乐"为主的休闲旅游业。

四、改善农业生态环境

认真实施林业生态省建设规划，加大生态林建设力度，减少风沙、酸雨、干热风、水土流失等影响。统筹做好流域防汛和防污的联合调度工作，最大限度地减轻农区水旱灾害的损失和污染的危害。继续组织实施天然林资源保护、退耕还林、长江中下游及淮河流域防护林、太行山绿化等国家林业重点工程及山区生态体系建设、生态廊道网络建设、城市林业生态建设、村镇绿化等省级重点林业生态工程。突出河南特色，推动平原林业建设再上新台阶。抓好农田防护林体系改扩建工程，积极稳妥地推进成过熟农田防护林更新改造，建成结构合理、功能完善的综合农田防护林体系，为粮食核心区建设提供生态保障。开展丹江口库区水保综合治理、国家重点水保工程建设、黄土高原淤地坝建设、坡耕地水土综合整治等水土保持工程建设。加强森林抚育和改造，建立稳定的国土生态安全体系和城乡宜居的森林生态环境体系。农业生产高度依赖土地、水、气候等自然资源。促进现代生态农业发展，必须建立有利于农业增产的自然生态环境保护机制。要加强环境保护，加强农业面源污染防治，形成城乡一体化的节能减排格局，杜绝伴随工业化向农村可能带来的"污染转移"。建立饮用水源保护区制度，以改善重点流域区域环境质量为重点，大力进行环境综合整治。发展和应用农业自然灾害的综合防灾减灾新技术，包括干旱、洪涝、低温等重大农业气象灾害或爆发性、毁灭性病虫害的监测预警、评估及控制技术等。努力打造功能多样、资源节约、环境友好的现代农业，实现农业的可持续发展。

五、强化农业资源循环利用

强化农业资源的循环利用，是实现农业可持续发展的必然要求。要切实转变农业发展方式，围绕主导产品，因地制宜构建产业之间相互依存、产品和中间产品及废弃物交换高效利用的产业循环体系，并积极引导构建企业内部循环体系、农业内部循环体系以及农户家庭循环体系。要积极扶持秸秆还田的农业技术的研发、改进和普及，推进农作物秸秆综合利用，大力推广秸秆还田、秸秆养畜、秸秆气化等，推进秸秆利用的肥料化、能源化、原料化、饲料化、基料化。加强畜禽水产养殖污染控制，合理规划畜禽养殖规模和养殖区域，禁止超环境容量养殖和在禁养区域养殖，强化对农村再生资源的回收加工利用，对农村生活垃圾采取集中无害化处理。要按照"减量化、再利用、资源化"要求，积极发展节约型农业，大力推广以节地、节水、节能、节种、节肥、节药为重点资源节约型农业技术，减少资源消耗和物质投入，提高农业投入品的利用效率。加大测土配方施肥力度，积极推广使用有机肥、缓释肥，扩大绿肥种植面积，减少化肥、农药使用量，改良土壤。推进农作制度创新，推广应用节水农业、立体种养等新型高效农作模式。推进生物质能源开发，大力推广和普及以农村户用沼气为重点的清洁能源。发展绿色、生态农业，实现经济效益、生态效益和社会效益同步化，努力打造功能多样、资源节约、环境友好的可持续发展的现代农业。

六、优化农业产业区域布局

推进区域化布局和专业化分工，是提高农业整体效益的重要途径。优化农业生产力空间布局，要结合各区域的不同特点和资源优势，统筹规划，充分开发农业的供给保障、生态防护、景观美化、休闲观光等功能，全力打造现代农业新格局。一是在黄淮海平原和南阳盆地，建设规模高效农业区，以实现农业标准化生产与工业精深加工链条的无缝对接为目标，围绕粮食核心区建设和棉、油、肉类等大宗农产品生产，大力发展标准化、规模化种养基地，重点抓好优质小麦、优质玉米、优质水稻、优质棉花、优质油料、优质生猪、优质家禽等七大产业发展，重点提升大宗农产品的产业化发展水平，促进农产品就地转化增值，积极承接产业转移，形成一批优势产业集群，全力拓展产品加工深度和资源利用深度，强化保障性基本农产品生产功能，建成农业现代化与工业现代化协调发展的示范区。二是在豫南、豫西、豫北山丘区，要建设生态绿色农业区，充分发挥农业的生态保护功能，突出优势农产品的区域特色和高效致富功能，重点发展肉牛等食草型畜牧业和林果、中药材、茶叶、食用菌、烟叶、桑蚕等优势特色农产品生产，建设优质水果、道地中药材、优质茶叶等标准化生产基地，培育一批全国知名的优势农产品品牌，努力扩大加工规模，加快生产基地与国内外知名物流商和物流网络的结合，促进农业现代化与生态环境建设协调发展。三是围绕中心城市，要建设都市农业区，以开发农业对城市的多元服务为目的，积极拓展农业衍生服务功能，大力发展具有观光、休闲、旅游、生态、科技示范功能的城市服务型农业，实现城市化与农业现代化的协调推进。

七、提高农业经营组织化程度

提高农业经营组织化程度，促进农业集约规模经营，是转变农业发展方式的有力抓手，是农业现代业发展的必然要求。目前农村土地的家庭承包经营制，既是农民生活的保障，又是农村社会的稳定器。但由于过度分散和小块经营，使得农业经营成本居高不下，商品率低，市场风险大，农民的农业收益增长下降。所以，降低农业成本、增加农民收入，需要推进农地的相对规模集约经营。一要在坚持农户家庭承包经营的基础上，按照依法自愿有偿的原则，加快土地承包经营权流转，推进土地适度规模经营。要加强土地承包经营权流转的管理和服务，建立健全县、乡、村三级土地流转服务平台。稳步开展农村土地承包经营权登记，完善农村宅基地管理制度，依法保障农民土地承包经营权和宅基地用益物权。深化集体林权制度改革，将林地承包经营权和林木所有权落实到户，鼓励林地、林木依法规范流转。积极培育发展专业大户、家庭农场、农民专业合作社等土地规模经营主体，提高农业组织化程度。二要大力发展农村合作经济组织，为专业合作组织发展创造良好的环境。依托优势资源和主导产业，发展农民专业合作社和专业协会等其他农民专业合作组织，推动土地、资金、技术、装备和劳动力的联合和合作，扩大基本生产经营单元的生产规模，提高农民进入市场的组织化程度。认真落实新增农业补贴适当向农民专业合作社倾斜的政策。进一步完善政策措施，引导扶持种植、养殖、农机、流通等各类农民专业合作社加快发展。深入推进示范社建设行动，对服务能力强、民主管理好的合作社给予补助。指导农民专业合作社加强制度建设，创立自主品牌，不断提高经营管理水平。

八、加强农产品质量安全建设

加强农产品质量安全建设，是新型农业现代化发展的客观要求，是增强农产品竞争能力的重要手段。一要大力推进标准化生产，积极采用国际标准和国家标准组织生产，重点制定优势特色农产品和原产地农产品的地方标准，逐步建立健全结构合理、层次分明、重点突出、科学适用、国际接轨、统一权威的现代农业标准体系。围绕培育主导产业和主导产品，坚持农业标准的实施与科技推广、产业化经营相结合，实行试点示范、典型引路，着力建设一批标准化生产基地。加强农产品生产环境监测，支持搞好无公害农产品、绿色食品、有机食品认证。二要大力完善质量安全体系，建设完善功能齐全、管理规范、布局合理、服务有效的农产品质量安全检测体系，全面贯彻落实农产品质量安全法，健全农产品质量可追溯制度，积极推进农产品市场准入，切实落实农产品生产、收购、储运、加工、销售各环节的质量安全监管责任，杜绝不合格产品进入市场，力争省、市、县（市、区）全部实行市场准入。大力推进农产品加工业从原料生产到产品销售的标准化建设，形成农产品质量安全管理的长效机制，建立完善质量保障机制，做到以质取胜，坚决杜绝制假造假行为。三要建设完善以省级农产品质量检测服务中心为龙头，省辖市检测服务中心为骨干，县级检测服务站为基础，乡（镇）或区域农技推广机构农产品质量检测室为配合，基地、超市检测员速测为补充的功能齐全、管理规范、布局合理、服务有效的农产品质量安全检测体系，建立健全农产品质量安全监测制度，逐步扩大检测品种和检测数量。四要建立农产品质量安全突发事件应急处置机制，确保及时发现、有效控制、快速处置农产品质量安全事件。

第四节　立足农业发展工业和服务业

河南不仅是农业大省，而且是粮食转化和食品工业大省，农产品消费量大。目前，河南以农产品为原料的工业占全部工业的23%，仅食品工业增加值占规模以上工业的比重就达到14%。河南的农业，不仅要解决上亿人口的衣食问题，而且还要为工业和城镇的发展提供原料与市场。因此，河南要围绕"农"字做足工业，立足农业推进工业化，将工业化看作是从农业中产生、发展和壮大的过程，看作是农业与工业及服务业协调发展的过程。只有积极促进农业产业化经营，立足丰富的农业资源进行深加工，使农业"长入"工业和服务业，大力培育和发展涉农工业，才能在推动产业升级中不断增强工业反哺农业的能力，实现农业的突破和更大发展。要推进农业产业化群发展，提高农产品加工能力，拉长农业产业链条，挖掘农产品增值潜力，走出工农业互动协调发展的路子。

一、大力推进农业产业化经营

农业是粮食主产区的传统资源优势，面向市场发展起来的农产品深加工业，是农业、工业和服务业的联结点，也是农业生产价值的再延续，是实现农产品从田间地头到餐桌飞跃的重要环节。通过推进农业产业化经营，以农产品加工业为载体和桥梁，打通农产品加工转化和贸易通道，有利于加快由卖"原字号"农产品向卖"成品"、卖"服务"的转变，带动农业增效和农民增收，实现农业现代化与工业化的良性互动，形成产业化提升农业、工业化富裕农民、城镇化带动农村的发展格局。为此，要大力发展多种形式的农业产业化经营模式。鼓励工商资本、民间资本和外资等多种经济成分参与农业产业化经营。鼓励支持有条件的农民专业合作社发展农产品加工业、参股龙头企业。同时，引导农业产业化企业广泛吸收农民以资金、土地、劳动力等形式入股，与农户建立新型利益分配机制，逐步由契约联结、服务联结为主向资产、资本联结为主方向发展，形成更紧密的利益联结机制，带动农民由生产环节进入附加值较高、经济效益较好的加工、流通等环节，让农民从中得到更多实惠。在优势农产品区域内，重点扶持建设一批农产品加工园区，完善配套设施，搞好配套服务，引导龙头企业向园区聚集，促进要素集中、产业聚集，形成产业集群，最大限度的发挥区域规模效应。当前，我国正处在工业化城镇化加速推进阶段，全社会农产品需求总量不断增加、需求结构加快升级，这为农业大省的河南的农业产业化发展提供了有利的市场空间。同时，由于河南独特的区位优势和比较优势，投资环境优越，开放环境趋好，承接海内外产业转移条件优势明显，这也有利于进一步加快农业产业化经营、提升农业生产经营组织化程度。

二、做大做强产业化龙头企业

龙头企业在农业产业化发展中具有中枢而关键的作用。要围绕农产品优势产业带建设，建立一批产业关联度大、精深加工能力强、规模集约水平高、辐射带动面广的龙头企业，进一步提升现有企业的规模和技术水平，完善产业链条，形成发展合力。依托粮食、畜禽、果蔬等优势农产品，大力实施食品工业调整和振兴规划，支持开展农产品精深加工和综合利用，做大做强精面制品、肉制品、淀粉加工和乳制品四大产业链，壮大果蔬、油脂、调味品和休闲食品等高成长型行业，促进结构升级，提升产业附加值，逐步形成完整的农业产业体系。按照扶优、扶大、扶强的原则，重点实施"百户龙头企业培育工程"，支持农业产业化龙头企业发展壮大，加快以食品工业为主的农产品加工业发展。加大对农产品加工业的财政支持，设立农产品加工业发展专项资金，加强重点优势农产品加工业的基础设施建设，加大关键技术研发、引进和推广的扶持力度，加强对农产品加工业创业的扶持，加强对农产品加工业综合利用的扶持。以当前税制改革为契机，对农产品加工企业开展综合利用、建设加工专用原料基地实行税收优惠政策。争取扩大农业政策性保险的试点范围。鼓励大型和特大型农业产业化龙头企业利用品牌优势，建设全产业链企业集团，实行标准化原料生产、规模化精深加工、现代化冷链物流一体化经营。鼓励食品企业通过收购、兼并、租赁、控股和承包进行规模扩张，提高食品工业产业集中度。积极开展招商引资，加大扶持力度，引进国内外大型农产品加工企业建立总部或区域性总部，做大做强农业产业化龙头企业，使更多的龙头企业进入国家级和省级重点农业产业化龙头企业行列，不断增强其对农户的辐射带动能力。

三、加快农业产业化集群发展

目前，农业产业化经营已进入由数量扩张向质量提升转变，由松散型利益联结向紧密型利益联结转变，由单个龙头企业带动向龙头企业集群带动转变阶段。适应农业产业化经营新阶段的需要，加快发展农业产业化集群，有利于提高土地产出率、劳动生产率和资源利用率，促进企业规模发展，提高企业竞争力，实现第一、二、三产业融合发展，走出一条以农业产业化带动新型农业现代化的新路子。在农业产业化集群发展过程中，由于相关产业不断集聚，人口与资本也不断向产业区集中，有利于带动农村城镇化和农业工业化。通过农业产业化集群，把农业的产前、产中、产后融为一体，实现农业与工业、商业、运输业、金融业等产业的紧密结合，有利于促进三化协调发展。按照我省农业和农村经济发展"十二五"规划，依据我省现有农业资源优势和农业产业发展现状，重点发展面（米）品、肉品、乳品、果蔬、油脂、饮品、茶叶、花卉（木）、中药材、调味品、林产品和具有地方特色的农业产业化集群。

要按照"基地支持、龙头带动、流通服务、特色高效"的原则，选择一些基础条件好、比较优势强、发展潜力大的农产品生产区，通过建设规模化、标准化、专业化和集约化原料生产基地，壮大龙头企业、培育知名品牌、完善农产品批发市场等措施，着力打造一批"全链条、全循环、高质量、高效益"的农业产业化集群，形成资源共享、优势互补、特色突出、竞相发展的格局。为此，一要坚持以区域资源优势为基础，以龙头企业集群集聚为重点，与创建省级现代农业示范区有机结合，统筹布局农业产业化集群。各地结合本地农业资源优势，按照有利于土地、资本、科技、人才等生产要素集聚和合理配置、有效衔接的原则，科学制定农业产业化集群发展规划。依托产业集聚区和专业园区，引导中小食品企业集聚发展，培育特色食品产业集群。二要引导有条件的加工型龙头企业向产业集聚区集聚，大力发展农产品精深加工，培育壮大主导产业。通过大企业强强联合、中小企业分工协作，加大政策扶持力度，形成一批产业关联度高、功能互补性强的大型龙头企业和企业集团；通过购并重组、参股控股、改制上市等形式，形成一批发展潜力大、科技含量高、产品竞争力强的龙头企业群体。三要建成一批高标准原料生产基地。强化上游产业链建设，发展规模化、标准化、集约化、绿色环保的原料生产基地建设。建设一批各具特色、优势明显的粮食作物、畜禽养殖、特色种植等大型原料生产基地，实现与农业产业化龙头企业的有效对接，从源头上保证原料供给和质量安全。四要按照创新、提升、优化、拓展的思路，着力推进龙头企业集聚发展，充分发挥农民专业合作社的作用，创新农业产业化发展模式，促进产业转型升级，提升竞争力；着力推进产业链建设，实现生产、加工、销售有机结合，优化资源配置；着力推进标准化生产，促进产品质量提高，推进品牌建设，拓展市场空间和发展领域，增强示范、集聚、辐射带动功能。

四、在支农扶农中壮大服务业

金融机构要把农业和农业产业化企业列为重点扶持对象，积极予以信贷支持，有效解决季节性收储资金、技术改造资金和企业运转资金短缺的问题。加强涉农担保体系建设，采取社会资本为主、政府适当支持、市场化运作的方式，各级政策性投资担保机构要加大对农业产业化企业的支持力度，放宽担保条件，扩大农村有效担保物范围，对龙头企业融资项目，担保费率在市场同等条件下给予优惠，切实缓解融资难问题。鼓励农村金融创新，加快发展村镇银行，扩大涉农小额信贷规模。各金融机构要在授信额度、涉农金融产品等方面加大对农业产业化集群的扶持力度。支持有条件的保险机构在农业产业化集群开展政策性保险业务。扩大农业产业化龙头企业直接融资规模，加大对符合上市条件的龙头企业的培育，鼓励、支持条件成熟的龙头企业上市融资，支持已上市的农业产业化龙头企业通过配股增发、发行可转换债券等进行再融资。

要围绕农业和农业产业化，全面发展多种类型的农产品市场流通业态，大力发展大型农产品综合批发市场、区域农产品物流中心、现代农产品交易公共信息平台和电子商务平台，重点建设一批设施先进、特色突出、功能完善、交易规范的农副产品批发市场。鼓励各类投资主体通过多种方式，建设农村日用消费品、生产资料连锁经营等现代流通网络，形成以集中采购、统一配送为核心的新型营销体系。减免农产品运销环节收费，长期实行绿色通道政策，加快形成流通成本低、运行效率高的农产品营销网络。完善农业信息收集和发布制度，充分发挥郑州商品交易所的影响力，做大做强现有期货品种，积极推进新品种上市步伐，进一步强化其全国农产品价格、交易和信息中心地位。

要加快构建以政府公共服务机构为主导、合作经济组织为基础、农业科研和教育单位及涉农企业广泛参与，公益性服务和经营性服务相结合、专项服务和综合服务相协调的新型农业社会化服务体系。建立促进农业产业化集群发展的社会化服务体系，完善中介服务机构的功能，支持法律、会计、物流、信息服务、技术辅导中心等配套服务体系向农业产业化集群拓展，提供优良服务。大力推进信息惠农工程建设，大力推广"三电合一"等服务模式，加快建设行政村多功能信息服务站，构筑现代化信息平台。以重点工程建设为带动，建立和完善技术创新服务、质量标准服务、信息服务、人才培训服务、指导行业协会服务等社会化服务体系。

五、扩大农业及涉农企业对外开放

牢牢把握东部沿海地区产业结构升级和部分产业在深度广度上向中部地区转移的契机，承接农产品加工业转移。围绕当地优势产业，谋划农业产业化集群重点项目，建立项目库，引导外商资本、民间资本和工商资本投入农业产业化集群发展。充分利用资源、市场、劳动力和区位优势，吸引、鼓励外商和区外资金来河南投资开发农业产业，努力争取更多的国内外知名农产品加工企业落户。大力引进国内外战略投资者，支持本省农业产业化龙头企业与国内外知名涉农企业开展资本、技术、人才合作，大力引进知名企业和知名品牌，提高企业综合竞争实力，促进产业产品结构升级。积极引进先进技术、优良品种、管理经验和优秀人才，加快农业产业结构调整步伐，提高农业产业化的发展水平。鼓励和支持农业产业化龙头企业实施"走出去"战略，积极开展对外合作，开发精深加工产品，扩大农产品出口，参与国际市场竞争，拓展国际市场空间。巩固以畜禽产品为主的传统大宗农产品出口，扩大名特优新产品、有机食品、绿色食品的生产与出口，进一步提升河南农产品国际市场竞争力。支持和鼓励有实力的龙头企业输出技术、管理、品牌和资金，到国内外建设原料生产基地和加工、流通项目，充分利用"两种资源，两个市场"，促进农业产业化又好又快发展。

第五节　加快农村人口向城镇就业安居

城镇化的实质，是城乡结合的过程，是农民减少的过程，也是农民市民化的过程。而且，农业是弱质产业，河南务农劳动力多，现阶段农地大体按户人均分配，农户一般人均耕地仅有几亩或十几亩耕地，农业生产扣除成本后处于微利或保本状态。在这种条件下，多数农民仅靠务农要达到生活富裕的小康标准，是比较困难的，也是不现实的。全面实现小康社会的目标，必须大力发展劳务经济，促进农村富余劳动力和人口转移到城镇就业安居。

一、充分重视农村教育在城市化中的作用

推进城市化必须大力提高农村的教育水平。农民能否进城的关键，是农民能否在城市实现就业安居。农民到城市能干什么？主要取决于农民自身的素质或技能。事实充分说明，农村劳动力转移与文化素质有着密切的关系，其转移人数的多少与文化程度的高低成正比，高素质的劳动力转移的比重远远大于低素质的劳动力。率先转移到城市的农民，往往在农村就有较高的素质、是村里的人才。农村劳动力的文化素质普遍较低，是造成我国农村富余劳动力向城市转移较慢的重要原因。因此，充分重视农民素质的提高，使其具备进城就业谋生的知识和技能。在推进城市化的过程中，一方面，要搞好农民的职业教育。目前，进城务工人员大多文化水平低，表示出强烈的培训意愿，希望至少掌握一门技能。要针对外地用工和本地用工的不同需求及不同特点，开设专业和课程，积极开展定单、定向、定点免费培训，进行不同类型的技能等级培训，实现培训与上岗就业无缝对接。要改进培训方式，扩大培训效果，实现务工人员由体力型为主向技能型为主的转变。另一方面，要加强对农村青少年的基础教育，强化对"潜在"移民的技术培训。基础教育是一项重要而艰巨的任务，它将随着农村现代化和城市化同步发展。基础教育同样直接关系到城市化的快慢、关系到未来城市人口素质的高低、关系到农业农村的可持续发展，政府应该从战略的高度关心和重视这一问题。要加大农村教育的投资力度，努力提高农民子女的入学率，搞好农村文化基础教育。对农村初高中应届毕业生，应开展劳动预备制培训或技工职业培训，使其至少熟练掌握一门工作技能，具有脱离土地进城生活的实际本领。

二、促进农村土地承包经营权流转

城市化的推进，要求农村土地所有权和使用权具有流动性。在城市化的过程中，农民面临着进城后与原有土地的关系怎样处理、农地的使用权能否转让、原有宅基地是否还耕等问题，这些是影响农民进城安居乐业的重要因素。另外，城镇发展也存在着用地指标与城市扩张的矛盾。显然，无论是农业的规模经营还是农业用地变为城市用地，都要求建立科学的农村土地流转市场、探索建立离农人口土地承包经营权和宅基地的退出机制和补偿机制、制订合理的农村土地流转政策。这样才能实现农村土地的顺畅流转和农村土地资源的优化配置，达到推进城市化和发展农村经济的双赢。在农地流转上的重点，应该是处理好稳定农地家庭经营和农地流转制度创新的关系。家庭经营是国际农业发展的成功模式、与规模经营和农业现代化并不矛盾，问题的关键是促进土地使用权或承包经营权和所有权具有流动性，通过转包、转让、互换、入股、租赁、反租倒包等多种途径利导农地逐渐相对集中并与城市化进程和农业发展相适应。经验表明，农民对土地的态度大致经历以下三个阶段：从贫困向温饱阶段过渡时，农民视土地为命根子，土地是农民的生存手段，拥有了土地就等于有了生存的权利；温饱解决以后，农民视土地为福利保障、就业保障、粮食安全保障等；达到小康后，农民视土地为增殖手段，特别是在经济发达地区和房产高度发育的地区，拥有土地就等于拥有了一棵摇钱树。在第一和第三阶段，土地对农民的边际收益比较大，土地的流转比较困难；在第二阶段，土地流转的成本最低，目前我国大部分地区的农民处在第二阶段，这正是推进城市化过程中促进农地合理流转和相对集中经营的有利时期。①

三、积极推进进城务工人员市民化

城市化也是农民身份市民化、就业非农化或城市化。加快城市化进

---

① 许经勇、张志杰：《家庭承包经营与发展现代农业》，《经济评论》2001 年第 1 期。

程，必须尽快消除限制农村劳动力流动的各种壁垒，促进农民到城市由流动就业向稳定就业转化，促进进城农民转化为城市常住人口。进城务工人员作为户籍在农村而主要在城镇从事非农产业的劳动者群体，长期以来，为城市建设、经济发展做出了巨大贡献，但在所享受的公共服务等方面，整体上仍是其所在城市的"二等公民"。稳步推进农业转移人口转为城镇居民，把符合落户条件的农业转移人口逐步转为城镇居民，让那些已经在城市长期就业和居住的进城务工人员及其家庭成员真正融入所在城市，平等地享有现有城市市民享有的公共服务和政治权利，是未来一段时期推进城镇化的重要任务。因此，一要积极将进城务工人员纳入城市公共服务体系。进城务工人员市民化是指农民流入城市就业并长期生活，成为城市新市民和逐步融入城市的过程，与这个过程相伴随的不仅是农民职业上的转变，而且是从传统乡村文明向现代城市文明的整体转变。进城务工人员变市民，不是简单地改写户口本，而是确保进城农民在就业、住房、养老、医疗、教育等方面与城市居民享有同等待遇。进城务工人员市民化，既与城市提供非农就业岗位能力有关，也与提供公共服务和社会保障的财力有关，要在义务教育、就业培训、职业教育、计划生育等方面，率先实现进城务工人员与市民同等对待，加快住房、医疗、养老等融入步伐，多渠道改善进城务工人员的工作、生活条件。二要积极促进进城务工人员就业创业。合理稳定提高进城务工人员工资水平，保障进城务工人员的合法权益，完善维权法规，健全维权机制。三要妥善解决进城务工人员的后顾之忧。如今，越来越多的进城务工人员、尤其是新生代进城务工人员希望能留在城市，也逐渐具备了留在城市的条件，要切实尊重进城务工人员意愿，改革二元户籍管理制度，实行按常住地划分城镇人口和农业人口、以职业划分农业和非农业人口的新的户籍制度。四要促进进城务工人员融入城市社区。允许进城务工人员参与社区自治，为进城务工人员表达各种意愿提供平台。

四、农业产业化与建设小城镇相结合

农业产业化带动大量富余农村劳动力转移就业。推进农业产业化与小城镇建设相结合，是以农业发展来推动城市化的途径之一。农业产业化是以其企业化、专业化、市场化、社会化等为基本特征的，小城镇建设只有与农业产业化相结合才能获得长远发展。从农村城镇化的角度看，农业产业化经营是能够同时兼顾城市化推进和农业发展的一种有效形式。因为农业产业化经营是农产品加工和销售的有机结合，通过农产品加工业的发展会带动农产品生产的发展，而农产品加工和农产品生产共同发展的结果，就是城市化推进和农业发展的协调发展。因此，推进农村城市化应该高度重视农业产业化经营，把实施农业产业化经营作为协调城市化和农业发展关系的一项重要措施。首先，小城镇需要产业的聚集，农业产业化企业选择小城镇安家落户。农业产业化的龙头企业由于其主要是以农产品为原料，选择在小城镇有极大优势。因此，农业产业化的龙头企业正是小城镇产业聚集过程所寻求的核心。使龙头企业在小城镇积聚，形成小城镇发展的经济基础，有利于小城镇的长远发展。其次，农业产业化经营中与农业产前、产后相联系的社会化服务部门也会选择小城镇作为其机构设置地，这也会繁荣小城镇的经济，充实小城镇的经济。只有以经济中心为基础来建设小城镇，小城镇才能长远发展。小城镇建设理所应当立足于协调产业化的发展，以农业产业化为契机，在小城镇构筑与产业化相关联的产业体系，包括农产品加工、销售、农机、农药、化肥、种子等的供应，农业技术推广，农业的产前产中产后服务等。要把培植农业产业化龙头企业作为小城镇建设的重中之重。尤其对于依托已批准实施的农产品加工业产业集聚区，围绕十大现代农业产业链条，通过整合投资和产业融合，构建以规模化生产基地、精深加工基地和物流节点为主的全链条、全循环现代农业产业体系，并结合城镇建设和新型农村社区建设，推动产业、人口、土地、村镇逐步集聚。[①]

五、把乡村建设纳入到城镇化发展的总体战略之中

村庄建设规划，只有站在统筹城乡发展的战略高度，将个体的村庄

---

① 吴海峰：《乡镇企业发展要与城镇建设有机统一》，《中州学刊》2003 年第 2 期。

放到区域发展的整体之中，充分考虑到城镇化的进程，才能形成布局合理、科学有序的乡村体系，才能符合新型城镇化的要求，促进新型三化协调发展。第一，要把环境保护和生态建设融进乡村规划中。一些地区，由于公共设施成本大、生态环境要求高，村庄规划布局应与人口搬迁工程相结合，有效解决山区脱贫与生态建设的矛盾。可适当撤村、并村、撤村并乡、撤乡并镇，规模并大、实力并优，既节约土地、保护资源，又形成规模效益、便于完善公共设施、为企业提供优良环境，并促进农村人口转化和农业可持续发展。第二，也不能忽视区位较好的乡村变为城镇这一因素。历史上，城镇一般都是在发展潜力大和区位好的乡村成长起来的。随着经济发展，一些区位好、有发展前景的农村地区自然要崛起一批新兴城镇。目前，许多乡村人口密度高，而基础设施特别是交通通讯的不断改善，又弥补了非城镇条件的不足，其中不少发展潜力大的乡村，不断吸纳劳动力和聚集生产要素，往往是城镇将要扩张的区域或未来新兴城镇形成的地方。对这些地方，应有科学的长远规划，避免重复大拆大建。第三，明确区域主体功能定位，在中原经济区实行宜农则农、宜工则工、宜三产则三产、宜生态则生态的发展方针，有些地区主要承担发展经济的功能，有些地区则主要承担保护生态环境的功能，有些地区主要承担发展农业的功能，而有些地区则以发展工业为主导，有些地区则以保护和开发文化资源为根本。要引导限制开发区域和禁止开发区域的人口逐步有序向外转移，鼓励在优化开发区域和重点开发区域不断吸纳农民进城就业、安家落户有稳定就业的外来人口。只有这样，才能使河南走好不以牺牲农业、生态和环境为代价的新型三化协调发展的路子。

第六节　推进农村经济社会全面进步

全面实现建设小康社会的目标，重点在农村，难点也在农村。强化新型农业现代化的基础作用，必须深入贯彻以人为本的科学发展观，扎实推进社会主义新农村建设，积极发展农村文化、科技、教育、卫生、体育事业。努力改善农民的生产生活条件，促进农村经济社会全面发展。

一、积极推进资源要素向农村配置

要将推动资源要素向农村配置，作为统筹城乡经济社会发展的重要着力点。通过公共财政等手段，阻止农业农村应得资源要素外流，实现资源要素的逆向流动。要加大力度，完善公共财政投入机制，继续调整国民收入分配格局，推动公共资源向农村倾斜，引导生产要素向农村配置，继续加大国家对农业农村的投入力度，缩小城乡公共事业发展差距，逐步实现城乡基本公共服务均等化。要深化统筹，构建资源要素整合机制，以统筹使用支农资金为手段，以提高支农资金使用效益为立足点，以主导产业、优势区域和重点项目为平台，加大整合力度，积极扩大支农资金整合范围，继续推进部门整合，建立中央、省、市、县上下联动，政府主导、部门配合的协调机制，以及财政支农资金管理规范、使用高效、运行安全的长效机制。要强化引导，形成资源要素回流机制，加强财税政策与农村金融政策的有效衔接，着力创新财政支持的手段，完善支持方式，灵活运用多种政策工具，注重多样化和灵活性，综合运用财政贴息、财政补助、奖励、投资参股、担保和保险、减免税费、购买服务等政策工具和激励措施，积极鼓励和引导外国资金、银行资金、社会资金投入农业农村发展，形成农业农村投资的利益导向机制。要优化环境，形成农村内生发展机制，深化农村土地承包经营体制、基层管理体制等体制创新，激活农民专业合作经济组织、回乡创业者、农村经纪人等农村经济发展主体，盘活土地、资金、劳动力等资源，激发农民的自主意识，催生农业和农村的内部活力，增强农业、农村、农民的自我发展能力。

二、支持农民改善人居环境建设美好家园

"村容整洁"是建设社会主义新农村的重要方面。目前多数农村，房舍街道没有规划，建设无序，脏、乱、差、散的现象比较普遍。建设社会主义新农村提出的"村容整洁"，就是要从根本上改变这种境况，实现农村人居环境优美的田园风光。随着农村经济的发展，农民建新房、改善村

容村貌的愿望也越来越强烈。改善村容村貌，规划必须先行。政府要安排必要的财政资金，支持搞好新型农村社区规划和新农村建设规划。规划要站在统筹城乡发展的战略高度，考虑城镇化的进程和城乡建设的整体布局；还要从农村自然和文化发展脉络的角度，尊重农村的具体实际及特点，力求做到功能设施配套、充分体现当地特色风格。建设新型农村社区，是推动城乡一体化发展的实践创新，是统筹城乡协调发展的重大创举。要把新型农村社区建设作为切入点，推动城镇基础设施和公共服务向农村延伸。通过建设新型农村社区，既能改善农民的居住条件，提升农民的生活品质，还能提高土地的集约利用效率。新型农村社区建设要尽量靠近城市，尽量靠近中心城镇，尽量靠近产业集聚区。建设新型农村社区和新村庄，要以改善人居环境为切入点，从硬化、绿化、净化、生态入手，进行村容村貌的综合整治，使农村卫生、整洁、舒适、便捷和美化。要以"政府引导、农户主体、政策激励、典型示范、量力而行"为原则，在充分尊重农民意愿的基础上，从实际出发，引导和支持农民自主实施通路、通水、通电、通广播、通电视、通互联网，改住所、改厕所、改厨房、改圈舍，道路硬化、庭院绿化，建沼气池、建垃圾处理场，治理"脏乱差"，营造良好的生产生活环境，实现人与自然的和谐发展。同时政府要加快农村公路建设工程、广播电视和互联网等"村村通"工程，完善农村的交通、通讯、卫生、文化、饮水安全、清洁能源等基础设施，实现城乡建设一体化。[1]

三、推进以改善民生为重点的农村社会建设

目前，我国绝大多数农村，既存在经济发展不充分的问题，更存在社会事业严重滞后的问题。建设社会主义新农村，面临着加快经济发展与促进社会进步的双重任务。在推进农村经济发展的同时，要加快推进以改善农村民生为重点的社会建设，大力促进农村各项社会事业的发展。国家要不断加大财政转移支付力度，突出支持农村的教育、医疗和社会保障，真

---

[1] 吴海峰：《社会主义新农村建设的十个结合》，《中国农村经济》2006 年第 1 期。

正落实"新增教育、文化、医疗和社会保障的支出主要用于农村"的政策，既考虑"硬件"建设，更注重"软件"建设。第一，以农村义务教育均衡发展为重点，深化农村教育体制改革，坚持统筹城乡和区域教育发展，以加强农村中小学标准化建设、提高农村教育质量和加快农村中等职业技术教育发展为重点，合理利用教育资源，规范办学行为，缩小城乡办学差距，促进义务教育均衡发展，实现教育公平，办好让人民满意的教育。努力培养有文化、懂技术、会经营的新型农民，造就现代化的农业经营主体。第二，完善农村公共卫生和基本医疗服务体系，大力改善农村医疗卫生条件，健全农村新型合作医疗制度和农村医疗救助制度，较大幅度提高中央和地方财政对参加合作医疗农民的补助标准，尽快建成覆盖城乡、功能完善的疾病防控和医疗救治体系，从根本上解决农民因病致贫、因病返贫的现实问题。支持防控高致病性禽流感工作，建立人畜禽统筹的公共卫生体系。支持解决农村饮水困难和饮水安全等问题。第三，完善农村社会保障制度。将符合条件的农村贫困家庭全部纳入低保范围，财政要逐步增加农村低保补助资金，提高保障标准和补助水平；推广新型农村养老保险；建立健全政策性农业保险体系；健全农村"五保户"和重病重残人群的供养、救助制度，提高供养、救助标准，完善救助方式。第四，要加大扶贫开发力度，加快解决集中连片特殊困难地区的贫困问题，支持革命老区、贫困地区、少数民族聚居区、移民安置区加快发展。第五，支持农村的文化事业，不断丰富农民的文化生活，使城乡共享现代文明。

四、转变政府职能促进农村和谐发展

要以优化服务为目标，转变乡镇政府职能。一要按照因地制宜、精简、效能、责权一致的原则，进一步转变政府职能，巩固乡镇机构改革成果，提高为农民服务水平和行政效率，建立行为规范、运转协调、公正透明、廉洁高效的基层行政管理体制和运行机制。二要以推进县乡财政管理体制改革为重点，加快农村公共财政建设，合理确定乡镇财政体制。按照财权与事权相统一、兼顾县（市）乡利益、保证事业发展的原则，合理划分县（市）乡两级政府的事权范围和支出责任，扩大公共财政覆盖范围。

完善"乡财县管"和"村财乡理"办法，进一步规范预算代理、账户统设、资金统调、集中收付等管理办法，建立监督制约机制，完善财务管理措施，实行参与式预算管理，确保资金的高效使用。三要支持农村"管理民主"建设。"管理民主"是建设新农村的政治保证。要加强农村基层政权建设，保障其充分合理地行使自治权力，使村民委员会在党的正确领导下，组织村民自我决策、自我管理、自我服务，落实好农民的知情权、选举权、决策权、参与权、监督权，切实维护农民的利益，真正让农民当家作主。四要推广农村"六大员"制度，加快形成以农民技术员为重点的六大员队伍，不断完善基层公共服务体系。要通过财政投入的有效引导，解决目前农村"一事一议"制度难以实施的问题，在具体项目的实施中要从"为民做主"变为"由民做主"，实行"由下而上"的决策，促进农村社会和谐发展。

第十章
河南推进新型三化协调发展的支撑体系

河南积极探索、务实推进新型三化协调发展的科学道路，是站位全国大局、依托区域优势、着眼未来发展的实践创新，没有成熟的经验可以借鉴，更是一项全局性、系统性、长期性、复杂性的战略任务，需要构建完善的支撑体系，主要包括城镇支撑体系、工业支撑体系、农业支撑体系、基础设施支撑体系、人才支撑体系、创新支撑体系、开放支撑体系、文化支撑体系、资源环境支撑体系和社会支撑体系等十大支撑体系，十大支撑体系并不是彼此孤立、割裂发展，而是一个内部耦合、功能一体的有机整体，共同推进新型三化协调发展格局的形成。

第一节　构建城乡统筹一体的新型城镇化支撑体系

构建以中原城市群为核心、以五级城镇体系为框架、以统筹城乡发展为基本途径的新型城镇化支撑体系，走以城乡统筹、城乡一体、产城互动、节约集约、生态宜居、和谐发展为基本特征、具有河南特色的新型城镇化道路，引领三化协调发展。

一、提高中原城市群发展水平

创新发展机制，优化空间结构，整合区域资源，完善城市功能，壮大优势产业，加速人口和产业集聚，提升中原城市群整体竞争力。加快"郑汴新区"规划建设速度，创新合作机制，强化产业融合，推动"郑州新区"和"开封新区"加快发展，着力将"郑汴新区"建设成为现代产业集聚区、城乡一体发展的现代复合型新城区、综合改革核心试验区、对外开放示范区、环境优美宜居区和为全省乃至中西部地区服务的区域服务中心。全力打造以郑州为中心的中原城市群"半小时"和"一小时"交通圈，形成以郑汴一体化区域为核心层、半小时交通圈区域为紧密层、一小时交通圈内城市为辐射层的空间布局，促进区域间的经济合作与产业分工，大力实施中心城市带动战略，以产促城、以城带乡、产城融合，加快推进复合型紧凑型中心城市建设，促进资源共享、环境共建，形成核心层、紧密层、辐射层分工协作、互动发展格局，全面提升城市群综合竞争力，加快形成合理分工、功能互补、向心发展、协调推进、共同繁荣的"一极两圈三层"城乡统筹发展新格局，进一步提升中原城市群在全国的战略地位和区域竞争力。

二、着力培育发展五级城镇体系

进一步完善和实施省域城镇体系规划和村镇体系规划，以郑汴都市区为核心，其他省辖市为支点，县级市和县城为节点，特色中心镇和农村社区为基础，五个层次相互联系，共同形成中心突出、职能完备、分工合理、协作紧密、特色鲜明的五级城镇体系。发挥郑州国家区域中心城市的辐射带动作用，推进郑州都市区建设，加快建设新区，提升老区，加强卫星城镇建设，提速郑汴一体化，形成组团式、网络化的复合型城镇密集区。加快发展省级区域中心城市，发挥比较优势，壮大各省辖市规模，增强聚集和辐射带动作用。提升县（市）域中心城市发展水平，其他县级市和一般县城通过建设各具特色的产业集聚区，积极培育特色产业，壮大支柱产业，加强基础设施和社会服务设施建设，提升城镇功能和综合承载力。大力发展特色中心镇，加快村镇规划编制力度，对已形成一定产业和人口规模的镇，积极发展农产品加工业和流通企业，促进周边地区生产要素和人口向镇区聚集，发展专业产业园区，积极培育产业集群，对部分发展较快的特色中心镇，在政府管理体制、公共财政管理体制等方面，赋予部分县级政府管理权限。规划建设新型农村社区，积极推广新乡市建设农村社区服务中心的经验，按照"规划先行、就业为本、农民自愿、量力而行、尽力而为"的原则，建设一批新型农村社区，加强水、电、路、电话、广播电视、互联网等基础设施建设，有效改善农村面貌。

三、增强县域经济综合竞争力

依托比较优势，突出发展特色经济，优化产业布局，强化基础设施建设，持续增强县域经济综合竞争力，形成城乡协调发展的良好格局。依托产业集聚区建设提升县域产业发展水平，强化基础设施建设，引导企业和资金、人才等要素向产业集聚区集聚，加快推进县域工业结构调整，依据本地优势，积极培育特色主导产业，抓住当前产业转移由我国沿海发达地区向中西部延伸、东部产业向内地转移的机遇，积极承接产业转移，把发展配套经济和劳动密集型产业作为主攻方向，建设县域生产制造基地和农产品加工业基地。加快县域城镇化步伐，按照城市总体规划、土地利用总体规划、产业集聚区规划"三规合一"的原则，科学编制和完善县城和镇总体规划以及近期建设规划，加快推进市政公用基础设施建设，重点抓好公共交通、水电气暖、科教文卫和商贸物流等基础设施建设，并推动市政设施向乡镇和农村社区延伸，大幅度提升城镇综合服务功能。扩大省直管县试点范围，赋予试点县与省辖市相同的经济社会管理权限，积极探索符合河南省实际的省直管县模式，全面推行扩权强县改革，赋予省直管试点县以外的其他县（市）省辖市级经济管理权限和部分社会管理权限，不断提升县域经济发展的内生动力。

四、统筹城乡一体化发展

坚持工业反哺农业、城市支持农村的基本方针，优化城乡资源配置，促进城乡协调发展。统筹布局和整合全省产业、城镇、交通、生态等各类空间要素，尽快实现城乡规划、产业布局、基础设施建设、公共服务和社会管理的一体化。积极推动城乡产业融合，健全城乡统一的生产要素市场，实现城乡资源共享和生产要素的优化配置，统筹城乡基础设施建设，加快发展覆盖城乡的社会事业，促进公共设施向农村延伸，公共服务向农村覆盖，加快建立城乡统一的劳动力市场，构建城乡一体的公共服务体系，逐步实现城乡社会统筹管理和基本公共服务均等化。健全财政支农资金稳定增长机制，不断增加对"三农"的财政投入。推进统筹城乡综合配套改革试验，深入推进鹤壁、济源、巩义、义马等地城乡一体化试点，加快户籍管理、社会保障制度改革，积极稳妥地开展以土地承包经营权置换社会保障、以宅基地置换城镇房产试点工作，积极推进新乡市省级统筹城乡发展试验区建设，扎实推进信阳市省级农村改革综合试验区建设，为城乡一体化发展探索经验。

第二节　构建竞争优势彰显的新型工业化支撑体系

坚持抢占未来制高点与支撑现实发展相结合，抓增量、补短板、增后劲，大力发展先进制造业，培育壮大高技术产业，加快发展现代服务业，改造提升基础产业，推进产业融合互动发展，优化产业空间布局，加快构建结构合理、特色鲜明、节能环保、竞争力强的现代产业体系，坚定不移地走新型工业化道路，把推动产业发展的立足点转到提高质量和效益上来。

一、大力发展先进制造业

深入挖掘比较优势，以提高产业附加值为主攻方向，发展壮大高成长性产业，大力发展市场空间大、增长速度快、转移趋势明显的汽车、电子信息、装备制造、食品、轻工、建材六大高成长性产业，建设一批特色明显、优势突出的产业联盟和产业基地，进一步提升客车、铝工业、镁加工、煤化工等竞争力强的行业品牌，形成装备制造和食品等两个万亿元级产业，优化产品结构，培育产业发展新优势。立足现有产业基础，坚持运用高新技术、先进适用技术和信息化技术改造提升化工、有色、钢铁、纺织等传统优势产业，推进产业整合和企业重组，形成一批大型龙头企业集团，向下游终端环节加快延伸产业链条，提高产业附加值，抓住当前产业转移的机遇，积极承接高端项目在河南建设区域性产业基地，推进入驻项目产业链本地化，支持本地企业提高配套能力，带动本地企业转型升级。

二、培育壮大战略性新兴产业

依托比较优势，选准战略突破口，把握全球科技发展新趋势和产业融合发展带来的新机遇，以产业集聚发展吸引高端产业转移，培育壮大以高新技术为主体的战略性新兴产业，在特色优势领域抢占产业发展制高点。重点发展新一代信息技术、生物、新能源、新能源汽车、新材料、节能环保、高端装备制造等基础支撑强、发展潜力大的新兴产业。依托传统优势产业实施创新驱动发展工程，培育一批基础好、可持续发展能力强的战略性新兴产业，建设一批国家级和省级研发中心、产业技术联盟等创新平台，加大研发投入，突破核心关键技术，推动优势产业链条向高端化、新型化延伸，实施新型产品应用示范工程，加快把具有区域优势的战略性新兴产业培育成河南工业新的支柱产业。重点规划建设一批战略性新兴产业示范园区，重点培育发展电子信息制造、信息服务、生物医药、生物育种、超硬材料、轨道交通装备、新能源汽车等12类特色鲜明、链条完善、竞争力强的产业集群，为全省战略性新兴产业发展提供有力支撑，建成全国重要的战略性新兴产业基地。

三、加快发展生产性服务业

立足于推进先进制造业与生产性服务业有机融合、互动发展，快速提升生产性服务业总量，优化产业结构。依托交通区位、产业和资源优势，做大做强物流业、金融业、商贸流通业等优势服务业。发挥后发优势，培育壮大科技服务业、创意设计产业、商业服务业、会展业等新兴服务业。

按照"提升中间，拓展两端"的总体思路，促进生产性服务业从制造业中分离出来，鼓励和支持大型制造业企业向服务化转型，大力发展支撑现代农业发展的服务业体系，促进服务业跨越发展，成为推动经济社会发展的新动力。因地制宜积极发展中心商务功能区和特色商业区，建设一批现代服务业基地，加快形成布局合理、层次分明、功能完善、生态协调的中心商务功能区和特色商业区发展体系。

四、改造提升基础产业

充分发挥区位优势，优化能源结构和布局，在电力、煤炭、油气、新能源和可再生能源等领域加大基础设施建设力度，努力打造全国重要的能源输配战略枢纽和综合能源基地，构筑清洁、高效、稳定、经济的能源供应体系。以水资源保护和合理开发利用为重点，加强水利设施建设，完善防洪减灾体系和水资源保障体系，逐步建立人与自然和谐的水生态环境。加大新一代信息基础设施和应用系统建设力度，加快发展物联网，实施"感知中原"物联网工程，大力发展电子政务网络、应急系统和行政服务平台建设，加快建设区域性电子商务综合平台，为工业转型升级提供基础支撑。

五、推动产业融合互动发展

完善的产业支撑体系并不是分割发展的产业体系，其核心是不同产业间的融合互动发展，形成内部耦合、结构优化、相互融合、彼此支撑的产业格局。大力推动三次产业融合发展，着力促进制造业和服务业融合发展、现代工业和现代农业互动发展，在产业融合领域培育一批新的产业业态和经济增长点。进一步提高楼宇经济和都市工业发展水平，推进产业转型升级与城市空间重构互动发展，以产业融合互动支撑三化协调发展，加快形成与新型工业化、新型城镇化、新型农业现代化三化协调发展相适应的现代产业支撑体系。

六、优化产业空间布局

打破行政区域界限，调整优化工业空间布局，引导大中小城市间加强产业分工与合作，通过强化产业空间分工的动力机制，促进高端环节向心集聚，推动一般加工制造业环节向外围扩散，引导各地市根据自身的基础和条件，合理选择发展方向和布局重点，因地制宜承接发展优势特色产业，避免低水平简单复制和低效率重复建设，避免产业同构与恶性竞争，推进区域产业分工演进。依托郑州、洛阳两个国家级创新型城市，加快提升自主创新能力，加快构建"内聚外联"的总部经济培育和政策支撑体系，进一步增强其辐射能力和综合服务能力，吸引高端产业、高端环节向中心集聚，加快商务核心区建设，形成企业总部的集聚效应和溢出效应。引导周边地区主动接受中心城市一般加工制造环节的产业转移，通过交通一体、产业链接、服务共享、生态共建、管理一体等，引导大中小城市建立分工协作关系，推进产业分工演进，形成新的"中心—外围"产业空间布局。以创建跨省界"产业经济协作区"为载体，创新合作机制、合作模式和合作方式，搭建跨省域产业合作平台，促进产业错位对接、合作发展，豫北与晋城、运城、长治、邯郸、菏泽等地区，重点发展钢铁、有色、化工、装备制造、建材等产业，联合打造全国重要的重化工基地；豫东与徐州、阜阳、亳州、宿州和淮北等地区，重点发展食品、煤化工、纺织等优势产业，建设特色资源产品生产加工基地；南阳和襄樊等地区，整合提升汽车及零部件工业，纺织、医药、光电子等优势产业，形成全国重要的医药、纺织、光电和汽车及零部件产业基地。

第三节　构建优质高效安全的新型农业现代化支撑体系

把"三农"工作作为重中之重，按照高产、优质、高效、生态、安全的要求，坚定不移地走以粮食优质高产为前提，以绿色生态安全、集约化、标准化、组织化、产业化、程度高为主要标志，基础设施、机械装备、服务体系、科学技术和农民素质支撑有力的新型农业现代化道路，建设国家重要的粮食生产和现代农业基地，提高现代农业对三化协调发展的基础支撑。

一、加强粮食生产核心区建设

加快组织实施全国新增千亿斤粮食生产能力规划和河南省粮食生产核心区建设规划，加强农业基础设施建设，加快推进中低产田改造和高产田巩固提升，大规模实施土地整治、沃土工程、测土配方施肥工程和标准粮田建设，规模化建设现代化高标准良田，加快粮食作物良种繁育和推广，建设全国小麦和玉米育种创新基地，提高粮食生产的科技贡献率。加快发展粮食加工产业和循环农业，努力提高粮食生产的规模化、集约化、产业化、标准化水平，不断提高粮食稳定增产的支撑能力。

二、调整优化农业产业结构

在稳定粮食生产的基础上，不断调整种植业结构。积极发展特色高效农业，大力发展花卉、蔬菜、茶叶、水果等特色高效经济作物，培育一批现代农业品牌，加快特色优势花卉品种的区域化布局和基地化生产，继续发展棉花、油料、烟叶等大宗经济作物，加快发展果蔬、茶叶、中药材等特色农产品，加快发展木材加工业，提高林果业发展水平。实施现代畜牧业跨越工程。紧紧围绕建设畜产品优势集聚区、完善畜牧业服务体系、创新畜牧业发展机制三大战略任务，实施现代畜牧业跨越工程，重点抓好肉牛、奶牛、生猪、家禽、肉羊五大产业优势区域开发，完善良种繁育推广、动物疫病防控、质量安全保障、饲料饲草供应、畜产品流通、科技创新推广六大服务体系，提高生猪产业竞争力，扩大奶牛、肉牛发展规模，进一步壮大禽类生产，培育一批龙头企业，积极引导龙头企业大力引进开发应用高新技术、设备和工艺，加大技术攻关和技术创新力度，重点开发符合消费趋势、市场空间大的新产品，推进全省畜产品加工业向精深加工、高附加值转变。

三、提高农业产业化、规模化发展水平

大力推进农业科技和农业经营体制机制创新，培育壮大一批起点高、规模大、带动能力强的产业化龙头企业和产业集群示范基地，发展各种新型专业合作经济组织，全面提高农业现代化水平，加快构建粮食安全保障体系和现代农业产业体系，从根本上提高农业劳动生产率、资源利用率和土地产出率。加快发展农业产业化集群，按照"基地支持、龙头带动、流通服务、特色高效"的原则，以农业优势资源为基础，建成一批高标准原料生产基地，引导有条件的加工型龙头企业向产业集聚区集聚，形成一批发展潜力大、科技含量高、产品竞争力强的龙头企业群体，充分发挥农民专业合作社的作用，创新农业产业化发展模式，着力打造一批"全链条、全循环、高质量、高效益"的农业产业化集群，形成资源共享、优势互补、特色突出、竞相发展的格局。

四、提高新型农业社会化服务水平

完善农业科技创新服务体系，设立农业科技创新基金，加强良种培育、栽培、植保、农业机械、加工与物流等领域的技术研究，提高科技对新型农业的支撑力。加强农产品质量安全监督管理体系建设，建立健全"从田头到餐桌"的农产品和食品质量安全监测检验体系及产品可追溯控制体系，确保食品安全。健全农产品市场体系，构建农业信息收集和发布渠道体系，完善鲜活农产品"绿色通道"发展农资连锁经营。完善中介服务机构的功能，按照市场运作机制成立中介服务组织，支持金融、法律、会计、物流、信息服务、技术辅导中心等配套服务体系提高服务水平提供优良服务。

第四节　构建功能完善的现代化基础设施支撑体系

按照"统筹规划、合理布局、适度超前"的基本原则，加强交通、能

源、水利和信息等基础设施建设，构建功能完善、协调配套、结构合理、高效便捷、对接互补的现代化基础设施支撑体系。

一、加强现代综合交通体系建设

按照"客运零换乘、货运无缝衔接"的理念，以枢纽设施和综合运输通道建设为重点，着力构建网络完善、衔接高效、覆盖全省、辐射周边、服务全国的现代综合交通体系，吸引生产要素向通道、枢纽集聚，引导三化协调发展新格局的形成。强化综合交通运输通道建设，依托现有运输通道，根据区域运输需求新要求，针对公路、铁路、民航、水运、管道等运输方式的发展特点和发展规划，重点推进"四纵五横四辐射"综合运输大通道建设。完善高速公路网，改造国省道，提升农村干线路网，强化公路交通优势地位；强力推进客运专线、城际铁路、干线铁路、支线铁路建设，围绕巩固提升铁路枢纽地位；实施民航优先发展战略，强力推进郑州国际航空枢纽与支线机场建设，加快完善构建以郑州机场为核心，以支线机场为支撑的机场体系；加快推进淮河、沙颍河、涡河、沱浍河航运开发，形成通江达海、干支联网、畅通高效、公铁水联运的河南水运新局面。加强综合交通运输枢纽建设，以"1+10"综合交通枢纽建设为重点，形成连通周边省市、高效畅通的综合交通运输体系。巩固提升郑州全国性综合客运货运枢纽地位，改造提升洛阳、安阳、商丘、南阳、信阳、三门峡、漯河、新乡等10个重点区域性客运货运枢纽，加快形成连通周边省市、高效畅通的枢纽网络。

二、加强能源基础设施建设

以资源高效整合为重点，提高开发利用效率，优化能源布局，打造全国重要的综合能源基地。建设全国重要的煤炭生产基地，强化煤炭资源勘探和大中型矿井建设，加快建设煤炭物流储备中心，加大煤炭资源整合力度，推进优质资源向大型企业集团集中，培育一批竞争力强的煤炭企业。强化电力设施建设，加快发展特高压电网，实施"外电入豫"，加快建设百万伏电压等级的南阳特高压变电站，积极推进省内"三交一直"特高压电网建设，加快淘汰小电力机组，加大电厂脱硫、脱硝等节能环保设施建设，加快完善主网架，强化城市电网建设和农村电网改造。实施"气化河南"工程，依托西气东输等国家骨干天然气管道，加快支线管网建设，加快推进天然气储备基地建设。大力推进新能源重点工程建设，加快生物质能、太阳能、风能等开发利用，有序推进地热能开发利用，建成一批示范工程，适时推进核电项目建设，优化河南能源结构。

三、加强水利基础设施建设

统筹区域水利基础设施建设，提高防洪除涝和抗旱能力，有效解决洪涝灾害、水资源不足和水环境恶化等问题，以水资源的可持续利用支撑三化协调发展。推进大中型重点工程建设，重点推进黄河、淮河治理，大力推进一批洪水控制性工程建设，加快淮河、海河流域蓄滞洪区建设，推进南水北调中线工程及沿线城市受水配套工程建设，加强城市供水设施建设，推进城市水源地保护工程建设，加大管网改造提升力度。加快推进农业水利设施建设，完善一批重点水利工程的配套工程项目，加快推进大中型灌区节水改造和病险水库除险加固，突出抓好田间配套，加快小型农田水利设施建设，因地制宜大力发展节水灌溉，推进农村安全饮水工程建设。

四、加强信息基础设施建设

加快推进经济社会各领域的信息化，提升服务三化协调发展的能力和水平。加快实施智慧中原、无线城市、数字河南等战略规划，优先布局新一代移动通信网络，全面落实省政府与国家三大通信集团公司签约的重点项目和合作框架协议，建设"宽带中原"、"无线中原"，建成覆盖城乡的第三代移动通信网络和光纤宽带网络，推进电信网、互联网、广播电视网融合发展，提升郑州信息集散中心和通信网络交换枢纽地位。大力推进物联网发展，加快建设一批重点领域物联网应用示范工程。

五、推进基础设施联网一体发展

突破行政区划界限，加强基础设施联网对接，实现一体化发展，突出重大交通设施和信息化基础设施的布局衔接和功能互补，形成网络完善、布局合理、运行高效的一体化立体交通网络体系，突破行业、部门管理障碍，建立交通综合协调机构，对区域内重大交通设施的规划、建设、管理进行统筹协调，优化运输资源配置和数据资源综合应用，搭建中原智能交通信息平台，实现旅客"零换乘"、货物"无缝衔接"，促进"两纵一横"经济一体化和物流一体化发展。推进水利、能源、生态、环保等基础设施联网对接建设，加强水源涵养区、自然保护区、南水北调水源地等重要区域和生态敏感区、生态脆弱区的生态建设与保护，构筑黄河、淮河、海河、汉水水系和太行山、伏牛山、大别山为主要框架的区域生态安全体系，构建平等互利、优势互补、共同发展的区域生态建设与环境保护合作机制。

第五节　构建高素质的人力资源开发支撑体系

坚持人力资源是第一资源的发展理念，推进"科教兴豫"和"人才强省"战略，持续提升劳动者基本素质，优化人才发展环境，促进人力资源高效开发和配置，构建支撑区域经济结构优化与产业转型升级的人力资源开发体系，打造服务中原经济区建设的人才高地。

一、提升教育现代化水平

始终坚持把教育摆在优先发展的位置，积极扩大高等教育规模，保持高等学校数量和在校生规模适度增长，加快缩小与全国平均水平的差距，优化学科专业结构，根据行业、产业结构调整和人才需求的变化，统筹学科专业规划，加强国家和河南省急需的应用学科，积极培育、发展新兴学科、交叉学科。在积极培育和建立一批省属重点大学的基础上，倾力打造郑州大学和河南大学，使其成为有较大影响力国内一流、国际知名的综合型高水平大学，把河南农业大学、河南科技大学、河南理工大学、河南师范大学、河南工业大学、河南财经政法大学建设成为各具特色优势、国内一流的名牌大学。积极探索和利用各种方式、各种渠道培养、吸引、汇聚不同学科领域、不同专业方向拔尖人物和领军人才，积极培育本土学科技术带头人，加强与国际高水平大学、内地与港澳台地区名牌大学的教育交流与合作，吸引更多世界一流的专家学者来豫从事教学、科研和管理工作，全面提升河南教师队伍的规模结构和素质层次。坚持均衡配置义务教育资源，加快缩小城乡差距，建立城乡一体化的义务教育发展机制。大力发展职业技术教育，推动职业教育向规模化、特色化、品牌化发展，促进职业教育与市场需求、劳动就业紧密结合，建立农村实用人才培训和劳动力转移培训长效机制，充分发挥国家职业教育改革实验区先行先试的功能，创新职业教育体制机制和人才培养模式。

二、提高人口综合素质

切实加强人口发展的社会管理和公共服务，统筹解决人口的数量、素质、结构、分布，实现人口长期均衡发展。进一步加强人口健康、福利与保障，提升人力资本的开发、积蓄和利用水平。构建覆盖城乡的公共卫生服务体系，高度重视人民群众身体健康和生命安全，坚持强化政府非医疗卫生事业的公益性投入，创新体制机制，鼓励社会参与，建立覆盖城乡居民的基本医疗卫生制度，不断提高全民健康水平。促进人口与资源环境、经济社会协调发展，实现人口大省向人力资本强省的转变。

三、促进人力资源开发

贯彻落实《国家中长期人才发展纲要》和《河南省中长期人才发展规划纲要（2010年—2020年）》，实施人才强省战略，以建设人才大省为目标，以提升人才能力素质为核心，以高层次人才、高技能人才为重点，以重大人才工程为载体，加快人才资源开发，造就宏大的高素质人才队伍，实现中原崛起、河南振兴。以培养和造就规模宏大、结构优化、布局合理、素质优良的人才队伍为目标，以大中型企业、科研单位和高等院校为平台，突出培养造就创新型科技人才，大力开发重点领域急需紧缺专门人才。围绕加快转变经济发展方式、提高自主创新能力、建设创新型河南的实际需要，努力造就一批具有较强创新能力、为经济社会发展贡献突出、在国内外具有较强影响力的科学家、科技领军人才、工程师和高水平创新团队。调整优化高等院校学科专业设置，在装备制造、信息技术、生物技术、新材料、能源资源、现代交通运输、农业科技、金融财会、国际商务、生态环境保护以及教育、医疗卫生、政法、宣传、文化等经济和社会发展重点领域，造就数量充足、整体素质显著提高的专业技术人才队伍。统筹各类人才队伍建设，大力推进党政干部队伍、企业经营管理人才队伍、专业技术人才队伍、高技能人才队伍、农村实用人才队伍和社会工作者人才队伍建设。加大重点领域人才开发力度，建设中原城市群和产业集聚区人才高地，促进人才专业素质结构、层级结构、区域分布结构趋于合理。

四、优化人才发展环境

坚持用事业凝聚人才、用实践造就人才、用机制激励人才、用法制保障人才，创新人才培养开发、评价发现、选拔任用、流动配置、激励保障机制，营造充满活力、富有效率、更加开放的人才发展环境。完善人才激励保障机制，深化企业和事业单位用人制度改革，注重在实践中发现人才、培养人才，构建人人能够成才、人人得到发展的人才培养开发机制。完善人才评价发现机制，坚决克服唯学历、唯论文的偏向，拓宽人才评价渠道，以推进职称制度改革为突破口，规范专业技术人才评价体系，进一步完善企业人才激励机制，推进股机、期权等分配激励机制，调动生产一线科技人员创造积极性。实施更加开放的人才政策，大力吸引海外和省外高层次人才到河南工作，建立健全吸引海外高层次人才、海外留学人员到河南创业、就业的政策体系，加强国外引智工作力度。促进人才自由流动，深化人才管理体制改革，破除体制性障碍，完善充分发挥市场在配置人才资源方面基础性作用的政策体制，鼓励支持重点企业、重点院校、重要科研单位形成产学研联盟。

第六节　构建充满活力的科技创新支撑体系

准确把握区域发展新阶段对创新驱动的迫切需求，深入实施自主创新工程，壮大创新主体，丰富创新载体，突破关键技术，推动传统优势产业改造升级，引领战略性新兴产业加快发展，大力推进原始创新、集成创新和引进消化吸收再创新，构建产学研无缝衔接的区域科技创新体系，切实提升自主创新能力，推动河南经济发展向创新驱动转型。

一、培育壮大创新主体

继续实施企业创新能力培育工程，积极引导社会资源和创新要素向企业集聚，支持和鼓励企业加大研发投入，建立研发中心，支持企业参与国家科技计划和重大工程项目，着力培育一批拥有自主创新能力和自主知识产权的"双自"企业。引导中小企业在技术创新、商业模式创新和管理创新方面加大投入力度，激发中小企业创新主力军作用。发挥科研院所和高等院校的科研骨干作用，支持和引导科研机构与企业联合开展技术研发活动，构建开放型创新格局。完善创新创业支撑体系，支持创新型企业加快发展，推动郑州、洛阳两个国家级创新型城市发展成为具有重要影响力的创新中心，进一步提升创业孵化服务水平，鼓励科研人员、高校毕业生、回乡农民工等各类主体自主创业。实施创新型科技人才队伍建设工程，以国家级重大项目、省重大科技专项、重大项目、工程技术研究中心、重点实验室等为依托，建设一批高层次创新型人才培养开发基地，加强国外、省外科技人才引进，吸引更多的科研成果在河南产业化、规模化。

二、打造一批创新平台

围绕全省现代产业体系建设，以主导产业和高新技术产业的骨干企业为重点，整合省内外技术创新资源，支持建设一批国家、国家地方联合及省级工程（技术）研究中心、重点实验室、工程试验室等产业创新平台。探索一条"官产学研用"相结合的路子，推动创新要素与生产要素在产业层面的有机衔接。以企业、高校、科研机构为依托，按照优势互补、协同创新、互利共赢的原则，建设一批工业公共技术研发中心和产业技术创新联盟，共同突破产业发展的关键核心技术。以主导产业和先导产业的骨干企业为重点，加快建设和发展工程技术研究中心、企业技术中心等各类企业研发中心。围绕科技成果转化和高新技术企业培养，以国家大学科技园、国家"863"软件孵化器、中部软件园、留学生创业园等为重点，积极发展科技创业孵化基地。

三、攻克一批关键核心技术和共性技术

实施重大科技专项和产业自主创新工程，针对河南省现代农业、工业主导产业、高新技术产业以及现代服务业发展中的重大关键、核心技术问题，实施科技重大专项、重大产业技术开发专项和区域科技重大项目，强化集成创新和引进消化吸收再创新，以核心装备、关键材料、基础零部件等关键环节为重点，集中资源攻克一批重大关键技术和核心技术。在新能源汽车、生物制药、新能源、新材料等先导产业领域，重点突破制约产业发展的关键技术，加快掌握一批重要的知识产权和标准，抢占产业发展的制高点。在节能减排降耗、循环经济、清洁生产、安全生产、企业信息化等领域，建立共性技术研发机制，集中力量突破一批制约河南产业发展的共性技术，加快成果推广应用，通过一系列重大关键技术的推广应用，带动形成和壮大一批特色鲜明、比较优势明显的新兴产业和产业集群。

四、提高民营企业创新能力

创新政府支持科技创新的模式与流程，引导民营企业加大研发投入力度，提高创新能力。政府应投入引导资金支持民营企业建立自己的研发机构，创建国家级、省级等各类技术中心，加大新产品开发力度，支持民营企业参与重大科技计划项目和技术攻关，加快技术和产品升级，不断提高自主创新能力。政府设立的中小企业专项资金要向民营企业倾斜，重点扶持民营企业技术创新和技术改造。建立面向民营企业的技术服务体系，建设一批公共技术服务平台，培育各类技术中介服务组织，为民营企业提供技术创新、成果转换、技术咨询等"一条龙"的技术创新服务，整合有利于民营企业自主创新的各类资源，引导民营企业联合创新，尽力降低民营企业创新过程中的风险和难度。

第七节　构建内外互动的开放型经济支撑体系

以在全国与全球范围优化资源配置为出发点，大力实施开放带动主战略，充分利用国际国内两种资源、两个市场，积极开展跨国跨省经营，主动参与国际国内分工与合作，大力拓展对外开放的深度和广度，着力提升对内对外开放发展的层次与水平，构建内外互动、互利共赢、安全高效的开放型经济体系，建设内陆开放高地，为将河南省建设成我国内陆地区有示范意义的开放高地提供强有力的支撑。

一、提高外资利用水平

准确把握国内外产业转移的新特点和新趋势，把利用外资的重点由规模扩张向质量提升转变、由传统产业向新兴产业转变、由以制造业主导向制造业服务业并重转变、由主要吸引低端要素向主要吸引高端要素转变。以城市新区、产业集聚区为主要载体，以重大项目引进为核心，强力推动与境内外大型企业集团的战略合作，在现代农业、能源原材料产业、高技术产业、战略性新兴产业、现代服务业等领域引进一批世界 500 强大型企业集团。注重吸引跨国公司在河南建立地区总部、研发中心、营销中心等，着力引进外来资本、技术、管理、人才等高级生产要素，提高利用外资的水平和质量。创新招商引资方式，由主要靠低要素成本优势向主要靠环境优势和制度优势转变，由点式招商向链式招商转变，着力打造一批高端招商引资平台。提高外商投资服务水平，简化项目审批程序，下放审批权限，规范审批行为，全面推行外商投资项目无偿代理制和联审联批制，优化投资环境。

二、推进外贸结构优化

实施科技兴贸和品牌发展战略，积极扩大进出口规模，优化进出口结构。提升出口产品层次，扩大传统优势产品出口，支持劳动密集型轻纺、服装等产品出口，支持优势和特色农产品与文化产品出口，实施科技兴贸战略和机电产品出口推进计划，重点支持高新技术产品、机电产品的研发和技术改造。调整优化国际市场，继续巩固和深度开发欧盟、美国、东盟、日本、韩国、香港等传统市场，积极开拓中东、非洲、拉美、澳洲、俄罗斯、印度等新兴市场，围绕新兴市场开发出性价比高、契合当地消费需求的新产品。调整与优化进口结构，围绕资源保障和技术升级，加大高品质资源产品和高新技术装备的进口，增强区域产业的发展后劲，有力支撑河南优势产业的转型升级。

三、支持本地企业国际化发展

支持本地大型企业集团积极开展境外投资和跨国经营，引导行业龙头企业积极融入全球供应链，培育一批具有核心竞争力和品牌知名度的跨国公司。完善"走出去"的促进、保障、支持和服务体系，支持地质勘查、钢铁、有色金属等领域的企业在境外开展矿产资源勘查开发与合作，建立资源供应基地。支持金龙铜管集团、宇通集团、双汇集团、一拖集团等行业领先企业在境外建立生产研发中心、制造基地、营销网络，提高企业国际化经营水平。支持中信重机、南阳二机、南阳防爆研究所等拥有核心技术和核心产品的企业加大国际市场开拓力度，提高国际市场占有率。支持中原内配等龙头零部件企业积极嵌入全球价值链，提高与国际大型企业集团的配套能力，出台政策引导企业向模块化供货商转变。鼓励电力、城建、交通运输、地质勘探、矿产开采等优势行业和企业，积极承揽技术含量高、能够带动设备和技术出口的国际大型工程项目。推广国基集团在塞拉利昂建立国际工业园模式，支持有实力企业在境外设立经贸及产业合作区。以煤炭、钢铁、建材、有色、纺织等产能过剩产业为重点，出台政策措施，支持企业在境外建立生产基地，积极开拓新兴经济体市场或者对外投资，拓展产业发展空间。

四、拓展民营经济发展空间

深入贯彻落实国家鼓励支持非公有制经济发展的若干意见和各项政策措施，坚持"三放"方针，加快形成公平竞争的市场准入机制，进一步打破行业垄断和各种隐性壁垒，切实做到民营企业"非禁即入"，拓展民营企业发展空间。破除各种有形和无形的障碍，鼓励和引导民间资本进入基础产业和基础设施、市政公用事业、社会事业等领域，支持民营企业进入新能源、新材料、生物医药等先导产业领域，加快服务业体制改革，支持民营企业进入各类生产性服务业和公共服务业领域。整合政策资源和引导资金，充分发挥财政资金的引导作用，提高各级财政资金的使用效率，支持民营企业发展。严格执行税收优惠政策，为中小企业营造公平的税收环境。相关部门要减少审批环节，简化办事程序，切实减轻民营企业负担。

五、积极有序承接产业转移

抓住产业转移提速的重大机遇，围绕六大高成长性产业、四大传统优势产业、四个先导产业以及金融、物流、服务外包、医疗、教育等现代服务业领域，逐个梳理，找出薄弱环节和产业链缺失，绘制产业链图谱，针对性承接产业转移。研究制定全省产业集聚区承接转移指导性发展规划，鼓励各产业集聚区围绕主导产业承接产业转移，打造一批特色产业集群品牌，出台政策引导同类产业向特色园区集中，在家电、电子制造、玩具制造以及各类轻工业领域谋划打造一批全国知名的承接产业转移的高端平台。引导市、县（市、区）根据自身资源基础、产业特点和比较优势，选择若干个主导产业作为突破口，培育一批特色鲜明的产业集群。创新园区管理模式和运营机制，通过委托管理、投资合作等多种方式与境外和沿海发达地区共建产业园区，积极探索承接产业转移新模式，以区域招商工业园和特色产业园促进产业集群发展。

六、打造对外开放的新平台

依托农产品资源、矿产资源、能源资源和劳动力资源等综合优势，建设一批以承接沿海产业转移为特色的产业集聚区。强化与港澳台地区的经济合作，组建常态化的招商引资服务机构，举办大型专题定向招商活动，搭建企业家商务合作平台，建设台商工业园和港商工业园。发挥承东启西、联南通北的区位交通优势，充分利用"中博会"、"中部论坛"、"西洽会"和"西博会"等经贸合作平台，促进要素流动和信息共享，实现中西部联动发展。进一步加强与中央企业的合作，加强与国家电网、中电投、中核和华润、中石油、中石化等大型企业的合作，发挥央企的带动作用，促进河南省经济结构调整和发展方式转变。充分发挥郑州新郑综合保税区、郑州出口加工区和焦作、新乡、郑州、洛阳等国家级加工贸易重点承接地作用，高水平承接出口型产业转移项目，做大做强周口市鞋业、郑州市铝深加工产品、洛阳市太阳能光伏产品、焦作市汽车零部件等7个省级出口基地，支持符合条件的省级出口基地申报国家级出口基地，逐步形成多类型、多层次的出口基地发展格局。加快推进电子商务平台建设，支持企业利用网络平台开拓国际市场。

第八节　构建独具特色的中原文化支撑体系

依托中原地区丰富的历史文化资源，繁荣发展文化事业，培育壮大文化产业，深化文化体制改革，扩大文化领域对外开放，推进传统文化与现代科技、现代产业的结合，加快建设华夏历史文明传承创新区，不断提升文化在三化协调发展中的支撑力，加快推进河南从文化资源大省向文化强省的跨越。

一、繁荣发展文化事业

着眼于满足人民群众日益增长的精神文化需求，加快建立覆盖全社会的公共文化服务体系，繁荣发展文化事业，促进文化发展和经济社会发展相协调。繁荣发展文学艺术事业，繁荣文学创作，扩大文学"豫军"在全国的影响，组织实施"河南文化精品工程"，继续保持文学、书法、戏曲、民间艺术、杂技、武术和摄影在全国的领先地位。进一步完善公共文化服务体系，进一步完善城乡基层文化设施网络，统筹规划城镇文化设施，大力发展城市街道文化服务中心、社区文化活动室，推进和完善"文化信息资源共享工程"、"出版信息资源共享工程"、数字图书馆、数字博物馆等信息工程建设，创新公共文化服务方式，推动公共文化服务向农村延伸。

二、培育壮大文化产业

实施重点文化产业项目带动战略，围绕传媒出版、文化旅游、演艺娱乐、文化创意、文化会展、影视制作、武术体育、动漫游戏等优势领域，培育一批具有国际影响力的文化产业集团和骨干企业，形成一批优势文化行业和文化品牌。完善文化产业促进体系，着力构建技术开发与共享、金融服务、信息服务、中小企业创业孵化等公共服务平台，完善文化知识产权保护法规体系，为文化产业发展创造良好环境。立足项目带动，积极引进一批产业层次高、带动能力强、发展空间广阔的大项目落户河南。推进文化产业集群化发展，依托区域文化资源优势，推进产业集聚和产业链整合，重点抓好文化产业集聚区建设，打造一批特色鲜明、产业关联度大、辐射带动能力强的文化产业基地和区域性特色文化产业群。

三、促进文化产业融合发展

文化与产业、科技、企业和城市发展的融合互动，是增强文化产业核心竞争力、提高产业层次、提高城市品牌的重要途径，依托丰富的中原文化资源，不断强化文化产业融合发展，让"文化＋科技"成为河南新型产业发展壮大的双翼，加快形成多层次、宽视野、跨行业的文化产业发展新格局。推进文化与科技融合，利用先进技术和现代生产方式改造提升传统文化产业，大力发展动漫游戏、文化创意、文化博览、数字影视等新兴产业形态。推动文化与旅游融合，积极发展古都游、寻根游、功夫游、民俗游、赏花游等，促进文化资源旅游化。推动文化与企业融合，引导企业在设计、营销、品牌中注入更多的文化元素，推动产业、产品结构升级，提高产业附加值。推动文化与城市发展融合，依托区域文化特色，在城市建设中融入文化和创意要素，强化文化产业与城市功能的内在关联，塑造特色城市形象，提高城市品位。

四、提高文化资源开发水平

依托河南中华文明重要发祥地的独特优势，深入挖掘河南文化内涵，打造知名文化品牌，全面提升河南文化的影响力。整合和优化"根"文化资源，以黄帝故里拜祖大典、中华姓氏文化节、河洛文化节为重点，积极开展海内外百家姓河南民间祭祖活动，吸引海内外炎黄子孙到河南来寻根问祖，提高河南在全球的文化影响力。推进中华历史文化保护核心区建设，以"华夏文明之源、炎黄子孙之根"为主题，围绕中华农耕文化、都城文化、商业文化、思想文化、宗教文化、汉字文化、科教文化、姓氏文化等，构建以河南为中心、辐射传统中原文化圈的中华历史文化保护核心区。打造一批国际文化旅游名城，整合文化旅游资源，打造大宋文化旅游园区、大嵩山旅游区、洛阳佛教文化旅游区、安阳殷商文化旅游区等一批世界级文化旅游目的地。加强本地文化旅游企业与国际文化企业集团的战略合作，提高文化资源开发水平。

五、提升文化领域改革开放水平

推进体制机制创新，形成新的文化管理体制和文化运行机制，着力构建统一、开放、竞争、有序的现代文化市场体系。推进文化宏观管理体制改革，切实转变政府职能，理顺政府与文化企业、文化市场之间的关系。推进文化领域投融资体制改革，逐步形成投资主体多元化、投资方式多样化、投资机制市场化的文化投融资体制。继续实施经营性文化单位转企改制，进一步加快产权改革，完善法人治理结构，使之成为自主经营、自负盈亏、自我约束、自我发展的市场竞争主体。扩大文化领域对外开放，吸引国际娱乐传媒集团和大型娱乐设施落户河南，探索组建中外合资影视节目制作公司，进一步开展旅游、娱乐、工艺美术、影像制作、装潢设计的对外合作。创新文化"走出去"的形式和手段，支持和鼓励文化产品出口，在影视、动漫、设计、工艺美术等行业培育一批大型外向型文化企业和文化项目，打造全国性文化产业出口基地。

第九节　构建可持续发展的资源环境支撑体系

按照生态文明建设的高要求，以生态省建设为核心，大力推进节能减排，加快发展循环经济和绿色经济，加强资源节约集约利用，加大环境保护力度，努力构建资源节约型、环境友好型社会，全面增强区域可持续发展能力。

一、大力推进节能减排

贯彻落实国家《节能减排"十二五"规划》，把节能减排作为调整经济结构、加快转变经济发展方式的重要抓手和突破口。突出抓好源头控制，提高新建项目节能、环保、土地、安全等准入门槛，严格固定资产投资项目节能评估审查、环境影响评价和建设项目用地预审，加快淘汰落后产能和高耗能、高污染的工艺、技术和设备，落实限制高耗能、高排放产品出口的各项政策，禁止引进高耗能、高排放和产能过剩行业低水平重复建设项目，优化电力、钢铁、水泥、玻璃、陶瓷、造纸等重点行业区域空间布局，严禁高污染产业和落后生产能力转入。突出抓好重点产业的节能，完善落后产能退出机制，对未完成淘汰任务的地区和企业，依法落实惩罚措施，鼓励各地区制定更严格的能耗和排放标准，加大淘汰落后产能力度。突出抓好建筑、交通等领域的节能，开展绿色建筑行动，从规划、法规、技术、标准、设计等方面全面推进建筑节能，提高建筑能效水平，加快构建便捷、安全、高效的综合交通运输体系，不断优化运输结构，推进科技和管理创新，进一步提升运输工具能源效率。突出抓好主要污染物减排，加强城镇生活污水处理设施建设，加强钢铁、水泥、氮肥、造纸、印染行业等重点行业污染物减排，加大制浆造纸、印染、食品加工、农副产品加工工业废水治理力度，推进电力、有色金属、石油炼制、建材等重点行业脱硫脱硝。实施节能减排重点工程，实施燃煤锅炉和锅炉房系统节能改造，采用高效节能电动机、风机、水泵、变压器等更新淘汰落后耗电设备。加强电力、钢铁、有色金属、合成氨、炼油、乙烯等行业企业能量梯级利用和能源系统整体优化改造，在重点行业推广余热余压利用技术，在建筑节能、绿色照明、交通节能、"三废"处理等领域实施一批示范工程。

二、加快发展循环经济

按照减量化、再利用、资源化原则，加快推进循环经济试点省建设，促进经济发展方式向低投入、低消耗、低排放和高效益转变。突出抓好资源开发、资源消耗、废弃物产生、再生资源利用和社会消费五个关键环节，构建资源循环利用体系，打造有色、煤炭、非金属、农业和再生资源五大循环产业链，积极培育再生资源利用产业、机电再制造产业和节能环保产业等循环经济新兴产业，加快壮大循环经济规模。以冶金、建材、火电、煤炭、食品、造纸等行业为重点，提高资源利用效率。实施"城市矿山"工程，建立和完善再生资源回收利用体系，建设一批重点生态农业示范园区，形成以秸秆综合利用和沼气为纽带的农业循环经济产业链。创新循环经济发展模式，形成一批各具特色的循环经济示范区和示范企业。

三、促进资源合理开发利用与保护

加强土地、水、矿产等重要资源的管理、开发与保护，提高资源对中原经济区建设的保障程度。节约集约利用土地，实行最严格的耕地保护制度，加强土地整理、复垦和土地后备资源的开发，提高单位土地投资强度，引导产业集聚，推广标准厂房，支持建设高层标准厂房，积极开展城乡建设用地增减挂钩，完善农村土地流转机制。节约利用水资源，大力推广高效工业节水和循环利用技术，加强城市污水再生利用设施建设，加快发展节水型农业、旱作农业，提高农业灌溉水有效利用系数。加强矿产资源开发和保护，推行煤炭、铝土矿等重要资源整合，努力突破共伴生矿产资源、中低品位资源开发利用技术瓶颈，提高矿产资源开采回采率和选矿回收率，以及共伴生资源的综合利用率，健全资源有偿使用制度和合理补偿机制，严格矿业准入标准，建立矿业权交易制度。

四、强化环境保护和生态建设

加强重点领域、重点区域综合治理，实施生态保护工程，努力改善生态质量，维护生态安全，提高环境综合承载能力。加强污染防治和综合治理，继续实施重点流域环境综合整治，完善流域治理机制，落实省辖淮河、海河、黄河重点流域和丹江口水库区等水污染防治规划所确定的各项任务，实施城市大气污染综合治理，强化固体废物的控制与管理，加强农村面源污染治理。加快生态恢复和生态建设，实施水土流失综合治理，加强豫西、桐柏山区、大别山区、伏牛山区和太行山区等地区小流域综合治理，提高生态涵养能力，加强国家级黄河湿地自然保护区、豫北黄河故道湿地鸟类国家级自然保护区、宿鸭湖、淅川丹江口库区湿地保护区等重点湿地的恢复与保护，改善湿地生态环境。加强资源性区域生态恢复和生态重建，发展绿色无公害农业，积极开展农业废弃物综合利用，构建可持续发展的农村生态系统，加强植树造林，增加森林碳汇，调整生态功能保护区内的产业结构，发展生态友好型产业。实施重点生态工程，在江河源头区、重点水源涵养区、水土保持重点区、江河洪水调蓄区、防风固沙区等地区建立生态功能保护区，实施黄河生态建设工程、南水北调中线绿化工程、豫西山地生态建设工程、南太行绿化工程、平原防护林工程、沙化土地治理工程、环城防护林工程、矿山生态修复工程八大工程，恢复与重建生态功能。

第十节　构建以人为本的和谐社会支撑体系

按照"重在为民"的要求，从人民群众最直接、最现实、最关心的问题入手，加快完善社会公共服务，构建以人为本的社会事业支撑体系。

一、提高就业水平

积极实施扩大就业的发展战略，努力扩大就业规模，优化就业结构，形成覆盖城乡的就业公共服务体系，努力实现经济增长与扩大就业的良性互动。完善促进就业的政策体系，鼓励服务业、中小企业、非公有制经济更多吸纳就业，统筹抓好高校毕业生就业、城镇新增劳动力就业、农业富余劳动力转移就业和失业人员就业工作，坚持完善"职业培训、就业服务、社会保障、劳动维权"四位一体的工作机制，推进农村劳动力持续转移就业。促进以创业带动就业，推动创业孵化园区建设，开展创建创业型城市活动，发挥创业就业的倍增效应，努力创造更多就业岗位。优化就业结构，抓住东部产业转移的机遇，主动承接东部产业转移，壮大产业规模，提高产业层次，吸引外出务工人员回河南就业，大力发展服务业、中小企业、非公有制经济，开发公益性就业岗位。

二、完善社会保障体系

按照广覆盖、保基本、多层次、可持续的原则，逐步建立覆盖城乡的社会保障体系。完善城镇养老保险制度，探索推进事业单位养老保险改革，加快建立与农村发展相适应、与其他保障措施相配套的新型农村社会养老保险制度，完善被征地农民养老保障制度。解决城乡之间和地区之间的制度衔接和关系转移问题，制定实施养老保险关系转移接续办法和医疗保险异地就医等支持措施。扩大社会保障覆盖范围，以非公经济从业人员、农民工、灵活就业人员、城镇居民为重点，全面扩大社会保险覆盖面。建立健全社会保障待遇调整机制，稳步提高社会保障水平，完善各项社会救助体系，积极发展以扶老、助残、救孤、济困为重点的社会福利事业。

三、合理调节收入分配

稳妥推进收入分配制度改革，统筹机关和企事业单位工资收入分配工作，推动形成合理有序的收入分配格局。完善收入分配的激励和约束机制，健全劳动、资本、技术、管理等生产要素按贡献参与收入分配的制度，提高劳动报酬在初次分配中的比重，稳步推进收入分配制度改革，建立与经济社会发展和财政收入增长同步、与企事业单位绩效相协调的收入分配调整机制。积极扭转和逐步缩小城乡收入差距，加大财政对农村的转移支付力度，健全农业补贴制度，支持增粮增收，逐年较大幅度增加农民种粮补贴，完善与农业生产资料价格上涨挂钩的农资综合补贴动态调整机制。加快推进国有企事业单位收入分配制度改革，加强垄断行业收入监管，推进公共卫生、基层医疗卫生事业单位实行绩效工资，推进其他事业单位实施绩效工资方案，继续深化垄断行业收入分配制度改革，加强垄断行业收入监管，控制和调节垄断行业收入分配。

四、完善和创新社会管理

积极培育各类社会组织，逐步把部分社会管理职能让渡给社会管理机构，调动各种力量参与社会管理的积极性，大力引导社会资金流入公益性事业，形成多元化的公共服务供给模式，提高公共服务的能力和效率，引导社会组织积极介入社会管理，形成"政府负责、社会协同、公众参与"的社会多方共管新格局，避免出现多头管理与管理真空的现象，支持各类机构在社会管理实践中大胆创新，尝试新方法，运用新手段，及时化解社会矛盾，为中原经济区建设维护和谐稳定的发展局面。完善信访维稳工作机制和突发事件应急管理机制，拓宽民意表达渠道，加强和改进信访工作，推进人民调解、行政调解和司法调解有机结合，建立突发事件预警机制，建立信息交流平台，优化突发事件应急管理机制。完善安全生产长效机制，强化"安全发展"理念，建立安全生产法制秩序。加大安全生产在资金、人才和科技方面的投入，强化监督管理，坚决遏制重、特大安全生产事故发生。

五、加强民主法治建设

坚持党的领导，完善社会主义民主法制，促进社会公平正义，扩大基层民主，深入推行政务公开，保障人民在政治、经济、文化、社会等方面的权益，发挥工会、共青团、妇联等人民团体的桥梁纽带作用。完善村民自治、城市居民自治和企事业民主管理制度，保证人民群众的合法选举权、知情权、参与权、监督权。深入开展反腐倡廉建设，建立健全惩治和预防腐败体系。全面推进依法行政，严格依照法定权限和程序行使权力、履行职责，不断提高行政人员的执法水平。

第十一章
河南推进新型三化协调发展的体制机制创新

河南探索新型三化协调发展道路，必须加大先行先试力度，着眼于全国发展大局，积极承担体制机制创新先行先试的功能，结合河南省省情，强化本区域特殊先行先试功能，从土地利用、财税管理、金融、科技创新、社会保障等多方面进行体制机制创新，探索建立支撑三化协调发展的政策导向机制，增创体制机制新优势，为全国同类地区创造新鲜经验。本章从制度创新、机制创新和政策创新三个层面展开研究。

第一节　新型三化协调发展的关键是制度创新

作为全国唯一以探索三化协调发展道路为使命的经济区，河南三化协调发展面临着诸多难题，没有成熟的经验可以借鉴，需要加大在土地、财政、税收、金融等制度层面的创新力度。

一、土地制度创新

对于区域经济社会发展来说，最大的制约是土地，从区位优势、自然禀赋、发展条件看，河南应重点处理好国家粮食核心区和重点开发区之间的关系，确保国家粮食生产和生态安全，满足产业发展与城乡建设的用地需求，推进有利于促进中原经济区三化协调发展的土地制度创新，真正做到"两不牺牲"。

1. 完善集约节约用地制度。河南经济发展中存在着土地资源紧张与浪费共存的普遍现象，如何通过制度创新推进存量土地优化配置，是土地制度创新的重点。一是完善农村土地综合整治制度。编制实施农村土地整治和复垦规划，统筹安排农用地整治、农村建设用地整治和新型农村社区建设、城镇化发展、产业集聚区建设用地，规范推进村庄整治和城乡建设用地增减挂钩。二是完善节约集约用地制度。健全各类建设用地标准体系，建立集约节约用地评估指标，加强土地供应政策调控，优先保障多层次标准厂房建设用地，推进存量建设用地挖潜和集约利用，加大闲置建设用地清理处置力度，健全节约集约用地考核评价与激励约束机制，推进建设用地集约节约利用。三是探索建立城乡统一的土地市场。积极推进城乡建设用地增减挂钩，增加城乡建设用地增减挂钩指标。完善土地利用动态平衡、调整补偿和增减核查机制，尝试将村庄整治出的土地在确保耕地和基本农田数量不减少的情况下，纳入城乡建设用地增减挂钩范围，在全省范围内调剂使用。

2. 推动农村土地管理制度改革创新。农村土地管理面临的问题与矛盾较为突出，推进制度改革创新势在必行。一是创新农村集体土地使用权流转制度。在稳定农村基本经营制度的基础上，采取转包、出租、互换、转让或者法律允许的其他方式流转土地承包经营权，推进土地适度规模经营，促进农业生产要素集中集聚，提高农业规模化、集约化水平。二是创新土地交易制度。开展以完善土地招标拍卖挂牌出让制度、探索建立农村土地交易制度为主要内容的土地有偿使用制度改革。赋予农民土地使用权的物权性质，突出抓好以农村集体土地产权制度、征地制度和农村宅基地有偿退出制度为主要内容的农村土地管理制度改革，使农民可以用土地使用权做抵押取得贷款融资。

3. 开展土地审批制度改革试点。推进以简化规范审批程序、提供效率为主要内容的土地审批制度改革试点工作，通过先行先试，探索创新土地开发利用管理机制的有效途径。一是在国家确定的用地总规模和年度计划指标的前提下，下放城市建设用地审批权限，充分考虑人口总规模和城镇化人口转移规模、耕地保护面积和基本农田面积、工业化所处阶段和固定资产投资规模、规划建设用地总规模等因素，较大幅度增加河南城乡建设用地增减挂钩指标。二是在建设用地总量不增加的前提下，通过加强规范管理等措施，解决农村地区基础设施建设、新农村建设等农村发展用地保障问题，在国家尚未出台政策的前提下，允许河南先行制定出台相关制度政策。三是调整建设用地计划指标的结构。考虑河南土地开发利用程度高、耕地比重大的实际，增加河南新增建设用地占用农用地和耕地的比重。

4. 建立健全大范围跨区域调剂制度。由于各地区土地资源条件和产业发展、城乡建设情况差异化较大，争取国家层面的支持，力争在全省范围内建立健全跨区域调剂制度，提高土地资源配置效率。超出新一轮规划确定规模的耕地作为占补平衡使用，将占补平衡范围拓展至省域范围，缓解耕地占补平衡压力。在总结省内经验基础上，为国家层面开展跨区域调剂制度试点积累经验，并力争纳入首批试点，率先与沿海土地资源更加紧密的地区进行跨区调剂。

二、财税制度创新

由于人口多、底子薄、基础弱，中原经济区主要人均经济指标与全国平均水平尚有差距，财政对教育、科技、卫生、社会保障等各方面的保障水平处在落后位置。河南积极探索三化协调发展道路对于全国发展具有全局意义。所以，建设中原经济区，既要积极推进地方财政税收制度创新，又要争取中央创新财税政策加大支持力度，围绕三化协调发展的关键环节，着眼于城乡统筹、工农互动，先行先试有关财税支持政策。

1. 争取国家结构性减税制度试点。在经济增速放缓这个大背景下，河南要抓住本轮产业转移机遇，提高产业层次，应争取国家支持河南创新财税制度，把更多的财税制度调整试点放在河南，超常规加快高端产业发展和中心城市建设。一是支持河南四大传统优势产业、六大高成长性产业、四大先导产业技术改造和自主创新，对于新兴产业和创新型企业、中小企业、民营企业的研发、创新、新产品开发等给予财政支持和税收减免，切实减低企业税收负担。二是支持中原经济区建设成全国农业创新基地，在种业创新、科技推广、技术产业化等方面加大财税支持力度，对于农业科技创新类企业和农业产业化龙头企业的研发投入和技术推广给予税收优惠，提高科技投入积极性，使中原经济区在农业品种和生产体系方面走在全国前列。

2. 完善粮食主产区利益补偿机制。建议国家层面建立利益补偿机制。一是建立中央财政统一安排的粮食风险基金制度，继续对种粮农民进行直补，补贴的依据将原按计税面积补贴改为按粮食产量、商品量给予补贴，粮食风险基金用于按国家建立储备粮油规模规定数量的利息费用补贴，并对粮食主产区按调出粮食数量给予补贴或奖励，理顺主产区与主销区之间的利益关系。同时，新增粮食产能所需财政支出，主要由中央财政承担，使中原经济区各地政府有更多资金改善农村基础设施，改善农业、农村面貌，提高农民收入。二是建立健全国家耕地保护补偿制度，建议中央财政建立耕地保护基金，用于地方政府和农民对耕地保护的经济补偿，对保护耕地有突出贡献的基层政府和农民，给予奖励和表彰。三是完善粮食生产大户补贴制度，在现有基础上，中央财政要逐年较大幅度增加对农民种粮的补贴力度，重点增加对种粮大户的补贴，并在信贷、科技推广、农业机械作业等方面给予支持，引导农业生产要素向种粮大户集中，提高农业规模化经营水平。

3. 积极争取纳入国家资源税、环境税制度改革试点范围。一是争取纳入国家资源税从价计征试点范围，国家已在西部地区试行资源税从价计征并开始向其他地区推广，河南是资源大省，建议对中原经济区的煤炭等资源也实施此项政策。二是力争成为首批开征环境税的试点地区，有效解决企业消耗环境资源代价过低的问题，倒逼企业不得不加大投入，倒逼企业降低生产对环境的污染，确立不同行业排放标准的基础上，形成类似于阶梯电价模式的排放物差别征税标准，发挥出杠杆的撬动作用，从而带动河南环保技术产业的革新与壮大，让工业经济与节能环保步入良性循环的轨道，真正使经济发展不以牺牲生态和环境为代价。

4. 创新公共产品供给制度。推进财政支出改革，推进建立公共产品供给主体选择机制和终端供给机制。一是分类创新供给制度。对纯公共产品的供给，政府只负责供给，尽量通过公开招标实行委托供给制度，将生产功能交由其他机构执行。在准公共产品领域，推进投资主体多元化，运用特许经营、签约外包、服务购买契约、财政补贴或价格补贴等手段鼓励私营机构参与准公共产品的供给，部分可实现盈利的项目，在设立之初可考虑政府出资加市场化运作的模式，逐步实现政府退出，最终实现完全意义上的市场化运作。二是创新农村公共产品供给制度。提高农村公共分配和集体经济组织收支的公开性和透明度，提高公共资源使用效率。明确农民公共产品投资产权，可以采用"公办民助"、"民办公助"等多种供给方式，将过去一直由政府供给公共服务推向市场，由私营或非私营部门招标承包。建立城乡统一的、均衡的、公平的公共产品供给制度，实现农村与城市两种公共产品供给不同体制的并轨。

三、金融制度创新

金融是区域经济社会发展的重要支撑，河南在金融业发展上与东部沿海地区相比处于落后地位，严重制约着三化协调发展新格局的形成，应争取在金融领域的先行先试，进一步强化金融对实体经济的支撑，加快形成促进三化协调发展的金融生态环境。

1. 建设全国农村金融改革发展试验区。一是支持农村信用社体制机制创新，加快农村信用社改制为农村商业银行，探索省农信联社改制为省级银行。二是鼓励发起设立新型农村金融机构。鼓励国内具备资格的金融机构到河南发起设立村镇银行，鼓励企业、个人发起设立小额贷款公司。三是完善农村地区金融网络和信用体系建设。加强结算网络建设，提高农村金融服务的便利性，完善新型农村金融机构的风险与监督管理，提高农村金融服务的稳定性和有效性。

2. 新建一批全国性与区域性金融机构。一是谋划建设立中原银行，提高本土银行竞争力。二是设立一批产业投资基金和创投基金。设立中原产业投资基金、战略性新兴产业投资基金、文化产业投资基金，设立创业投资引导基金，促进股权投资机构健康发展。三是支持设立地方金融租赁公司、大型企业集团财务公司、汽车金融公司。四是组建本土金融机构，支持设立中原财产保险公司、农业政策性保险公司。

3. 开展外汇结算和离岸金融等领域的金融改革试点。随着加工贸易向省内转移力度不断加大，河南必须在外汇结算和离岸金融方面加大创新力度，为产业发展提供良好的金融环境。在外汇管理方面比照重庆等先行先试地区给予政策支持，在郑州综合保税区试点开展离岸金融业务，将河南省列入跨境贸易人民币结算第三批试点地区。

4. 为金融机构提供良好的制度环境。一是吸引各金融机构到河南设立业务管理或后台服务中心，提升资金的聚集力。如鼓励保险机构设立总部，银行机构设立业务区域总部或区域服务中心，资产管理中心、研发中心、后援服务中心、数据处理中心等。二是支持保险资金在河南投资大型基础设施建设以及与保险产业密切相关的医疗、养老等机构，引导各保险总公司把中原经济区作为各自系统内改革创新的试验区。支持大型保险集团参与河南金融企业改制重组，鼓励各种投资到中原地区设立保险法人机构。

四、人才与就业制度创新

总体上看，河南人口科技文化素质相对较低，人才规模、结构与人口总量还不相称，人才发展体制机制与三化协调发展的要求尚有较大差距，加快三化协调发展，需要在以下几个方面加大制度创新力度。

1. 创建全国职业培训基地和农村劳动者转移就业职业技能培训示范区。在职业教育基础能力建设、职业培训基地建设、职业院校师资培训、职业培训补助资金安排等方面争取中央加大支持力度；支持有条件的地方依托优质职业教育资源集中力量建设职业教育园区，实现职业院校聚集发展、集约发展；推动职业教育资源向优势学校、重点学校集中，支持办学水平高、效益好的职业院校对薄弱职业院校进行兼并、重组，推动职业教育向规模化、集团化、品牌化发展。

2. 创新高端人才培养与引进机制。重点围绕中原经济区发展战略目标，支持参与国家引进海外高层次人才"千人计划"，实施"百千万人才工程"。认真落实完善引进海外高层次人才特殊优惠政策，建议设立"海外留学人才创业基金"，由中央投入、地方配套，用于扶持留学人才到经济区创业，建设高层次留学人才公寓，为他们提供住房保障。支持在城市新区和有条件的产业集聚区内建设一批海内外高层次人才创新创业基地（创业园），吸引海内外高层次人才到中原经济区创新创业。加大对河南引进国外智力工作支持力度，在确定重点引智项目、国家级重点引智示范基地等方面向河南倾斜。

3. 继续实施更加积极的就业政策。加强就业服务体系建设，建立健全统一开放、竞争有序的人力资源市场，完善覆盖城乡的公共就业服务体系，不断提高就业服务能力。一是建议国家加大资金支持力度，帮助中原经济区加快人力资源市场和培训基地项目建设，提高人力资源服务能力。建立中国中部人力资源市场，搭建中部地区人力资源交流服务平台，建设若干个国家级创业培训服务示范基地和省级就业公共实训中心，为建设中原经济区培养一大批高素质产业工人。二是建议扩大中原经济区就业专项资金用途，增加创业服务补贴、困难企业社会保险补贴以及在岗职工培训补贴，以便更好地促进全民创业，帮助困难企业走出困境，推动经济健康持续发展。三是加大对河南实施"阳光工程"、"雨露计划"的投入，实行农村免费职业教育，加大农民工培训和转移力度。

4. 完善支持创业的制度与环境。一是降低创业门槛。放宽市场准入和投资领域，放宽工商登记条件，实行试营业制度等几个方面，降低创业门槛。从拓宽融资渠道、整合创业孵化园区、完善服务体系等方面，破解资金、场地等瓶颈制约。二是重点支持高校毕业生创业。贯彻落实高校毕业生货币出资"零缴付"、经营场地"零成本"、服务创业"零收费"等三大政策，放宽登记形式，放宽创业领域。设立高校毕业生创业专用服务窗口，落实专人担任"创业联系人"，提供事前指导、跟踪辅导、快速办结等"一条龙"服务。强化"跟踪服务"。按照属地管理的原则，各基层工商分局（所）单独设立高校毕业生创业台账，及时帮助高校毕业生解决创业及生产经营中遇到的困难和问题。对于从事个体经营的高校毕业生，实行试营业制度，标注有"临时"字样的营业执照，免收各种费用。三是大力支持回乡农民工创业。鼓励、支持回乡创业农民工平等参与国有（集体）企业改制改组和公用设施、基础设施、社会公益性项目建设等。降低工商登记门槛，允许回乡创业农民工的家庭住所、租借房、临时商业用房在符合安全、环保、消防等要求的前提下，作为创业经营场所。推行联合审批、一站式服务、限时办结和承诺服务等制度，简化审批程序，为农民工回乡创业开通"绿色通道"。安排农民工回乡创业专项扶持资金，推行回乡创业贷款贴息制度，重点对农民工回乡创业的贷款给予贴息。完善优秀农民工和创业带头人奖励制度，纳入政府奖励序列。

5. 创新与完善社会保障制度。一是扩大社会保障体系的覆盖面。要尽快将城镇就业人员全部纳入基本养老保险。要通过完善城镇职工基本医疗保险制度、医疗卫生和药品生产流通体制的同步改革，扩大基本医疗保险覆盖面。特别是要研究制订困难企业职工参加基本医疗保险的具体办法，促使其能够参加基本医疗保险。要平稳推进下岗职工基本生活保障制度向失业保险制度的并轨工作。二是完善农村社会保障制度。完善农村养老保险制度，完善农村合作医疗制度，完善农村最低生活保障制度，提高农村社会保障覆盖范围。三是加强社会保障基金的征缴、筹措、管理和运营。劳动保障部门要通过加强与工商、税务、审计、工会等部门的合作，强化社会保险基金的征缴，做到"应收尽收"。要调整财政支出结构，加大对社会保障的投入，逐步提高社会保障支出占财政支出的比例。积极稳妥地变现部分国有资产补充社会保障基金，并运用税收、债券等方法来增加社会保障资金来源。[①]

第二节　构建新型三化协调发展的长效机制

长效机制是能够对今后一个时期内产生影响、长期起规范作用并发挥预期功能的一套制度体系。河南省的三化协调发展是一个艰巨的、复杂的系统工程，不可能一蹴而就，因此，要实现三化协调发展的目标和任务就需要着力在推进工农互动、产城互动、城乡统筹等方面建立一套稳定持久、健全有效的规章制度和工作机制并使之固定下来，坚持下去，从而为河南经济社会长期健康发展提供重要保障。

---

① 刘道兴、吴海峰：《转型升级——郑洛工业走廊发展研究》，河南人民出版社2010年版。

一、粮食和农业稳定增产机制

加强农业和粮食生产对于控制物价、抑制通胀、稳定消费价格总水平，促进三化协调发展具有非常重要的作用。目前，我省粮食和农业生产面临不利气象因素增多，农业生产资料价格高位持续攀升，粮食和农业生产成本不断上升，影响到粮食和农业生产的效益和农民种粮积极性。因此要通过落实各项支农惠农政策，建立粮食和农业稳定增产机制，保障国家粮食安全，为三化协调发展提供坚实的基础。

1. 建立粮食生产补贴机制。为调动地方抓粮积极性和农民种粮的热情，应完善种粮补贴机制，加大补贴力度、扩大补贴范围、提高补贴标准、完善补贴方式。要对种粮农户实施奖励政策，在现有基础上，中央财政要逐年较大幅度增加对农民种粮的补贴规模，提高补贴标准，增加对种粮大户的补贴，并在信贷、科技推广、农业机械作业等方面给予重点扶持，充分发挥粮食直接补贴政策对粮食生产的激励效应。完善支农惠农基金管理机制。切实落实强农惠农资金管理的各项制度措施，加大对强农惠农专项资金的监督检查力度，严厉查处资金使用管理中的违法违规行为，发挥强农惠农资金的使用效益。加快探索建立粮食主产区与主销区的利益联结机制。引导主销区与主产区建立稳固的产销协作机制，建立粮食主销区尤其是发达地区对粮食主产区的补偿制度。

2. 完善农田基础设施的建管机制。建立农田水利投入稳定增长机制，主要从公共财政投入、金融支持、民间融资三个方面着手，建立起以政府投入为主导、农户自愿投入为基础、其他经济组织积极参与的多元化投入机制。完善农田基础设施的科学建管机制。全面实行项目法人制、招投标制、合同管理制和工程监理制等管理制度，设立财政专户，实行资金封闭运作，政府统一采购，直接供应物资，确保水利工程建设的高质量、高水平、高效益。创新小型水利设施管理机制。按照市场化运作原则，明确管理主体，加强田间节水灌溉配套等小农水工程管理，切实保障水利设施的良性运转。创新农村小型基础设施产权管理机制，加强农业基础设施管护。

3. 完善粮食流通体制。继续深化粮食流通体制改革。积极推进现代粮食流通产业发展，努力提高粮食市场主体的竞争能力。继续深化国有粮食企业改革，推进国有粮食企业兼并重组，重点扶持一批国有粮食收购、仓储、加工骨干企业，提高市场营销能力，在粮食收购中继续发挥主渠道作用。鼓励和引导粮食购销、加工等龙头企业发展粮食订单生产，推进粮食产业化发展。积极支持农民专业合作社和农民经纪人为农民提供粮食产销服务，提高农民生产和销售粮食的组织化程度。

二、以工促农、以城带乡机制

"工业反哺农业、城市支持农村"，是胡锦涛同志在党的十六届四中、五中全会上对推进我国社会主义新农村建设，解决"三农"问题所提出的"两个趋向"重要论断。党的十七大报告提出"建立以工促农、以城带乡长效机制，形成城乡经济社会发展一体化新格局"，则对建立新型工农关系、城乡关系，健全"三农"工作体制机制提出了更新更高的要求。河南正在步入新型工业化、城镇化快速发展阶段，应顺应时代要求，把握"两种趋向"，努力构建"以工哺农、以城带乡"的长效机制，扎实、稳步推进三化协调发展。

1. 建立产业反哺机制。要用工业理念谋划和管理农业。引导工商业精英经营现代农业，借鉴现代工业组织形式，大力推进专业化分工、规模化生产，不断提高农业的规模化、组织化、集约化和产业化水平。用现代工业手段改造传统农业。要大力发展农用工业，为农业提供技术先进、质量优良、符合农艺要求的各类农业机械，实现农业生产手段的现代化。积极发展涉农工业，提高农副产品精深加工能力，提高农产品附加值。健全农民工报酬增长机制，减少由于廉价劳动力带来的工农业"剪刀差"。

2. 建立人才反哺机制。健全人才向"三农"回流的机制。加强农村实用人才的开发和培育，政策鼓励、引导、支持各种类型的人才到农村去实践锻炼和开创事业，切实促进社会各方面的人才向农村基层流动，解决农业和农村发展人才资源缺乏、潜力不足的问题。大力发展职业教育，建立培训体系，提高农民文化科技水平。

3. 建立资金反哺机制。完善政府财政反哺机制，增加对农业的财政投入，重点增加对农业基础建设、公共设施建设、社会化服务体系建设和社会事业发展的投入，加大对财政投入使用效果和监督检查力度，建立完善农业政策性贷款制度；促进资金、资源向农村、农业流动。

4. 建立公共服务反哺机制。以建立工业反哺农业、城市支持农村新机制为目标，加快发展农村教育、科技、医疗卫生和文化等事业，推进公共服务、公共资源、公共设施向农村延伸和倾斜，促进农村社会全面进步。进一步巩固基础教育，大力普及高中阶段教育。加强农村医疗服务基础设施建设，逐步改善农村疾病预防保健和医疗救治条件，对承担农村公共服务职责的乡村医生，全面落实国家补助政策，建立城乡统筹发展的公共卫生服务体系。健全农村社会保障体系，进一步完善新型农村合作医疗制度，扩大新型农村合作医疗覆盖面，提高农村合作医疗保障水平。

5. 建立制度反哺机制。改革户籍管理制度；深化农村金融体制改革，主要包括积极引导商业银行进入农村开展金融服务、深化和完善农村信用社改革、积极稳妥地支持民间金融进入农村等；改革城乡社会保障制度，积极推进医疗、教育、养老等基本社保的城乡一体化。

三、以农促工、以农支城机制

农业是国民经济的基础，只有农业持续、健康发展，才可能为工业化发展夯实坚实的基础。农业还能够在生态调节、观光休闲、文化传承等方面推进工业化、城镇化深入发展。尤其是对于城镇化而言，农业既为农民增加收入、提供向城镇转移的积累，还会以其劳动生产率的不断提高，为加快农村人口向城镇转移提供了可能。因此，在推进三化协调发展中，要建立以农促工、以农支城机制，进一步促进农业农村功能的发挥，加快农村人口向城镇转移。

1. 建立以农促工、以农支城的产业发展机制。大力发展现代农业，推动农业产业化发展，发挥农业在促进农业资源向工业领域转移、扩大农村市场对工业产品需求的促进作用，为工业经济提速增效、转型升级提供多层支持和保障。利用我省农产品资源丰富的优势，突出发展精深加工，做大做强农产品加工业。突出食品、中医药等优势及新兴产业，加快实施一批产业链长、关联度大、带动力强的大项目、好项目，推动农产品加工业产业规模快速壮大。推动农产品加工业向下游和外延拓展，促进产业链延长加粗，加快形成一批特色优势集群。大力引导农产品加工企业进入园区集聚发展，加快建设一批布局合理、特色鲜明的农产品加工专业园区。按照区域化布局、专业化生产、标准化管理、产业化经营的要求，建设一批规模较大、标准化程度较高的农产品生产基地。

2. 建立以农促工、以农支城的人口转移机制。加快户籍制度改革，使农业劳动力加快向第二、三产业的转移，农村人口向城镇集聚，促进农民分工分业分化。一是加快农业劳动力向第二、三产业的转移。构建农民转移培训就业长效机制，加大农村劳动力素质培训的力度，推行创业指导和"订单式"、"定向式"培训模式，提高农村劳动力的就业技能和自我发展能力，使农业剩余劳动力加快向第二、三产业转移，让更多的农民成为城镇第二、三产业就业工人。二是加快农村人口向城镇的集聚。加快户籍制度改革，建立健全与户籍制度改革相关的住房、教育、就业、社保、计划生育等专项配套政策，使转户农民与城镇居民享受同等待遇。对农村居民转为城镇居民的，允许其在一定时期内继续保留承包地、宅基地及农房的收益权或使用权，自主选择参加农村或城镇职工医疗、养老等社会保险，确保举家搬迁、异地移民、创业集聚到城镇的农民能安居乐业。

3. 建立以农促工、以农支城的土地集约利用机制。通过对农村土地的集约节约利用，为新型工业化和城镇化挖掘潜力，拓展空间。要坚持最严格的耕地保护制度，严格执行耕地占补平衡、先补后占制度。建立促进土地整理复垦良性发展的有效机制，通过对农村田、水、路、林、村的综合整治，增加土地储备量。完善征地补偿安置制度，加强后备耕地资源的保护，完善耕地保护监督和惩罚机制。完善农村土地流转制度。完善土地承包经营权权能，健全农村土地承包经营权流转市场，完善流转签证、公证、登记制度。建立宅基地处置和利用机制，探索建立离农人口土地承包经营权和宅基地的退出机制和补偿机制。建立耕地保护与工业化、城镇化协调发展的机制。建立多种途径挖潜土地资源的机制，坚持科学用地，发展节地型工业，建设紧凑型城市。完善地方政府土地节约集约利用的评价和奖惩考核体系。

四、三大产业互动互促机制

我国经济社会发展的历史经验和教训表明：三次产业之间存在着相互依存、相互促进、相互制约的内在关系，三次产业发展一旦脱节，城乡经济社会和谐发展就会受到影响。目前我省三次产业发展还不均衡，农业基础薄弱，工业大而不强，服务业发展滞后，因此必须加强三次产业间的联系，通过建立城乡统一的市场机制、产业融合机制等长效机制，使三大产业互动互促，共同推动三化协调发展。

1. 建立城乡统一的市场机制，促进生产要素在产业间合理流动。加快城乡统一的市场机制建设，促进生产要素在产业间自由流动是三次产业互动互促的前提。首先，要建立和完善农村土地使用权流转制度。在确保不改变农地用途的前提下，放松对现有农业用地的管理约束，按照依法、自愿、有偿的原则进行土地承包经营权流转，使土地能够规模化经营，为农业产业化提供条件。其次，加快取消现有城乡分离的户籍管理制度，消除劳动力就业时人为设置的各种障碍，构建城乡一体的劳动力就业市场。通过完善劳动就业法律，建立城乡劳动力公平就业的上岗机会，促进农业剩余劳动力向第二、三产业转移。第三，加快城乡间资本、信息和技术市场一体化建设，保障要素所有者的合理收益，促进资本、技术和信息等生产要素在城乡产业之间自由流动、合理配置。第四，完善城乡统一的商品市场，调整现有农村市场结构，促进工业产品与农村消费市场的有效对接，形成综合性市场和专业市场相结合、批发市场与零售市场相衔接、城市市场与乡村市场相呼应的格局，通过公平合理的原则解决城乡流通中的矛盾，最终求得多方利益统一。

2. 建立产业融合机制，促进三大产业横向互动。我省是农业大省，应重点在标准化农业、农产品加工业、观光农业、生态农业和数字农业等方面进行突破，实现产业融合。一是加大农业技术投资，促进三次产业技术融合，通过技术转让、咨询服务等多条途径使农业分享非农产业的技术外溢，提升农业科技含量和产业附加值。二是加快农产品的融合。通过对农业生产流程、组织结构和管理方式等进行协调和重组，形成融合型的新产品，如通过对传统农产品进行精深加工，增加附加值，提供适合于人们消费习惯的新型农产品。三是加大培育观光农业，促进农业与旅游业融合，能够带动基础设施建设、食品加工、餐饮服务、交通运输与商业贸易等其他相关产业的发展。四是制订、出台一系列有利于产业融合的政策法规，取消有碍于产业互动发展的行业壁垒，重点扶持符合未来产业发展方向、技术创新力强、市场前景好的龙头企业，鼓励不同产业间企业的联合、重组和兼并，为三次产业在更深层次和更广泛领域的融合发展创造宽松的外部环境。

3. 建立农工贸产业链形成机制，促进三大产业纵向互动。农工贸产业链的构建则将三次产业整合到同一条产业链中，通过把一家一户分散经营方式与大市场有机衔接，改变过去产加销脱节，农工商分离的状态。根据河南目前农业发展现状，农工贸产业链的构建应重点在于以下几方面：一是突破传统农业观念的束缚，树立农工贸一体化的产业链意识。通过专业性产业组织分工协作发挥分工优势，加强农业在生产、加工、储运、销售、服务等环节的联系，以提高农业的组织化程度和市场竞争能力。二是大力扶持农业专业化组织和产业化龙头企业，从政策制定、资金支持和技术转移等多个方面加强对这些组织的扶持，发挥其开拓市场、引导生产、加工增值和提供服务的综合功能，有效缓解农业比较效益低的问题。三是完善、优化农工贸产业链的内部运转机制。农工贸产业链包括产加销多个环节，多个领域，涉及企业、农户、基地、市场多种经营主体，要保证有效运行，需要建立和不断完善产业链间各参与主体的利益分配机制、风险分担机制、竞争合作机制和约束保护机制。

4. 打造特色产业园区，建立三次产业互动互促的平台机制。园区具有的聚集效应、扩散效应、催化效应和辐射效应，能够实现土地、资金、人才、技术和信息等要素的集聚效应和规模经济效益，不仅是推动区域经济发展的重要力量，也是促进三次产业互动发展的有效途径。当前，农业是我省三次产业中薄弱的环节，因此，加快特色农业产业园区建设成为当前改善农业落后现状，推动三次产业互动发展互促的重要途径。农业特色园区的建设重点要加大力度拓展农业产业园的上下游产业，一方面大力发展农产品生产基地，为农业产业园的健康发展提供稳定的物质保障；另一方面，加快发展物流配送业，实现园区产品与外部市场的无缝对接。

五、产城融合互促共进机制

城镇化是工业化的空间载体，产业是城市承载力、带动力的核心。以新型城镇化引领三化协调发展，必须大力聚集产业、发展城市经济，提高以城带乡、以工补农的能力。通过优化城市综合发展环境，提升城市对各类要素的吸引力和产业聚集能力，实现以城市聚集产业，以产业支撑就业，吸纳农村劳动力转移，促进农业规模经营，走出一条符合河南实际的新型城镇化引领三化协调发展的道路。

1. 以产兴城，推动工业化城镇化互促共进。一是以产业集聚区建设，促进城市布局优化。坚持"三规合一"，高水平做好产业集聚区发展规划，重视产业集聚区内各产业布局的关系，科学合理摆布产业、商业以及配套设施，优化城市体系布局，因地制宜，力求产业集聚区内产业集群化发展的规划有良好的前瞻性和地方特色，促进产业聚集区和城市经济融合发展。二是以产业转移带动城市经济发展，促进中小城市发展。引导周边县区主动接受中心城市与核心产业带的产业转移，与核心区及核心带形成协调互动发展的区域格局，加快特色小城镇的发展步伐，促进资本、技术、人才等要素向特色城镇的集聚，强化特色城镇的支撑与纽带作用，围绕核心区主导产业，加强农村富余劳动力的专业培训，推进产业与就业结构优化，加快产城融合进程。三是以产业升级拉动城市基础设施建设，促进城镇功能完善。进一步明确城镇产业发展定位，围绕产业定位搞好基础设施建设。做好产业空间布局规划，确定不同区域的产业发展形态，促进城乡规划与产业规划协调发展，促进城市功能提升与布局优化，凸显规划对城乡建设的引导和调控作用。把握产业升级的方向与路径，为产业升级预留发展空间。各地要围绕特色产业，积极谋求错位发展之路，避免项目重复引进和建设，积极推进产业链向高附加值环节延伸，形成产业链条完整、空间布局合理的发展格局，同时加强资源整合，拓展发展空间，在电力、能源、公共服务等城镇功能完善中预留产业升级空间，为培育新的产业支撑打好基础。四是以产业转型促进产城互动，推动工业化城镇化同步发展。增强中心城市与重要节点城镇的支撑能力，积极发展城镇服务业。在强化核心区建设、发展大都市区的同时，进一步加快中小城市以及特色小城镇发展步伐，使中小城镇成为支撑中心城市与周边城镇发展的重要节点，强化重要节点城镇的支撑能力。

2. 以城聚产，推动产城共兴共荣。一是以新区建设为抓手，拓展城市发展空间、提升城市对产业的承载力。建设城市新区是中心城市规模、优化城市品位、高城市承载能力和产业聚集能力的重要途径。新区规划建设一定要坚持城市规划和基础设施建设适度超前原则，要汲取老城区的经验教训，注重规划的超前性、权威性和严肃性。新区要在人口疏解、功能优化等方面，为城市品位的提升提供平台和支撑。要通过新区建设优化产业结构和产业布局，老城区要退二进三，作为传统零售商业服务区，承担城市的基础服务功能。新区要打造成为新型工业化的主要载体。二是以优化城市综合发展环境为抓手，提升要素吸引能力。城市发展环境直接决定城市吸纳聚集和承载各类要素的能力，优化城市综合发展环境是增强城市综合竞争力的前提条件是以城聚产的关键环节。加强交通、电力、燃气、供排水、污染处理基础设施建设，加快教育、医疗、卫生等公共服务体系建设，完善城市功能。全面优化政策环境，营造体制优势，形成对各类要素的强大吸引力，积极承接产业转移，聚集提升城市发展能量，推动产城共兴共荣。

六、城乡一体共同发展机制

城乡一体化是以城市为中心、城镇为纽带、乡村为基础，城乡依托、良性互动、协调发展、共同繁荣的新型城乡关系。以新型城镇化为引领的三化协调发展之路就是要通过体制改革和政策调整，把工业与农业、城市与乡村、城镇居民与农村居民作为一个整体，统筹谋划、综合研究，建立城乡一体的共同发展机制，促进城乡在土地利用、金融服务、劳动就业、社会管理等方面的一体化发展，实现城乡在国民待遇上的一致，让农民享受到与城镇居民同样的文明和实惠，使整个城乡经济社会全面、协调、可持续发展。

1. 建立城乡一体的土地利用机制。坚持统一市场、"多予、少取、放活"的方针，建立城乡一体的土地流转和收益分配制度。探索建立全省统一的土地交易平台，将集体建设用地使用权、土地综合整治节余的集体建设用地复垦指标、耕地占补平衡指标交易纳入平台交易。开展人地挂钩试点，实行城镇建设用地增加规模与吸纳农村人口进入城市定居规模挂钩、城市化地区建设用地增加规模与吸纳外来人口进入城市定居规模挂钩。鼓励农民按照"依法、自愿、有偿"原则，采取出租、入股、置换等各种方式，加快农村土地承包经营权的流转，大力发展多种形式的农业适度规模经营。允许试点市农村集体建设用地折价入股参与基础设施及工商项目建设。允许农民将土地承包经营权利转换为在城镇生活的必要保障。加大土地整理力度，促进土地流转和规模经营。建成大面积、连片的高标准农田，大力推进农业生产经营规模化、现代化。同时通过土地承包经营权流转，使村民既享受土地流转的收益，又获得从事第二、三产业的收入。

2. 建立城乡一体的金融服务机制。推进金融体制改革，健全金融市场体系，改善城乡金融服务。一是构建广泛覆盖的金融组织体系，逐步形成包括小额贷款公司、村镇银行、资金互助组织在内的商业性金融、合作性金融、政策性金融相结合的金融机构体系，实现城乡地区金融资源的优化配置。二是巩固和拓展现有金融机构功能，鼓励商业银行在农村增设网点，延伸服务领域，加大各金融机构支持城乡一体化发展的力度。三是引导金融机构加大对城乡建设的有效信贷投入，运用再贷款、再贴现、利率等手段，支持金融机构加大对城乡现代化建设的信贷投放力度。四是不断提高结算服务水平。依托现代化支付系统，发挥现有城区金融机构的功能优势的基础上，逐步在广大农村建立完善网上银行、电话银行、信用卡、ATM 机、POS 机等结算渠道和方式，强化结算功能，进而提高资金的使用效率，逐步缩小城乡之间的金融服务差距。五是要建立银行、政府、企业定期沟通信息的长效机制，打造银、政、企相互交流与沟通平台，加强合作，共同推进城乡共荣。

3. 建立城乡一体的劳动就业机制。要建立覆盖城乡的公共就业服务体系和职业培训体系，健全城乡一体的就业管理制度和劳动用工管理制度，形成保障城乡劳动者公平竞争、平等就业的制度环境。一是按照劳动者自主择业、市场引导就业和政府促进就业的原则，建立健全覆盖城乡的就业服务体系，打造功能完善、平等竞争、城乡统一的人力资源市场，形成城乡劳动者平等就业制度，稳定和增加就业机会。二是建设符合产业发展要求的专业化职业培训、实训基地和职业技能鉴定示范基地。继续实施"阳光工程"，加大农村劳动力就业创业培训力度，推动农村劳动力转移就业。三是加强劳务品牌建设，促进劳务经济由数量型向质量型转变。四是积极支持就业、再就业工作，完善自主创业、自谋职业的政策支持体系和面向城乡就业困难人员的就业援助制度，对返乡创业农民工给予政策支持。五是规范发展就业服务机构和劳务经纪人。六是健全劳动用工管理制度，建立和完善跨省（区、市）劳务合作机制和劳动者权益保护机制，维护城乡劳动者合法权益。

4. 建立城乡一体的社会管理机制。加快转变政府职能，建设服务型政府，探索建立有利于统筹城乡发展的行政管理体制，推进城乡社会管理一体化。增加政府公共服务支出，转变公共服务提供方式，推广政府购买服务模式，引导社会资金投资公益性社会事业。健全社会组织建设和管理，加快推进事业单位分类改革，促进政事分开、管办分开、公益性和营利性分开。积极培育各类服务性民间组织，发挥其提供服务、反映诉求、规范行为的作用。健全社会治安防控体系，深入开展平安城市创建活动。健全党和政府主导的维护群众权益机制，拓宽社情民意表达渠道。扎实推进城乡社区建设，完善综合服务功能，健全基层党组织领导的社区民主管理和村民自治制度，努力把城乡社区建设成为服务完善、管理有序、文明祥和的社会生活共同体。

七、主体功能区优势互补机制

考虑到不同区域的自然生态状况、水土资源承载能力、区位特征、环境容量、现有开发密度、经济结构特征、人口集聚状况、参与国际分工的程度等多种因素，河南省的主体功能区大体上分为重点开发区域、农产品主产区、生态功能区、自然文化资源区，坚持以新型城镇化为引领的三化协调发展战略，必须因地制宜，充分发挥不同地区比较优势，协调推进四大主体功能区的开发建设，积极贯彻以农兴工、以工补农、以城带乡的方针，实施主体功能区分类的管理与发展政策，依据主体功能定位完善绩效评价和政绩考核。

1. 建立资源配置机制。推动主体功能区建设必须统筹兼顾各功能区的发展需求，要合理配置各类资源，要实行有效的管理，使各主体功能区真正实现互补互动，保障生活在不同区域的人民都能共享发展成果。根据各主体功能区的定位，在财政投向、土地资源等方面实行有针对性的配置，实现各类资源在各主体功能区的有效配置，确保资源利用达到最优化。在财政投向方面，进行分类投入。对重点开发区，财政投入重点一是投向工业基地以及与工业发展相配套的基础设施建设，提升工业承载能力。二是投向城市配套设施和公共服务设施建设，营造一流的创业和安居环境，提高城镇化水平。对农产品主产区、生态功能区和自然文化资源区，财政投入重点投向农村基础设施建设、生态环境保护和建设以及自然文化资源保护开发等方面，为发展文化旅游、生态旅游和都市休闲观光农业，营造良好的大环境。在土地资源配置方面，工业建设用地向产业集聚区集中，推动工业集聚发展。对属于重点开发的地区实行用地倾斜，相对适当扩大重大开发区域建设用地规模，严格控制农产品主产区建设用地规模，严禁生态功能区改变生态用途的土地供应。禁止改变基本农田的用途和位置。妥善处理自然保护区农地的产权关系，引导自然保护区核心区的人口逐步转移。

2. 建立生态补偿机制。部分功能区禁止或者限制发展工业，造成了一些地区较大的财政缺口，带来区域财力的不平衡问题，影响地方政府正常运作和社会事业建设推进。因此要建立了相应的利益补偿机制，着力保护好文化自然资源、耕地和生态环境，从根本上消除盲目开发的利益驱动。一是实行财政转移支付。加大对生态功能区的支持力度，建立健全有利于切实保护生态环境的奖惩机制。参照中央财政的计算方法，在省级财政一般性转移支付标准财政支出预算中，增设生态保护支出项目和自然保护区支出项目。对于生态型开发区域，统筹目前各类生态环境保护方面的转移支付，用于生态修复和维护。二是设立专项发展资金。主要用于转移农民，抓好教育、治安、计生等各项社会事业建设，拨出专项资金，支持农产品主产区、自然文化资源区发展都市农业和生态旅游业的基础设施。三是建立对生态公益林的补偿机制，逐年提高补贴标准，提高山区农民保护和建设生态的积极性。四是鼓励探索建立地区间横向援助机制。生态环境受益地区应采取资金补助、定向援助、对口支援等多种形式，对重点生态功能区因加强生态环境保护造成的利益损失进行补偿。

3. 建立不同功能区的绩效评估和政绩考核机制。主体功能区优势互补的主要目标能否实现，关键在于要建立健全符合科学发展观要求并有利于推进形成主体功能区的绩效考核评价体系，并强化考核结果运用。要加强部门协调，根据各地区不同的主体功能定位，把推进形成主体功能区主要目标的完成情况纳入对地方党政领导班子和领导干部的综合考核评价结果，作为地方党政领导班子调整和领导干部选拔任用、培训教育、奖励惩戒的重要依据。对于重点开发区实行工业化城镇化水平优先的绩效评价，综合评价经济增长、吸纳人口、质量效益、产业结构、资源消耗、环境保护以及外来人口公共服务覆盖面等内容。对于农产品主产区和生态功能区分别实行农业发展优先和生态保护优先的绩效评价。对农产品主产区，要强化对农产品保障能力的评价。对生态功能区，要实行生态保护优先的绩效评价，强化对提供生态产品能力的评价，弱化对工业化城镇化相关经济指标的评价。对自然文化资源区，要强化对自然文化资源原真性和完整性保护情况的评价。

第三节　推进支撑新型三化协调发展的政策创新

除了在制度和机制层面加大创新力度外，还要把制度落实到政策层面，在政策层面创新思路、转变理念，当前内外部环境发生了巨大变化，区域经济发展正处在由高速增长向中速增长的转折点上，政策的着力点要由促进规模扩张向促进创新转变、由推进非均衡发展向推进均衡和协调发展转变、由分散决策向提高整合效应转变，真正使各项政策创新在推进三化协调发展中发挥作用。

一、产业政策创新

产业是三化协调发展的根本支撑，创新产业政策，加快调整优化产业结构，形成新的产业支撑，有效推动经济发展方式转变。

1. 在创新环节推进产业政策创新。产业政策要避免以前那种针对整个行业的传统方式，传统产业里也有高端产品，新兴产业中也有低端环节，产业政策应该更加关注微观领域，引导行业资源与政府资金向研发、新产品、开发首台套等关键环节集中，真正起到"四两拨千斤"的作用，探索基于创新驱动的产业发展新模式。

2. 在国家科技与产业布局方面获取政策支持。一是在高新技术、新兴产业、传统优势产业等领域，争取设立一批国家级产业基地，争取更多的开发区进入国家级高新技术产业区行列，争取建成一批国家级和省级新型工业化基地。在基地建设上争取国家产业政策的支持，在基础设施建设、财政支持、税收减免上争取更多优惠政策。二是要争取国家对中原经济区关键领域、关键环节的科研开发支持力度，以关键领域和关键环节的突破促进产业的提升，争取设立一个中原高新技术产业转化资金，加快中原经济区内科技成果转化，吸引国内外高新技术成果到中原经济区进行产业化。三是对于获得国家级产业和创新基地的区域或者园区，地方政府应出台专项政策给予支持，加快建设步伐。

3. 在传统优势产业改造提升方面推进政策创新。主要集中争取中央支持拉长传统优势产业链条和发展循环经济，在项目审批、建设用地保障、资金等方面促进初级产品进行深加工，发展循环经济，提高资源加工度，提高产品附加值。争取国家在调整结构资金、技术改造资金和发展循环经济资金使用上的倾斜。对于传统产业领域的研发投入和新产品开发给予超常规支持，引导传统产业领域的企业建设企业研发中心，政府可设立专项资金予以支持。对于必须淘汰的传统产能和落后设备，完善淘汰机制，推进产业整合，为产业转型升级腾出发展空间。

4. 在承接产业转移推进政策创新。一是要争取国家支持省级产业集聚区建设，允许在产业集聚区建设中进行政策创新和突破，加强产业集聚区和各种园区建设，打造承接产业转移的重要平台。二是完善产业集聚区产业发展指导性目录，严格产业入驻标准，引导各产业集聚区围绕主导产业发展，打造一批主导产业突出的产业集群。三是要积极探索建立产业转出地和转移入地合作机制，通过合作共建开发园区、创新合作共建方式、建立利益分享机制，实现互利共赢。四是实行更加优惠的税收政策，争取对承接产业转移的加工贸易和劳动密集型产业给予税收优惠。五是完善支持承接产业链转移的政策，对于围绕本地主导产业进行链式招商，补充缺环和引入关键环节的产业项目，应明确奖励政策。

5.建立和完善产业政策的退出机制。围绕产业生命周期，建立和完善支持性产业政策的退出机制，避免形成企业对政府支持政策的长期依赖，弱化企业的创新动力。一是对战略性新兴产业发展要明确政策退出机制。战略性新兴产业是全球性竞争行业，其本质必然是市场驱动型而非政策拉动型领域，优惠政策只是一个重要激励因素，并非决定因素，市场竞争机制才是最重要的，在战略性新兴产业发展初期，往往财政、金融支持力度大，企业容易丧失自生能力，因此，在制定战略性新兴产业发展规划时就应明确退出机制，逐步强化市场机制作用，避免重复性建设和低水平竞争。二是出台政策支持暂时陷入困境的支柱产业首先要明确支持范围和退出机制。河南能源原材料产业比重大，支撑能力强，在经济下行时一些行业暂时陷入困境，出台支撑政策给予暂时支持有合理性，但要明确支持范围和退出机制，以免影响产业正常的自我调整与优化升级。

二、科技政策创新

河南科技基础较为薄弱，自主创新能力不强，科技进步对经济发展贡献率不高，是建设中原经济区的关键制约。国际金融危机以来，区域经济发展的动力正由主要靠要素投入向更多的靠创新驱动转变，在新的形势下，河南必须把科技创新作为实现三化协调发展的重要途径，着力在构建区域创新体系上加大政策支持力度。

1.农业科技领域的政策创新。依托农业大省、粮食大省的优势，创建全国农业科技创新基地。一是支持实施种子创新工程，加大良种研发繁育和市场推广的支持力度，在巩固提升小麦等优势品种的基础上，支持建立黄淮海地区优质玉米繁育基地。二是支持信息化社会化农村科技服务体系建设，支持中原经济区开展科技特派员农村科技创业工作，建设现代农业创业实训基地，设立中原经济区农技推广专项渠道，加大农业技术推广力度。三是推动现代农业产业化示范，支持开展职务科技成果股权和分红权激励试点，鼓励新型产业组织和新型科技推广服务组织参与国家科技项目，通过农业综合开发资金、农业产业化专项资金、农业科技成果转化资金、科技型中小企业创新基金等渠道，对中原经济区农业项目给予重点支持。四是加强农业科技创新能力建设，支持中原经济区依托现有农业高校和科研院所，建设现代农业科技创新中心。

2. 产业创新领域的政策支持。立足中原经济区产业基础，以发展壮大高成长性产业，改造提升传统优势产业和培育发展战略性新兴产业为重点，统筹整合人才、资金、技术等各类创新要素，在装备制造、食品、电子信息、化工、有色、生物、新能源、新能源汽车、新材料、文化创意等产业领域集中实施一批重大科技专项，支持一批产学研用合作项目，支持承担更多国家重大科技专项，努力在重大关键技术上实现突破，推广一批具有自主知识产权并能带动形成新的市场需求、改善民生的成熟技术和产品，推动中原经济区走向高端引领、创新驱动的轨道。支持实施自主创新成果产业化工程，由国家和地方共同设立专项资金，开展优势产业领域一批重大自主创新成果的产业化，建设一批国家级产业创新基地、孵化基地和产业化基地，培育区域技术发展极和创新集群。支持在郑州、洛阳、南阳等创新基础较好的城市，提高国家级创新城市建设水平。

3. 企业创新层面的政策支持。强化企业技术创新的主导能力，运用市场化运作机制，鼓励大企业并购重组、开展委托研发和购买知识产权，加速创新资源向企业集聚，提升企业的自主创新能力。支持优势企业牵头和参与国家科技重大专项、国家重点工程建设和科技计划，提高企业研究开发活动的层次和水平。鼓励有条件的中小企业建立企业技术中心，或与大学、科研机构联合建立研发机构，提高中小企业的技术创新能力。突破制约产学研用合作的体制机制障碍，实施产学研用合作工程，以企业为主导，探索共建研发机构和委托研发、技术许可、技术转让、技术入股等多种产学研用合作模式，营造有利于产业技术创新联盟等新型产业组织发展的政策环境。同时，积极发展研究型大学与新型研究机构，集聚中央大型国有企业和院所优质研发创新资源，建设若干重点产业发展的研发机构，打造国家重要的研发基地。出台分类政策分层推进企业创新，在推进原始创新、集成创新和引进消化吸收再创新三类创新中，坚持分类指导和分步实施，重点支持实力雄厚的大公司进行原始创新，支持广大中小民营企业的创新战略，积极开展消化吸收再创新和集成创新，逐步提升创新能力。

4. 科技体制改革的政策创新。建立市场导向的技术开发和转移机制，推进科研项目立项评审和人员考评制度改革，引导高等院校和科研院所围绕重大科技问题开展创新活动。改革技术成果管理制度，探索建立适应公共技术扩散和市场技术转移的多种模式的技术转移机构。鼓励高等院校、科研院所与大型企业共建科研实体，联合开展研发和成果转化活动。开展科研设施开放共享试点，鼓励和支持高等院校和科研院所向社会开放实验室、科研设备，提高科技资源使用效率。完善科技成果转化激励机制，鼓励智力要素和技术要素以各种形式参与创新收益分配。对高等院校、科研院所及国有高新技术企业的职务科技成果发明和转化中做出突出贡献的科技人员和管理人员，由实施科技成果产业化的企业按规定给予股权、分红等多种形式的激励，释放创新活力，促进创新成果产业化。

三、对外开放政策创新

实施举省开发战略，进一步深化改革开放，不断加大政策创新力度，并向国家争取优惠政策，全方位拓展开放领域，更好地承接产业转移，提高对外开放水平。

1. 外商投资管理层面的政策创新。一是完善审批制度。主动取消一批审批项目，简化审批流程，加快对外商投资项目的审批速度，研究试行对外商投资企业合同、章程的格式化审批。二是完善外资股权投资制度。对外商投资西部地区基础设施和优势产业项目，对外商投资的股比限制、国内银行提供固定资产投资人民币贷款的比例比照西部大开发政策执行。三是完善税收减免制度。对经核准的外商投资企业技术中心，其进口国内不能生产的自用耗材、试剂、样机、样品等可按现有规定免征关税和进口环节增值税，吸引更多的跨国公司在河南建设区域型研发中心与区域总部。

2. 优化进出口结构的政策创新。一是出台政策措施，鼓励高技术含量高附加值产品、服务产品和农产品出口，大力支持自主知识产权、自主品牌产品出口，严格限制高耗能、高污染、资源性产品出口。鼓励经济发展急需的先进技术、关键设备和重要资源进口。二是推出支持加工贸易转型升级的政策措施，严格执行加工贸易禁止类和限制类产品目录，推动加工贸易由代加工逐步向代设计、自主品牌转变，积极承接加工贸易梯度转移。支持有条件的城市成为加工贸易重点承接地，实行加工贸易深加工货物结转退税政策。

3. 支持企业"走出去"的政策创新。一是支持资源类企业境外获取采矿权，对于获得对河南产业发展支撑能力强的资源类项目给予资金支持。二是支持有实力的企业并购境外企业。重点支持龙头企业在境外并购，设立研发中心、营销中心等，吸引境外高端人才，提高国际化和本土化水平。三是加大对企业境外重点开发项目前期费用补助、国内贷款贴息的支持力度，对其产品优先组织安排进口。对境外工程承包和境外投资能带动设备出口及劳务输出的生产加工型项目和技术合作项目，在现行的国内贷款贴息、优惠贷款及境外办展、广告等市场开拓费用补助等方面进一步加大支持力度。四是简化境外投资审批手续，构建企业境外投资"绿色通道"，为企业营造更宽松的"走出去"的制度与环境。

4. 口岸与海关特殊监管区域建设的政策创新。一是支持在中原经济区符合条件的地区设立海关特殊监管区域，争取在洛阳、南阳、商丘、焦作等市优先布局出口加工区和保税物流中心。二是进一步加大对区域内口岸建设资金的补助力度，推进区域通关改革，支持中原内陆地区进一步扩大与沿海沿边口岸的跨区域通关合作，积极推进电子口岸互联互通和资源共享，积极探索便捷高效的公铁、铁空联运通关模式。三是提高郑州综合保税区建设水平，力争综合保税区功能和有关税收政策比照洋山保税港区的相关规定执行，在完善监管制度和有效防止骗取出口退税措施的前提下，支持郑州综合保税区适时实施启运港退税政策。

四、区域政策创新

中原经济区覆盖5省30市2县，区域发展不平衡，实现三化协调发展必须创新区域政策，推进发展理念由行政区划向经济区划转变，在探索区域、城乡协调发展上探索一条新路。

1. 区域协调互动发展的政策创新。一是创新区域产业协调发展政策。支持各区域依托比较优势培育壮大主导产业，根据各地资源、生态情况及产业计划，制定和完善区域主导产业发展目录，引导各地围绕主导产业发展，提高产业链接度，对于符合本地产业优势的项目在土地供给和审批上给予支持。二是推进产业有序集聚。出台专项政策，支持高端产业向心集聚，打造一批高端产业基地和研发创新中心，同时，推进一般加工制造环节向外围扩散，优化产业空间布局，提高资源配置效率，实现区域协调发展。三是创新跨区域利益补偿政策。出台政策支持不同共建产业园区，在基础设施共建、税收共享、环境成本共担等方面进行政策创新，促进产业有序转移。在生态环境补偿方面，建议河南列为国家生态补偿试点地区，积极推进生态合作、产业共建、财政支援、异地开发、生态资源交易等多种方式的生态补偿，探索建立区域污染物排放指标有偿使用和排污权、碳排放权交易机制，推进区域协调发展。

2. 城乡协调互动发展的政策创新。一是加大对"三农"的投入力度，在基础设施建设上投入更多资金，实现城市基础设施向农村延伸。二是实现城乡公共服务均等化。加大对农村社会保障的投入力度，提高最低生活保障，实现基本公共服务向农村延伸。三是优化区域教育资源配置，实现城乡教育均衡发展。建立城乡一体化的义务教育发展机制，逐步建立完善的基本公共教育服务体系。四是大力发展面向农村的职业教育，提高农业劳动力素质，提高农民收入。五是创新支持农民创业政策，建设一批农业创业园，从基础设施、项目审批、银行贷款、市场开拓等方面加大支持力度，吸引回乡进城务工人员创业。六是创新"以工哺农，以城带乡"的政策，对带动农业产业化发展的工业企业和服务业企业，加大支持力度。

3. 跨省域协调发展的政策创新。一是加大对跨省域经济合作示范区的政策支持。借鉴晋陕豫黄河金三角经济协作区的合作经验，出台优惠政策，在资金、基础设施对接等方面给予支持，支持河南省延边地市与周边市县建立经济合作区，重点河南与安徽、山东、河北、山西、陕西等交界地带培育发展经济合作区，增强经济联系。二是创新产业错位发展的合作机制与政策措施，完善和创新利益分享机制与生态补偿机制，支持合作建立跨省域产业合作园区，促进产业合作与企业整合，推进分处产业上中下游的企业间的配套合作。三是完善和创新政府协调机制。强化政府在区域合作中的统筹、协调、指导和服务职能，定期召开河南、山东、山西、河北、安徽5省30市2县主要领导参加的协商会议，针对区域发展全局的重大战略问题和重大事项进行磋商，在决策层建立中原区域合作体系中的政府磋商机制，轮流承办"中原经济区合作与发展联席会"，在协调层建立政府合作机制。充分发挥区域性合作组织的作用。四是构筑一批区域合作平台。建立由行业主管部门和龙头企业代表参加的行业联席会议或联络制度，组建一批非政府层面的经济论坛或企业家论坛，加快形成政府、企业、社会团体等共同参与的跨区域共建共享合作机制和多层次区域合作体系。着力消除体制机制障碍，深化金融合作、要素流动、商品流通、产权交易、人才流动等方面的合作，促进中原经济区一体化发展，将中原经济区打造成目标一致、步调统一、行动协调的跨省域经济联合体。

第十二章
河南推进新型三化协调发展的区域探索

工业化、城镇化和农业现代化，是发展中国家和地区迈向现代化的必由之路。如何实现工业化、城镇化和农业现代化的协调发展，也是传统农区现代化进程中普遍面临的突出难题。作为中原经济区建设的核心任务，河南持续探索不以牺牲农业和粮食、生态和环境为代价的新型城镇化、新型工业化、新型农业现代化三化协调科学发展之路，因地制宜地对构建新型工农、城乡、产业关系做出重要尝试，取得了许多宝贵的经验，为全国同类地区发展提供了示范，是对贯彻落实科学发展观的有益实践。

第一节　新乡经验——建设统筹城乡发展试验区

新乡市地处河南省北部，南临黄河，与省会郑州、古都开封隔河相望；北依太行，与鹤壁、安阳毗邻；西连焦作，与晋东南接壤；东接濮阳，与鲁西相连。新乡市辖两市六县四区，122个乡（镇）、3571个行政村，国土面积8249平方公里，2011年末常住人口571万，耕地面积681万亩；市区建成区面积97平方公里，人口101.33万。新乡市是中原地区重要的工业基地，工业结构合理，产品科技含量较高，具有较强的产品配套能力，已初步形成电子电器、生物工程与新医药、新型电池及原材料、化纤纺织、能源电力五大优势产业和汽车及零部件、食品加工、机械装备制造、造纸、新型建材、医用卫材、精细化工七个特色产业。新飞电器、白鹭化纤、金龙铜业、华兰生物等企业的产品具有较高的市场占有率和美誉度。新乡自然条件、土地耕作条件较好，是中国粮棉主产区和优质小麦生产基地。新乡市地处中原腹地，紧邻河南省会郑州，襟带辐射豫北，是国家二级交通枢纽，京广、太石铁路在此交汇，107 国道、106 国道、京珠高速公路及阿深、济东等高速公路穿境而过。"十一五"期间，新乡市生产总值年均增长 14.5%，财政一般预算收入年均增长 22.71%，固定资产投资年均增长 32.4%。城乡居民收入差距由 2.65：1 缩小到 2.52：1。

近些年来，新乡市委、市政府坚持以科学发展观为指导，以新型城镇化为引领，按照"一个主体、两个载体"（以中心城市为主体、以产业集聚区和新型农村社区为载体）的统筹城乡发展理念，积极创新，大胆实践，努力探索一条不以牺牲农业和粮食、生态和环境为代价的三化协调科学发展的路子，经济社会发展取得显著成效。2010 年 1 月，新乡市被省委、省政府确立为河南省统筹城乡发展试验区。新乡市推进统筹城乡发展试验区的工作取得了宝贵的经验，引发我们深层次的思考。

一、新乡市统筹城乡发展的实践

（一）坚持规划先行，优化人口、产业、空间发展布局

新乡市统一思想，牢牢树立产城一体、产城融合、产城互动的发展理念，抓住新一轮土地利用总体规划修编的机遇，要求各县（市、区）都做到新型农村社区建设规划与城镇总体规划、土地利用总体规划、产业集聚区规划"四规合一"，编制了《中原城市群新乡都市区及拓展区总体发展规划纲要》、《产业集聚区发展规划》、《土地利用总体规划》、《新乡市社会主义新农村空间布局规划纲要》，相继完成了所辖 8 个县（市）域的村镇体系规划、所辖 122 个乡（镇）的总体规划和 1050 个新型农村社区建设规划以及 40 个重点乡镇三化协调发展规划，构建了以市区为中心，长垣、平原新区为副中心，7 个县城为卫星城的城市集群，带动了建制镇、新型农村社区一体发展，初步形成了特色鲜明、组团有序，多层次、网络型的城镇体系，突出了增强县城和镇区承载功能，促进了人口向小城镇集中居住。新乡市在做好城镇体系规划的同时，着力优化产业布局，引导企业向27 个产业集聚区（专业园区）集中，进一步明确各级城镇产业发展重点，

并以此带动形成合理的就业结构，推动劳动力就近就业和向第二、三产业转移。

（二）坚持以城带乡，构建中心城市现代化、县域镇村一体化发展新格局

新乡市坚持"统筹城乡、产城融合、以人为本"的发展原则和"内涵、集群、组团、紧凑、集约"的发展理念，加快推进中心城市组团式发展、县域城镇内涵式发展和农村新型社区集聚式发展，努力形成中心城市——县城——中心镇——新型农村社区构成的新型现代城镇体系，加快城乡一体化发展进程。一是加快城乡路网建设。坚持以交通为先导，建成主城区到"三区五城"8条快速通道和县城到重点镇（产业集聚区）的双向四车道生态道路走廊，形成以主城区为中心、辐射周边六个县（市）的30分钟经济圈。坚持"呼应郑州、错位发展"，构筑以"三纵三横"高速公路网为主体，与郑州等城市连接的"一小时通勤圈"，实现郑新交通、产业、公共服务和生态环境对接。二是着力提升城镇综合承载能力。调整中心城市周边城镇的规模结构和空间布局，推动中心城市组团发展，形成组团有序、优势互补、整体协调的都市区发展格局。三是推进县域镇村一体化。出台《关于加快推进重点乡（镇）以新型城镇化引领三化协调科学发展的指导意见》，确定了40个经济基础较好、产业优势突出、辐射影响力大的重点乡镇，先行试点，整村推进，以"小三化"带动"大三化"。同时，将重点区域内一半以上的新型农村社区规划在县城、镇区和产业集聚区范围内，统一规划、管理、建设和服务，增强承载能力，鼓励引导农民向社区和城镇集中，使城镇向农村延伸、农村向城镇靠近。

（三）坚持政府引导与群众自愿相结合，推进新型农村社区建设

新乡市按照"政府引导、规划先行、就业为本、量力而行、群众自愿、循序进行"的原则，将全市3571个行政村初步规划整合为1050个新型农村社区，首批启动市区、县城规划区、重点乡（镇）、产业集聚区周边以及干线公路两侧等重点区域内的369个社区，引导城镇周边群众建设多层住宅，促进土地集约节约利用。在建设过程中，充分尊重群众意愿，把决定权交给群众，明确社区耕作半径不超过2.5公里等基本要求，坚持"四议两公开"工作法，从村庄改建、迁建或合并，到社区选址、户型选择、建设方案，均须村民会议2/3以上成员或2/3以上村民代表同意后方可实施

行，做到了"三不两结合"（不搞强迫命令、不增加群众负担、不从农村挖土地、社区建设与拆旧复耕相结合、与产业发展相结合），初步形成了"农民自建、集体代建、招商建设、社会援建"四种建设途径和"城中村改造型、旧村完善型、村庄合并型、服务共享型、整体搬迁型"五种建设模式。

（四）坚持产业为基，促进农村劳动力就地就近转移就业

新乡市在推进城乡一体发展的过程中，始终坚持以产业促就业，逐步实现就近转移农民、就近城镇化。新乡市将产业集聚区作为促进农村劳动力就地就近转移就业的主平台，从2005年开始，依托县城、集镇和原有产业基础，规划建设27个产业集聚区（专业园区），辐射了全市半数以上的乡镇、1/3的行政村，搭建承接东部产业转移平台，培育县域经济产业支撑，吸引了百威等15家世界500强企业和中粮等一批国内知名企业入驻，形成了"一谷五基地"六大战略支撑产业和生物与新医药、电池及新能源汽车、电子信息、现代煤化工四大战略新兴产业。同时，为鼓励农民创业和促进农民就近转移就业，在远离产业集聚区、具有一定产业基础的部分乡（镇），利用原有建设用地和旧宅拆迁复垦后节约置换用地，规划建设农民创业园，作为产业集聚区的补充，重点发展劳动密集型、资源密集型产业，吸纳更多农民就近就业，带动农民增收致富。

（五）坚持改革创新，完善各项扶持政策

新乡市围绕统筹城乡发展，加大政策创新力度，出台一系列配套文件，初步建立了统筹城乡发展政策体系。坚持以政府投入为主，形成多元化投入机制。从2009年开始，市、县财政预算每年安排4.9亿元专项资金、整合1亿元涉农项目资金用于社区基础设施和公共服务设施建设；利用市投资集团向农发行融资中长期政策性贷款19.74亿元。组建农村公益基金管理中心，接受社会捐赠资金，近几年全市累计达到2.8亿元。坚持以保障农民权益为前提，破解土地瓶颈制约。充分利用村庄现有闲置土地，积极争取城乡建设用地增减挂钩指标，保障每个社区有30—50亩的动态用地指标。同时，为维护农民利益，从制度设计上合理分配土地收益。新型农村社区腾出的土地，首先用于复垦，确保耕地不减并略有增加。并将复垦的土地分股量化到户后，通过土地流转由农业专业合作社或

集体经济组织集中经营，农户按股分红。放宽农民到镇区落户条件，到城镇居住的农民，继续保留承包地和宅基地，继续享受农村计划生育政策；对自愿放弃宅基地到城镇居住的农民，落实补偿政策。建立完善土地、住房、社保、就业、教育、卫生支撑保障机制，促进符合条件的农民到镇区落户，为社区居民办理城镇居住地户口、房产证、新农保，在附近企业就业农民工落实城镇养老保障政策。

二、新乡市统筹城乡发展的成效

（一）以新型城镇化引领三化协调发展格局初步形成

通过交通等基础设施的完善和产业布局的调整优化，中心城市、县城、中心镇和产业集聚区、新型农村社区四级的现代新型城镇体系基本建立，"十一五"期间，城镇化率年均提高 1.8 个百分点，2011 年年末达到 42.76%，高于全省 3 个百分点。全市第二、三产业比重达到 86.7%，工业化率达到 51%，农村劳动力从事第二、三产业比重提高到 57%。入住新型农村社区的农户，从事第二、三产业比重提高了将近 30 个百分点，户均收入较其他农户高出 20% 以上。

（二）城乡居民收入差距逐步缩小

目前，全市累计流转土地面积 61.94 万亩，占家庭承包耕地总面积的 10.5%，引进了中粮集团、雨润集团、高金食品、泰国正大等知名龙头企业，培育了克明面业、迪一米业等市级以上农业产业化重点龙头企业达 190 个，农业专业合作社发展到 2097 家，辐射带动农户达 55%。由此带动了农民收入的持续增长。2011 年，农民人均纯收入达到 6241 元，高出全省 717 元，同比增长 14.9%，增幅高出城镇居民收入 3.7 个百分点，连续 7 年实现大幅增长，城乡居民收入差距大幅度缩小，农村居民家庭恩格尔系数由 2005 年的 41% 下降到 31.7%。

（三）农村居住环境明显改善

新乡市通过规划引导、政策扶持、加大投入、合力共建，从根本上改变了农村居住环境，刘庄社区、南李庄社区、龙泉—李台社区、祥和社区等电力、电信、给排水、供热、防灾减灾、污水垃圾处理和其他生产生活设施巩固提升，教育、医疗、文化等公共服务设施全面改善，一批基础设施和公共服务设施齐全、社区服务和管理体系完善、居住方式和产业发展协调的新型社区初见雏形。

（四）农业农村生产生活方式加快转变

通过社区建设不仅从根本上拉动了农村消费，发展了第二、三产业，扩大了农民转移就业，也为促进土地流转创造了条件，全市呈现出土地向种粮大户和合作社集中、传统农业向高效农业发展的态势。同时可有效节约包括土地在内的各种资源，有利于加快推进城乡公共服务均等化进程，进一步完善乡村治理结构，促进乡风文明和农民素质的提高，使广大农民享受到工业化、城镇化的成果。

三、新乡市统筹城乡发展的启示

（一）必须坚持规划先行，因地制宜

城乡一体化发展是一项重大的系统工程，涉及城乡之间资金、土地、人口、产业的合理布局以及社会管理的一体化等多个方面，必须牢固树立"规划为先、规划为要"的科学理念，坚持规划引导，稳步推进。新乡市推进城乡一体化发展的经验告诉我们，要按照城乡统筹、产城融合的要求，充分考虑原有城镇村庄布局、产业基础、生态环境、交通条件、文化传承和耕地保护，尊重农民的生活习惯、生产方式和民俗传统，以优化人口和产业分布为目标，积极推进村庄整合，高标准、高起点编制城乡一体的发展规划和建设规划。同时，要充分考虑各地发展的差异性和不平衡性，因地制宜，分类分步推进。既要积极引导，着力推动，又要从实际出发，量力而行，不急于求成，不盲目攀比，不搞"政绩工程"，避免将城乡一体化的发展目标的简单化、标准的趋同化与工作部署上的速成化，避免不分具体情况、不顾主客观条件的一哄而上。

（二）必须坚持确保耕地不减少、粮食不减产的基本前提

改革开放尤其是新世纪以来，在系统总结历史经验教训、深刻认识新形势下工农、城乡关系的基础上，对于粮食稳定增产和经济持续发展，一些地方进行了有益的尝试，但不协调仍未从根本上破解：一些地方经济

发展了，粮食生产下来了；有些地方粮食生产保住了，但是经济发展上不去。中原经济区建设的核心任务就是在不牺牲农业和粮食、不牺牲生态和环境的前提上推进新型三化协调发展，这既是河南自身破解发展瓶颈、解决"三农"问题的内在要求，也是河南服务全国发展大局、对中央的庄严承诺的客观需要。新乡市在推进城乡一体化发展的过程中，做到了耕地不减少、粮食不减产的经验启示我们，要在城乡一体发展中，持续坚持最严格的耕地保护制度，新型农村社区建设节余的土地首先要用于复耕，使耕地在占补平衡的基础上略有增加。同时，加大农业基础设施建设，发展现代农业，确保粮食的稳产增产。

（三）必须尊重群众意愿，维护农民权益

切实尊重和突出农民的主体地位，最大限度地调动广大农民的积极性，发挥农民主体作用，是城乡一体化发展的关键点和立足点，也是城乡一体化发展的根本目的。新乡市在推进城乡一体化的过程中，坚持民主决策，充分尊重群众意愿，将各种矛盾有效化解，为新型农村社区的建设和其他基础设施、公共服务设施建设创造了良好的氛围。新乡市的做法和经验启示我们，要激发和保护好农民的积极性，就要尊重农民意愿，新型社区建不建、怎么建，从规划编制、项目安排、资金使用到组织实施，都不能光由政府、村支两委说了算，而是要让群众充分参与，广泛尊重并听取群众的意见，集思广益，并根据大多数人的意见进行统筹合理安排，充分保障农民的知情权、决策权、参与权、管理权、监督权。

（四）必须坚持产业为基，注重就业

推进城乡一体化发展，进行新型农村社区建设，不仅仅是让农民集中居住，让农民享受完善的基础设施和公共服务设施，更重要的是促进农民就近转移就业，加快农民生产生活方式转变，让广大农民在社区住得进、住得起、稳得住、能致富。新乡市确立了一系列的工作标准，要求必须按照城镇、经济、人口的分布特征来规划新型农村社区，加快城乡一体化进程取得良好成效的经验启示我们：要大力发展支撑产业，发挥其吸纳农村劳动力就地城镇化的功能，特别是对县城、中心镇和广大农村地区来说，只有切切实实地夯实产业基础，才能为城乡一体化发展提供可靠的物质保障，真正发挥产业的支撑作用。要基于不同发展条件、不同资源禀赋选择

适合本地的产业发展路径，充分发挥市场作为资源配置的基础性手段，扬长避短，发挥比较优势，宜农则农、宜工则工、宜商则商、宜旅游则旅游，构建具有地域特色的现代产业体系。

（五）必须明确工作抓手，有的放矢

明确工作抓手，有的放矢，就是要将实施项目带动作为抓手，围绕项目建设形成合力，这是工作方法问题。如果工作没有了抓手，那么各项政策、各项部署就成了空中楼阁，无法落地，容易遭遇政策棚架，达不到预期的效果。新乡市在推进城乡统筹发展的过程中，把新型农村社区和产业园区建设作为抓手，初步实现了产城融合发展，让农民在新型农村社区住得进、稳得住、过得好，从而起到了城乡统筹发展的效果。新乡市的经验启示我们，无论在推进城乡统筹发展还是推进新型三化协调发展中，都必须先明确工作抓手，明确目标导向，以项目为抓手，带动各项工作齐头并进。

第二节　信阳经验——建设农村改革发展综合试验区

信阳市位于鄂豫皖三省交接处，是江淮河汉之间的战略要地。全市总面积 1.89 万平方公里，辖八县二区、六个管理区、开发区。信阳历史悠久，文化厚重。信阳是全国 44 个交通枢纽城市之一，北距郑州 300 公里，南距武汉 200 公里，东距合肥 340 公里。京广、京九、宁西三条国铁，京港澳、大广、沪陕三条高速，106、107、312 三条国道在信阳境内形成多个十字交叉。信阳是国家级生态示范市，被誉为"北国江南"、"江南北国"。2011 年，全市完成地区生产总值 1276.83 亿元，三次产业结构调整为 25.8：2.6：31.6，全年地方财政总收入达到 63.36 亿元，地方一般预算收入达到 44.33 亿元，全社会固定资产投资达到 1052.99 亿元，社会消费品零售总额达到 511.95 亿元，城镇居民人均可支配收入达到 15271 元，农村居民人均纯收入达到 6151 元。

自被确定为农村改革发展综合试验区以来，信阳市按照"四个重在"的实践要领，突出机制创新，激发内在活力；突出群众主体，尊重首创精

神；突出改善民生，促进社会和谐；突出先行先试，坚持示范引领，在许多方面都取得了重大突破，创造了新经验，产生了新影响，推动了农村经济社会又好又快发展。信阳市措施得当，成效明显，给农村改革发展综合试验区的建设创造了模式，探索了道路。

一、信阳市建设农村改革发展综合试验区的六项举措

（一）创新农村土地流转机制

信阳市在建设农村改革发展综合试验区的过程中充分认识到，土地问题是农村的根本问题，农村改革的每一项突破，都与土地有关。盘活了土地，农村财富的轮子就转起来了。因此，提出了五种流转形式：转包、出租、互换、转让、股份合作，并鼓励在这五种形式之外进行再创新，又提出了三个方面的加快发展：第一，建立农村土地承包经营权流转机制。通过建立土地流转有形市场，让土地这个不动产变成活的资本；积极培育土地银行、土地信用合作社等流转中介组织；积极培育种养大户、龙头企业，推动规模经营。第二，建立农村集体建设用地流转制度。探索城乡同地同价机制，推动农村集体土地的市场化，增加农村集体土地出让收益。第三，建立农村宅基地科学管理模式。提倡通过宅基地互换，实施村庄整治，到村镇规划点集中建房。

（二）创新农村资金投入机制

信阳市充分认识到资金不足是制约农村经济社会发展的主要瓶颈，因此，千方百计把各类资金盘活：银行的钱、财政的钱、社会的钱、农民的钱，并根据农村、农业发展和农民生产生活需求的实际，加快把钱用足用活。首先，创新农村金融机制。通过创新金融体系和金融工具，解决农村资金饥渴症。其次，整合财政支农资金。按照"渠道不变、统筹安排、捆绑使用"的原则，实施整合，提高支农资金使用效益。第三，探索土地收入分成机制。每年从土地出让金收益中拿出一定比例，用于新农村建设。

（三）创新农村社会化服务机制

信阳市充分认识到推动农民联合与合作，大力发展农民专业合作社是解决分散经营小农户问题，实现与农产品大市场对接的重要举措。为此，

大力发展农民专业合作组织。对合作社实行减免税政策，对涉农经济活动进行最大让利。同时，建立农民专业合作社的政策支持体系，鼓励商城等。一些县区对一定规模、运行规范的合作社，实行以奖代补，推动了合作社发展壮大，并支持合作社跨县区、跨行业发展。

（四）创新农村社会保障机制

信阳市坚持建立农村社会保障，将养老和医疗作为难点和关键点，力图让农民共享综合试验成果。首先，健全农村医疗保障。如平桥区在提高农村医疗服务水平上探索出了好路子，村村建了标准卫生室，农村医生轮流外出培训三个半月，硬件、软件都改善了，提高医疗服务水平就有了保障。其次，运用市场的办法来办农民养老保险。

（五）创新人才队伍支撑的机制

为了开发人力资源、用好人才，信阳市提出具体办法：一是完善农村基础教育；二是完善职业教育和劳务培训；三是引导创业人才投身试验区建设。并鼓励机关、事业、企业、科研院所等单位各类人才参与农村改革发展。

（六）创新农村社会管理机制

农村改革发展综合试验，主战场在农村、在基层。信阳市努力把基层的积极性调动起来，让基层的组织、干部和群众充分认识试验区建设的意义，看准试验区建设的机遇，自觉地投身农村改革发展的宏伟事业之中。首先，创新农村基层组织的设置形式。对符合条件的地方，按从事的职业、行业，把党员编入不同的支部，把支部建在产业链上、建在合作社上、建在专业协会上。其次，建立乡村干部培养选任和激励保障机制。再次，健全村民自治制度，建立和完善民主选举、民主决策、民主管理和民主监督机制，激发村民的参与热情，为推动农村改革发展综合试验提供坚实的保障。

二、信阳市建设农村改革发展综合试验区的成效

（一）规模流转效应增强

2011 年，信阳市耕地流转已达 402 万亩，林地流转 404 万亩，取得

了三大成效：一是土地流转规模化。有 66 个村实现了整村流转，形成千亩以上经营大户 808 个，建成农业标准化生产示范区 1200 个。如固始县有 32 个村整村流转，全县耕地流转总面积达到 81 万亩；新县建成千亩以上土地流转精品示范园 10 个，面积 3.2 万亩。二是土地流转产业化。流转的耕地上都有产业，大幅提高了土地生产率。如淮滨县的猫爪草每亩纯收入达到 8000 元；商城县的超级杂交稻平均亩产达到 750 千克；息县流转土地的农民在种植园务工，平均每月收入 1500 元左右。三是土地流转规范化。全市已发展"土地银行"240 家，建立土地流转中心 197 个，土地流转的机制基本形成，流转程序进一步规范。

（二）资产确权效应增强

信阳通过确权颁证，让农民的资产有身份、有权能，让农民的资产得到金融机构的认可，可以进行抵押担保，真正让死钱变活钱，小钱变大钱，资产变资本，从而解决了农村农民融资难问题。各县区在这方面进行了探索，都取得了突破。如平桥区通过"办好一个权证、组建两大中心、畅通三个流程、筑牢四道防线"，农村"五权"确权办证和抵押担保贷款取得重大突破，全区通过"五权"证书抵押（担保）贷款 838 笔，共计 1.16 亿元。浉河区林权确权达到了 98%，林权抵押贷款 8500 万元。新县土地承包经营权、林权确权办证都在 90% 以上。其他各县区也都有不同程度的进展。信阳市的做法，真正放大了资产确权效应，进一步提升了盘活资金水平。

（三）农保扩面效应增强

罗山、平桥、新县、商城、潢川 5 个县区和 6 个管理区、开发区全面实施了新农保，其他各县区分别在市、县、乡三级示范村中开展了试点，参保总人口 220 多万。在这场惠及广大农民的改革试验中，各县区解放思想、果敢作为，收到了很大成效。如罗山县率先在全市启动新农保；平桥区"下最大决心，献最大爱心，尽最大孝心"，仅用一个月时间，参保率就达到了 74%；商城县不等不靠，在没有获准国家试点的情况下，坚持自费改革；新县、潢川县主动出击，成功争取了国家第二批试点，拿几千万元给农民办好事，解除他们的后顾之忧，让农民都感受到党的政策的阳光雨露。

（四）专业合作效应增强

信阳市通过职能部门主导、基层组织牵头、龙头企业领办、致富能人带动，农民专业合作社如雨后春笋。目前，全市各类农民专业合作社已经发展到 4211 家，入社农户 69 万多户，占农户总数的 42%。固始县已发展合作社 588 家，其中国家示范社 1 家，省级示范社 8 家，市级示范社 30 家，省政府专门在固始县召开了全省农机专业合作社现场会，为试验区建设创造了经验。息县农机服务合作社达到 92 个，在满足本县农业服务的同时，积极向外拓展，实现了经济、社会效益双丰收。

（五）新村示范效应增强

信阳市以"五件实事"为重点，打了一场新村示范的硬仗，推进了城乡一体化进程。三级示范村中实现规划内农民新村通自来水的有 297 个，有 440 个行政村开工建设了农民新村，726 个示范村全部实施了新农保。在农村基础设施建设、公共服务一体化等方面成效显著。息县的"李楼模式"，潢川县的"四个置换"，新县的"移民下山"，浉河区的户籍改革，羊山新区的"五个统筹"和安居工程，上天梯的产业新村，鸡公山、南湾管理区的旅游文化新村，潢川开发区的城乡一体化都取得了很大成绩。

三、信阳市建设农村改革发展综合试验区的启示

（一）突出机制创新，激发内在活力

信阳市在建设农村改革发展综合试验区的过程中，突出确权颁证、土地流转、社会保障等体制机制创新，不断增强改革发展的活力和动力，给其他类似地区的发展带来了深刻的启示。在加快农村改革发展方面，从体制机制方面来寻求根本性的对策和出路，在科学发展观的指导下创新体制机制，着力构建有利于科学发展的体制机制；要把解决突出问题与建立长效机制有效结合起来，把理论成果、实践成果与制度成果有机结合起来，通过制度创新，推动发展环境的不断优化。只有这样，才能切实提高领导科学发展、促进社会和谐的能力，把全社会的发展积极性进一步引导到城乡统筹发展上来。

（二）突出群众主体，尊重首创精神

农民是农村改革发展主体，既是决策的主体、建设的主体，也是受益的主体。切实尊重和突出农民的主体地位，最大限度地调动广大农民的积极性，发挥农民主体作用，是农村改革发展最终取得实效的关键。要激发和保护好农民的积极性，就要尊重农民意愿，让群众充分参与，集思广益，并根据大多数人的意见进行统筹合理安排，充分保障农民的知情权、决策权、参与权、管理权、监督权。要把农民在实践中的创新成果积极进行提炼和总结，并推广至其他类似或相同区域，加以完善实施。

（三）突出改善民生，促进社会和谐

坚持以人为本，就是要把保障和改善民生放到更加突出的位置，以改善民生赢得民心、以民心凝聚民力、以民力推动发展。信阳市的经验启示我们，就业是民生之本，要努力扩大就业，实施更加积极的就业政策，多渠道开发就业岗位，完善就业服务体系，以培训促进就业，以援助扶持就业，以维权保护就业。坚持把促进产业发展和扩大就业相结合，以创业带动就业，并实施全民技能振兴工程。同时，要健全农村居民社会保障体系，稳步提高保障水平，使农民真正拥护农村的改革和发展。

（四）突出先行先试，坚持示范引领

信阳市在农村综合改革发展试验区建设中取得成效的一个主要原因，在于先于抓机、敢于创新、勇于突破、勇于探索。如在社会保障、土地流转、确权颁证等方面，都先在部分县市进行探索，及时系统地总结经验教训，进而在全市范围内推广实施，从而收到了良好的效果。信阳市的经验启示我们，在农村综合改革发展中，只要方向正确、原则正确，能够充分体现人民群众的要求、保障人民群众的利益，就可以在局部先行先试，充分发挥示范引领作用，最终实现这个区域的改革和发展。

第三节　鹤壁经验——创建国家循环经济示范市

鹤壁市位于河南省北部，辖浚县、淇县、淇滨区、山城区、鹤山区和

鹤壁经济开发区，总面积 2182 平方公里。京广铁路、京港澳高速公路和107 国道纵贯南北，鹤壁至濮阳高速公路、山西至濮阳等干线公路横穿东西。石家庄至武汉客运专线、山西中南部运煤铁路通道、鹤壁至山西高速公路正在建设，届时鹤壁将形成铁路、高速公路"双十字"大交通格局。鹤壁矿产资源丰富，已经形成了煤电化材一体化、食品工业、汽车及零部件、金属镁精深加工、数码电子等战略支撑产业和新兴先导产业，成为全省重要的现代化工基地、镁深加工高新技术特色产业基地和食品产业集群。

鹤壁市是一个典型的资源型城市，长期以来高开采、高消耗、高污染、低效益的粗放型经济发展方式，不仅造成资源的极大浪费，而且给生态环境带来很大压力。2005 年被确定为第一批国家循环经济试点市以后，鹤壁市按照科学发展观的要求，积极转变经济发展方式，努力探索资源节约、环境友好、可持续发展的新路子，把发展循环经济作为转变经济发展方式的重要战略举措，采取一系列措施大力推进，初步探索出一条速度效益统一、节能环保并重的新型工业化路子。

一、鹤壁市发展循环经济的做法

（一）项目层面推进循环经济示范工程建设

鹤壁积极推进总投资 73 亿元的 72 个重点循环经济项目建设，主要包括农业废弃物资源化利用工程、工业废弃物资源化利用工程、"城市矿产"综合开发利用工程、发展低碳产业和重点高耗能行业节能工程等重点工程，建设了一批循环经济示范工程。并且采取产业间相互衔接、围绕废弃物开发新产品、创新生产工艺等措施，使资源得到充分利用，初步形成了煤电化材、食品工业、金属镁等循环经济产业链。如：在煤电化材产业方面，建设综合利用热电厂、煤矸石烧结砖和粉煤灰制品、煤层气发电、矿井水综合利用、电厂脱硫等项目；在食品加工业方面，建设了利用动物羽毛、内脏、血水、骨头等废弃物生产蛋白酶解生物饲料、血源性生物活性蛋白、骨素等项目；在金属镁产业方面，建设了利用金属镁废渣和煤矸石等废料生产耐火材料和新型陶瓷滤料项目等。

（二）企业层面推行循环经济示范企业建设

鹤壁市以煤电化材、金属镁、食品加工等行业为重点，选择一批典型企业，抓好企业清洁生产，实现资源消耗"减量化"。引导主导产业延伸产业链条，积极发展下游产品和深加工项目，促进资源综合利用。先后确定了两批30家循环经济示范试点企业，在企业内部推进原料、能源综合循环利用，形成企业内部小循环。

（三）区域层面推进循环经济园区建设

鹤壁市按照"多联产、高端化、全循环"的思路，合理构建循环经济产业链，以共生企业群为主体，促进生产工艺纵向与横向耦合，使企业间形成共生关系，重点建设6个循环经济试点园区。一是宝山循环经济产业集聚区，重点发展煤电化材循环产业链，努力打造成为全国重要的煤化工循环经济示范区。二是无机新材料园区，重点发展煤矸石提取无机纤维及其配套产品、衍生产品等，建成工业固体废弃物高附加值利用示范基地。三是废旧橡胶综合利用示范产业园，重点建设废旧轮胎橡胶深加工示范工程，提高开发和深加工能力，开发系列废旧橡胶再生制品，发展壮大橡塑产业，建成废旧轮胎综合利用示范基地。四是淇县畜牧业循环产业区，重点建设生态型、资源循环利用型的畜牧产业，构建畜产品加工循环体系，建成优质畜产品生产加工基地、工农业复合型循环经济园区。五是节能低碳科技产业园，重点发展污水处理设施、污泥削减、地热源泵等节能环保产业，建设节能环保产业装备基地。六是再生资源加工利用产业园，建设具有集散、加工、交易、信息收集发布等功能再生资源利用园区，形成集"回收—分拣—深加工—综合利用"于一体的示范模式，实现再生资源回收的产业化、规模化。

（四）社会层面推进循环型城市体系建设

围绕提高资源循环利用、减少废物排放、加大宣传力度、倡导绿色消费，加强土地节约集约利用，进一步推动循环型城市体系建设。强化城市生活垃圾分类回收系统建设，加快推进城市垃圾、污水资源化利用。加大建筑节能改造力度，扩大可再生能源建筑应用示范。充分利用地源热能、太阳能等可再生能源，创建低碳示范区。

（五）抓循环经济标准化建设

2007 年年底，鹤壁市被确定为国家循环经济标准化试点市后，就紧紧围绕煤电化材、食品加工、金属镁等循环经济产业链，大力实施贯标工作，形成了"政府主导、企业为主、社会参与"的循环经济标准化工作机制，建立资源节约和综合利用标准体系 13 套，并配套制定《鹤壁市主要行业循环经济评价指标体系（试行）》，全市试点企业循环经济标准覆盖率达到 97%。2010 年 11 月，鹤壁市循环经济标准化试点工作圆满通过国家标准委组织的考核验收，成为全国第一个通过验收的循环经济标准化试点市。

二、鹤壁市发展循环经济的成效

（一）初步形成了循环经济产业链

针对鹤壁市的主导产业，通过拉长产业链条、推动产业间相互衔接、围绕废弃物开发新产品、创新生产工艺等措施，形成了以煤—电—化—材、金属镁等为主的工业循环经济产业链；形成了以种养殖、农畜产品深加工、畜牧产品下脚料高值利用、粪便生化处理生产有机肥、秸秆发电、沼气发电等为特色的农业循环经济产业链。通过建设循环经济产业聚集区，形成了煤化工、盐化工、精细化工、食品加工等产业集聚、共生耦合的循环型产业体系。

（二）推进了资源消耗和污染物减量化

鹤壁市全面落实《鹤壁市重点耗能企业"4180"节能行动计划》，推进结构节能和技术节能，推广先进成熟的节能技术、工艺和设备，推行合同能源管理，发展低碳经济。经过几年的努力，能耗指标大幅下降。围绕污染减排，重点抓好大气和水污染治理，大气治理以电力行业为重点，所有电厂全部建设脱硫设施。水污染治理以畜牧养殖、化工、造纸、淀粉和食品加工业为重点，大力推广"无害化处理和资源化利用技术"，使全市畜牧养殖废水基本实现综合利用，化工、造纸、淀粉和食品加工业实施废水深度治理，水重复利用率大幅度提高，污染物排放量大幅下降。2009 年，鹤壁市化学需氧量和二氧化硫分别削减 12.75% 和 15.37%；饮用水源地水质达标率为 100% ；城市环境空气质量优良率达到 92.6%，实现了经济发展和环境保护的"双赢"。

（三）发挥了示范带动效应

鹤壁市作为全国循环经济试点市和全国建筑节能示范市，多管齐下、综合施策，初步探索出了一条资源节约、环境友好、可持续发展的路子。经过坚持不懈的努力和创造性的工作，鹤壁市在速度效益统一，节能环保并重的新型工作化道路上迈出了坚实步伐，实现了经济效益、社会效益、生态效益的共赢发展。鹤壁所创造的成功经验，在全省乃至全国产生了广泛而强烈的反响，为资源型城市转型和循环经济发展探明了方向。

（四）构建了三位一体的循环经济体系

鹤壁市通过大力发展集循环型工业、循环型农业和循环型城市三位一体的循环经济体系，形成的产业聚集、协同发展的城市循环经济发展模式，被列为全国 12 个区域循环经济典型模式案例之一，并在全国进行宣传推广。

三、鹤壁市发展循环经济的启示

（一）坚持规划先行，为循环经济发展绘制蓝图

为了从整体上对发展循环经济做出科学部署，在经济和社会发展中充分体现循环经济的理念，促进全市循环经济高起点推进，鹤壁市聘请国内知名专家做指导，编制了《鹤壁市循环经济建设规划》和《鹤壁市循环经济试点实施方案》，提出了构建循环型工业、循环型农业和循环型城市体系总体思路，明确了循环经济的重点产业和分阶段目标任务。通过编制规划、制定实施方案，使循环经济发展既有长远目标，又立足当前扎实推进。

（二）完善政策措施，为循环经济发展提供制度保障

为保障循环经济顺利推进，先后出台了《关于进一步加快循环经济发展的实施意见》、《关于鼓励循环经济发展的若干规定》、《关于开展循环经济标准化工作的意见》、《关于加强节能减排的实施方案》、《关于实行节能

减排目标问责制和"一票否决"制的规定》等文件，建立了推进循环经济发展的目标责任、评价考核和奖惩机制，调动了企业节能降耗、发展循环经济的积极性。鹤壁的经验带来的启示是，发展循环经济，必须加强政策体系建设，以制度保障运行、以制度保障实效。

（三）实施项目带动，为产业循环式组合奠定基础

按照循环经济"减量化、再利用、资源化"的发展原则，鹤壁市结合自身的产业特点和优势，不断拓宽思路，围绕优势资源，规划实施了总投资 115 亿元的 94 个循环经济重点项目，以项目为载体来带动全市支柱产业的循环式组合发展。鹤壁市的经验启示我们，要谋划储备好一批项目，特别是要在循环经济重点领域，通过积极谋划实施重大项目，夯实产业循环发展载体。

（四）完善技术创新机制，为循环经济发展提供技术支撑

鹤壁市通过引进吸收了一批新技术，以及研制了环保节能型电炉炼钢成套设备、高速秸秆资源化收获机等一批节能环保设备。为循环经济发展提供技术支撑的做法启示我们，在发展循环经济的过程中，要鼓励支持重点企业与大专院校、科研单位联合，加大技术和产品开发力度，重点突破循环经济关键链接技术和节能降耗技术，成立循环经济工程技术服务中心，加强与省内外专家和企业的交流，不断提高循环经济发展水平。

（五）注重宣传引导，营造循环经济发展良好氛围

鹤壁市通过邀请专家举办全市循环经济讲座，在党校干部培训班中设置循环经济相关课程，全市各级新闻媒体多次播发循环经济的专题报道，编印《鹤壁市循环经济知识读本》，建设"鹤壁市循环经济网"等具体措施，为循环经济发展营造了良好的舆论氛围。鹤壁市的经验告诉我们，循环经济能够有效降低资源能源消耗，减少污染排放，是中原经济区建设过程中破解资源环境瓶颈约束的最有效路径。因此，要在整个中原经济区建设中，注重舆论宣传，培养大众意识，完善法律法规，加强政策支持，从而为循环经济发展营造良好的环境。

第四节　济源经验——城乡一体化试点市

济源市是愚公移山故事的发祥地，因济水发源地而得名。全市总面积1931平方公里，其中山区丘陵面积占 87% 以上，辖 11 个镇、5 个街道，527 个行政村（居）。2005 年列为河南省城乡一体化试点市。2011 年初步核算，全年生产总值 409.51 亿元，比上年增长 14.8%。其中：第一产业增加值 18.36 亿元，第二产业增加值 314.27 亿元，第三产业增加值 76.87 亿元，人均生产总值达到 60429 元，三次产业结构为 4.5：76.7：18.8。全年地方财政总收入 44.16 亿元，年末总人口 68.1 万人，常住人口 67.89 万人。

近些年来，济源市在省委省政府的正确领导下，坚持用城乡一体化统揽经济社会发展，按照"关键抓发展、重点抓农村、核心抓统筹"的战略思路，以推进"三个集中"（即工业向集聚区集中、农民向城镇集中、土地向规模经营集中），实现"四个加快"（即加快基础设施向农村延伸、加快社会保障向农村覆盖、加快社会事业向农村侧重、加快公共财政向农村倾斜）为途径，不断提高城镇的承载力和辐射带动能力，充分发挥以工哺农、以城带乡作用，有效推动了城乡经济社会统筹协调发展。

一、济源市城乡一体化的实践

（一）统筹城乡规划，推进空间布局一体化

济源市按照全域城市的理念规划城市发展，确定了"1133"城乡发展布局，坚持以城乡一体化为统揽，建设好一个中心城区，推进 3 个城市型组团，抓好 3 个重点镇建设，带动全市城乡一体化水平全面提升。同时，按照县域经济的理念规划建设小城镇，进一步"放权强镇"，激活镇（街道）发展活力，将小城镇建设成为各具特色的卫星城。按照新型社区的理念规划农村建设，对全市 527 个村（居）进行统筹规划，"宜迁则迁，宜并则并，宜改则改"，因村施策，稳步推进新型农村社区建设。

（二）统筹城乡经济发展，推进产业分工一体化

近年来，济源市坚持"工业强市"战略，按照"科学规划，突出重点，集中培育，求得实效"的原则，立足济源实际，统筹产业规划布局，依托玉川、虎岭等产业集聚区，壮大企业主体，延长产业链条，促进产业集聚集群发展；依托中心城区、西霞湖改造提升传统服务业，积极培育新兴服务业，加快旅游、文化、现代物流等重点产业发展；依托东部特色高效农业功能区，抓好种植业结构调整和农村经济结构调整，大力发展优质粮食、高效园艺、健康养殖、生态林果、特色农业等"五大主导产业"，促进城乡产业高效链接、联动发展。

（三）统筹城乡基础设施，推进城乡服务功能一体化

济源市按照拉大框架、完善功能、加强管理、提升品位的思路，坚持抓城市建设就是抓发展、用市场经济的观念经营城市、按旅游景区的标准建设城市、用现代企业管理模式管理城市的发展理念，优化西北，扩展东南，大力推进济渎片区、东南片区建设，建成了图书馆、科技馆、人民医院等一批城市基础设施，城市功能、城市品位大幅提升。在加快中心城区基础设施建设完善的基础上，加大对农村基础设施的投入力度，启动了新农村电气化建设，进一步提升农村电网建设水平；推进有条件的新型农村社区建设供热、供气工程，改革公交运营体制，在平原区进行供暖、供气、供排水、污水和垃圾处理全覆盖建设，形成了城乡高效连接的基础设施网络。

（四）统筹城乡社会事业，推进城乡公共服务一体化

近年来，济源市强力实施"村村有标准化卫生所、综合文化活动中心、信息网点、便民超市、敬老养老场所"的"五有"工程，加强社会事业全面向农村延伸，建设标准化卫生所，推进全市所有村（居）信息网点建设全覆盖，开通了远程教育网和农业资源网，不断完善农村公共服务体系，逐步缩小农村居民在教育、文化、卫生等方面与城镇居民的差距。

（五）统筹城乡劳动就业和社会保障，推进城乡就业和社会保障一体化

济源市坚持统筹城乡劳动就业和社会保障，率先在全省实现了城乡居民养老保障制度全覆盖。2008年7月1日起全面实施《济源市城乡居民社会养老保障暂行办法》，解决了46万余名城乡居民老有所养的问题，建

立完善了城乡居民社会养老保障体系；2009 年 11 月份抓住被列入全国新农保试点市的机遇，进一步扩大了养老保障的覆盖面，率先在全省实现了"全民社会养老"保障政策全覆盖。推进了城乡医疗保障一体化，提高农村低保补助标准，提高五保对象补助标准。同时，积极实施"阳光工程"、"雨露计划"和"农村劳动力技能培训"，提高劳动力就业水平，促进农民就地转移向第二、三产业转移。

（六）统筹城乡环境建设，推进城乡生活和发展环境一体化

改善生态环境，是推进城乡一体化、实现可持续发展的基础。济源市进一步巩固国家卫生城市创建成果，实施了城区居委会"五化"达标改造、城区绿化、公厕、垃圾中转站等工程，对"五小"经营户、集贸市场、背街小巷等与群众生活密切相关的薄弱环节进行集中整治，初步形成了"村（居）收集、镇（街道）运输、市（域）处理"的垃圾处理长效机制。同时，将净化拓展到硬化、绿化、美化、亮化等五个方面，大力建设生态文明示范村，城乡面貌得以改善。

二、济源市城乡一体化的成效

（一）城乡收入差距缩小

济源市通过加快城乡产业一体化发展和城乡社会保障一体化完善，实现了城乡居民收入差距的缩小和城乡居民生活水平的共同提高。2011 年，全年农村居民人均纯收入 9341 元，比上年增长 20%；农村居民人均生活消费支出 5461 元，增长 28.4%。城镇居民人均可支配收入 18821 元，比上年增长 14.2%；城镇居民人均消费支出 12464 元，增长 22.8%。农村居民家庭恩格尔系数为 35.3%，城镇居民家庭恩格尔系数为 29.4%，城乡居民收入比为 2.04∶1，远远低于全省平均水平。

（二）农村面貌极大改善

通过连续五年坚持开展百村富民工程、"双二十"村建设、新老典型村互比竞赛、现代农业农村发展示范区建设和生态文明示范村建设，冬春两季坚持开展以造林绿化、农田水利建设、土地开发整理和村容村貌综合整治为重点的"3+1"工作，全面实现了镇镇通高速公路、村村通公交、

组组通硬化路、户户通自来水，广播电视、宽带网络、标准化卫生所、日用品超市村村配套齐全。2009年，全省新农村建设实现程度前500个村中，济源市有125个村庄进入，占四分之一。

（三）城镇化高质量发展

济源市按照大气、秀气、灵气的理念建设城镇，实施了一大批基础工程，城市功能、城市品位大幅提升，先后荣获国家卫生城市、国家园林城市、全国创建文明城市工作先进市、中国优秀旅游城市、全国篮球城市、全国双拥模范城市、全国科技进步先进市等荣誉称号。同时，通过产业发展、教育提升、城镇扩张、移民搬迁等措施，促进农村人口向城镇转移，连续5年城镇化率以2个百分点以上的速度递增，2011年，济源市城镇化率达到51.44%，高于全省平均水平10个百分点，并且在城镇化发展的质量上，也远远高于全省平均水平。

（四）城乡公共服务均等

济源市建立了多维度、全覆盖的社会保障体系，形成了由城乡养老保险、城乡医疗保险、最低生活保障、失地农民社会保障、敬老补贴、大病医疗救助等12个种类组成的城乡社会保障网络，实现了无缝隙、全覆盖，保障标准居全省前列，并建立了多层次、立体化的公共服务体系，全面实现了城乡学校集中布局，城乡共享优质教育资源，集中率达到98%，2005年已全部普及了高中阶段教育；目前正在进行第二轮城乡教育布局优化，推动"小学向镇区集中、初中向城市集中"。目前，济源市形成了由市级医院、镇卫生院、社区分院、村标准化卫生所相连接的城乡卫生服务体系；由中心城区综合文化体育设施、镇文化站、村文化中心互为补充的文体服务体系；由市劳动力市场、各镇（街道）设立的劳动保障所构成的城乡一体化的就业服务体系。

三、济源市城乡一体化的经验

（一）坚持城乡一体规划

规划是行动的纲领。济源市通过率先进行产业、基础设施、公共服务的城乡一体化规划，充分发挥规划的引导作用，城乡一体化发展程度大幅度提升的经验启示我们，推进城乡一体化，必须牢固树立科学发展观，坚持适度聚集、节约土地、有利生产、方便生活的原则，着眼于城乡协调发展的大局，充分考虑到城镇化的进程、考虑到城镇体系的布局。新型农村社区规划要与土地规划、城乡建设规划等相适应，基础设施要与生态环境相协调，要注意协调推进城镇功能拓展与农村产业结构调整。规划要因地制宜，体现出当地山区、丘陵、平原的特色，做到就地取势、借山用水，人与自然的和谐，展现出优美生态的宜居环境。

（二）合理选择发展模式

推进城乡一体发展，既是解决"三农"问题的途径，又是"三农"问题要实现的目标。济源市推进城乡一体化的经验探索了一条路子，就是具体分析了当地的历史沿革、区域环境、地形地貌、交通条件、产业结构、经济水平、发展潜力等。济源市的经验启示我们，要立足各个地区的特点，区分不同的类型进行指导。工业化水平较高的地区，可以先行进行建设。经济较发达的地方，起点可高一点，步子可快一些。要统筹兼顾、互相配套、分步实施、逐步到位，既立足当前，又着眼于长远，注重典型示范，以点带面。必须分清轻重缓急，按照先重后轻、先急后缓、先易后难的次序来推进。

（三）增强镇区节点作用

中心镇区一头连着大中城市，一头连着农村，是连接城乡的重要节点和纽带。济源市推进中心镇、重点镇建设，充分发挥其对于优化城乡布局，形成以工促农、以城带乡和城乡协调发展格局重要节点作用，从而推动城乡一体化发展的经验启示我们，要积极支持中心镇发展特色产业，做大做强块状经济，使之发展成为产业优势明显的小城镇。支持中心镇加快工业功能区建设，通过完善基础设施、加强服务、减轻企业负担等措施，吸引农村企业向中心镇集中，引导企业向工业功能区集聚，尽快形成具有各自特色的产业链和产业群。支持中心镇抓住中心城市产业结构调整和产业重新布局的契机，积极承接中心城市的产业外移。在科学确定中心镇发展功能布局的基础上，强化中心镇对农村科技、信息、就业、社会保障、义务教育、公共医疗卫生等公共服务职能，加快中心镇与镇、中心村之间的设施网络建设，不断提高中心镇对广大农村地区的辐射带动能力。

（四）强化体制机制保障

济源市推进城乡一体化的经验启示我们，要敢于先行先试，积极进行城乡一体化发展的制度创新，强化体制机制保障。从济源市发展的经验可以看出，城乡一体化的发展，要深化户籍管理制度改革，取消农业和非农业户口登记，实行以具有固定住所、稳定职业或生活来源为基本落户条件，按照实际居住地登记居民户口，建立城乡统一的户口管理制度。已经作为非农人员进入社区落户的农民，在劳动就业、计划生育、子女入学、社会保障、兵役以及经济适用住房等方面应享受与城镇居民同样的待遇。另一方面，要赋予农民享有充分的承包地、宅基地、房屋的处分权和抵押权等物权，并能够进入市场流通和进行抵押融资。

第五节　南阳经验——建设高效生态经济示范市

南阳市是河南省重要的人口大市、农业大市和新兴工业大市，南水北调中线工程渠首水源地和淮河发源地，产业基础较好，生态环境优美，文化底蕴深厚，经济总量居全省前列，在中原经济区建设中具有重要战略地位。2011 年初步核算，全年实现生产总值 2228.8 亿元，其中：第一产业增加值 415.9 亿元，第二产业增加值 1199.3 亿元，第三产业增加值 613.4 亿元。按常住人口计算的人均生产总值为 21850 元。三次产业结构为 18.7 ：53.8 ：27.5。全年全市地方财政总收入 154.9 亿元，全年农民人均纯收入 6776 元，农民人均生活消费支出 4694 元，农村居民家庭恩格尔系数为 40.7%。城镇居民人均可支配收入 17289 元，城镇居民人均消费性支出 13094 元，城镇居民家庭恩格尔系数为 33.2%。

近年来，南阳市加快推进工业化、城镇化和农业现代化，全力做好南水北调中线工程建设和移民迁安工作，着力加强生态环境保护，在促进生态和经济社会协调发展上取得了明显成效。但是，仍存在着经济结构不合理、公共服务水平低、粮食增产难度大、生态保护任务重等矛盾和问题，在探索三化协调科学发展方面面临巨大压力。为此，2012 年 8 月，河南省政府下发了《关于印发南阳市建设中原经济区高效生态经济示范市总体方案的通知》，将南阳市建设中原经济区高效生态经济示范市列入全省战略。

一、南阳建设高效生态经济示范市的重大意义

（一）确保南水北调中线工程水质安全，构建中原经济区生态安全屏障

南阳市是南水北调中线工程的核心水源地和渠首所在地，在南水北调中线工程和中原经济区建设中具有重要的战略地位。同时，中原经济区西部的伏牛山、桐柏——大别山系均在南阳国土面积中占较大比例，迫切需要形成既保护生态环境，又发展生态经济的双赢发展模式。南阳市大力推进生态文明建设，优化生态环境、强化生态产业、发展循环经济、强化科技支撑、培植生态文化，将有利于构建起中原经济区生态安全屏障。

（二）巩固农业基础地位，促进农业高质高效发展

南阳市是河南的人口大市，也是国土大市，更是农业大市，在稳定粮食综合生产能力，维护粮食安全中发挥着重要作用。由于作为南水北调核心水源地和渠首所在地的特殊位置，决定了南阳市在发展经济的过程，必须高度重视绿色农业、有机农业的高效发展，作为既稳定粮食综合生产能力，又不会造成环境压力，从而为类似地区探索不牺牲农业和粮食、不牺牲生态和环境为代价而提供一个直接的发展模式和样板。

（三）加快发展方式转变，创新高效生态经济发展模式

水源地保护区要求对河流源头、沿岸水源涵养区和水库库区实行强制性保护，加快实施流域综合治理，加强库区周边植被修复与保护，严禁发展有污染的产业，合理安排城镇建设，严格控制人口规模。这就要求南阳市必须加快发展方式转变，不仅要着眼于三化协调发展，而且要更加重视生态和环境保护，更加重视资源节约和污染排放的减量化，积极探索一条高效生态经济发展的路子。

（四）培育带动中原崛起的西南增长板块，形成中原经济区联动发展格局

南阳作为中原经济区豫鄂陕毗邻地区重要的节点城市，加快高效生态经济示范市建设，不仅能够推动整个南水北调中线工程水源地的保护，而且有利于依托东北西南向、东南西北向运输通道，促进与毗邻地区融合发

展，密切与周边经济区的合作，实现优势互补、联动发展，积极发挥承接对接沿长江中游经济带的骨干作用，形成重点开发地带，加快中原经济区西南板块的联动发展。

二、南阳建设高效生态经济示范市的做法成效

（一）将生态农业发展作为突破，实现生态效益和经济效益的有机统一

南阳市把生态农业作为结构调整的重点，大力发展林果、畜牧、中药材、蔬菜等绿色产业，积极实施退耕还林、封山育林、长防林和山水田林路草综合治理，既保护了生态环境，又给农民带来了经济效益。南阳市按照区域化布局、规模化种植、标准化生产的要求，确立了林果、畜牧、中药材等绿色支柱产业，126.2 万亩无公害农产品生产基地通过省级认定，申报无公害农产品 27 个，16 家畜牧企业通过省无公害畜产品产地认证。全市已治理水土流失面积 1300 多平方公里，使森林覆盖率达到 33%，成为全国退耕还林试点地区。其中，仅丹江口水库库区生态建设就先后投资 4 亿多元，新增林地近百万亩，使森林覆盖率达到了 52.8%。此外，南阳市为了进行水源地的面源治理，切实加强水源地农业综合治理，大力推广有机肥、绿肥等，减少化肥使用量，实行人畜粪便无害化处理，已在库区农村改造卫生厕所近 20 万个，建成沼气工程 7330 多处，处于水源地核心区的 3 个县被确定为国家级生态建设试点县。

（二）将南水北调水源保护作为关键，实现生态效益和结构调整的有机统一

南阳市把保护南水北调水源当作工业结构调整的立足点和出发点，一方面，先后关停、限产、转产水污染企业 74 家，依法治理重点工业废水污染源 306 家。投入治污资金 5 亿多元，建成工业废水处理设施 800 多套，削减全市 COD 排放总量的 75% 以上。另一方面，按照"减量化、再利用、资源化、无公害"的原则，坚持科技创新与制度创新并举，在全市范围内从企业、产业和社会三个层面坚持统筹推进，引导企业循环式生产，组织上下游企业之间形成废物利用产业链，重点培育了生物能源、纺织、中医药、绿色食品加工等产业。通过工业结构的有效调整，实现了发展方式的

转变，推进了经济社会又好又快发展。

（三）将绿色城镇构建作为支撑，实现生态效益和城镇持续发展的有机统一

南阳市把 2.66 万平方公里作为一个有机的整体，确立了中心城市、县城、小城镇"三头并举"的推进策略，以创建国家园林城市为突破口，强化政府对生态园林城市规划、建设的宏观管理职能，协调各个部门、多层次制定符合城镇实际情况的政策、法规等，保障"生态园林城市"建设的顺利开展。同时，积极鼓励社会资本、各类投资主体，以多种投融资方式参与南阳"生态园林城市"建设，实现多元化投资、企业化运作、市场化经营、综合化管理。在绿色城镇体系构建中，强调中心城市建设突出文化、生态、宜居三大主题，打造山、水、绿、城融为一体，湖光山色交相辉映的城市风貌；县城和小城镇积极开展"四城联创"和示范镇建设活动，突出抓好环境卫生、园林绿化、交通等方面精细化管理，努力建设了一批设施完备、特色鲜明、环境优美、管理有序的生态宜居镇。通过绿色城镇建设，城镇面貌极大改善，城市内涵不断丰富，城市品位显著提升。

（四）将生态文化建设作为保障，实现生态效益和生态文明的有机统一

生态文化建设并不局限于物质层面上的构筑，更在于人文精神的塑造、文化心理的洗礼以及思想观念的更新。南阳市委、市政府充分认识到，从"园林城市"走向"生态园林城市"，最终实现"生态城市"，需要不断地丰富人们的生态文化内涵，提高人们的生态文化素养。因此，南阳市通过舆论引导、媒体宣传等多种方式，使广大市民从衣食住行等日常生活中，不断认识到生态保护重要性，积极投身到生态建设中去，从而形成具有深厚群众基础的生态保护合力。同时，将生态文化建设的具体工作要求通过企业、社区和个人落到实处，使得群众性的生态保护和建设成为生态文化赖以产生、发展的坚实基础。

三、南阳加快建设高效生态经济示范市的政策建议

南阳市加快建设高效生态经济示范市，需要着力在生态系统建设、生态产业体系构建、城乡统筹发展、区域协调互动等方面先行先试，率先突

破，以渠首水源地高效生态经济示范区建设为核心，积极调整产业结构，加大植树造林、退耕还林力度，开展湿地工程、生态移民工程建设，通过发展低碳经济、循环经济，实现水质保护与地方经济社会发展的共赢。

（一）加强生态环境保护，构建绿色安全生态体系

构建绿色安全生态体系，是建设高效生态示范市的基础。要树立绿色、低碳、高效、可持续的发展理念，加强生态保护和节能减排，大力发展循环经济、绿色经济、低碳经济，促进资源集约利用、生态环境良好、人与自然和谐发展。按照尊重自然、顺应自然原则，建设伏牛山、桐柏山山地森林绿色生态屏障、南水北调中线工程渠首水源地绿色生态屏障和南水北调中线干渠生态走廊、鸭河口水库及白河流域绿色生态屏障，构建"两山两水"为重点的生态系统。重点实施水土保持、退耕还林、长防林、天然林保护、水源涵养林、农田防护林等工程，加强自然保护区、森林公园、湿地公园建设。加强环境保护，实施工业污染全防全治，建立更加严格的环境准入制度和重污染企业退出机制，对造纸、发酵、化工等重点行业实行污染物排放总量控制。以畜禽养殖污染、土壤污染、农村生活垃圾污染治理为重点，有效控制农村面源污染。加大丹江口库区和南水北调中线工程调水干渠沿线、淮河、唐河、白河等重点区域、流域水污染防治力度。建立健全与湖北十堰、陕西商洛跨区域的污染联防联控、跨界防治机制。加快发展资源循环利用、节能服务和环保产业，大力淘汰落后产能，推行国内领先的能耗、物耗、水耗标准。

（二）推进新型农业现代化，构建现代农业产业体系

构建现代农业产业体系，是建设高效生态示范市的关键。南阳市要运用现代科技、物质装备和管理技术改造提升农业，以优质粮食和生态畜牧业为重点，以高标准粮田"百千万"工程和农业产业化集群为载体，转变农业发展方式，实现传统农业向绿色、高效、生态、安全的现代农业转变。加快实施高标准粮田"百千万"工程，选择一批百亩方、千亩方和万亩方，深入推进农业综合开发工程、土地整理工程、新增千亿斤粮食规划田间工程等项目建设。以皮南牛、牧原猪、乳业、禽业为重点，建设一批畜禽标准化规模养殖场（小区），打造全国优质安全畜产品基地。以有机茶叶、猕猴桃、食用菌、特色花卉、道地中药材、有机蔬菜等高效农业为

重点，建设一批全国知名的特色农业生产基地。按照"全链条、全循环、高质量、高效益"的要求，引导有条件的加工型龙头企业集聚发展，重点打造粮食、肉制品、乳品、果蔬、中药材、有机茶叶、林产品、苗木花卉、油脂、桑柞蚕、食用菌等一批农业产业化集群。加快发展农业合作经济和股份合作经济组织，大力发展农民专业合作社，提高农业规模化、专业化、标准化、集约化水平。健全农业科技创新和技术推广服务体系。

（三）推进新型工业化，构建高效生态产业体系

构建符合新型工业化要求的工业和服务业体系，是建设高效生态示范市的着力点。南阳市要按照生态建设和经济发展协调推进的要求，把加快产业转型升级放在更加突出的位置，以产业集聚区、商务中心区、特色商业区为载体，促进工业与服务业融合发展，构建以战略新兴产业为先导，以战略支撑产业和现代服务业为主体的高效生态产业体系。积极发展环境友好型工业，着力培育新能源、光电、新材料等战略新兴产业，发展壮大新材料产业，构筑超硬材料、二氧化碳全降解塑料、功能性冶金保护材料三大产业链，做大做强装备制造、油碱化工、纺织服装、食品等战略支撑产业。大力发展食品工业，依托资源优势和龙头企业，重点发展面制品、肉制品和食用油、果蔬、菌类加工、乳制品产业链。实施张仲景医药创新工程，加快中医药产业发展。大力发展现代服务业，坚持做大规模与提升层次并重，加快构建结构合理、功能完备、特色鲜明的现代服务业体系，加快发展文化旅游、商贸流通等生活性服务业。

（四）推进新型城镇化，构建生态宜居现代城镇体系

构建生态宜居现代城镇体系，是建设高效生态示范市的载体。南阳市可以按照"一圈两轴四极"城镇空间布局，推进中心城区与官庄、鸭河、麒麟湖、唐河、社旗、镇平、南召、方城、新野、内乡县城组成的半小时交通圈建设，推进宁西铁路、焦枝铁路和二广、沪陕高速公路双"十"字形市域城镇与产业发展轴建设，构建中心城市、县城、小城镇与新型农村社区协调发展的现代城镇体系。首先，做大做强南阳中心城区，抓好南阳新区、老城区、官庄工区、鸭河工区四大板块建设，加快高新技术产业集聚区、光电产业集聚区、新能源产业集聚区、南阳新区、老城区、东北分区、高新片区、麒麟片区、武侯片区等9个功能区建设步伐，提升综合承

载和辐射带动能力。其次，加快邓州市域副中心城市发展，推进"西淅"经济一体化，提升桐柏支撑承载能力，推动南召、方城、新野、内乡等县强化产业支撑，完善城市功能。再次是发挥小城镇重要节点作用。重点抓好全市 50 强镇建设，精心打造一批工矿型、旅游型、商贸型等特色小城镇。最后，强化新型农村社区战略基点作用，因地制宜地通过城镇带动型、企业带动型、旅游开发型、特色产业拉动型等多种模式，加快推进新型农村社区建设。

（五）加强区域合作联动，构建内陆开放型经济体系

构建内陆开放型经济体系，是建设高效生态示范市的支撑。南阳市需要实施开放带动战略，主动承接产业转移，拓展对外开放领域，促进区域联动发展，形成全方位、多层次、宽领域的对外开放新格局。以国家高新技术产业开发区、南阳新区、官庄工区、鸭河工区和 14 个产业集聚区为平台，带动产业链式转移或集群式转移。转变外贸发展方式，优化进出口商品结构，创建国家级食用菌出口基地、光电产业科技兴贸创新基地，建设石油钻台设备、光电产品、医药、汽车及零部件等省级出口基地。加强与长三角、珠三角、环渤海等沿海经济发达地区的合作，吸引沿海纺织服装、电子、食品、轻工等产业有序转移。重点做好与北京市等受水地区的对口协作帮扶工作，实现互利共赢。加强与周边地区及经济协作组织的经贸往来，完善与襄阳、十堰、商洛等市的区域合作机制，搞好交通设施和市场体系对接，在基础设施、旅游、物流、生态保护、绿色农产品通道等方面加强合作，推进区域市场一体化。

（六）加大后期扶持力度，构建移民安稳致富保障体系

构建移民安稳致富保障体系，是建设高效生态示范市的前提。南阳市要加大投入，完善政策，多层次、多渠道推动移民安置区经济社会发展，确保移民"稳得住、能发展、可致富"。在安排农村道路、农村沼气、饮水安全、危房改造、水利设施、电网改造、空心村整治、农村环境整治、农产品生产基地、水土保持、社会事业等年度投资计划时，向库区和移民安置区倾斜。抓好移民新村水保、环保工作，将移民新村纳入农村集中环境整治项目建设范围。科学谋划、分类实施，在移民区率先建成一批新型农村社区。实施移民"万人培训计划"，加快移民转移就业或自主创业，

促使移民快速融入当地社会，共同发展致富。

（七）加强支撑系统建设，构建持续发展保障体系

强化基础设施支撑，是建设高效生态示范市的保障。加强交通、能源、水利、信息等基础设施建设，形成适度超前、对经济社会发展支撑有力的现代基础产业和基础设施体系。强化公共服务支撑，以扩大规模、提升质量、促进公平、提高效率为重点，加强公共就业培训服务体系建设，完善基本医疗保障体系，完善公共服务体系，完善公共文化设施布局，建立科学的利益协调、诉求表达、矛盾调处和权益保障机制。强化体制机制支撑，积极探索有利于生态高效经济发展的长效机制，努力在重要领域和关键环节取得突破，激发经济发展的内生动力。强化人才支撑，确立人才优先发展战略，努力培养造就一支结构优化、布局合理、素质优良的人才队伍。

第六节　焦作经验——建设经济转型示范市

焦作市位于河南省西北部，北依太行与山西省接壤，南临黄河与郑州、洛阳相望，现辖两市4县4区和1个高新技术产业开发区，总面积4071.1平方公里。焦作区位优越，地处我国南北交汇点，东西结合部，又是新欧亚大陆桥在中国境内的中心地带，具有承东启西、沟南通北的枢纽地位。2011年初步核算，全年地区生产总值1469.39亿元，三次产业结构为7.8：69.7：22.5，年末总人口364.03万人，常住人口352.70万人；城镇化率达到48.8%。全年城镇居民人均可支配收入达到18005元，城镇居民人均消费支出12603元；农村居民人均纯收入达到8902元，农村居民人均消费支出5875元。

进入"十二五"以来，焦作市委、市政府把发展基调最终确定在加快经济转型上，即持续探索不以牺牲农业和粮食、生态和环境为代价的新型城镇化、新型工业化、新型农业现代化三化协调科学发展路子，在完善工作机制、政策资金争取、项目谋划推进等领域取得明显成效，转型升级步伐加快，促进了全市经济社会平稳较快发展。尽管近年来焦作调结构、促

转型，取得了一定成效，但经济结构不合理、粗放式增长仍然是制约经济发展的突出矛盾和问题。为此，2012 年 2 月，河南省政府下发了关于印发《焦作市建设中原经济区经济转型示范市总体方案》的通知，要求焦作市从根本上增强发展的后劲，在努力保持经济平稳较快增长的同时，把优化经济结构、促进产业升级、加快自主创新、强化节能减排作为促进发展的切入点和着力点，持续提升转型升级发展实效。

一、焦作建设经济转型示范市的重大意义

（一）在产业转型升级上率先突破，推进新型工业化、新型农业现代化转型升级

焦作市作为资源型城市，历时百年形成的经济结构，转型决非一蹴而就，仍然存在经济结构性矛盾突出、要素制约加剧等困难和问题。焦作市在转型发展方面已经进行了富有特色的改革探索，积累了一定的实践经验，具备了先行先试、率先突破、引领示范的基础。同时，干部群众对产业转型发展有较深入的认识和积极性。因此，焦作市加快产业转型升级，能够持续探索不以牺牲农业和粮食、生态和环境为代价的三化协调科学发展的路子，站位全局，服务大局，在产业转型升级，特别是资源型城市转型方面勇闯新路，提供示范，为推进中原经济区建设、加快中原崛起和河南振兴做出重要贡献。

（二）在破解瓶颈制约、优化要素配置上大胆探索，创新体制机制、增强要素保障能力

资源短缺，特别是土地、能源的短缺，是当前我国区域发展中普遍面临、亟待解决的重大课题。虽然焦作市在探索资源型城市转型过程中，更好地发挥集聚效应和规模效应，在解决"民生怎么办"问题的同时，促进城乡土地资源集约节约利用，较好解决了要素瓶颈制约的问题。但是，从河南发展的实际情况看，随着城镇化率的提高和产业规模的扩大，新增空间资源极其有限，不同程度地出现土地约束加速，水电资源紧张的情况，引致发展阵痛。焦作市经济转型中针对资源瓶颈约束做到未雨绸缪、提前布局、主动有为，提高土地、水等要素资源的保障能力，有利于为全省在

区域竞争和结构调整中占据主动提供借鉴。

（三）在产业、交通、生态融合发展上开拓创新，推动中原经济区区域联动发展

经济转型是一个艰巨而复杂的系统工程。环境综合整治、节能减排与循环经济、生态网络构建是转型发展的重要支撑，也是转方式、调结构的重要抓手。焦作要真正实现经济发展由资源能源依赖型向循环绿色低碳型的转变，还需要在产业、交通、生态以及城镇发展等难题和关键环节上大胆创新，率先突破。焦作市在环境污染综合防控、节能减排与循环低碳、生态网络构建等方面突出跨流域、跨区域联防联控联治和流域生态补偿等新的环保机制，以及进行的体制机制方面的探索，是建设中原经济区经济转型示范市重要突破口，也是在实践上为推动中原经济区豫西北、晋东南地区加强区域产业合作、交通共建、生态共享所进行的必要探索。

二、焦作建设经济转型示范市的做法成效

（一）工业发展从资源主导转向科技主导，走新型工业化之路

焦作立市的基础是工业，实现经济转型的关键也在工业。面对资源萎缩、产量下降、效益下滑的局面，焦作及时作出了以"推进科技进步，调整经济结构，提高经济增长的质量和效益"为核心内容的第三次创业的部署，明确提出了工业转型的目标，运用高新技术和适用技术对原有的能源、化工、机电、建材等工业进行全面改造，实现了由单一煤炭工业向电力、热电联营、铝电联营工业延伸，由原料化工向生物化工、精细化工、医药化工延伸，由氧化铝、铝锭向铝材深加工延伸，由单一的煤矿机械向环保机械、粮食机械、汽车机械和机电一体化产品延伸，由初级农产品向农副产品深加工延伸。通过产业转型，焦作目前已基本形成了铝工业、汽车及零部件产业、煤盐联合化工产业、装备工业、食品工业、生物产业六大战略支撑产业，和风电装备、光伏、光电、新材料四大新兴产业为主的工业体系。

（二）资源开发由地下矿山资源转为地上山水资源，大力发展旅游业

围绕"焦作山水"的旅游定位，以景区创A为主线，以加快景区开

发建设为重点，焦作先后投入 7.6 亿元进行景区开发建设，逐步形成了以自然山水游为主，历史文化游、休闲娱乐游、体育健身游、科普知识游等配套发展的旅游产品体系。同时，积极加强旅游服务基础设施的建设，积极鼓励、引导、扶持旅行社、宾馆饭店、旅游交通运输等旅游行业的发展。在此基础上，以旅游道路建设为支撑，加大旅游景区的整合力度，先后建成了连接各主要景区的 14 条旅游景观大道，并自筹资金 25 亿元在城市外围修建了焦郑、焦晋高速公路和焦作黄河公路大桥，大大增强了城市及旅游景区的可进入性和通达性，迅速构筑了"五大景区、十大景点"（云台山、青龙峡、青天河、神农山、峰林峡五大景区，陈家沟、嘉应观、焦作影视城、龙源湖公园、森林公园、朱载堉纪念馆、韩愈陵园、丹河峡谷、顺涧湖、古周城十大景点）为核心的旅游新格局以及焦作山水春赏山花、夏看山水、秋观红叶、冬览冰雪的四季特色突出、主题鲜明的整体品牌优势。由此，焦作市进入中国优秀旅游城市行列，焦作山水品牌开始在全国叫响。

（三）城市建设从黑色原貌转向绿色新颜，树立城市新形象

随着焦作经济的快速转型，焦作市的城市建设也在发生着根本性变化，昔日的煤炭工业城市正在向山水园林城市转型。焦作市在完成由煤炭城市向工业城市转型的基础上，对城市发展方向作出了新的定位，提出了把焦作建设成为山水园林城市的奋斗目标，开始了以改善城市基础设施、提高城市综合功能、优化城市环境为重点的大规模的城市建设。通过实施大规模的城市拆迁改造，加大城市治污力度，开展全方位、大规模的植树造林和城市绿化美化活动，新建城区水体景观、音乐喷泉、雕塑亭台二十余处，形成了中心城区的绿色园林特色。

（四）对外开放从小规模、低层次转向全方位、宽领域，形成开放新格局

焦作市将对外开放作为转型发展的重要推动力，实施更加积极主动的开放带动战略，统筹经济和社会事业全面开放，以招商引资和承接产业转移为重点，以促进产业转型升级和集聚集群发展为方向，以引进重大项目和龙头企业为抓手，分别与奇瑞集团、中国兵器装备集团结成战略合作伙伴，总投资 25 亿元的奇瑞汽车焦作发动机生产基地、总投资 23 亿元的中国兵器装备集团焦作汽车零部件及装备制造产业园项目相继开工，焦作装

备制造业的规模和竞争力将因此跨上一个新的台阶。通过一系列对外开放措施的实施，焦作市对外开放度明显提升，全方位、多层次、宽领域的对外开放格局进一步完善，对转型发展的推动作用更加明显。

三、焦作加快建设经济转型示范市的政策建议

（一）加快城市发展转型，在构建现代城镇体系上率先突破

城市发展转型是建设经济转型示范市的关键举措。焦作市加快推进城市发展转型，要在已有的良好基础上，强化新型城镇化的引领作用，突出紧凑型、复合型城市理念，以建设组团式城市为突破口，加快传统工矿城市向绿色生态宜居、文化品位高尚、现代元素丰富、公共服务体系健全的现代城市转变。统筹焦作新区建设与老城区改造，推进修武组团、博爱组团与中心城区一体化发展，围绕做大装备制造、新材料和文化旅游主导产业集群，着力提升产业集聚能力、自主创新能力、综合承载能力。着眼于完善城市功能，改善生态环境，加强城市管理，培育城市精神，提升城市品位，构建宜居、教育、医疗、文化、商贸、旅游、休闲、物流等综合功能复合。围绕核心城市，依托产业集聚区和交通网络，加快县（市）、中心镇与核心城市产业链接、交通一体、服务共享、向心发展。根据区位优势、产业基础、发展潜力，重点建设谷旦、赵堡、西万、谢旗营等20个中心镇，加强中心镇与专业园区和新型农村社区建设的衔接，推动基础设施、公共服务向周边农村延伸。依托县城、中心镇、产业集聚区、旅游服务区或规模较大、基础条件较好的中心村，加快农村新型社区建设，推进土地集约利用、农业规模经营、农民多元就业、生活环境改善、公共服务健全，率先实现城乡户籍、就业、住房、就学、医疗、社会保障一体化。

（二）加快产业转型升级，在融合高端集聚发展上率先突破

产业转型是建设经济转型示范市的中心任务。焦作市要强化新型工业化主导作用，突出工业化信息化融合、制造业服务业融合、新兴科技新兴产业融合、文化与旅游及相关产业融合，以装备制造业和现代服务业为重点，以技术进步为突破口，加快产业链条由单一线条向闭合循环转变，产业布局由分散向集聚集群转变，产品由初粗加工向精深加工、终端消费产

品转变，构建结构合理、特色鲜明、节能环保、竞争力强的现代产业体系。坚持龙头带动、基地支撑、高端突破、专精特新，主动承接关联和配套产业转移，打造国家先进装备制造基地。坚持多元复合、联动共进，以文化旅游、现代物流业为重点，推动产业融合发展，提升现代服务业发展水平，推进文化、旅游深度融合。按照"四集一转、产城互动"要求，突出主导产业培育，着力增强规划引导、产业支撑、集聚发展、要素保障、自我发展、综合承载等能力，加快产业集聚区基础设施和公共服务平台建设，打造引领经济转型、增强竞争优势的重要载体。以企业为主体，加强技术创新、产品创新、品牌创新、管理创新和企业组织结构创新。

（三）加快农业发展方式转变，在优质高效绿色发展上率先突破

农业发展方式转变是建设经济转型示范市的基础。焦作市在建设经济转型示范市的过程中，要强化新型农业现代化基础作用，突出绿色生态安全理念，以新型农业现代化科技园区和现代农业示范区建设为突破口，大力发展高效设施农业、休闲观光农业，加快传统农业向优质高效、精深加工转变，提高集约化、标准化、组织化、产业化程度。以粮食优质高效为首要任务，强化基础设施、机械设备、服务体系、科学技术和农民素质等支撑，高标准建设万亩示范片、千亩示范方、百亩攻关田。大力开发以怀山药为主的怀药产品，发展精深加工和连锁配送。依托全国优质小麦加工示范基地和全国农产品加工创业基地优势，培育一批标准化水平高、竞争实力强的农业产业化龙头企业，支持农民专业合作组织等生产经营主体发展，推进农业规模化经营、标准化生产、合作化组织。发挥首家市级全国农业机械化示范区优势，加快农机装备升级，建立健全农业科技创新和社会化服务体系。

（四）加快体制机制创新，在转型发展体制保障上率先突破

体制机制创新是经济转型成功与否的制度保障。焦作市要围绕人力资源、土地、投融资、社会管理关键环节，推进体制改革和机制创新，加大先行先试力度，破解体制机制难题。加快农村集体土地确权登记发证步伐，在此基础上探索推进集体建设用地有序流转，逐步建立城乡统一的建设用地市场。积极稳妥推进农村土地承包经营权流转，加快土地流转服务体系和信息平台建设。开展资源枯竭城市矿业用地改革试点，实施节约集

约高效用地工程，大力推广应用先进节地技术。开展城乡建设用地增减挂钩试点，探索开展城乡之间、地区之间人地挂钩政策试点。充分发挥投资集团等投融资平台作用，吸引各类金融机构入驻，开展农村金融综合改革创新试点，实施企业上市培育工程和中小企业融资服务工程。建立健全资源型城市可持续发展长效机制，完善资源有偿使用和生态环境恢复补偿制度。

（五）加快开放转型升级格局，在增强转型发展动力机制上率先突破

扩大对外开放能够增强经济转型的活动和动力。焦作市要实施更加积极主动的开放带动战略，加大招商引资力度，拓展开放领域和空间，促进区域联动发展，构建全方位、多层次、宽领域的开放格局。发挥国家加工贸易梯度转移重点承接地优势，加大与港、澳、台和海西经济区、长三角、珠三角、环渤海等沿海地区的合作力度，全方位、多层次承接产业转移。深化与央企、省企、行业龙头企业的战略合作，深化与天津港、日照港、连云港等港口的合作。抓好国家级皮草出口基地、省级汽车零部件出口基地建设，建设省级国际服务外包基地。鼓励有条件的企业"走出去"，开发国际资源，开拓国际市场。发挥支撑核心区、联动豫西北、对接晋东南的区位优势，促进区域联动发展，形成中原经济区与山西国家资源型经济转型综合配套改革试验区携手共进、合作双赢的大格局。

参考文献

[1] 河南省社会科学院课题组:《发挥新型城镇化的引领作用——2011—2012 年河南新型城镇化发展形势分析与展望》,《河南城市发展报告 (2012)》,社会科学文献出版社 2012 年版。

[2] 河南省社会科学院课题组:《探索区域科学发展的时代命题——河南省坚持走新型三化协调之路的认识与思考》,《河南日报》2012 年 8 月 13 日。

[3] 河南省社会科学院课题组:《实现三化协调发展的战略抉择——河南省以新型城镇化引领三化协调发展的探索与思考》,《河南日报》2012 年 8 月 17 日。

[4] 河南省社会科学院课题组:《统筹城乡协调发展的重大创举——河南省建设新型农村社区的实践与思考》,《河南日报》2012 年 8 月 20 日。

[5] 李霞、朱艳婷:《城乡二元体制下工业化与城镇化协调发展研究》,《四川大学学报 (哲学社会科学版)》2012 年第 3 期。

[6] 董学彦等:《"强筋健骨"夯实农业基础》,《河南日报》2012 年 2 月 9 日第 1 版。

[7] 郭庚茂:《河南省政府工作报告》,2012 年 1 月 8 日。

[8] 尹成杰:《三化同步发展——在工业化、城镇化深入发展中同步推进农业现代化》,中国农业出版社 2012 年版。

[9] 赵振杰、杨凌:《建设"实验区"时机已成熟》,《河南日报》2012 年 8 月 9 日第 3 版。

[10] 赵振杰、杨凌:《为什么发展航空经济》,《河南日报》2012 年 8 月 9 日第 3 版。

[11] 赵振杰、杨凌:《我省打造中原起飞平台》,《河南日报》2012年8月9日第3版。

[12] 河南省人民政府办公厅:《河南省工业转型升级"十二五"规划》2012年。

[13] 李克强:《中国城镇化对克服欧债危机影响是机遇》,http://finance.people.com.cn/ GB/17806577.html,2012年5月4日。

[14] 河南省人民政府办公厅:《关于转发2012年河南省对外开放和大招商工作专项方案的通知》,豫政办〔2012〕13号。

[15] 河南省人民政府:《关于加快农业产业化集群发展的指导意见》,豫政〔2012〕25号。

[16] 喻新安、完世伟、王玲杰:《河南经济发展报告(2012)》,社会科学文献出版社2012年版。

[17] 河南省人民政府:《焦作市建设中原经济区经济转型示范市总体方案》,http://www.henan.gov.cn/zwgk/system/2012/02/08/010290016.shtml,2012年2月8日。

[18] 河南省人民政府:《南阳市建设中原经济区高效生态经济示范市总体方案》,http://www.henan.gov.cn/zwgk/system/2012/08/07/010324606.shtml,2012年8月7日。

[19] 龚雯、杜海涛、崔鹏:《我们能否跨过"中等收入陷阱"》,《人民日报》2011年7月25日第5版。

[20] 张爱民、易醇:《统筹城乡发展背景下三次产业互动发展路径研究》,《软科学》2011年第2期。

[21] 河南省人民政府:《河南省农业和农村经济"十二五"发展规划纲要》,豫政办〔2011〕83号。

[22] 谢志强、姜典航:《城乡关系演变:历史轨迹及其基本特点》,《中共中央党校学报》2011年第4期。

[23] 马万杰:《科技创新助推新型农业现代化》,《河南日报》2011年11月23日第5版。

[24] 原丰:《新型农业现代化强基固本》,《河南日报》2011年11月30日第1版。

[25] 喻新安：《中原经济区策论》，经济管理出版社 2011 年版。

[26] 喻新安：《中原经济区顶层设计的背景、历程与经验》，《中州学刊》2011 年第 2 期。

[27] 河南省人民政府：《河南省国民经济和社会发展第十二个五年规划纲要》，2011 年 4 月 20 日。

[28] 谭勇：《河南建设小康监测报告——农村全面小康实现程度过半》，《河南日报》2011 年 11 月 29 日第 2 版。

[29] 喻新安：《中原经济区策论》，经济管理出版社 2011 年版。

[30] 杨凤华：《长三角区域经济一体化深化发展的思考》，《工业技术经济》2011 年第 5 期。

[31] 王建国：《构建中原经济区统筹协调的城乡支撑体系》，《中州学刊》2011 年第 1 期。

[32] 江夏等：《希望田野上的斑斓画卷——探寻中国特色农业现代化道路》，《人民日报》2010 年 11 月 18 日。

[33] 原丰：《新型农业现代化强基固本》，《河南日报》2011 年 11 月 30 日第 1 版。

[34] 江夏、张毅、赵永平、朱隽、顾仲阳：《希望田野上的斑斓画卷——探寻中国特色农业现代化道路》，《人民日报》2010 年 11 月 18 日。

[35] 吴邦国：《充分认识中国发展的阶段性特征》，《求是》2010 年第 19 期。

[36] 刘道兴、吴海峰：《转型升级——郑洛工业走廊发展研究》，河南人民出版社 2010 年版。

[37] 江娜：《城镇化建设中如何保护耕地》，《农民日报》2010 年 3 月 10 日第 7 版。

[38] 河南省人民政府：《河南省人民政府关于推进城乡建设加快城镇化进程的指导意见》，豫政〔2010〕80 号。

[39] 河南省建设厅：《河南省城镇体系规划（2010—2020 年)》。

[40] 河南省发展改革委员会：《河南省主体功能区规划纲要》，2010 年 10 月。

[41] 喻新安：《中原经济区研究》，河南人民出版社 2010 年版。

[42] 刘道兴、吴海峰、陈明星：《改革开放以来河南农业的历史性巨变》，《中州学刊》2008 年第 6 期。

[43] 吴海峰、郑鑫：《河南工农业互动协调发展模式研究》，《经济研究参考》2008 年第 71 期。

[44] 河南省社会科学院：《河南改革开放 30 年》，河南人民出版社 2008 年版。

[45] 马军显：《城乡关系：从二元分割到一体化发展》，中国社会科学院 2008 年第 7 期。

[46] 周洋：《论改革开放以来河南省工业化进程与经验》，《现代商贸工业》2009 年第 24 期。

[47] 马凯：《在应对国际金融危机中加快推进经济结构调整》，http：// business.sohu.com/20091016/n267410643.shtml，2009 年 10 月 16 日。

[48] 喻新安、龚绍东等：《工农业协调发展的河南模式》，河南人民出版社 2009 年版。

[49] 柏程豫：《把握三化协调发展的着力点》，《河南日报》2009 年 12 月 30 日第 12 版。

[50] 吴海峰：《中国特色农业现代化的土地制度保障》，《郑州市委党校学报》2009 年第 2 期。

[51] 史育龙：《继续以改革创新精神探索中国特色城镇化道路》，《中国发展观察》2008 年第 6 期。

[52] 任秉元、董明：《新型农业现代化道路思考》，《中国商界》2008 年第 4 期。

[53] 李国平：《我国工业化与城镇化的协调关系分析与评估》，《地域研究与开发》2008 年第 5 期。

[54] 史育龙：《继续以改革创新精神探索中国特色城镇化道路》，《中国发展观察》2008 年第 6 期。

[55] 吴海峰：《河南新农村建设三化合力推进的思考》，《郑州航空工业管理学院学报》2008 年第 3 期。

[56] 李慧静：《黑龙江省城市化与工业化协调关系研究》，哈尔滨工业大学 2007 年第 7 期。

[57] 马军显：《城乡关系：从二元分割到一体化发展》，《中国社会科学院》2008 年第 7 期。

[58] 张占斌：《中国优先发展重工业战略的政治经济学解析》，《中共党史研究》2007 年第 4 期。

[59] 刘溢海、李雄诒：《发展经济学》，上海财经大学出版社 2007 年版。

[60] 叶静怡：《发展经济学》（第二版），北京大学出版社 2007 年版。

[61] 顾益康：《大力发展高效生态农业，走新型农业现代化道路》，《中国农业经济学会第八次会员代表大会暨 2007 年学术年会论文集》2007 年版。

[62] 刘玉：《农业现代化与城镇化协调发展研究》，《城市发展研究》2007 年第 6 期。

[63] 翟雪玲、赵长保：《巴西工业化、城市化与农业现代化的关系及对中国的启示》，《上海农村经济》2007 年第 2 期。

[64] 王冰、商春荣：《广东农村工业化、城镇化障碍分析》，《汕头大学学报（人文社会科学版）》2007 年第 1 期。

[65] 喻新安、陈明星：《工农业互动协调发展的内在机理与实证分析——基于河南省"以农兴工、以工促农"的实践》，《中州学刊》2007 年第 6 期。

[66] 西奥多·威廉·舒尔兹（著）、梁小民（译）：《改造传统农业》，商务印书馆 2007 年版。

[67] 陈健、毛霞：《国外工业化进程与农业发展实践对我国新农村建设的启示》，《农业经济》2006 年第 11 期。

[68] 吴海峰：《社会主义新农村建设的十个结合》，《中国农村经济》2006 年第 1 期。

[69] 胡际权：《中国新型城镇化发展研究》，《西南农业大学》2005 年第 2 期。

[70] 薛昊旸：《区域工业化与城镇化关系问题研究》，《生产力研究》2005 年第 3 期。

[71] 胡际权：《中国新型城镇化发展研究》，《西南农业大学》2005 年

第 2 期。

[72] 邱剑锋、季明川等:《走新型农业现代化的道路》,《中国农业科技导报》2004 年第 6 期。

[73] 姜爱林:《城镇化与工业化互动关系研究》,《南京审计学院学报》2004 年第 2 期。

[74] 吴海峰:《推进城市化必须与农业发展相协调》,《求是》(红旗文稿) 2004 年第 11 期。

[75] 吴海峰:《乡镇企业发展要与城镇建设有机统一》,《中州学刊》2003 年第 2 期。

[76] 赵春淦:《中国特色城镇化道路研究》,《西南财经大学》2003 年第 5 期。

[77] 刘功成、黄敏等:《中国式新型农业现代化刍议》,《湖北经济学院学报》2003 年第 7 期。

[78] 成德宁:《经济发达国家与发展中国家城镇化的比较与启示》,《经济评论》2002 年第 1 期。

[79] 吴海峰:《解决"三农"问题的长远出路在于城市化》,《信阳师范学院学报》2002 年第 6 期。

[80] 威廉·阿瑟·刘易斯:《二元经济论》,北京经济学院出版社1989 年版。

[81] 许经勇、张志杰:《家庭承包经营与发展现代农业》,《经济评论》2001 年第 1 期。

[82] John R. Harris, Michael P. Todaro, 1970, "Migration, Unemployment and Development : A Two—Sector Analysis ", The Economic Journal, Vol.60, No.1, pp.126–142.

[83] Gustav Ranis, John C.H.Fei, 1961, "A Theory of Economic Development", The American Economic Review, Vol.51, No.4, pp.533–558.

[84] Dale W. Jorgenson, 1961, "The Development of a Dual Economy", The Economic Journal, Vol.71, No.282, pp.309–334.

后　记

　　近年来，河南省深入贯彻落实科学发展观，持续、延伸、拓展、深化中原崛起战略，形成了一个战略、一条路子、一个要领、一个形象的发展思路。一个战略，就是中原经济区发展战略；一条路子，就是持续探索走一条不以牺牲农业和粮食、生态和环境为代价、以新型城镇化为引领、以新型工业化为主导、以新型农业现代化为基础的三化协调科学发展的路子；一个要领，就是坚持重在持续、重在提升、重在统筹、重在为民的实践要领；一个形象，就是以务实发展树立起务实河南的形象。随着中原经济区上升为国家战略，河南在全国大局中的定位更加明晰、优势更加彰显。作为人口大省、农业大省、新兴工业大省、有影响的文化大省，河南是中国的缩影，河南的发展变化在全国具有典型意义。中原巨变再次昭示世人：中国特色社会主义道路前程广阔，中国特色社会主义理论体系魅力无限，中国特色社会主义制度优越凸显！

　　为了充分发挥理论先行、理论引领、理论破难、理论聚力的重要作用，河南省委宣传部组织编写了"中国特色社会主义道路河南实践系列丛书"，本书是系列丛书之一。所谓新型三化协调，是相对于一般意义上的三化协调而言的，其特征有三：一是"两不牺牲"（不以牺牲农业和粮食、生态和环境为代价）；二是"三新"（新型城镇化、新型工业化、新型农业现代化）；三是新型城镇化引领。由于新型三化协调是河南立足省情提出的新探索，由此决定了本书研究的原创性、挑战性和重要意义。

　　本书由河南省社科院院长喻新安研究员、农村发展所所长吴海峰研究员担任主编。本书写作分工如下：导论，喻新安；第一章，王新涛、柏程豫；第二章，柏程豫；第三章，苗洁；第四章，吴海峰；第五章，陈明星、刘晓萍；第六章，吴海峰、苗洁；第七章，李建华；第八章，刘晓萍；第九章，陈明星、吴海峰；第十章，赵西三；第十一章，赵西三、李建华；第十二章，王新涛。吴海峰负责拟定了大纲初稿，进行了全书统稿工作。喻新安主持讨论了写作提纲，确定了研究框架和要突破的重点难点，最后修改审定书稿。陈明星、赵西三、王新涛协助主编做了大量工作。

本书是河南省社科院集体攻关的成果。河南省社科院副院长刘道兴、谷建全参加了本书研究的谋划和讨论，完世伟、王玲杰、阎德民、牛苏林、毛兵、袁凯声、任晓莉、王景全、李太淼、李怀玉、郭小燕、唐晓旺、陈东辉等科研骨干参加了本书提纲讨论，提出了许多建设性意见。

由于水平有限，书中难免有差错和不妥之处，恳请读者批评指正。

作 者

2012 年 10 月